民國時期文獻
保護計劃

成果

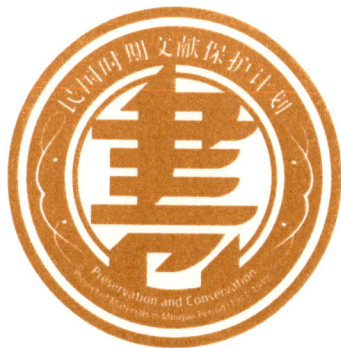

瞿沐學　主編

建川博物館藏侵華日軍日記

第一册

國家圖書館出版社

圖書在版編目(CIP)數據

建川博物館藏侵華日軍日記:全五册:日文/瞿沐學主編.-- 北京:國家圖書館出版社,2017.8

ISBN 978-7-5013-6080-2

Ⅰ.①建… Ⅱ.①瞿… Ⅲ.①侵華事件-史料-日本-日文 Ⅳ.①K265.606

中國版本圖書館 CIP 數據核字(2017)第 087698 號

書　　名	建川博物館藏侵華日軍日記(全五册)
著　　者	瞿沐學　主編
責任編輯	王　曉
封面設計	陶　雷
出　　版	國家圖書館出版社(100034　北京市西城區文津街7號) (原書目文獻出版社　北京圖書館出版社)
發　　行	010-66114536　66126153　66151313　66175620 66121706(傳真)　66126156(門市部)
E-mail	nlcpress@ nlc. cn(郵購)
Website	www. nlcpress. com→投稿中心
經　　銷	新華書店
印　　裝	北京華藝齋古籍印務有限公司
版　　次	2017年8月第1版　2017年8月第1次印刷
開　　本	787×1092(毫米)　1/16
印　　張	164
書　　號	ISBN 978-7-5013-6080-2
定　　價	3000.00圓

『民國時期文獻出版工作委員會』名單

（按姓氏筆畫排列）

主　任　周和平　韓永進

副主任　于　群　王建朗　馬秦臨　孫光奇
　　　　張東剛　翟玉霞

委　員　王筱雯　方標軍　任　競　李西寧
　　　　李忠昊　李春來　李　培　步　平
　　　　吴建中　周建文　洪勇剛　馬振犢
　　　　倪曉建　徐欣禄　陳　力　張　勇
　　　　鄭智明　劉洪輝　謝　林　應長興

『民國時期文獻編纂委員會』名單

（按姓氏筆畫排列）

主　　任　周和平　韓永進

副 主 任　王建朗　陳　力　黃修榮　程天權

委　　員　王奇生　王開學　毛雅君　方自今
朱志敏　全　勤　何振作　汪朝光
金以林　周德明　倪俊明　徐大平
徐曉軍　高　紅　陳謙平　桑　兵
孫伯陽　黃興濤　楊奎松　詹長法
厲　聲　鍾海珍　羅志田

『民國時期文獻出版工作顧問委員會』名單

（按姓氏筆畫排列）

王建朗　王曉秋　金沖及　馬大正
姜義華　夏燕月　陳鐵健　章開沅
張注洪　張海鵬　張　磊　張憲文
楊天石　劉桂生

《建川博物館藏侵華日軍日記》編委會

主　編　瞿沐學

副主編　汪　南　傅文娟　楊　清　王曉芬　何　丹

顧　問　樊建川　潘殊閑　孫衛國

委　員　瞿沐學　汪　南　傅文娟　楊　清　王曉芬　何　丹
　　　　樊建川　潘殊閑　孫衛國　陳　達　陳廷湘　林　英
　　　　陳　華　李永琴　殷夢霞　于　浩　神田秀雄

序　言

從事抗戰收藏多年以來，我非常看重親歷者對戰争的私人記録。從一九九六年開始，我陸續從日本購買了大量二戰時期的反映日軍侵華的文物，其中包括三千多封日軍書信、明信片以及若干套完整的日記。二〇一二年，美籍華僑陳守仁先生受抗戰時期援華美軍希爾少校女兒的委託，向建川博物館捐贈了一百七十一件（套）希爾少校抗戰時期所用物品，其中包括一套完整的檔案。如今，這批珍貴的史料將由國家圖書館出版社首次公開影印出版，不僅對學者研究抗戰史及中日、中美關係史有重要意義，更爲今天的普通大衆如何認識和對待那段歷史提供了重要的參照。

與這些文物結緣，是我的幸運。二十年前我在日本收集文物時，偶然接觸到日軍書信和日記，憑直覺照單全收。隨著藏品漸具規模，它們逐漸成爲我收藏的重點。二十世紀九十年代至今，我積纍了幾千封書信。這個成績，離不開旅日華僑、留學生及有正義感的日本收藏家的鼎力支援。今天這些戰争文獻能夠公開，他們功莫大焉。與書信一同公佈的，還有日本軍人新羅實藏等人的日記，這些日記真實反映了其所在部隊的作戰情況和侵華活動。

收藏希爾少校文物，更是天大的緣分。二〇一一年夏天我接到希爾少校女兒的電話，她打算將文物捐獻出來，實現父親的遺願。二〇一二年我從陳守仁先生手中拿到這批文物，被深深地震撼了。希爾少校用密密麻麻的幾大册筆記，配以照片、簡報和票證，詳細記録了他在中國期間的經歷和見聞。其中不僅記載了戰争襲擊、瘟疫等大事，也有他與中國部隊合作的經歷，當然也不乏他目擊到的日軍殘忍暴行。

翻看這些文字，與閲讀其他史料的體會大不相同。畢竟記録者與戰争的進程保持著最近的距離，這些文字和資料往往是在生和死的縫隙中留下的。每當想象作者如何一筆一劃寫下這些文字，心情總是很難平復。因爲與宏大的歷史事件相比，這樣的場景具體得讓人難以承受。然而正是這些平凡，甚至陌生而單薄的個體的聲音，爲我們找尋記憶提供了新的方嚮，使我們渴望瞭解的那段歷史有了質感和溫度。

正因如此，我們將這些文物通過影印的方式出版公佈，以最大程度保持原貌。這批資料將揭露大量有關日軍侵華的歷史細節，其歷史意義和學術價值不可估量。更重要的是，此書的出版也爲每個中國人提供了一個走近那段歷史的寶貴機會。

樊建川

二〇一七年五月

前　言

二〇一三年七月七日，在紀念抗戰勝利六十八週年之際，位於北京的中國人民革命軍事博物館舉行了主題爲『爲了和平，收藏戰争』的展覽。這期間，新羅實藏和平井正男的日記及其家書，作爲建川博物館的館藏抗戰文物首次亮相於世人面前。這些原稿是研究日軍侵華史不可多得的第一手史料，具有很高的學術價值和文物價值。

新羅實藏戰地日記

新羅實藏，日本三重縣松阪市人，是二戰時期的一名侵華日軍。一九三八年五月二十日，時年三十五歲的他離開了家鄉，在京都被編入華中派遣軍第一一六師團野戰炮兵第一二二聯隊，成爲了一名後勤工程兵。一九三八年六月一日，他跟隨部隊從京都出發，二十一日到達大阪築港，第二天乘船由大阪港出發，二十五日抵達上海。同年七月一日，到達杭州。他在部隊從事過餵養軍馬，保養、管理和運輸武器，炮擊手，部隊警備，架設橋梁和修建公路等工作。新羅實藏所在部隊的主要作戰範圍爲江浙一帶，他曾隨部隊轉戰上海、南京、杭州、嘉興、安慶、芜湖、池州以及九江等地。

新羅實藏的日記從他出征的一九三八年六月開始，直到一九四〇年八月，基本從不間斷，跨越了兩年多的時間。日記多写在便箋纸上，幾乎每篇的落款都是『寫給妻子』，均在日軍部隊營地或前綫陣地寫成。

日記内容包括新羅實藏的日常部隊生活、戰争中的見聞感想、與留守家屬的書信聯繫等。文中反映了他的詳細家庭情況，包括家庭成員結構以及他出征後孩子出生、母親去世等情形；也反映了日本國内對前綫日軍的支援及精神鼓勵等細節，以及新羅實藏本人在不同時期對戰争的認識和感受的變化。

此外，日記也記録了新羅實藏所在部隊的侵華軌跡，特别是其部隊對華東地區發動的一系列侵略戰争，如：一九三八年七月二十六日炮襲錢塘江，一九三八年七月三十日入侵浙江嘉興市海鹽縣，一九三八年八月至十二月入侵安徽梅埂、池州等地區，一九三九年入侵安徽大通、江西彭澤等地區，一九四〇年轉戰安徽池州、安慶等地區。日記反映了部隊的作戰情況、行進路綫，尤其引人注目的是，作者親筆描述了他所見、所聞或親自參與的掃蕩村莊、虐殺中國人、强迫中國人從事苦力勞動等戰争暴行，爲進一步揭露日軍罪行增添了原始而真實的證據。

平井正男日記及家書

平井正男，日本京都市人，在近衛文麿推行的新體制運動和軍國主義思想的影響下參軍，隸屬日軍华北方面军清水部隊。一九四〇年十一月八日，平井乘坐夜行列車，清晨抵達廣島，後隨『北支慰問團』一行轉乘千噸級軍用醫務船『興龍丸』號前往天津，開始了其作爲一名侵華日軍的服役生涯。

平井正男所留存的日記和家書，時間約從一九四〇年十一月至一九四一年六月。通過其行文的語言、字跡以及談及的事情來推斷，他可能是一名大學畢業生。

日記記録了平井的日常生活、軍事訓練和日軍的演習、空襲等情況。文中談到在日本的戰時體制下，平井爲何要上前綫、日本年輕人應當如何報效祖國、年輕軍人的理想及人生觀等話題； 記述了日軍的工資待遇、部隊發放的配給品、後方送給前綫的慰問品等情况； 描述了他在清水部隊本部駐扎的天津日租界、天津北寧公園和租界溜冰場等地的見聞，以及當時天津的物價等情况； 記録了清水部隊本部的日常文體活動，特别是當時部隊爲慶祝重要紀念日所舉辦的活動，例如一九四〇年十一月十日在船上舉行的紀念日本建國二千六百年的活動，和他到天津後參加的慶祝清水部隊建軍紀念日的活動，另外還提到了『皇軍慰問團』到清水部隊本部進行演出的情况。

家書共分爲二個部分，第一部分是平井與家人間的通信。平井在信中表達了對母親及家人的思念之情，此外還同家人討論如何處理好家庭與國家間的關係、家鄉隣組（二戰時期日本爲了保衛本土設立的一種地區基層組織）的籌備，并向家人匯報自己在部隊服役時的晉陞以及學習中文等情况。信内還談到家人給平井郵寄日常生活用品、平井定期匯錢給家人以及平井購買『中國事變』債券和其他報國債券等内容。平井也會提及在清水部隊的戰友、上下級的關係、上司的調動等情况。其中不僅有他在天津的生活狀態和所見所聞，還有對當地中國人的印象和看法。第二部分是平井的家人與其他士兵之間的書信往來，反映了這些軍人在戰争時期的思想活動以及在前綫的作戰情况。

綜上所述，這批日記及書信屬於首次公開影印出版，從未被翻譯和引用過，具有勿容置疑的原始性和唯一性。日記和書信記録的是當時發生的事情，而不是事後的追憶，能較爲真實地記録當時的歷史背景下事件的原委以及人物的思想和態度，從而可以深入剖析戰争中日本天皇及政府所制定的政策對國民産生的具體影響，探究戰争的不同時期日本士兵的思想、態度、情緒和行爲變化的内因及外因。文中描述了普通日本士兵的日常生活、軍事訓練、作戰情形以及日本國内民衆給予前綫士兵的精神及物質支援等情況，以微見大，進一步還原和印證了日軍在我國華中、華東、華北等地區的侵略路徑，也補充了日本國内民衆在軍國主義思想的影響和蠱惑下如何看待和支援戰争等歷史細節。

這批日記和書信的出版，是對現存侵華日軍史料的重要補充，對我們進一步研究抗戰史和中日關係史具有很高的文獻價值。同時也提醒今天的人們注意和警惕日本右翼勢力的擡頭，具有極大的現實意義。另外，從語言學研究的視角出發，該批文獻還反映了二戰時期日軍戰地文書的時代特徵、語言表達特徵以及詞彙使用特徵等，這爲今後的相關研究提供了極有價值的參考，具有語言學價值。本書是國家社科基金項目『建川博物館館藏二戰時期侵華日軍日記的整理、翻譯與研究』的前期成果，亦得到了國家圖書館『民國時期文獻保護計劃』的大力支持。我們衷心希望本書的出版，能夠對廣大讀者及學界有所裨益。

瞿沐學

二〇一七年六月

出版説明

本書收録新羅實藏日記全文約二千四百頁、平井正男日記及家書全文約一百七十頁，按照時間先後順序排列，依其原貌影印出版。新羅實藏部分起於一九三八年六月，止於一九四〇年八月；平井正男部分起於一九四〇年十一月，止於一九四一年六月。本書的整理編輯有以下情況需作説明：

（一）所收日記與書信絶大多數寫於戰地，受條件所限，原件多在普通稿紙或便箋紙上匆忙寫就，字跡潦草，並形成大量時間不詳、内容分散的孤頁。歷經戰火和長達幾十年的歷史變遷，亦有缺頁、殘頁現象。編者雖將文中所述内容與史實相對照，極盡所能重新整理編排，仍難免錯漏，敬祈方家予以匡正。

（二）日記及書信時間的著録依如下原則：在信件開頭明確記載時間日期的，則照録；有些日記零散記載多天事項，期間日期不詳，則以文末落款時間爲準著録；整篇日記日期不詳或遭塗抹的，則根據前後文内容推測日期，實在無法推斷具體何日，則以『□日』代之。

（三）由於日軍在侵華戰爭期間執行郵件審查制度，部分涉及部隊編制、戰斗日期、作戰目標、作戰過程等時爲軍事機密的文字遭到塗抹，無法識讀，雖藉助現代技術仍難以還原，敬請讀者諒解。即便如此，仍有涉及慰安婦、殺害中國人、强徵中國民衆從事苦力勞動的内容有幸保存下來，這些未被消除的文字是日軍侵略罪行的鐵證。

（四）日記和書信的作者受其身份和立場的局限，行文中有對中國的誣蔑和侮辱之辭，爲保留文獻原貌，幫助讀者更加準確和客觀地分析文本和認識歷史，在影印中未做刪改，敬請讀者批判看待。

國家圖書館出版社

二〇一七年七月

總目録

第五册

第一册目録

新羅實藏日記

一九三八年

No. ....

昨十九日は宇都宮の伏見に一泊し七時出発し大路〱と
日中のあつさは又格別なものをすたいりかやまい
宇都宮からふつか（鞍子道）を約六里、だんだんのぼり道も多く
一時半頃ようやくの宗陀（圓言）道へ強車をおして夕は川ろめくつきで
四時頃ようやく宿舎へ来た。ようやく一二を宇都宮ふ大したのに
旅でどうも物を言わなかったが旅人にはなかなかまうしうな所が
あって所々おる立派な御柳で主人兄妹等美しい人ばかり
立つ時も出るにも先やあつまってされるのには閉口した。
待遇はよくなってすまないものを言うと主人は高砂名合いが
か弱の人が、かな嬉しい人、はなし善よに来たのだということ
見とかし風俗ではなかった。とかく一寸廿年に逆戻させしてくれる—
小林と二人だけともう去の人たことのないものやもんてなかイター
でもおぬみ宗本ちゃ物理ではお薬で鋼のトはかまも今すのもの

282

No. ....

逕君の出張地、今まで行ったことはない、役は最後でせんを

ありがたよばれた、すっかり酔って失って夫婦に、今まで送って貰った

手紙をすてって又 皆の為一バイてヒ一人々をよばれた

は昨太陽の山林を歩く事を出かけて見つた、次々竹と之が

いつでもいえば早朝、かれ人が来た、もう内地に行かないのかと思った

と、太田さんはいうのに行きして又太陽へつれて私に来よと

言って行った、もうあへないと思ってゐたと言ってゐたん、太陽へ

りていもがあつたよ又病院をかけしゆうずと歩くてゐよ

病室は別の室でゆっすりよしやもつった、幽は起されし目

がさめた、朝からこ酒を飲みみそけを作えーれの気が体で苦いりろし

有ものが食事をとし、ゆすはつかつてよ手紙をとって帰り今日一日休

みが済んだ 体を休せようとの事だ、安心して帰った、で、病室の

人が安静しておれと言はれ、と田遠が成田の不動さんの御利充

284

No. ....

かまえ、ここへすまいを、旅館の部屋と言う大きな
病院全体の院長の家と、診察室を見せ、ならびに女中の室、カンテン
の室、休養兵の室を看護婦長の部屋と共に有る立派な病
院、病室、浴室、炊事所、便所、洗濯室、会議室、事務所
といい言ふこの建築は立派な室、設備、大きな
山を一つ言うにした位ので七棟の建物が一番上にある一つ一つに
言ふ大きな[illegible]の個人もそれは日本に二人の大阪部日出の
院長と田中氏という者が私にこれを見せて得意気に
お前をよく働く今後は院長の許しを得て男は君達
八路軍[illegible]へ行ってやった。しかし生存者を受けて
保けた女の苦手を言って下、兵士やっておく、すぐ帰り
て夜通しがいいにおいで又も三度よ[illegible]一人に責り
三階の室へ命令を守ってそれに帰って一組の女

286

No. ....

に来て、給過一先んじ大陸へ二十五日の朝つく事になる
二十日頃鳥のつみこみをして二十二日頃出発するが、船の
中で三日位なるか今の所大体そう報ぜよ。知った友達の家へ
三軒ほどあいさつにいって御手紙を有り皆よ、西へ、さようなら
を持って来て下さった。きれいなお嫁さんになる。両手をついて
あいさつをしていたのだけは何ともいえないものがある。泣かせる
おくさんと言うものも土臭い。かたくなっていやしく言っていたけれ
ども、いい気はいいが、一寸ヨワくってね。小林は工兵で行って来
たい。主人が会社から貰われた刀の前後と地下足袋とを
おくさんがにこにこ持ってきてくれた。これからの事をもらって一五よ
はやってゆけばいい。するなに準備をする君の画を目をって
ものだ。今後ふくにはよく気をつけて、おかけりの出征
日本は困るかもしれない。たってふるえも手紙を田舎へ

288

No. ....

と言うわけで元気だ。母より已んは体にまかなわない気持
がいい。まあ元気でいて 孝子も 体力をするなにせよ
子供はまだ大きかないから、しっかりと言ってみることをおすすめことにも
おとなしく育てておくことが一番楽しい。子供を育てて
可愛くてならない。此頃 たまたまを思い出し 大事に育て、
くれ。子供は一番だな。今、奴の一つけでどうにもならない。
困ったにはなったも仕方がない。一番お気にくれぐれのびるだけ
つけてくれたのがよい。 それにあると２大きくなってとても可愛い人
なはしまってのりきめてもなるかし言ん付合をつけるなた。
今、田の方が伝わりぬと思う。二十日、越すはかってゐるだろう
ろう。梅雨が明かったかし越付し早くなるかろう その件切り
西江みが早く伝わりぬと思いがもうとりこんだのだ
子さと思い、世の人生それんですのでもなみたているいる

290

皆わかろうと思ふ。まあ仕方がないつまり同胞人の事と
言ふ事をつくしおいても忘れずに人に後指をさされな
い様居て欲しい。生きていかねば何時か会えると思って
はいけない。そして無事が第一。元気で家業に従事
して貰い、楽しくくらす様にしよう。俺も元気を付けて行く
めったに会えない者達の為にするがくれぐれも心配して[illegible]
田も、花子は一しょに住んで此の方がおるが
越える迄は相当気苦労のこと、思い余るも[illegible]
呼ぶによく守って仕事の勝つまするなにこたえるよい
母も無理に頼られ過ぎて年が死ぬおもいでいるのだが
皆がしっかりと会に気をつけるなた、人さまさんの
事を思ふ。母の為に作事を進めて、[illegible]の宝
様が再会に継は希望[illegible]、一人の人か、[illegible]の

291

菊地大阪の人は外泊をやって家へ帰る。俺なすは遠い
からどうにもならぬ。[illegible]だと遠方の者は皆言う
て居るが体力がなし。あきらめて居る。俺達会って居るもんだが
が成りたいと思った。あいつは別れがちなだがそれでも仕方
ものだ。もう大阪へ行っても時はないが来るには及ばないよ
又一週会もひとりがあったら別れなが田辺が居らねばあよ
れ等のなかろう。皆人に見舞になってのままた大阪へ来ると言う
ては出来ないかし。まあ京都か一ぺん会っても好丸
かしもう会いたいと思うのはそれでよい。俺もどこへも行か
が協会の人と室で会人をよんでしいよく話をしてやる
外の者はあてにしたりしてためかりだ。
田の事に限っては又少しは楽になるだろう 様さよ造
川遠をして世って知らいよりかわからない者を

289

待つたより仕方であろう。いつ帰るかわからないのに出征し
てしまったのでたより無い。しかし今一月だけものはわからない。
奉天付近に大部隊が集って来ると聞いた。特設師団が
来る。多数の人が一時に集るが、二十四ヶ所の隊で三日四日（止）とかの居
[illegible]だ。一ヶ月前位からもう[illegible]が[illegible]
[illegible]が[illegible]と言っている位だ。
北満の者はどうなるか、それが一番心配で、今度は何処か。
皆たよろしと言っておかしくなる。もっと[illegible]よくなるだろう
ない。年を待ってかくれていたのが[illegible]近頃のも分った
上陸したら早速郵便が出せるからそれまで出すなよ
家は出すが、今度の地名か町名が[illegible]ならば
二人で[illegible]を言って知らしてあげる。相当手当を
来年が（返）っての来たのは一二年だが、[illegible]しかたがないだろう[illegible]

考へはあせるわけ有ることになるが、
まあお互い丈夫でなければならない。病気をしたからよくなくあなた
は意をしよう。田の方相談したか、どうなった。まあいい。あなたに
しつもふって気、皆よし相談をして上で、まくっぱあってもとし
思い、届か信用の無しなれば出す時は可しかけるし、あづけ
る時は印はいらない。それをよし忘れなりなにするなあに
中田様で上みにあつた電気の取当は世話つたが、どうか
陸別を中林貸して家にことづけたのを（つけて）思い出が、
平次の孫と同一名（二の狩進）が御き一度見ておいてくれ
忘れて、わたしも有くしくれ。家の時計でも一時あったと思い出が、
つけてはかつても有くすくあなたせよ。それをいけないから
標本持ってたが、もう西のりゅうぶつかどでは安いがまたあって何
早く書いた方がよい。来年七、八の月（二月）に書くことに行し
285

なかいながろうえれから先は寄をあつたりかうくあつたりするから
思い切つて寄つてやるなにかなのもはど なにかすることを
金は信用あづけも八百円にならて半年いじ こんなにいふ
ゆと思つたし 五百円の定期の切りかへの時に通を替へいへし
五百円あつて四百にして出年づつしはつておいたかよい
山口をも八百円もおそおくを安心か悪いから、
又わかにゆうかあつたら一言へば又おしめて通アをまわすから
此は清水東[illegible]と[illegible]けはどこへい
つても おそしすから りぶんことを[illegible]よしから
でまあこんなことにしへおし通夜達が来たか 止める
今から一けら[illegible]を[illegible]まえ することにするてくわしは
またから[illegible]ことにしよう。皆会をつけくやりなさいせよ
又あとからこんへはおしから、
一 [illegible]し
283

妻へ

木村[illegible]写

第一信（つづく）

廿二日阪行で帰つたことゝ思ふ！相当疲れたゞらう。
しかしよくまあくれた。第一の場合を考へると最后だからな
君と話しがつたが各自の体裁を考へてあまりすまないと思つたも
のだから来る年と言つたのだ。が橋本の[illegible]の情によつて林に
は又本当の最后に相会ふことが出来た。橋本の妻君や
三宅さんの骨折りしてある赤保さんの御親切を忘れてはならぬ
ない。俺は決して忘れぬ。御恩返しは一寸難しいが、そのつもりで
橋本を協力して相助け合ふ様にしていく。
遥々のカッコーの声に送られて今でも本当に征途の涯
にいるが立つ父母の国、故々皆の顔が小さく小さく顔も
姿も小さく小さくぼんやりとしていく。いつまで見て居てもきり
がない。もう目の中には第一突堤・見送りの群衆の姿が
見えなくなつた。広く海の中。ぐんぐん進んで大阪の港も

2P2

その附近の町も何もなくなつて失つた。淋しい嫌な気持 淋しい。
柳を負ふ 朗らかに軍歌は歌つて居るが、変な所がある
故国よさらば!! いつ又この船にのつて二の内地の景色を
見ることが出来るのか。見送りのない人は尚物淋しさうだ。
何か物足りない所がある様に見える。見送りのある人は元気で
歌ひ、詩、そして居るが目に涙が光つて居る。感慨無量
だ。何を言つていいのか言い表せない。胸が一ぱいだ。
[redacted] 先に出た船は先へ進んでいるのか 見
もない。風があるので甲板は涼しい。見納めかも知れない内地
の景色を眺めて居る人はいつになつても下へ(船室)へおりよう
とはしない。しづかに只一人立つて考へて居る人もある。

2

大ていにしておりて室へはいつた。二段にしてある。せまい。むしあつい
変なにほいがして臭いものだ。船酔にかかるのも無理はない

293

3

皆ねて居る。私共の班は皆ねて上甲板へ出たので、ねむいのだろう。上甲板の兵隊もよくねて居る。夕食の頃になった。僕も一寸うとうとして見た。荷物をキチンと片付けしまった。持たんと、せまいので置く所がない。ぴんをぬりし始めた。外の連中もやって居る。夕食は牛肉とおかずをたいたおかずがやった。御飯は麦飯で四膳分ばかりたべた。炊事の人は上手だ。一膳とかず上陸前の注意状を出すのに名を書いた。携帯品も書いて居る外のものはよくねて居る。夕点呼だ。並んだ所がなくて室にてんまい。人員の数を検査するだけだ。終った。この大阪商船の人から御飲料水が特別なかなりの、下の所ぴん一、サイダー一瓶をブーを買った。甲板へ上って見た。まっくらだ。寒い。電気のあかりも見えない。ぐるりまるまる海の中まっくらで何も見えるものはない。寒いのでおりて皆一緒にもらったぴんをぬりく始めた

294

になった。疲れて来たので九時頃毛布をかぶってねた。船の中で
電気をおこして電燈をつけて居るのだ。小さいと言っても大きな
もので座敷に座って手紙を書いて居るのも少しもゆれない。
海は少しゆれたが風がないので油の上をすべるようだ。
六時前目をさました。便所へ出て甲板へあがると電気のあかりが
見えた。島らしい。どこをどう向いて進んで居るのかさっぱりわか
らない。朝日は故郷と同じ方向に出た。船は速力を出して
進んでいる。俺は元気だ。心配をする事はない。みんなの面倒を見て
気をつける様に。子供の教育、母への孝養、俺の代人と責任は
中々重い。元気を出してする様にしてくれ。
今夜航海は徐行のつもりだ。明日からこれから上陸する時の手紙は
別にしておくといいのだ。ウマヤへ来て居る。静かだ。馬の
コツコツする音と船のエンジンの音がするばかりだ。又書こう

六月二十三日前〇時書

良夫

妻へ

275

何にもすることはない。手紙を書くのとビール酒をのむこと。菓子をたべること。さわぐこと。あいがあればいつもごろごろねてゐるだけだ。退屈になると甲板へ上つてあたりの景色をながめてつめたい風に吹かれてゐる。陸一つかげもない。また汽船に酔つたものはない。今夜あたりからあすへかけて玄海なだへかゝるからよほどあれることと思ふ。昼頃から少雨がふり出した。瀬戸内海を通つて居るのだそうだ。左に四国の島が見える。遠くかすみに見える。次に九州が左手に大きな工場がある。右手に本州のはしが見えだした。門司下ノ関の町がすぐそばに見える。電車が通つてゐる。自動車も走つて居る。町は二階から下から道から船から日の丸の旗をふつて

5

萬歳々々と送つてくれる。みんな手を上げて答へる。

下ノ関と門司のせまい間をどんどん走る。これで内地を後に

コクヨ

296

6

見たのだ。本州がかすみに見えていく。九州は早何もない
海と空とのみになって失った。所々に島がある（時速六哩
の速力だそうだが見て居る内に島が小さくかすみになって
空の中にはいって失ふ。雨は止まない。波はかなり大きくな
ったがねてゐれば何も感じない。家にねてゐるのと同じだ
昼は小鯛をつけてくれた吸ものと（玉ねぎの）飯は茶わんで
もってたべる大きい三ばいから四はいぐーとたべて居る。今日は大
丈夫で麦酒をのんだ この船から一人にビール一本、サイダー一本、酒
一本と貰った。船長はのまないので酒とビールを貰ってサイダ
をやった。頭がいたいと言ってアスピリンをのんで寝て居る。
少し酔って ぐっすりねこんで四時に起きた。雨の中を、内地
をはなれていくこの船を感慨無量でみて居た。大勢
甲板に上って見て居る。停っていく郵便船にも二三隻あり

297

コク

遣った　いつあーして帰れるのかと皆話し合って居る
五時夕食が出来たので船室へおりて来て夕食をたべ
た。今夜は歩兵隊　輜重隊の各隊が安全の為に
手をたたいて大さわぎをして居る。酒がまわったのか忘れられない
（勝って来るぞと勇ましく……）とか　あとこせか、軍歌
愛国行進曲とか　出かけ……位だ、少し船がゆれて来た
ブリッジと動いて居る。（二十三日午後時十分頃）退屈になったのでビールを
手に持って甲板へ出た　雨が止んで居る　柳田船が一度目に右舷に居ない
ここるのが見えるだけで何もない　水平線に浮ぶものは雲の
みだ、だんだんとなくなってくる　下へおりて来てゆて見た。外のものは
全くねてゐる　兵隊もすんで　雑誌を読んで居たがねむくなって
しまったのでねることにしたんだ。今日は夜はねたけれどすぐに
ねつくことは出来ない　出帆の光景を考へ眠る、

298

第二信（つづく）

二十四日 今朝は早く起きるのを止めて 直ぐ洗面にいった
雨だ、ひどくゆれる。どこを見ても何もない 空と海ばか
り、朝食をすませ わかめ汁だ おいしかった。することもなく
ねころんだまま いろんな話をして居る。もう相当波がひどく
船は大きくゆれ 何かに手を支へなければ歩けない。
酒の一升ものんだ位の気持だ 波を上る時はいいが下る時は フワー
として気持が悪い 座ってゐると 体が大きく動く 歩くのに骨が折
れる 階段を上るのは相当骨折だ。波は え大きくはないが
船のゆれるのは大きい。昼食は半分以上 食べるものはない！ね
たまま青くなってゐる 中には吐くものも おり手洗にかけだし
ひどくなるだろう、夕食をたべるものは 二三人になるかもしれない
僕は昼も小鯛がおいしく三ばいたべた。鯛が残ったので三枚
たべた。食事当番が飯をもらいに、食器を洗ひにいって来た

299

2

今十時だ、行先がわかった。呂宋に、○○方面へ上陸するの
らしい。我等師団が上陸して（敵前上陸）して○○部隊長以下が
戦死された所だ。今は秩序もよくなって平和になって居ると
船員の話だ。○○（以前と乗船員等知って居るが）通って居た。
陽気は台湾と変らないそうだ。眺めて見る世界の魔の
都市○○に上陸して第一線に参加することの出来るのも
非常によろこんで居る。○○は中々寛大な所だ、以前の
英米で占領した土地だ。日本軍にやぶれたあとをそれにこれ以し（三日日ひき）
午后は昼をおそく居たのでゆっくりと寝て来たのでねた、苦しそう
にまる五日になろうとする者が半分ある。へどをはくものもあり！弱ってねる
目をあけたら四時だ。友人がビール壜を手渡された。ラッパのみにの人だ
波はあらい。船はいよいよゆれる。寝ねこんで失って起きるものの
ない。甲板は立って上がれない。どこかにもたれなければ

300

上

五時頃夕食が出来た。肉餃がおいしい。玉ネギのすましで
しかし食べるものは十七人の内五、六人、あとは寝そべて見て
しまうもの。ねたまま起きないものばかりだ。又横になって居ると
加藤先生が字や当番で出て居るので酔って出しなおと安井が
て見にいった。食卓に気分よくして　横になって居た。七時半
近側に居て皆ねさして　代りに馬を見してやった。
上で早く来いというので甲板へ出て見た。イルカ（かなりの
大きなもの）が大群をなして船のぐるりを同じ様に走って
居る。飛んで居るもの、船より早い　長さ六尺はあ
る大きなものばかり　すごい位だ。しばらくするともう居
なくなった。船員に聞いたら今の所には沢山居ると
言って居た。橋本にサイダーを持って来たが
酔って居るので　飲む所がないでまん中へねることに
る

301

上

4

した。二十人あまりではあるが寒かった。小さな船に只の歌も唄って皆大笑をした。船のゆれるのはひどくなって甲甲板の茶碗がかちくところがってかかましい。ねて居てもころころがっていきそうな気持だ。早く出帆の時の様よも目ぶれにとかいんあるみたいにぐっすりねむって失った

二十五日朝五時半頃目をさました。船は昨日よりかしゆれるのがらくになった様だ。顔を洗ったに甲板へいって見る涼しい。気持だ。橋を見にいった。よくねて居たので何もまだめしをもいんも何も見えない。空と水のみだ。今夕になると大陸が見えるだろうと言って居るがいつまでのって居るのか。定時に全部甲板へ上った。皇居をようはいして五ケ條を言い「見よ東海の空あけて……」を大声に言って室へかえった。ねて居るのは分隊で四五人にな

コクヨ

302

つた。雨は止んだが　べつたりしてゐるから　きれいにはならない。
食事当番がめし上げに行つた。（二十五日朝七時）みそ汁に麦飯
だ。今朝は晴れてゐるが少し冷くなつた。馬小屋へ行つて稲束の
様子を、谷アを持つていつて。（八時）晴れた。天気がよい。
大分あそんだが天気がよくなつて来たので洗濯をした。ジバン
パツチ。褌と。稲束もきかへ上う二人で洗つた。甲板の上のえり
へ干した。ひどい風で吹きとばされさうだ。船の揺れるのはかなり
烈しくなつた。九時半頃ずつと水平線の彼方に一つ黒いものが見えた。
横に二つ。商船用船らしい。右の二つはだんだん小さくなつていくが
前の一つはだんだん大きく黒い煙をはいてゐるのが見える大陸まであるが
つた。中国あたりの山かも。同じ様な船で　多分そのくらゐだつた
5
それを見つかしさうだ。皆見送つて居る　内地へ帰る船だ。兵隊
を送つて帰る船だらう。ぐるぐる甲板をまはつて見ても何も見

コクヨ

303

6

土産物ら、たまに目ぼしいものを見付けると大さわぎをして見て居る
今日は午后二時から衛兵だ、明日の午后二時迄のものだ
まん中の所にあるのだ、ぐるりを上から哨が監視して居るのだ
今夜頃になると大陸が見えるそうだ 上陸は想像に出来ないで
居る 船に酔ったものは一かたにして鉢巻をしたりしれて居る
しっかりしてゐるが強いものは歌、酒、ビールで相当にさわいだ（三十日九時半）
又雨かと思ったがだんだんよくなって太陽の顔が見え出した。久し
ぶりだ。吾等一両日ぶえし、船内生活をして居たのでみな元
気が出た。船酔もさめて来て甲板へ出て洗濯をする者が多く
なった。食事当番だ。めし上げに行った。カレー汁で大はい
たべた。いつも入れ違って残る飯も今日の昼は少しも残らな
かった。洗濯ものを見とめてあそび係りにの浴へはいり部屋へ
帰った。一眠りしようと思って、二時十五分、衛兵上番あるきよ

304

で通された。やさしい服装をそのまゝ甲板の中央へ行って交代
した。六ツ、まっ青な海原をながめて警戒して居るのだ。
何も見えない。青い海、白い雲ばかり。船の下を見ると水を切
って進む。水のしぶきが白くアワを立てゝ言ふに言はれないきれい
な景色だ。十分の音を立てゝ静かに走って居る。○上陸
の話。第一次にあたったらどうするか、と云ふ話。上陸所へ飛んで
皆いくらか元気のハリキリ方だ。ハガキを見て話を読んだ
さっぱりした。外の人もハガキを見て居る。家へはやったりして居る。
今回途中に目的地へ着くらしい。上陸は今月到着よ
ってすぐか、しばらく沖にとまって上陸するか。今の所
何もわからないが又上陸しないようにしよう。いい天気で風も吹
くとする。外の者がひっくり返る位の元気で居る。船にも酔はない
いし。僕もしっかりだ。元気で不健康な自分だったれ——い

二十九日 午後三時五十分頃

305

良三

夕

妻へ

カミ信

[redacted]ポに近づくに従て波もおだやかになって皆元気づいて来た
衛兵達につれて甲板に出て海原を見て居る。時々ぐるりを廻って
見る。大きないかやかに、いそぎんちゃくが波の上に浮びよう
て泳いで居る。かには沢山居る。珍らしいからわあ〳〵言って
さわぐ。夕食をたべに船室へおりた。小鯛一匹とおすまし
汁だ。玉ネギやにんじんのはいったもの。三度〳〵あつい〳〵炒飯で
本当においしい。六時半頃山本隊全員甲板に集った
隊長の訓示是から気を付ける様にと。終って軍歌の
けいこをした。愛国行進曲やはるみの歌ふ進軍の歌
はては勝って来るぞと勇ましく……の露営の歌等
七時から演芸会をやった。兵隊の万才や浪花節、
どどいつ、さのさ節。江州音頭と[illegible]隊の飛入もあって
面白く手を打って笑った 皆 室内の人が居るので体に

コクヨ

306

2

上手な。召集令を受けた時は皆泣いた。下位だ。此の時に
すんで良好だ、俺達は衛兵所について居る。日の出
日の入共海から海で一日が中々長い。日の入が一段と快い頃
だ。四〇方面にまっかに夕焼して、しづんでいく有様は
赤い夕日の満洲の歌を思い出す。昨日は十時前に
いよいよ島が一つ二つ見え出した。丸時は六時七時を少し下は
十四五の島がはっきりと見えてなつかしい。ふと目的の丸
が目の前に近づいたことを思わせる。陸に近づくにしたがい
ごみが流れて来る。船室は最高の段なのだ。ゆかまし…
此は夜十時半近く俺のねる時分だったがやかましくし
とつれ出された。衛兵所へ帰って来て水めし～の上にごろり横
横になった。水がどろどろと黄色になって泥水の様にな
って行った。黄河へかかったのだそうだ!! 電気の燈が見える

307

3

掃海艇がいくつとも知れずとまって居るのが見える。
技術将官がおくれて来て朝近ねふれた。起きて居た人と交
代して朝鮮近海見張りをすることになったそうだ。〇〇をさかのぼ
ることは四十哩〇〇の江の上流へ来たそうだ。十隻の掃海艇が止ま
った。イカリをおろす物々しい音に目をさまされた位だ。
夜中で危くて岸へ近よらないのか、此の艦はまだ居る
のかわからない。朝鮮沿岸として、この辺にとまって居るのだ
ろう。キカイの音が止んだから静かだ。かーんと艦は動かない
船が停った。〇〇の江と言う小川は大きい。夜中ではっきり
見えないが川と言わずに海と言った方がいい位だ。
〇〇市が近く電燈が無数にかがやいて居る。明るい町
の様なもの又対側に見える。始めての航海なので何を見て
も珍らしい。変ったことばかりだ。内地で仰ぐ居ては

308

4

とうてい受けられぬものばかりだ。是で無事かへりさへすれば、
りっくの手術ではおけぬ。彼の娘が来た、
兵も人も海も船も皆よく眠って居る。唯起きて居るのは
我々衛兵所のものばかりだ。上陸地は〇〇〇〇と言ふ所
らしい。去年の今月出征した林口の我軍は今どうして居る
このあたりで相当ひどい戦斗をしたと、それに参加した弟
を持つ兄（特に兵になって来てみる）がやはりキになつて居て
今出たばかりだ。それから約十ヶ月たった今日林口の二ヶ部隊出征
時のこの船には僕達の軍艦に何れもつれて内地を航海す
るのを何等恐れない様になったので先輩諸氏の血と
汗の犠牲のたまものだ。船から機関銃や小銃で猛射し
たとえ敵の〇〇敵前上陸をなったのだが、今は〇〇の方も規律
が正しくとくので何の危険もないと船員さんの話だ。

（三十日夜二時半写）

309

5

ドつと眺めて居る、あまり動いてもない　四時過ぎると少し明るくなつて来る　五時大体の景色が見える　日の出は五時五十五分だ、すこし、内地より夜はおそいなが、はつきり周囲が見える、防空上○○の行の護衛とばかり思つて居たのは皆帆用船の電気ばかりだつた　前にも後にも何十隻と帆用船が並んで居るのどに出帆したものが待つて居たものらしい　○○の江の大きな川　川の中に大きな島が九十何つもあると言ふ　すごい大きな川であり島である　川の水は赤土水の様にどろどろして青色は少しも見られない、左手にも島がある。右前には白いビルディングの立ち並んだきれいな街が見える　是が○○港と言ふ　○○港だ、きれいに朝日を受けて見えて居る　大きな工場もある　支那の漁船が何十となくならんで居る　漁に来て居るのらしい、食事をして、文所矢所へ向つて来る。第二五船

310

6

が一度近よって来た やーニーは帆を立てすべって来る 三四人
のつて居る。後へまわってりった。広い／＼まっ青な海ながない川
だ。朝日に反けて又変っていいものだ。中村東一や渡田篇三郎
等らも待って居しあるかもしれない。大ていの今日は上陸出来ると
思ふ。い、天気で そよし吹く風は気持がよい 気分は又あつく
なることだろう、今郵便の受付で多分これをまわって居る
家の方は一千二百だんーこんだろう 思想は大体たなったことと
思ふが私の異たでもっとすぐ私のかもしれない 女ら二人のみで立大
こいつあまわないと思ふが まあがまんをしてやってくれ。又父ら二を
があるだろう。何時かはきっと妙用戦で取るへかいせんする日
してあるう。それをたのしみたまえ。近に折角御こう。又上陸したら
自己をたしなよう。つとへとしよろしし。母十供らをよろしくあ願い
する。娘で元気元気なように安心をするように（二十六日朝七時半書）

實之

妻へ

311

第四信

二十五日の一日中ぶつとまつて居た我々ののつて居る船も二十六日
の午前十時出発命令が来た　十時再び波をけつて進む
○○江の支流黄浦江を○○をこえていよく待ちに待つた上陸
地帯○○へ着いた　川岸の大きな洋館の建物と云ふ建物
はほとんど　バク弾の為にこはされてみるかげもない。去年の八月
○○の○へ敵前上陸した名古屋師団や宇都師団の洗礼を
受けたものだ。むごたらしくこはされた立派な建物を右に見て
どろくの水の中を進む　支流でも大きいこと。台へはとてもはいらない
大きな外国の客船　軍艦等何千隻と停泊して黒煙を
はいて居る　ジャンク船の漁船も無数にうかんで居る。殷賑
戦争とは負けたくないとつくぐ思つた。船には日章旗を立て
て居る　我々の乞食の様な服をきし　日章旗を立てしてないと
日本にながふものとし訓だ。目に合はぬなそうな。負けたものの

312

2

悲しみを気の毒に思つた。中には万歳と言つて手をふる者も
あり うらめしそうに見て居るものもある。船の中をぬけ、進みつゝ
十二時半無事大[illegible]到着。[illegible] さすがは東洋一の
魔の都とも言はれる丈あると つくづく思つた。立派なものだ
が所々爆弾で二ヶ所大きな穴をあけられた あとが残つて居る
軍人が沢山乗つて来て萬歳と迎へてくれる それに答へつゝ 二時頃に
上陸開始した。始めてふむ異国の土。支那大陸の土だ
[illegible]でも居る様な気持で敵国へ来たとは思へず。戦つた
碼頭には支那の苦力（人夫）を使つて仕事をして居る。言葉は
さつぱりわからない[illegible]面白い、早く習はなければ
ならないと思つた。皆笑つた。上陸する前に帰ると小さい舟にのつて
竹の先へ（アミをつけて）（かごのなかに）ものを呉れと言つてたのむ
者はいないかといと船が来る。気の毒に思つて 銅貨を与へるもの

コクヨ

313

十数日前をはなれの家.ようこんでみた一度けら 川におちてなくなりあり
まれ子をのせし 子供に同情させし金をもらふ おにさせる.僕も一ぱいつ
ほってやった 一ぱいくおちた.然事の人が 看やめてやった
うまく一度死んだ 川端によろこんでみた 女人がきてし 百人合いもする
一つの路を求めて 住居して居るらし… みじめな生活ばかりだ
はなはだあまりてれをみい わからぬ者が、恐らく見る 日々の土地
見るもの珍らしいものばかり、やっと一段になって眠り絶
事のつみおろしを始めし 事をつけて、ののこの一節へ 絶事をおそ
休むことになった.ここへ来る二十一人余りの道はまえたな 大ののの所で
あるが絶壁をかかげてにやられし あとかたもなくなったもの 続けし
續々として来るものの大きな河顔から ランドウになって 全く
日本に来ぬ位のもの顔.眺め 大きななきって来たがそれでも一軒
ある位にはるーをしらたまー何萬をかえてみない.次が多くし.〜を

コクヨ

314

4

して居る者は多く日本人で支那人も交つてゐるが未だに少い
込んで居るのが意義に来ないらしい。しかし人力車も通つてゐるし
外で人がハノイで走てゐる電車の道はあつても電車はなし
日本軍人が角々に剣をつけて立つて一々調べてゐる支那人
と見るものは一々止めて検ししらべる。急用には[illegible]
い位だ。支那人もこゝ大●の市にはキレイな女も沢山居る
昔からの小さい足をじまんにして歩きたくてそうにしてゐる
これた一人の大震災のあとの東京の市内の様な件を[illegible]車を
引いて商売した人居か三十三の兵隊か居た。[illegible]の中国人と
支那の[illegible]くて居ししゃーかうに店をしている者ならして居た男だ
佩たくと日どに兵隊を乗せて、こゝしは三日前に来たらしい。
しっかりやれよとは答へてあとについていった。
[illegible]保も[illegible]今は女将も。[illegible]のものはあるが安心ならぬ
315

んなしものを要らない　れは絶対にの存在との任意交
渉もの事はない。のどがかゆしがかまんをしてゐる　元に信頼してゐ
る支那人は皆良民ばかりで反抗する様な者の事はないらし
いが、それでも油断したせ所に大きなけしではない事を言はれん
兵の工兵所は監ナシ院を道におて使すがヨへてゐる事
掛づるは有様だ、眼がへてしなじ不要がまさとにたってたど
失った。野戦の工兵も剣をつけ、実弾を持って居る。油断をしない
支那の所は墨黒がして見も寸川事ない、くまでとたまらない
所の支那人が砲車を見た来るに手しせか悪いと命ら無路に。
取っていえるだ。九時半ともなって来たが工兵の来る所暗い支那
所の道で鼻の音をたてて番をしてゐた支那人が二三人づつ通る
おそろしい。おまへし運ていく、ゆる所は大きな倒壊した橋
の桃林橋の中だからどとの事の道にみしらをしいくし

316

コクヨ

その上に毛布をしき横になてゐるけれどねむい。独立工兵で
かしねむれないので目がさえて来てならない。が思い出し
新地のことも又一日早く帰りたいと思ってならなく
なる 十六才の支那人が お茶の接待に来ていろいろ話をして見
たがわからない。字を出して字を書かして見た。一寸位は
わかる。まじめな男らしく見える。言って筆で中々話はよくたけ
なり後 [illegible]が四百名以上 地下室にもぐって居るらしい
が上海攻撃の当時に先づこの支那人にアヘンを与へて
なる、かうのおりました[illegible]を引きさいて持ってゐたあとがある
どこの工場でも働いて居る所はない 日本人とこわがってよりつかない
らしい。今朝来た、書記に水ぎとうをおしかったが 一シャシャつあり
たう と言ってよろこんで居た。一生懸命に働いて居る感心な者
だ。あすはハンゴで何をたいてやらうか なかなかうまいぞ。[illegible]を
つけてゐるかよ 宜しく
[illegible]
[illegible]
よし

317

妻へ

中支通信

上海の捕虜工場内に起居すること四日目、不自由な
ハンですいさんで会つたとーつ荒涼としたこの上に泊つて居たが、いよいよ
五日出発した。陶家大村中楽云放つ(工場の夫)をあ
とに雨中を上海北停車場へ行進軍をした。北四川路
の附近 ラサウ。ここが附けれなれひどくあるさん。日本軍
の占れ北若口跡した所がずつて、陸戦隊や名古屋の大部隊が
ずいぶん戦死をしたとの話。立派な町が今は何もない。
レンガと土の破片で山になり、草が一ぱいはえて居る。
住んで居るものは人ではなく荒野原。その上に見て居られな
い。所々に土のトーチカを作りその中へはいつて機関銃や
小銃で応戦していたらしいとか何十か並べて道にこしらへ
てある。見てまた兵が妙なにひどい目にたつたかよし
わかつた。にしいぬと皆叫んで失つた。上海駅北停

275

昭13.6—14.6 ←

コクヨ

2

車掌とも言ふ職は華軍人で占めてゐる 支那人に
汽車みたいなものは扱い危いからだ。プラットホームの庭には
トランクか金行李なんかが積んであるのは 今年の又いつか久
ならずけになってゐる。大きな家も出来かくになってゐる
雨はひどい 川になってしまったとうとう 外とうも服もずぶ
ぬれになって ズボンへ流れてくるので中へ水がたまる 室にも水が
入ってくる 荷物列車へ乗る 砲兵の乗せた。兵隊は寝る所も
ない貨車へ馬と一緒に乗せられて 七人づつのってゐる 火ロウソクをしいて
寝てゐる 夜中なんか寒くて寒いくらいで 今だらけになる 馬糞のにほい
少便のにほい いやな気になってくる。俺らは班長以下七人で
櫓木も一層に流る。ぬれたものを貨車の中へかけた ズボン
板になる。寒い、靴も何もない 兵隊用毛布も無くてしまった
次の駅へ行く迄の間は一面 廣漠たる跡の如く 満洲の家は

276

コクヨ

一うもない、すっかり流れて　あとかたもない。どこへ流れ
つて、砂づくろをつんで築ったあとが。沢山ある。昨年は特
れて田へ出る水田を沢山稲がいえてあり自分のはめくら草
のもあまり見事に米をとる田がなかつたけれども
かつた大きい分広い所、田ばかり。田を早のとりあともない位
せまく、こまかくいえてある。川が高く道(田)がひくいので一寸雨が
ふると道も田も見えなくなり海のなかにまっ白に見えてる。水が
おさまらないらしい大陸だから、蒼々かぶのか桑の木が沢山
いえてある。桑畑の中に南瓜が沢山いえて黄色な花
が咲いてある。ナンバキビも上穴にのびてゐる。里芋や大豆
も多い　田の真中に一多位の卵児があつてめめがある
配ごは墓な一つアドに一つ位の割合でいくつもあつて
小山の上に旗が一本立つてゐる。農村は夜ふきで蒸つ

277

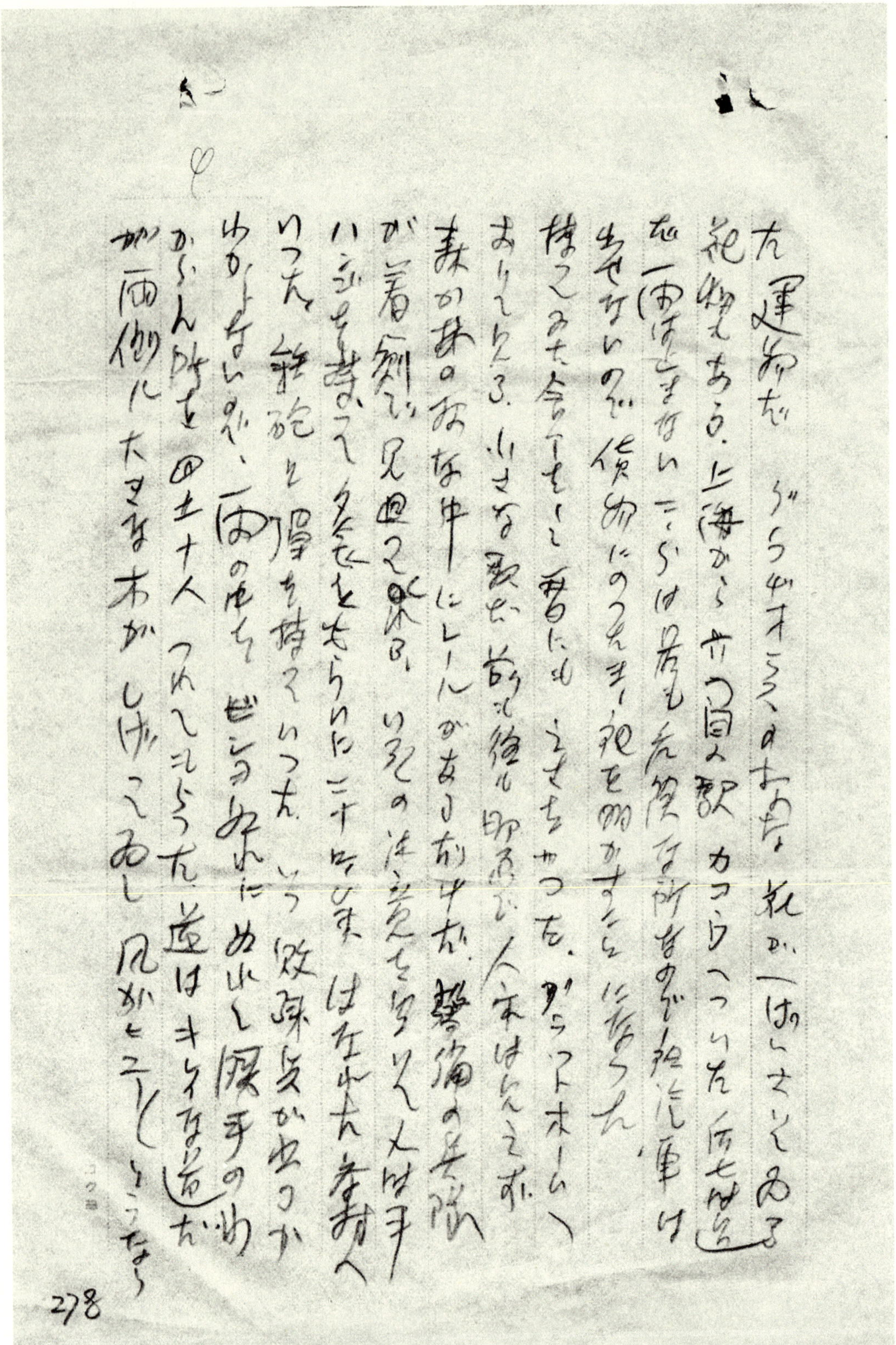

た運命だ　[illegible]のような私が一ばんさいごである
絶望である。上海から六つ目の駅　カコウへついた所七時過
た一両はとまらない。こちらは前も危険な所なので汽車は
出せないので便所につれまい死を明かすことになつた
待つてみた今でもこと番にもささまつた。プラットホームへ
おりてみる。小さな駅だ。前は線路で人家はなんにもない
森か林のような中にレールがあるだけだ。警備の兵隊
が着剣で見回つている。いつもの注意を受けて人は手
いぶをさげて[illegible]をとられた二十四名はそれぞれ各部署へ
いつた。鉄砲と帽を持つていつた。いつ敗残兵が出るか
わからないので、一両の者もピストル身体にぬれし握手の物
から、んで所を四五十人つれていつた。道はキレイな道だ
が両側に大きな木がしげつており風がそよそよとこつなう

278

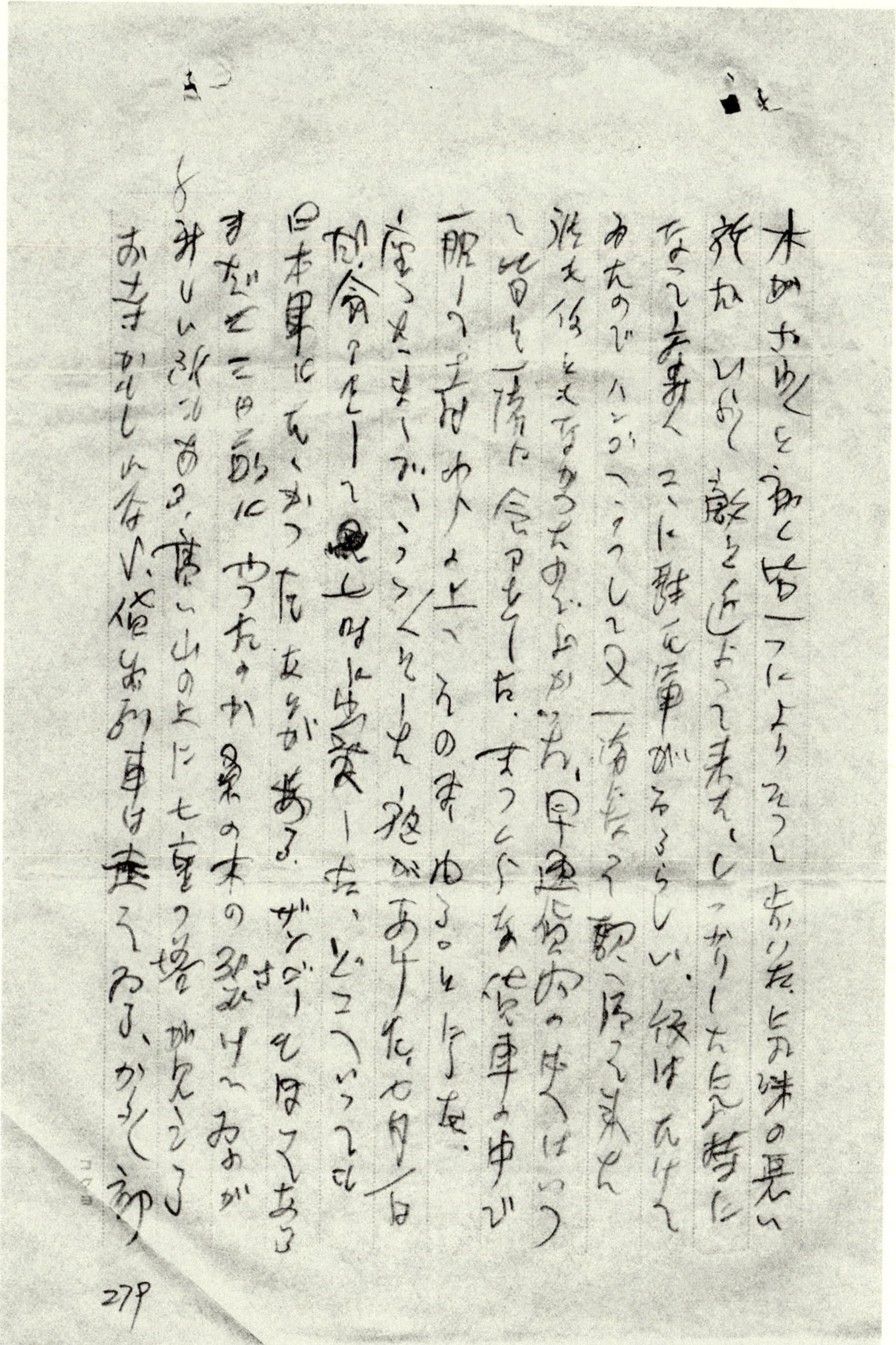
木がおおくしげつたによりそつて歩いた。気味の悪い
疲れいおし 敵を近よつて来た。しつかりした気持に
なつてあるく これに駐屯軍がゐるらしい。役はたけて
みたのでハンがへつつして又一所だんで駅へ帰つて来た
[illegible]なかつたのでよかつた。早速貨物の中へはいつ
て皆と一緒に食事をした。まつくらな貨車の中で
一服一つの[illegible]や人と上へ その[illegible]ねるのとした。
座つたまんまずいつくれした 夜があけた。七月/日
朝食をたべて 九時に出発した。どこへいつても
日本軍にたよかつた友達がある。ザンベーをほつてある
まだ三日前に[illegible]つたのか[illegible]の木の[illegible]けてみるが
美しい流れがある。高い山の上に七重の塔が見える
おもしいな[illegible] 汽車は走つてゐる。かく[illegible]
279
コクヨ

6

ねて字が書けない　こんな字だ。よみにくいだろう。え
どこへいっても田がまんまんとしてつゞく菜畑と　それだけだ
農家は　とびくに一軒、又二軒とはなれてある。
[redacted]部下の作業中、部隊の字を横切るよう
人があるが何もする仲裁のようになぐり倒されてひどい目
に会はされる。大通りの田の目で皆人が見ている。牛を
引って歩いている字が情はもたない。皆かえてなぐり付る
日本人も近頃がひどい目に会はされた。絶をくれる
は誰も通れないそれになって居る。中国兵も規則なぞ
それが支那人ならと　ひどい。統制もぬけてなぐり付る
ものもある位。金がはりつけてあるから何をするか分からず
ない女は故郷に居る日本人は本当の真事をまもしく
なかなかなくなる!。とてもひどい目に会はされると言い

280

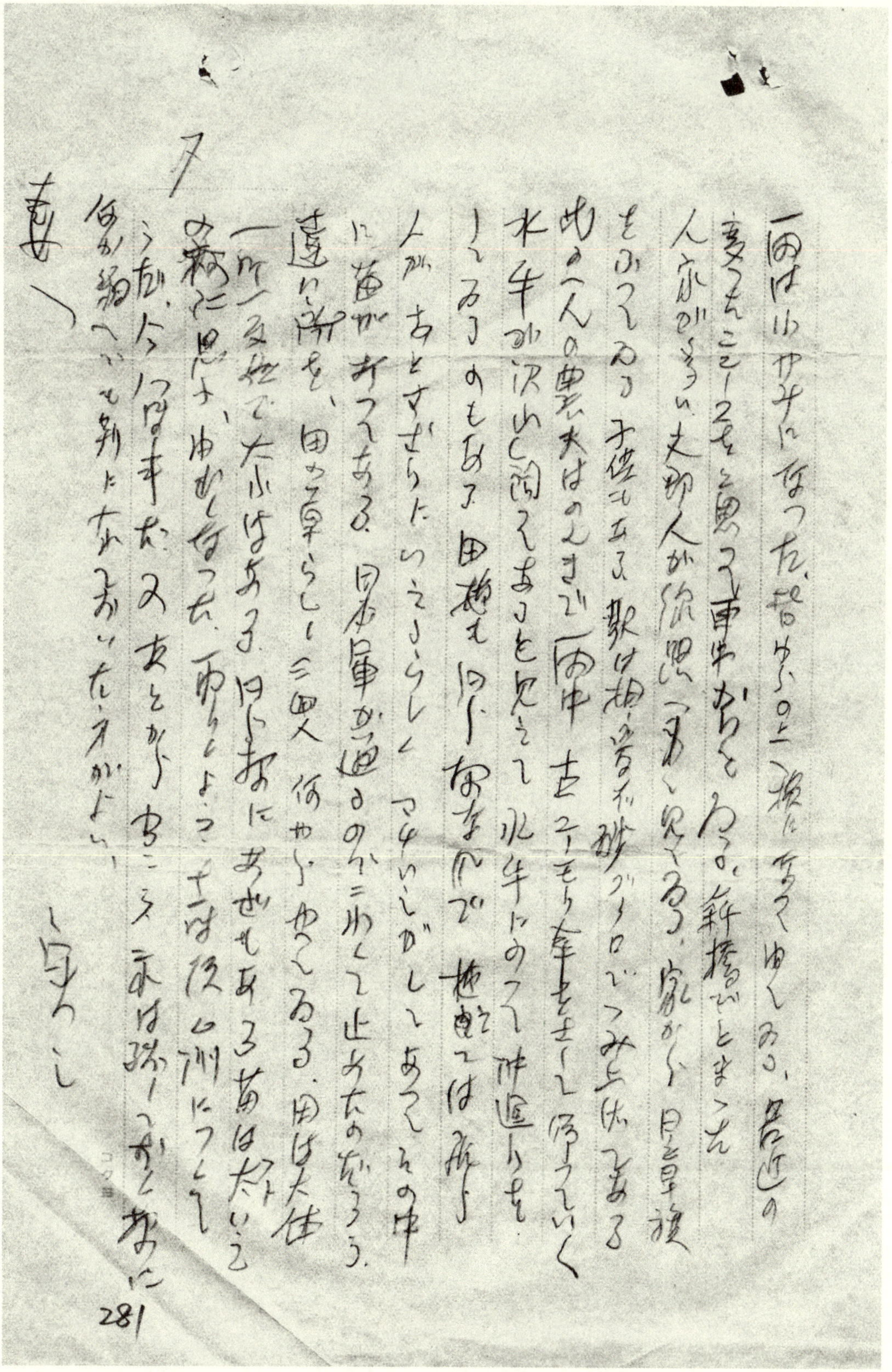

一面は[illegible]になった、苗は[illegible]の上へ[illegible]ゆくのか、最近の
変った事といへば汽車がおくれる。新橋でとまった
人家が[illegible]、大抵人が[illegible]見てゐる。家から[illegible]
をふいてゐる子供もある。[illegible]
此の一人の農夫は[illegible]まで雨中[illegible]
水牛が沢山[illegible]を見えて水牛にのって[illegible]
してゐるのもある。田植も[illegible]で[illegible]は所々
人がおとずれたいえらしく[illegible]してあってその中
に苗がおってある。日本軍が通るのがこわくて逃げたのだろう。
遠い所を、田の草取らしい三四人何かやってゐる。田は大体
一面の水で大小はある。[illegible]にあぜもある苗は[illegible]
の様に思はれ[illegible]なった。雨によって土は[illegible]について
う。今度の事で又[illegible]ゐる。家は[illegible]一っぱいになって
何か細かい事も判らなかった。[illegible]がよい。

又

妻へ

[illegible]

281

雨はザー小降りになつた。○○驛を朝七時に出發して駐防兵の出沒する次の驛へ向つたが何事もなく通過した。どこの驛も砲撃をうけた跡が多い。今は方向を反對にかへし昆運び集てる。どこの驛でも兵隊さんの驛長さんで運轉手も兵隊さんだ。まるで軍隊専用鉄道の様だ。三つ目の驛の外に出ると何里とつゞいて老人、青年、子供々何百何千と線路の横に並んで我が皇軍の通過を待って居て　先生何か下さいと支那語でかはいらしく手を合してペコリペコリとおじぎする。可哀想だ。パンの端をほつてやると気違ひの様になつて取り合ひをする。金を呉る者、多いのをやる者いろいろだが食べ物まで持つてしまへやると危険を忘れて取り合ひを始める。可哀想だ！るのだ。生活難がひどいのだらう。この子は農家か相当ゆたかな者と思はれる。兵隊の通過を知ってるたれの家

1

星三宝についく大僧が大人の老人かになるのには始ま
た、大は頃顔して花里か休み土は頃に無いのになついた
この人ブラット不ムは壁の茎が所みろしガトシけてクキー
もく久し両がたて残したちぼち、割りに社会がかた
うりをしいか頭の末信はすかり二ろりめて居れたり
張ってろ三浦連へ立派を建るに書た型で下口しにが
分去書の的片で少にぞ去くうき去がい似だ、頭が
そで卸収けたをそしこれたきは去るた。○○について
去流むけでであろ○○は又立派を建るかあり方所特有
赤青顔を名ば久そくアンドイ作になるくり
金ロたンか立派に光くる久口これてみそくを作作
し々居ろ所は子達になれたすに仮々来なしかも伸
にある、そつわかっくた、四素涅がとあよ一妖い

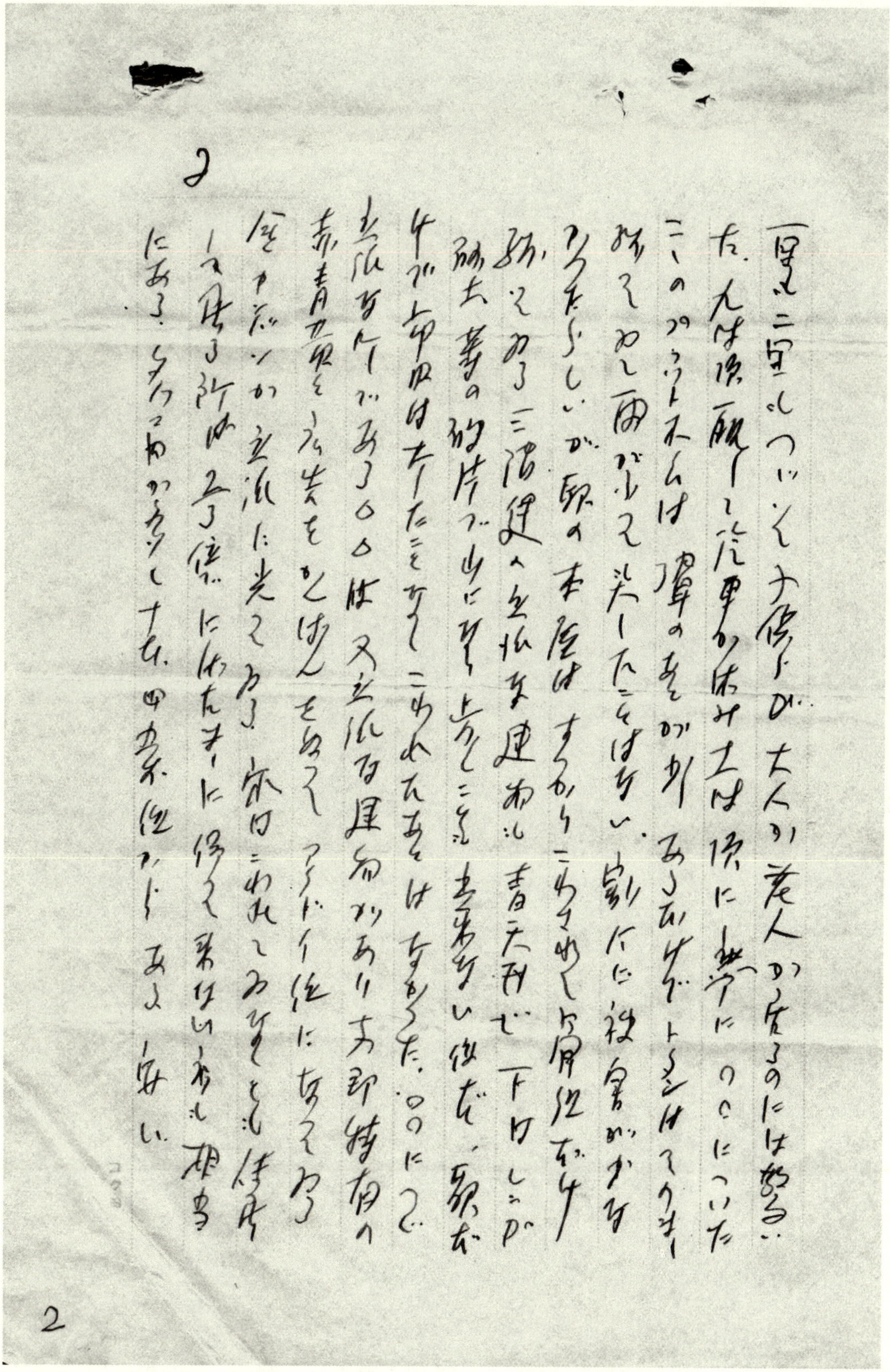

3

小川ダムの土手をまっすぐ切ってずっとひろげて売っている店も
あり、どこにでもいろいろの農具は一つのものと同じだ
野菜ものの果実を売る市場もあり日本の物もある。カエー
ド、会席、付けの類やかまぼこ、済宮と湯屋の物の中に
こちらこそ日本の食物をあまりみないなと思っている。何を作るの
みなよりいかにもだ。でんこうだけが料理は本位だ。故日本
うまいだけでなく珍らしい。日本のもの何でも売っている。この
おかし。買ってあるのだ。上海の中でよく、ここまで来てる
なつかしの元を思った。上海でもしかしいるのがあるよ。大変な様も
以外の所物をさがし歩くのにさわがしい。まれに出る所
三千位の区里を行くことにした。また、上海の海の所へ来た
青々としたれ。原に山があり、別荘ひたって居る。避暑地
らしい。日本人があちこちに居る。小さい所もあって、納涼

コクヨ

3

4

立って居ない遊覧地帯だ。兵隊さえも沢山遊んで居る
九州の五ヶ所の道の側に兵站の様な所があった。それから
なんと云っても歩いて部落へはいった。部落はどこへいっても
市内の道路は安全だがしかし、又だいぶからえんとになって
いる。自治会の様な所へいった。中寺村とか、兵舎のあった
とか言ふ様な建物だ。そこで各部隊の兵営に、兵
出来にしたりして居る。農夫はマクワ瓜を籠に入れ売りに来る
黄色かった(予定)西瓜の苗 メロンの苗なの 売りに来る
俺らも中寺村とかお部隊兵舎とかの広場へ汽車を、歩いて
おそく行軍をして兵営へ行った。又十五分位歩いて来たらしい
百五十一ヶ師団以上の広さのある平村である。兵舎なのか
山から山迄が、とに角大きなものだ。二階一棟が一ヶ中隊
はいれる。下はよその部隊だ。俺は第四班になって一日又

4

元一流に学部の教室だった部屋にはいった 先に来た人が流し
優たちと交代したのか 十数人を探しに行ってあって用意が
出来ていて イスや筆をはって あいたものもあるが何日かおくれ
ついに乞われていったらしい様だ 汽車の中でもちりすがねこい
車は皆自分のみだ。だりぬ来て居るものも見える
素いけ室外気に造られた二階へ上る段やドア案外新しい
こんな棟がいくつあるかわからない とに角立派な大きな
ものだ。十四の僕らもあろう 白のくれはなってぞいて来りかね
らなかれば、恐しだ丈いいんだで 銀をたてたりたり大きに
ともらったりパーツーっツチを出すカンジメ 他の人と一緒に
送ってもらったので大会がしなかった 世と行け隣各会が
おかしく 手で飯を食った。あっぱい いいんだの後はおかしかった
立はパンだったので特別おかしかった。で 大変つかれて
ド

5

シャツハンケを洗つて来た 汗をながして一服 手が臭汗だ
天井になつた 多くの雑役が行はれたのだらう 上衣やズボン
が昨日からの雨でじとじとしめつてゐるので気持が悪い シャツを干し
ても何も乾かない位だ くつも濡れてゐるし 雨がつづくので終日
だ この地方一帯は雨がふりだすと半月か一ヶ月つづくのは
珍らしくないさうで長いと三ヶ月も雨ふりばかりだと 大陸の気
候はえらいものだ しかしこう雨がふってつづかれては困る
出口明日上りそうもないが 明日は露営の予定で大地の上
のねをするやうになつてゐるが 雨がふれば 考へただけでもいや
下級兵隊 当時の気象をまた おもしろいもんだ 近衛はかい
をのむこともないが 湯がわかない(なべがないので)の 今のアにも
湯をのまない のどがかわく のめない水はあるが のどが
辛がある 水がある のめない その他つぶさに 日はない

7

かーこには以て文分にはないらしい。お父、坊やは近いが明日の
為かどうかは坊やがたのしみにしているのと思ふ。来させて
はんごでたく様めんどうなことはない。後はおいしい所
しかし俺らは当分ここに居ることになるらしい。日曜もの
上訴なった。明日は陸務員討伐に出かけるのだろう。この兵舎に
居ては退屈だろうと思ふ。討伐に出かければ又土人をやっ
しる気もかからない。其の時には又面白いことを知らせよう。
田も植付けて終り稲刈りすんだと思ふ。今年の稲刈りは
男が二人来ていので淋しい。お父さん所があろう
公会堂へ一パイよばれに行けなかったな、又いける時もあるよ
今頃はかし落ち付いたから又其の内歌ふらしいことであったら気
つくろって休みは休んで体を大丈に皆仲よく俺たちの行るのを
待っていなよ又これがて頃には田の草とりをするだろうと思ふ
一男
七日 午前十時半書
家内一同へ

6

長イ間ツヾイタ雨ハ雨ふりも昨日頃からやっと上りかけて来て
今日は朝からで一日中カンカンでりのよい天気になりこの地方独特のあつ
さになった あついと言ってもあつい 今迄は内地と大した変りないと思っ
て居たが矢張りあつい。内地の八月の盛り頃のあつさより あつくってかなは
ん様。大きな木の側に立って居る様な あつさだ。空には いたいと言ふ程
あつい時は嫌だが夜が早く過ぎ かわいく ホッとして来る様になった
らどんなあつさでもこらへると言ふ事になるよ。色々の元気になったらしい
其の後元気でカムへ一ぶんに沢山食べて居たのだ いくら出してもヨロシかったが
なんと思って止めたのだ 何呉れ〜 それ一杯それ洗ってそれより沢のそれのそれも皆
〜出して呉れて居るのでそれぞれ腹か ならのかわから〜 ない様、仕様余り
どこからでも綺麗な水を出すのは洗ってそれ 沢山有ってある所、七時半だ(短の)でそれ
湯は熱い〜汗が流れ出して来る 兩すだあはってそれもだ。ゐは根まって
下風はあり中々それ外の方が楽しいか それわからない。この兵隊たちも五日目
にあたった 大分疲れて来た 落ついて来た 勝手も少しわかって来て それに不便なのは
れおかげで生水をのむものは居るので人も生水は決みだのもそれのは今で
ない。だがスエレラ等で衛生以元へ行個なんので よしはやって見るつもりで
宜気をつけて居る 出かけたあついのでなければのまない なるべく沢山の方が要い
けいこをしてる 生水のみの人は 俺は思ってさない めない 決めたい 水はのまないでも
のだと思ってたし それを見てもこちらの方がよいと 本当に困った だの乾くことはのみたい
毎日都合はハンゴで飯をたべて今は食事 演習に出る
たある。今日は明日寄稿の手入れをしてる 本が日にはまだ 演習
がるると四月少あつての元気で帰って来て パン 外中のよし眼をまもってる 一生懸命
帽であつい事をおもひたし 帽子それふったか来ないか から ならで居る
二、三大隊は本部へ一緒に出て演習をやってるらしい 涼之助君は
元気でかけてやって居るだらう。一大隊の阪下さんが一緒へ参加するそれのはあるだ
らう。お母さんも毎日せいを出してゐるだらう。お嫁さんに宜しく
い。兵隊をシーカと言ふ お母の女をクーニャン 女の子をピーと、男子をボテーと言ふ
生活もあらこじは 自の発展 様
シーオン! メイフワ、シン
だ 歳前も出して 兵隊が沢山立って見せてる
お 勝って来るぞと勇ましく いと叫ぶの歌を大人から子供まで歌
ってゐる いとどらしい 支那の町を通る者は皆帽子をもって礼をして通っていく
マクワ瓜、西瓜を売りに来る。
朝早くからお母さん達
よってたかって
七月廿一夜 父

軍事郵便

大日本三窒楽松阪ヨリ讃田

新羅寅藏

留守宅行

13年 7月 5日

差 出 人 名

▉▉▉▉▉▉

清水部海ケ付
新羅山を原町四研
新羅山寅藏

製店商谷水・港品字島廣

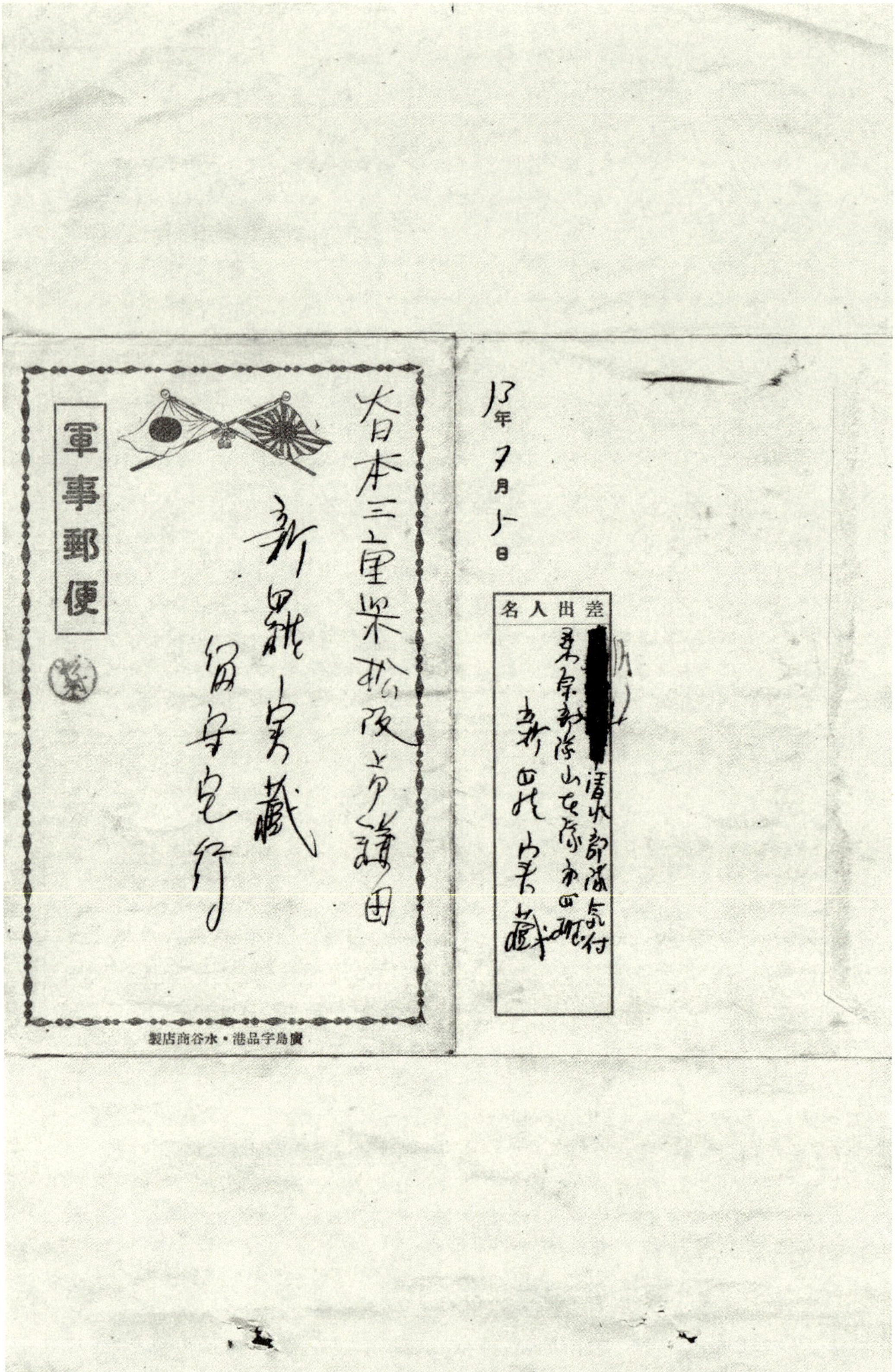

7

がまんをして仲よくやつて呉よ 御願する

其の后俺も相変らず元気だ 何も心配ない あついので日射病で倒れる

ものがふえて来たが まあ俺は前の留守中も無理して来たおかげで

今だに倒れずに元気で毎日演習ができるについておるから安心をせよ

クリークをうめて砲車を通すけいこを一しょに工兵演習へ行つたり

去日は越えて自部隊へ行つて中隊教練をしたり 七月二十日日曜日に

は休日で外出をしたりした。西湖の附近へ行つて船があるけど どこへもいけ

ない。休憩演習だつて又たる休んだりして居るので面白くない。

あついので此の頃は朝早く三時起すや 土は寝かして さきに定之時に演

習を終ら 午后は休みがあるから 洗濯をしたりして休んで居る。あつい

のだ 洗濯物はよく乾くよ てぬぐいはいいが 一日演習に出るとすぐ

汗みどろだ。何回洗つてもドロドロで シャツ類は一日一度 二回は洗わ

金は 軍票（ぐんぴょう）と言つて 軍人のみ通る 札が出来て 十円 五円 一円 五十

18

3

が、中支と違って銃傷や刺傷を支那人にやられ日本の銃、剣が役立た
ているからだ 西郷のビラの様な手紙のない奴だ 昨二十二日停戦を
(三月に帰った中国人だ、それ許りだ(アリそれしかなかった)二十一日に出動
命令が下って十二時半に出発した 〇〇へ〇〇から約十二里も歩かされ
敗残兵が沢山出て困ったからしいのだといえるのだ あかった、倒れたが、
ルあった、今下進めて行き寝ると 銃は背に負って歩いて一足一歩歩か
其の他は郷条に露営をして十二時頃早起きして四時近く出発して
又二一の本隊へ行った隊の十時頃休んだ 間もなく行ったが
銃をもって送還して六時までも歩いて立食もせず五時半頃追出
所へだもの、なにもないので、少しだけつかれて歩った 四日目の夜が明けたが
おに見えず 弾を打って支那人をうんと殺してやろうと思って行ったが
引返して来たが残念だった 今日は二十三日 中隊五名の内三名戦死
〇〇へ敗残兵狩りにかった 余部情報宗を発見し、大隊長との

21

⑥

皆の二十七人でトラック一台へ乗り銃と弾三十発もって出かけた。。（
所をさがしと地図を見つよしゆかりのだが さかんし情報ゆる ひふほどことだ）
今日は相当おそくなって、急いで走ろうと思って六〇五〇信号して トラックが
走っていると、橋と言ふ橋は皆こわされて皇軍の工兵が木でかけなおし
こちらの道もこわれて修理してあったりした中部をへりしにゆれて
危険がせまって来るおそれに付いて、昨日は それでも銃砲を構えて うとうとしていた
おりをしていたが、今日は心配もしてみなの顔は気持で、淋しくゆめなくなって
来るものか 一面側の田は 刈ったまま一草のはえて 荒れてある所しか
ない 荒れたまま 野菜のおいてある所ばかりだ 戦争のため お郷の
百姓は田を作ることも出来ないのだ。 どこかへにげて行ったのだろう）
お郷長は負けてにげる時には その付近部落をおそって全部を
焼いて家に火をつけてにげるのだそうだ で家は焼けて
何も無く住民は流れて去った 建物焼けて 燃え残りのいたましく今のあと

22

5

なるべくしんみりのないあろうて、森細もおっかなく手脚のきいた気を。
上空が下は草が腰迄もはえしみだれまる クリーク（白色の川）へ一台バス
の自動車 すがママに突込んでる太郎の奴だ。紅部の橋がみあるなに
曲って以くおさん房の本。ひどいものだ。この辺は内地とずいぶんちがう
両側に田、森林遠くて山があり 山の下に白かべの部落がある。
途中歩兵騎兵の乗ったトラックに会った。俺たちの隊より一日前へ前方を
警戒しにいくのだそうだ。しっかりやってくれ、たのむと言っている。
よほど困っているらしい よし安心をせよ、と言って出発する 二十日の敵軍
が根拠に林家に損害を受けたそうだ。逃援に行った時途中トラック
に十名も負傷者をのせたのが通ったかな。ひどいやられたものと見える
[redacted]の谷井隊長上等兵。紀州の方の梅木上等兵や
古茂上等兵の三人が野砲の三中隊のものがあった。永井上等兵は
俺と一緒に乃議して 俺は二、彼は三十隊にはいってしじゅう話を見し

23

6

忘れたのに今、死んだのを見て思ふと云ふ妄想になつて来た。子供が四人あつた。
あれはいつも元気がなかつたあの時に思ひ少年がまだ二人共に早く戦死を
するとは思はなかつた。で仇をとつてやりたい気が戦けに似つてるが 僕であれは
孫宮たつたが今日又来て戦死という訳ではないが 仇はかへしてやると心になつて
来たのだ。で目的地。へついた。敵はかくして出来居たのがいつたを おいたんに
しいで昨日の戦争した戦場を案内して見せてもらつた。相当な激しい
出て来たらしい。三只所の一家に戦死者を埋めた墓があつた。永井
上等兵 坪木古兵 上等兵の木標は何もしてない。最敬礼をした。永井が
俺が居て二人を異国の土となつた。大きな敵の俺をとる迄は俺は死ねぬ
安心してまつて仇をとつてやる迄を誓つた。涙が出て止まなかつた。
花を上げて冥福を祈し。戦争した戦場を見て帰途についた
あしいて知らして欲しいが。詳細なる事は孫宮たちら戦目だ。
又西江へ行つた。伊藤伍長（弟依もう）の家だが、よくて二の小さいを

24

7

言つてやつたら立派な最期だ其田中隊から知らして来るだろ
うと
留守宅へ来て、手紙は出してやつた今朝済んだ分つた
（返じにそへて）さう方の分ではお前が悲観をするだらうと言つてみた
から俺の手紙より早いと言ふだらうが、又俺は少しも負けるわけない
いんやりとやりたいとも思ひ、何だに指導を出した者たちの所だ。大
隊も歩兵一人も出ず屍に腰かけして停つたが既にな、手術が出来る
たまたま過ぎて自然分が出来ずに負、金野三人伊賀、西方寺、
井東の田宮、区長区会議員一同、上海の留守部隊から居る方を送つ
て来たので送つたが、あついのでわずか手の甲からふくれけがあつて
ると前二十六日に上陸し翌日の朝まで揚子江と二人共に和気でうつし
たものだ。鉛でうつしてゐる。俺は何ぞうから目がさめてなつた
今度は又その写真が、又二三でも来週頃には外出があつたら
それ迄二三に取つれたよろうしとおもひつなど、いつ迄二三に届くか。

十郎

20

わからない今晩出るか明日出るか一月先かわからない
俺達は○○隊だからじっとしてはおれない先で友が[illegible]してくれ
ばすぐ助けにゆかねばならない負傷した僚友の友を見ると
[illegible]野砲を見ると友のかたきをとって[illegible]と言って
行く負傷兵 野戦病院より思ってみる それだけに敵を見れば一生
懸命にやってやらねばならない 皇軍の兵隊 日夜苦心した
戦友も負傷した 友の為には命も惜しまない お前がいたが、
今日は体がなまって寂しくなった 今晩はわかれるだろう 昨夜は手
紙をよんだ 赤くて梅田のことを思いおしていたがわすれなかった
十二時迄 書いた 俺も死んだかも 決して案じてくれるな 自信したた
ふ知っています 家庭のことも言われるだろうが 知らせ いれはしな
いで其の事を知りおせよ 死んだって靖国に行ってるんだ 気にかけ
ることは無いから安心して [illegible]
よろしく頼む 止めよう おやすみ もう止めよう

良人

妻へ

19

あなたは、四月末は少ないが、田の草、田植とお前たちの最も重要な時があった
仕事がもう二、三日ごとに続いて、かれこれ自分の体をすり減らしていることだろう
卅五日のまつりはどう祝った。まだ出れずに休んでいるか。
秋のとり入れ又三月前すると追って来る、又一年たった今度の田植
えは自分に合わなかろうと思うがあくせくだが秋に自分に合わなかった時
一日も早く帰りたいが現在のありさまでは帰れることは夢にも思
えない。残念だ。なお早くお前が折れて来ればいいなと思うが。
卅四日に工場に出て夕方帰って来た。実弾射撃に行くのだと言って
方は家に帰っていた。俺もまた行ったが工場で疲れて居るしの話で
かまわない——こうしているのにおかしいなと止めた。人が騒いでいてなかなかどんどんその
人が元気持ちがあるしガランドーの兵舎で二人の友達と酔っていた
卅一日には祝ったさのは月が出て、金をもらって手紙を書いて
居たが、十五日の朝、帰省を知らせるに及んで、来れなかったなら二十七日
の朝に素早くの事を思いやりたくて仕方がない

25 SHOKO

2

松よと岸くに火炸蚊軍(エイビ)で会アをトラツクで通かのでそれへのつていし二と
にまかしなつてしまう総米をしてトラツクにのつていつた 二十から三百米く
大きな部落だのの江と言つて川ゆ千五百米位ある大きなものが川原に
に鉄橋が有るし川原へトラックを今敵人に人夫を使つて作つて居る
双眼鏡を借つて見ればよく見える。トラックでおそはつておりして工事を
やつて大分出来上つた所だ。この夜に抑かれた鉄橋が半分こわれて居る
おれて有る。約一里くらい川原にトラック。ガンジーが見える見えるよ。いくつあるのか
わからない。これから出来上つた後に目も首に向かつておるつもりだろう。
たが二ヶ月は工事が出来上るか一度に混雑のつもりだ。これしにやつたんだ
川岸に部落があり土人が沢山使んで居る。その後よ切り立てのがけ
の下の家へ行列をすることで二十五 一説明かしたのだそうだ 俺が行つた頃
には何かしら分からなかつたが工事をして居た。山は岩石で木材に針つて
作つた家が屋根が平にしてある。夕方に行つた けんじを古くの絵を
かんづめを持つし 大きし 下給品 タバコ 三ケと かんづめとビールをもらい

26 SHOKO

3

兵営にはカステラをもらって早い日から かやをつった思ふ様く 敵をおつ
のに、かやをつって 少しの人生なのだ。後 工兵に出た 古賀伍長で 夜中に
追って見たら 敵が打つのか ビューッと小銃の音が聞える。こちらの前には
歩兵が居るのだ だれかまたに しづかに伏って寝た。朝 道 夜があけかけ
た、背嚢をしょって 銃の上部に座る。昨夜 おったのが 皆に伏って寝ったのかもしれ
おそろしい たよりない 日がり 演習だと思った。昨日まで前におりおっ
た時 双眼鏡で見て居た人の話では おりると トーチカの中へにげこむの
だよく見えると言ってゐた。支那の兵隊 二列を よくあたる。砂煙
は火事の火の手のあがったように上るものすごい。面白くて皆立って見てゐた。
敵もそれなりにない 一生こんなものだ。服はジバン 帽子は のんびり 編上
なって 四五年もして おつのだ。よく 話部隊人かにあったが今自分が
現在やってゐるのだ。六十四日 戦争の泥首が島兵をとってしまった
七月の初めの頃にあるそうだ。戦争はひにたのんで 少しくだがり日を
黒い小さなよい七月のお江の敵で前からうってなものだ 毎朝に座って

27

SHOKO

4

何しろ一番左のが俺だ、探してもらえば、わかるだろう。
今朝はわざわざ、トーチカ事務に、俺達がおったのだが欠けるうちに
なおいのだが助かったかもしれないが、ちっともわからなかったが、明けはなったがドー
ドーンと空中をうならし弾が砲弾の音。胸がスーとするよ
今頃僕達の何処だ作り等だったなら一番いい所を占った。前に居
たのまれいい所の様に思った。くれりことはくないが、立派な所だ。
作って洗濯をしてこれをかわり昼食をして帰りがおそくなって、帰りをかわ
してやって大空家へ涼しい風に吹かれて手紙を書いて居る。
又近く出ていく。最近は家に出ていない気が、出来なくなった。帰ると
思わせてすぐ出かけるは気が安い。楽しくなった。楽しく気をつけるよ。心があって
だけ身口だ。外はガールの人だ二十カンない。気をつけて居るから安心をせよ
皆とあって居って体が丈夫だろうからよく気をつけてありとしなくて母に
しくれ。弟がただよりがあるのか。死んだのか。一寸いたずらが来ないので
まっかりかわからない。一寸返しくて早く知らして呉れ。待って居るから

安之

母へ
四七・一〇・五日

28 SHOKO

田村のキャラメルの札　どこの菓子屋へでもよい　持っていくと　キャラメル一つ
（取替）これ一つで　取りかえ　もらえるとよい　ひまな時　こんなもの
を集めしたのしみにして居る。タバコのカードも　つけたことと思ふ。
伴が居るのが　居たら　鋼かのに骨折るだろう。急に　まか肥がいることもある
るまいから　東京　一ヶ月で　まかを出して　みよ。次には何か　一ヶ月　まか太くをして
出して見よ　位置か　つみかへし　又力をませて　麦田の用意にして　おくとし
よいが　かし作物は　ぬかでもよい。まか肥を使ふ　ならば
一ヶ月後でもよいと思ふ。キャリ大は　いって　喰べられる　ならば　なったか
又いまこそ　くりなを　まし　なになろう。何ゆかでだ　行しいことだ。俺ならば　思ふ
おけの宿題をすると　あとは　天気でも　雨かっても　休みだ　日のある　日に　仕
事へ出して　土は際だけに　会だ　あとは　ねころんで　演説を　やってたん
を読むる。読書や　無除　すこいは　幸いとふ。行事もとふい。　ますが時は
まとんがよ　ためしみのはもある。それでかれたものだ
昔　人は　自己を　つけて　時日　山下先生から　手紙を　もらったが　返事は　まだせん

29

SHOKO

第一信　死ぬ日前と後（陣中通信）

敵陣へ突入前の中にして書く　砲弾や波の音が少し止まる
三十日午前一時半頃一米由ない　昨夜十時　近くに来ることなく長官の話を一
度きいた、誰もさられなかった、砲声へりし　あの日の夕方砲二門が　銃火の
○洲の中で行軍して腹へ、汽車へつみこんで合って○○へ着く　十時だ　今は
先に○○より○洲へ行くは一泊した後だ　敵がせめてくるので出ることになった、
合っとして　クリークの前にある寺村（兵舎にして居る）附近より船へ砲を
のせて　土人ですらを揚陸の二隻に分乗し準備するする隊って行ったのは
十時頃までで　夜になれば寒、死人のような顔　夕食をとらずに　俺達は
・三人で大砲の轟を一に聞いて　何の為は兵舎へはいらずにねた　[illegible]
でびしょぬれになった、すっかりぬれて　隅に寄り帳を下しておいて横になる。
ひどい寒さだった、仕方なく砲弾の上で　分人は四五人よって　お酒を飲んで兵舎だ　俺
にも一杯のめと言う、まずい酒だがすこしよいので（分配）やとうふの汁をつけ
て　ようかんを大事にもの　何かしらかんかん殺気のある。一ほかないもので
一滴にかかって支那人は　あかりをつけてある　俺たちの中で銃をあかりに一応
つらい　五人になった。カンテラで船の上は涼しい。風が少し吹いて来た　人を待ち
言えない　いい気持だ。これで生きていた　しようとして一滴にゆっくり寝をとって居た
外の者三人寝ていて　ただ静かにわれた　悲しテントをかぶっても生きて居た一般の足
ふもとすで　出ても敵は、敵には手や足で何とも思わない　俺たちも敵にはやぶれる
仕方が目をさまして　表への音をいう　あいさつして　隊長がどうして
ていう。敵すが鉄砲のかみなりが出来ドンといったと　音楽の夜だ　[illegible]
ゐる四時に　[illegible]　来た　[illegible]　船への　[illegible]
と大甲板をのせて　クリークを○洲に向って進む。航路やぶれた
であろう　戦友の仇討に　永井上等兵の仇うちにドンドンでやっつけねば
ならない　そう気持だ　大隊で　四門　四隻ともにさし弾は　ある
思いながら　うまくやるつもりだ。手柄の自分の腕を　まず　今度
命じ来の和平で　ふれしい。いよいよ　敵陣　会ってくる　皆が　吾人に
とりまかれて　[illegible]　クリークをどんどん進んで行く。よい人のことは全くある
たは　[illegible]　タンカにのせられた負傷兵が　つってもふえて行くらしく　六は
せなかに　弾がもえていてもの　足　手足をやられたのか　大いにさーして　来ておる
のもあり、血が流れて　足に一手にそまって居る　暁紙が　一今朝にかけての戦争だ
やられたのだ。俺の血は　不どする。いよいよ　我の敵手を　荷付くして　やっつけ
てやる、船の中でうつのだから　思い　あなたは　あるまいが、しかし　波は　なりませんで
船は　えんなに動かない、皆で　[illegible]　敵は　[illegible]
しつかかるそうは　ハリきって　ふいうえと言い　まやうかんをくわえた　のこぎをもう
ガーンで　敵に向けて　打ったのに何の　手ごたえもないだ　今は　空がしずまって
なった日が　暮く　明るくなったので　敵は　こわくなって　止めたのだろう　くらい　敵
がなければ、やられない　果物を　支那人から　もらって　かくれているのだ
入陣地は　まだらなみを下ろして見よう　今度のわれは　は　隊　で　手に　一杯に　二　ぎつ
銃弾は　のこった、突撃　敵の陣が　よんで　来た、味方が　たって　船から　打ち出した
敵の弾が　ザクザク　ある　に　きまって　友人たちは　小銃に　弾を　こめて　前方に　かまえる
ヒューンと　重い　敵の　たまが　した　兵営　砲の　音が　ドンと　遠く　て　聞こえる　よし
俺も　弾のみが　来た、安全で　止めよう　えい　敵も　音が　しない、卵　砲も　すすむ。帰せん
ぶがあってあるのは　ばかなくせずして　ない。中隊は　まもない

30

三信

死線はことは ―　（陣中通信）

頭の上をヒューン、ヒューンとうなって後の山中へニュンとおちたりしたと
へようもりする弾は気味悪かったが　それて来たパンパン　タタ、、ンと
音がするとすぐ頭をうつこむ　機関銃の弾は一度に何十発と
とんで来るので油断がならない。昼頃になった、頭をとめて大砲をうつ時に軍
意をしていた、十町先に敵が五軒ある。そこに敵の兵が機関銃を
持ってあちこちで撃つが弾は入の小ひ目めがけてドーンとおちこんだ。火の出る、タマ
もあった　火がついたようにみるみる　火は炎とを上っていく、ものすごい勢で
十分二十分の内に四つの山は灰になって去った。あと二十分間位で敵兵を探
しにいった兵たちは全部を火をもしながら山中をつけかけていく。又この山の
陣地を通る皇軍が一つ山から下っていくのが、煙は右に上って焼けおちていく
先もわからない位だ。はたヒューンと頭の上を機銃弾がかすめていく
兵士の世話[illegible]山中の[illegible]負傷者を後送
する工兵等は兵士の死にものぐるいの昼日夜作だ、十一日から二十一日に
は必ず陣地をはっきり抜きこうして敵を逃れない様にしてあるのだ。今度
高地の陣地の所の[illegible]いよいよ山中が大きくなって大
きな[illegible]がかえる敵を全部一まとめにおとし今往はここに案内する
ことになった。俺たちの敵は大砲をうたすので大きな[illegible]
兵たちの手数がいらない。[illegible]ハンゴースイサンもするのだ
[illegible]ドンドンして　アヒル、鶏等を徴発して来る毛をむしるその
たくさんの者は面白い。[illegible]
[illegible]
[illegible]
[illegible]
明け方した[illegible]泣く、うなってみる。[illegible]皇軍
もこうしてやられてるのだ、[illegible]日ぐれ後俺たちの
戦友の[illegible]で大勝でたおれて血を吐きだして死んだ。俺の首を
ゆくかうと思って刀を敵の中へとりに行って[illegible]
[illegible]こんなことがあるだろう
と思ってたまらなかった。[illegible]
われわれは六時頃パンと音がした[illegible]
夜が明けて来た。[illegible]
戦場の[illegible]が四日[illegible]炊爨するの
を見た。[illegible]
敵は近い時[illegible]と音が一た[illegible]頭を下げて
うないた。タマが此ニューンとうなっている。[illegible]土をおし敵を
[illegible]　手傷で中る、この時は二人倒れてゐる
傍の者を[illegible]立上ってゐる。[illegible]青色顔をし、今度もこれを書くま
びにニワトリを四羽五羽[illegible]徴発して来た。[illegible]兵隊達が
料理をして下さるのも一寸見ない所だ。二日は[illegible]米をとって[illegible]の
中へ[illegible]日本など、よいが、[illegible]何でもよいのにー
何百と知れぬ敵は[illegible]音を立て、今しも近くで
いく。陽の音も今一二時に[illegible]一寸一服してゆう。又何より

八月一日　[illegible]

[illegible]

第四信（陣中日信）

昨三日はとうとう夕方迄敵の弾の音を聞くことが出来なかった。ハサミ打ちにする様に友軍追撃してゐたが敵は山へ山へとにげこんでいく。鉄砲を打つところがない。にげるのに忙しいらしい。然し会ふ度に敵の死体を見られない。歩兵はせんぺいをおってゐるが今の所砲兵は用がない様に大砲をのせて物凄い山に登ってゐる。それが自慢だ。会ったのは敵の土民の死んでゐるのだ。然しこれを書ったものを微笑して来る。給するものは食に困るやうではうまくもない。くえる。たまたまとうし家畜と一緒にゐる。いてうった。今日で五日目だ。へまでへまを流しいあてなるとぐりぐり放りこんで水浴しした。俺は流れないのが腕がつかまへてやる。風呂の代りに一日に三回とびこむ。死体がうかんで流れて来るのを言っていつもゐる。至極さて自分の事をしない。その水で米を炊いし、のどを同じに顔を洗ふので。この水は死体は見えないのだから。夕方に日の丸を拝んだ。又師団が明日一日会議を、又師団が進んでいったとしても。いふものはかまはない。南側はいくらでもある。一日に三回も飯を食ふなどといふことにもする。敵がいなくて弾を数発来ないであつくしてわがれがへまさの旗の上に不動之。かぶれぶったせながら日の丸のとこところを書けば着て行く。あんなのは俺だけでよくある。それだけになってゐた。ひどい数で地上を飛ぶものもつけてゐたい。十二時が過ぎた頃に寝て、やっと又思ひ出す。大騒ぎに火事が近くにあったが、危いので消した。兵隊は一日に三千も五十も死ぬ。もえて燃えるのを消すことはできない。今日も又亦一会ったものは友愛とのことを出来ないが敵がにげたあとで何をするにもつれずくりをかつきめくりして、せまくなってうしか通れない中になる。どこへ行っても日本の道のなかに十字になったり三叉になったりしてゐる。西側は足細でどうにもしてある小丸の中は田になって田ぐらし一面つついてゐる。南側は山のたまりだけで一丘を前に畑合ひ麦畑とあぜ、土ととうで、せんそうをしてゐる。敵の中で…敵中になってせんそうがこうとは思へなかった。俺はアヒルと豚を食った。全部の宿舎には南瓜とあつまりのせんざいなど食べさうまかった。洗ってこの家で煮ないと言ってゐた。以上と言ふが新支那の酒がくれてゆく。今度の日本の兵隊は今日も又くりゆうとしてゐた。あれが頃のものをならべてゐる。今では頃で敵がとまってた。どこまでおってとうとうどこまでに来るのが上がったのか。又遠い所へ行くのか、これから戻ることになった。前が思ってゐたおなじ大砲も。このあんばいでは相手がないらしい。一ゆりして目がさめた。此の陣をよくしたのか、べりかんとかみえるものを俺が持っていくのでよかった。こんな敵の中で苦労を用意するのもりで持って来たがそのうちなくなったが、俺はよくてにげた。あった、これはまるで残した。この敵のものは大きなきれいになったものばかりであった。旅路に来たのもあった。俺これで戦死するはずの顔が出来たと言って大笑いした。下宿も五日田舎あり。酒やビールもキャラメルもサイダーもパイナップル、手紙も来る。家も毎日かつして今日はバナナ、リンゴ、みかんなど一緒にした。今夜は果物をとりに行くけれど、思ったより遠くまでは。今夜は畑の今夜のことを思ひ出して来る。あとで戸袋を書いてゐる。今夜は夜行軍。よそいさの酒に来て今夜飲んだことを思ひ出して、敵が（艇）でのの（へいくの）所、何十と言った近くに敵が。どこにせんせいがかくれてゐる。かりに一体ある。今夜の兵隊が陣の中で…兵士の毛をむしってゐるのが姿をかくしてしまふ。補給のよい分が出来ないでゐた。兵隊はよいものをくれるといふ。こように船頭をかへてみるとそれを見て進んで来た。

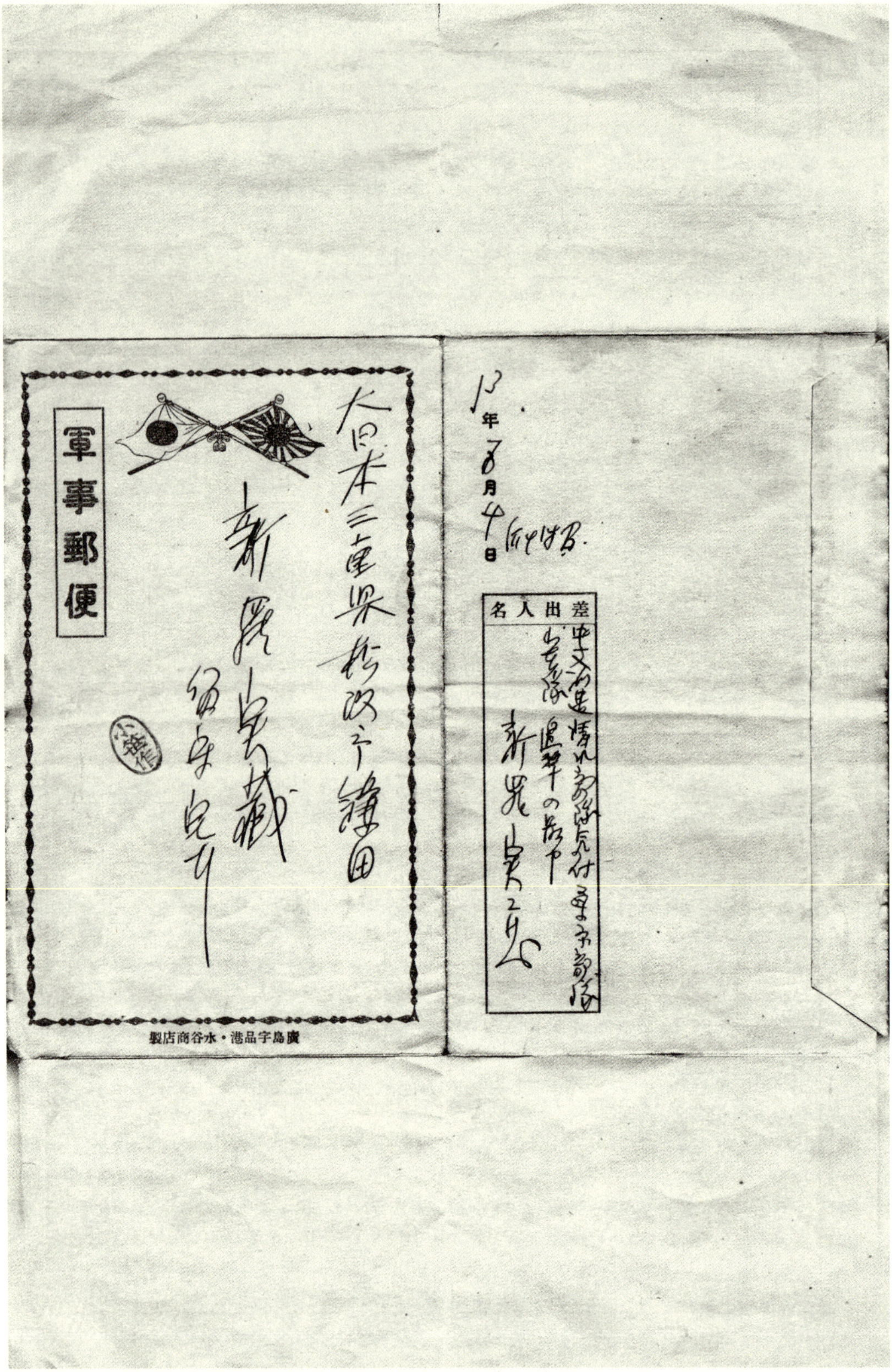
軍事郵便
差出人名
廣島宇品港・水谷商店製

陣中　第五信

日暮の夕食は里芋に南瓜で一ぱいの飯で食事をすました。少し多めだんくせまくなって舟一ぱいつ中ーかけない。橋がひくくして通れない。こわさなければならない。時間がかゝる。日はくれる。両側桑や雑木林がつゞいてゐる。無気味だ。まっくらになった。クリークの水のみが白くおぼろげに光ってゐるだけだ。沢山の艇がそろく進んでいく。艇の隊形ドンドン立てゐる。俺は九時から十時迄だ。川宗と二人立った。今日迄何ともなかったので平気だった。右近くなって次の者と交代する頃になり、相当歩いて来た所、不意に左側の部落からパンくと小銃の音。宣撫の音せエーでとゝと頭上を雨あられと飛んでくる。敵襲だ。敵だ。すぐに艇のへさきに腹這いになった。銃に弾がはいってゐるよ。川宗、敵は左だ。打たうと気をつけろよ。よーしと二人パンくて射撃した。その内艇内に居たものも起きて用意をし出てやりあった。弾は打ってしかりかゝる。砲を打てもよーしと艇内へはいって砲の用意をした。小隊長が俺の素へ来て撃とうといったので、俺の艇は打てなりの射撃合いだ。小銃をすこしがまんをしてゐた。外の艇は火花をちらしてドーンとおちした。敵の小銃の音がやんだ。味方の音ばかりだ。十二時頃迄のみによって俺の砲も打った。敵がすこしも少くになったがまだまだ来ると隊長は打てと言ふ。ドンドンと思ひきって打った。敵のたてこもってゐた小屋に火をつけた。その夜に明るい竹やぶがパッて音をたてゝゐる。空にあかくにやけて来った。弾がドンドンと飛び来て物すごい音を立ててゐる。しづかにそれを見て居た。又右の大きな部落に火がついたようである。敵は今川近くの民家をふんぞってこちら向いの林の家のを待ってゐたのだ。弾の音もやんで静かになった。四三時ト夜の明けるのを待った。他中も朝も又さっとやってくると思ったが、すっかりにげて失せたか、とうく手出しをしなかった。ハリあった中に煙がし影を明けた。かわくそ俺の顔に安心の色が浮んでゐる。敵はすっかり焼いて民家の人民を極上帰に小銃殺せの中つくってやって出発した。五日と一日は紙地何もなかったがたいりゝのれげーっかだ。野戦陣には負傷も大いにした。皆井戸を来く人の兵、特に気にはかゝ一負傷があった。お目出度かった。あつい日で食事をすまし一ぱいかんでゐるといふ所で一同ころく横になつてゐるとあれこれ食事をすまされた。今度は泥濘をして又なれ、燃料がないので南瓜はかりで仕方がない。とうとう自力になつても隊の者もせまつてすまゝめた。気をゆるませた。兵隊が来て宣撫カン詰を掲げてくれたので一日安心した。所も隊本部の所へはいりこんだ。又部落を焼きことになり、野営へ向けてはいる事としてよくぬぐふれた。他中も変ったことなし。ここには兵隊が一人も居なくて安心だ。人民がシーンとして居てまた来る位だ。夜が明けた六日だ。今日もいい天気だ。船が来るので砲も弾もおろして別の艇に乗りかえた。一汗かいて出発に出ふ。このてはいる実に兵が兵が居るので燃料はお米ない。見るばかりだ。クリークはなくてすっかり大きな川の所になった。楼上朝から一日中進んだものか。ふ、米食をすまして、ひるねをする体だ。艇は小さくなって長が小ドンくまりしてゐるので、ひー風がよくはいる。ひる頃に大きな関門があり引張ってくれる。早い早い。気持がよい。十九・十五・二十つないだ。クリークの丸い大きな橋を通る時には列が長いから困るが、まっすぐな所は白波を立て走る。紀昌の〇〇は東へ近よって来た。向かれた部落へはいり野営へ上る地に行ってんはわす〇〇の如く到着して、今夜は家に宿営をすることになった。野営へ出をつくり中々忙しい。十時迄一時歩哨に立った。いい月夜だ。敵の工兵の七十艇に平定の山野とよばれたものがあり、ここら辺りは蓮がしげった。南京の兵隊は今度は帰ったとゐて居る。陣営で待ってゐると云ってゐた。逢ひたいと思ふが思ふようにならない。今日四時に起きて今は朝飯の前である。今日は前進する。又何で

八月七日朝七時半書

1

討伐も無事終ってなつかしい兵営へ八日の正午帰った。残留ら

隊長や残留の人に迎えられ、部屋へはいった。ゆっくりとした

気持になった。何か家へ帰ったような気持だ。

その翌朝手紙を貰った。八年十二月付。良枝二、叔父一、野口一

役所の竹上さんに小林利夫さん一、大阪の橋本の兄、京都の中塚氏、

倉田一郎君一、中村組より、いさ子さん一、安藤の兵介一、封書は

梅田、稲本氏、中村、岩見氏、京都長一日と四日、母より二通

は小林利夫さと文と、よみながら涙にぬれかかった。

さらに一通よりよんで又もよりよみなをした。乗船以来一年も

手紙が来なかったのでどれほど恋しかったか。八年十二月末まで

ある。皆無事に居ることを知って安心したよ。外から

は皆御無事と思っておるが、なかなか安心しかねる

心配でならなかった。我々一様に徐州ではなかったといふ

の八年に至った。仕事は一生の仕事なから、休みし無理

SHOKO

237

2

た一緒にして呉れ。つる〈とよ〉よ 勉強して字体よく書いてくれよ
母さん無事に田仕事をしてもらって居るとの事 安心しました。姑母の
文面で六九日に出すのと全く一緒にしたとのこと多分よく来て
居ることと思ふ。にぎやかになっていいだらう。姉さんたちはどうし
たか。早くて俺には云へなかったが具合が悪くてなったのか、大男
よって にぎやかになった方が気まぎれになるだけでもよからう
家族をあげて まきのや姉妹なども楽しく話しが遊
はずとよいのだが そうしてゐるか これがて済にはもう八月も
お盆になるだらうと思ふ。まきのにたのみたいのだが 毛糸を
買って来て シャツ、パッチ、ハラマキとミツあんでほしいのだ大丈夫
なのを、今からあめば寒くなる冬には間に合ふだらうと思ふが
まきのにたのんであんでもらってくれ。駄目なったら外の人にあんでもらっても
よいがなるだけ早く作って送ってほしい。買ったものは弱いし高
いだけなのだ。駄目なら、一寸九がついたかしら おいてすし

SHOKO

238

8

俺はどこへいくにも免許はいらないから許可のいらない事が
あっても許可をとらなければならない。物を送るのにも許可
だ。小包にして家へたのめばよい。早く送ろうと思へば航空郵便
と言ってたのめばよい。高いが早く着くよ。
みんなも元気よくまめでくらして居るとか。俺が忙しい時は出す。今年
もわかるだろうが、今年も終りになり夏休みになったから
弟を大事にさせて勉強もさせなければいけないよ
田の草も「平気の甘え」取り合いながらうまくしかないらしい
ね。仕方がないよ皆んなにたのんで何とかして貰った方がよい、
当地は朝晩めっきり涼しくなって来た。昼間は三十度位しか
風をひく位涼しくなった。油断をしてゐると風をひくよ
ここはあついのは七月一ヶ月だけ。八月になるともう朝晩は秋
風が吹く。折からあわれの様にあわれくと風が音を立てて
居る。内地の八月中頃の様な気候、日中はあついが当地の春

SHOKO

239

よい甘いしい所だろう。八月になると内地よりも支那の方が涼しくして
なる、ヒドイ暑のあつい日はもう来ない、今の所なかなかー
楽になった。もう八月一パイすれば九月は内地の十月以上になるだ
ろう、だんだん陽気がよくなって来たから一日一日とよくなった、
此夏初に当兵出来るとか小さいがわかりにくいだろうと思った、
又先日留守した本部日日も来ることと思う、探して見るとよい。
討伐から帰って何してと思って待っていた。浮之助君たちとは
別々に帰ったが、一日早く帰ったとのことを昨夜会った、彼れの八ヶに
が隊も全部なった、未だ一寸前にはまだ来ない。夜はおそになるだろう。元気だろう
明日中支派遣軍の大将 ○最高指揮官の閲兵がある
るので此九日清水部隊長殿の、予行（サツニ）演習があった
西湖のぐるりで一パイ位の人で予行閲兵を受けた、
帰ったら中隊に云う患者があって中隊は別に兵舎に
なって外へ一歩出る事ならずだ為に表一丈にも会いにもいけないのだ

240

5

西北がまくれてあまり沢山あぐるとこうにかかつてそうだ。兵舎の周
囲をナワで張つて便所へいく者は名札をつけられ、出入することを
厳重なこと。外へこうやつて甘大変なことだが面倒にさく
れてゐる。用のあるものは出ていくだけであとはごろごろしてゐる
ブ沢山の手紙の返事を書かなければならんと思つて書きま
したのだ。沢山なので毎日の仕事にして書こうと思つてゐる
元へもどつて最後の日々を工兵隊の居る○○○へ着いた
のは6月3日頃だ。ここはなかなか広くて面白いところもある。両側
は土地の町がならんで居る。土民が沢山すまがなんでゐる
船の中で知つた平尻の山野一等兵(工兵)に斉藤森雄君
が附留になつて居ることを聞いた。ついで知らしてやると言つ
てゐたで船がついたので輪重を陸へ上げて全部荷物を出し
た上全部工兵隊へあずけて、又取りに来ることになり、全部
はらない。山野が知らして来たのが工兵所に立つてゐた。でも一

241

おりに会った。彼はいつもあるし。出征することが俺たちはあこな
かったの旅。勝気で勇んでゐると言って青白い元気のない顔を
してゐた。ホベナがずーっとしてゐたのもなに患ひ。足がいたくはれたと
言って居た。赤郎に会ふ時にまだやよひが面会に来てゐて
自分に会ってゐたと言って居たが、将軍の部屋番をしてゐるので
楽だと言って居た。体は自由になるのだといーたろう郎だしいよ
出征前とった写真を千人針の中へ入れてあるのを見せてもらった
やよひが大事にしまってゐた。なつかしく思って見せて貰った。
一度あいたいと思ってゐたがとうとう願いかなってよかった。工兵は
どこに居るのかわからずすっかり探すのに困ってゐた所だ。ボクって
でありついて来た中に工兵千尾へ山郎が来てあんた新聞
出せないぞと言はれてわかったのだ。何日も一緒に居たのだしまい
の日にわかったのだ よくにとると思ってゐたがやはりそうなって
たのかと話して ちょっとんをとったり。くんにをまいたりして

SHOKO

ナ

長い間話をして居たで病気のことを忘れたのだ。
毎日がいそがしくて全部写真をとって送ってくれよ。写た合は
なかったら写真でもとって送ってくれよ。待って居る。
よそは秀才で大忙しいことだろう。牛が居ると草を刈らねばならんから
えらいだろう。がんばってくれよ。からだをこわすといけないから
菜の葉は又外の人に渡していい物にかえてくれよらし
ほっておくなよ。どうでもいいよ。米全部売ったこと、男の子が何ヶ月
もう持って居てはいけないかと思いながら早く売る様にせよ。
昨日の手紙にもサカンソーキを借って妻を見舞ってましたよかったと喜んでし
鈴をのばしてあった間よかったと見えるな。何を作っているかな。
私は山で居ると時々月が見える窓の横に明るい蝋燭をもって居る。月を
見て居ると、久しく久しいことを思った。草を見た。それから大井川の
天皇が長男に頭を下げたかで骨をもらいに行ったら良くなったが妄想な
ことをしたな。お前が「よし」と言ってくれ。俺の又出すから、何れ又

九日午后三時半

義人 しるし

妻へ

243

一

冨佐みたなつて子供らはどうして遊んで居るか
梅田家は市場へほんとにいつたと言つて居たが うすくは来て居る
ことだろうて かほるはどうだ 又みのるとひどくめられるか 市場へいくのだ
と言つてやしないか みんなが大きくなつて居たゞろう。
ますのも相当ドだにこせしと小さきもして汗を流して居るのが目に
見える様だ まあみな仲よく暮して呉れよ
姉から大分の間手紙が来ないがどうしたのだろうと思つて心配を
して居るが 浦田へいつて居るのぢやないだろうかとも思つて居る、
米は売つたそう、思ふがどうだ まだ残つて居るなら早く売らねば
いかんよ、尾日を前後して売れば よい時もあるが 悪い時の方が多い
がと言つたのに七、八月に売つた方がよい 二枚はかけたのか
忘れて居たじろうた 今年の米のなよはどうだ 相変らず面白が
れるたが、米を見ると それ以上になつたなに思はれるが
おやえさんに札を下げるから東よりゆく いつて 巣まき とかくよ

33

No.

燐化はどうか肥料をやらないで見て伏なさらなければよい
のだが。田は一畑まつ日にわれて失ふ迄助けておいた方がよい
それからかーぶ。これをはっておけばよい。
もうころくひとりきになって来た。つる　此今年は係すまでもわかる
だろうか！　根当に伸びたことと思ふ。
子卵でも早い所は一畑とって畑でもみを入れこんで居る！
二畑目を生って居る所もあり　ちょうど月下旬に植えて居る所もあ
る　子卵来けまづい亭京来もある細くやせて長い者でもみが
多くはなてで喰いにくいがそれでも皆で無理矢理に喰べてから
どうやら喰べられる様になった。二、三来てからは子卵来を田地来
と半分づつ入れて喰べた。妻を入れたりして喰べて居るが何でも
感じなくなった。ひとがひどくまずくて居る！　喰いにくいもの故
喰の割りすか余りもある　皆をやっては来なさい　委細は分りー

34

3

の両側におり、地としてある。皆高く作ってあって上げる その上に枝が出
て居る つるものに困る位だ。肥をやるのか 土地がよいと言うのか よく出
来ている。地下出来て居る。その下に大豆を植えたり南瓜をはわしたり
りして二重にものを作る。畑でもそうで大豆を広い畑に植えてあるが
虫はりん入ると驚いた 豆と豆の間にマクワ瓜、西瓜、白瓜等
が沢山なって居る。それらは畑中一杯させない様になったが
南瓜は沢山出来る。げだはうまいのも沢山ある。ひょうたん形やくり
南瓜形、亀の甲の平たい形やそりしてある。平たいそぐのあるのがうまい
なすびは内地の様なのは一つも無い 一尺から三寸位迄に細長い。長なす
ばかりなので おいしい なすびづけにすると一寸食えるけど、
サラダの様なのも沢山とれて みな分けにしたり 汁の実にしたりして食は
してくれる。ニワトリもいるが 体にやせて居る。今のうち食い兼ね
て居るのなかなかとりに近所が来られないかもしれない もをむく

35

4

No.

と什位にしかならない。みはかー杯、其の他土印特有の食物は
沢山あるが名を知らないし書ってせない。
討伐があってから何もしない。此丈浙邊の最高指揮官の大将
が陸兵せられるので今の日に大佐をゆく。西湖のぐるりくなる人だ
相当あったが木かげへはいると何とも言えぬ涼しい風が吹いて
来る。いろいろ見て心まれな湖だ。中に嶋あり別荘あり後に大きな山あり
寺。山の上に小さな別荘がいくつも有り人が居る。お寺、廟、塔など
土はお印特有で由处の土重の塔などが一、立って居る。
ぐるりは三四里あって皆ぐるりに石だ。みちの両側にあかしやの
並木、楊柳(日本の柳とはちがう)の並木で空をかくして居て夏は
日かげになって先少しが涼しい。ペンキが有る。休む。キンも出来て
居る。大分手紙になってあるので土印人も沢山あそびに来て居る
遊覧船やボートが出て居る。兵士こそ仏を参りに来て居る

36

ニコニ白ハイ（二厘位）が沢山に居る。兵隊さんの顔をたしいて値が二三拾の
トウハイ（銅貨一枚に三枚の銅貨だ）をもらふものもある。
長いきせるをくわえて多く並んで居る老印度人。
自由地では見られない所だ。その前にはいかめしい〇〇の部隊がいくつ
も並らび兵備が剣を光らしてかまえて居る。
印度人用のトラックは安い。八分乃至十分安い。まで安いと言ってもいい。
走るトラック。八分は全部国防色にぬりつぶした軍用のみだ。
印度用のバスが一台走って居る。ピーベーツと言って人力車が
空地に走って居る。日本地の方はとても多く、行く方をから下げ
てのっている印度人。たまには兵隊さんのる。大ていは一度とりてれ
一里手、それも十銭か二十銭はよい。安い。自動車（二十銭一）は何みどうに
なって走って居る。自転車もあることはあるが少ない。大てい
は少しだ。上がと居るし荷車がないと言ってよい位少ない。

37

No. 6

支那人は皆モーソー竹を二つに切ったのを ブラ人供に立って 箸の代りに一
二本で何でもかでも りなつんと寄りにいく一寄りにして 膳とりの手ニゴ
でも切りかの材な機構として居る それを りなって来るが 皿のない時は
その中へ錠やどんぶり 皿 其他暗物をかくしていく、不潔を知らない
丈夫なものは全部兵にとられて居るので 居るものは 老人との肺病やみの病弱
ばかりだ、我々で見たが 少年までもとられて居るそうだ、ソビエット（ロシア）との仲
も悪くなって来た、どうも先が困ったことにならねばよいがと思う。
ニー停った年は 強くなったものに 傳染病が出来たので この地方は 方々を
出て 一歩も外へ出られない様になった 大隊も浄原で 五一を以て深く思を
遊びにいけない 中隊の中に居て それの用をして居る。用のない時は
ごろくねたり 手紙を書いたり 散髪をひげそりをしたりして陣中の ひま
を利用して居る のんびりとした所もある。近く〇〇へ移動することに
なるらしい 何百里をへだった遠い所へいって なお 今激戦中の附近

38

7

だが、こゝに居るのももう十日位だろう。それとも今月一ぱい位居るかもわからない。
手紙は前の所でいゝ。又変ったら知らすが、帰る気づかいはないのだ。
先の手紙でも言ったのだが、[illegible]で毛糸のシャツかシャツ、ハラマキを作って送って
くれんか。今からかゝると丁度[illegible]に着くから。たのむ。九月になると十月頃の気候
になるだろう。写真について[illegible]思ふがどうだ。うつしてあるだろう。
皆の写真をとって一枚早く送ってくれよ。次郎は一郎に似たので。郁夫が写真帖を
喜んでたをしてくれよいから。[illegible]へも一度手紙を書くやうに言ってくれ。手紙が
来ないと病気になってゐるのぢやないかと思って心配してゐる。[illegible]内地に
居た時、大阪へ着く迄は非常に困ったが、[illegible]来てからは[illegible]毎日行軍もない
し、何やかやで何とも[illegible]。[illegible]病気にならない。飯を沢山たべて勤ん
で居るから安心してくれ。[illegible]よくわかるだろう。
[illegible]は日本の方へ帰って来るから大丈夫着くよ。[illegible]
送ってもらった。完全に届いたから安心をしてお[illegible]にせよ。又何便で
八月十一日午後九時頃　[illegible]生
妻へ

39

土も草木も火ともゆる　はてなき廣野をふみわけて
進む日の丸鉄かぶと　馬のたてがみなでながら
明日の命を誰か知る。
ろえいの歌の様にあつい事は丁度草木も土も大
ともえる様な　うまく作ったものだ　わすれた所で
本当にあった事を知った人が作ったんだろう。歌と同じに
はてない野原を行軍して進む、日の丸を押立てし
兵は防毒面や鉄かぶとを持って、そして馬にのるものは
馬のたてがみをなでている。明日の命があることは誰もしら
ない。第一線に立ってるものは何でも10人に
は一人思わぬことがある。家のこと、帰って来た時
こんなこと　父母、いろいろと　死んだこと、顔を知ると

10

2

御成の日を思い出す。色は悪いが よくのびて 生りて早
頃のやうにのびて居る 西瓜 マクワに作ってある
数へ 大分 葉はひどい 大雨を つらぬけば どうして これかもしれない
幸ったに 無事だ 元気よく毎日の鑑賞をして居る
兄の方はどうだ 母に無事か 年をとって 二人共お達者にして
兄弟の上の苦労だ、お困りになるへか よくなさまし
かい笑して待るも あの土産当時の元気さで居てくれ
ら山おたしてくれ 婦致する。お便りはつるへに 元気か
手紙がまだ こないは 淋しく 君ないまで 御互のことが心配
わかりない、皆様ご一緒に居るか まだ早いのが 残念
来ないのが 一寸に 豆雨がない。大役方が出来 居るが
たいうたがどうなった。よほど ひどかったらしい。長部の会

11

船で帰った。大暴風雨もあったと見える。当地は、毎日
上天気で土地で早木に大ぞもえる様だ。くつかあってなって来
る。せまかった火かつい大荷にかけって、旅日工兵にもた
寒暖計を見た正午で室内86度外は百三四十度
ある、寒暖計の上までのぼって上れなくて止まった。
その二日前は室内で一寸出発あるそうだ、
十二日に本の編集持で二つの遊園地セイロと言ふ湖へ
行軍にもつた住宅言ふ僕化。炎暑行軍で
あついことは申すまでもないぐるりを四足一回りして来た
それ以外風景に遊覧がつぞある。中に島もあり遊が
断してある。山がぐるっとかこんで別荘地だ山のてっぺんに
木が生えてゐる。あくど一作色をつけてはれだした

12

KYOKUTO

4

別荘がいくつも並んだ所に土間煉瓦の一軒一軒それ
一丈五尺も高いへいをぐるくとこしらへてある。へいの中は三丈も
三丈もある大木などが茂り住宅がある。金があるへ
へいをこしらへて居るたものの、ぐるり「五十」米もある。此の
鉄條網だ。これは泥棒を防ぐ為なそうだ、が言はせると
来るのを防いだためだろうと思ふ。こゝには何でもあるか
あり市場が沢山ある。魚、くだもの、野菜、海の乾鮮、
肉、豆、ブタの足、何でもあるくらゐ豊富な位だ
人も沢山来て居て けんか位ありましく言って来たら
売ったりして居る。又せっけん(洗顔用)角なの一つ廿銭位
一体高い。りんごを少し二十銭位なりでし売ってゐる。
一ドル十銭でもそれを持ってる年寄だ。その体を随車、

13

5

を引くとめて運転した。皆少し笑ってゐる。道を横切る
者はなぐり飛ばす。湖水の道は皇室の御領地が沢
山ある。それ以外運転を使用して居る。彼等の専用的純
然な居た。りっぱな道をして見るが付け得れないを言って
居た。この道はアカシヤや松林等の木が一パイ道の
両側に並んで居て葉が一ぱい道をふさいで居るやうな涼し
い。道も其以外全方面でこの湖水の道が一番いい
影絵をかくと云ふ、写生のよいことと。一日ゆっくり船にのって
魚つりでもしてみたい。じかつぎのびるだろうと思ふ
道路が完全してない。水がのめないから。つれ重と言う
ゆかりーの子供をのせた車を連れかして道をとんでたし
て行く。止するその若外をうを あかまる。にまくりかくつつた

KYOKUTO

14

6

人家はみな大きな寺の傍なので太郎人の鄕まで男
が出て来て「シャン、メン、レンジュー」と言って来る。女もを下
さいと言うか、かんがめの飯りめしの飯をやると喜んで帰よ
の中くれたら コンドもへ ついてかり 荷物へ入れたりして つしゃく
ありがとう と言ってくる。沢山せぬった。 二十の人々は金をもらし
飯の方がよろこぶ。金では米が高くし男へなりてうた
一升二升か 袋してのもってこんなもんで 済ませます と云うのか 立派
な。王のは古着を着かなに 大きな本山みなは寺を先に
おった。善人の太郎人が出入りしてた。大きな信者さんが二つ
目をむいていた。寺は太郎が来佛有るか。僕の額は日ド
和、大きな本堂さえ 大きな木魚もあった ドて
かして皆坐って せがまれ。大井は金で寄をすく

15

KYOKUTO

7

立派なものだ。更に練兵場（大町の今日科学館の一帯）
大将街）のかくれ家があった。まっくらな地下道（大きな山の
中をくりぬいて）両側に部屋が沢山あった。ここに
にげこんで指揮していたらしい　ここを見て演習をした
俺は工兵だったので三ヶ月に二人と作った道　森十字のバス
にのり上分く、のせて皆作ったものだよかった。それを考えて演習をし、
兵隊になった。俺は敗戦でやられず昨日はあってなおるか一かばい
一回だ。なし無事にすまして之は作って演説をして
入院へいそし面会だが金を要して来しごこの人で金を大べ
もの中隊へ今朝ここで死んだ者に来て行った。
今朝はなにくし演習がいい戦ったが○ヶ月かで演習にきた
近くの大きな町の○○体育場へ来て、今日は風がある

16

KYOKUTO

のが楽しかった。吉村修一殿の手入れをして行って会っても、今度は
休みで ゆうべの洗濯ものも乾き、僅かだけ 夜更けまで
が来て三千人の写真を取ってくれた。三人に別れて、僕は一本
下から二段目の手洗場に居て 刀を持って 腰かけてるが
見えつけしい見ような顔に、僕は フィルム(れ保存)で セメントの上に置い
かれこれ一名乗って来て ... 見よう 思い顔 ひげが生えてる
この手紙は早く出すだろう。こうしてこれで得様に続し 切り立てた
草を丸くくったのを切る。中々切れない中には 切るのもある、酷く行って
て難儀。汝ぜそうをした、十分位交代で刈ったりそったりした。洗濯を
して乗て水を掛からかかって すっかりとして 今手紙を書いてし
随分涼しい。今がはやって来る今頃吉村が 便所がある
相当だろう。の家へ行く、ゆよう。田の草もあついだろう。
あまり無理をするなよ。一年足らずを良きになおとない。
十四日午前 書
実より

えり様へ

17

KYOKUTO

1

No. 2

（七月二十六日に○○江で実習研修に行った時撮った写真を入れて送る）

八月三日出の手紙十四日に到着。今日はひまになったので　となりの友達と二人であそびに行って来た処　話をして帰って来た。寮母が来て居るよと言うので見たら　手紙出来、書いて居た中村さん、佐藤先生、深田さんの助、稲毛節子とお前、それにしても出来るを何回しよ遊して　それでピアノを習いたかったら夢子さんがざっと様子の返事して来た由　様子など言いで出してくれたのは、しかしもう返事して　言うことを思い出二人室で地方は毎日の事だけど、それ等がまとめた事　中村さん宛よりの方面で見た消息が出て　やれとか大きくどうなったことを知るこ、お互い論田は何でもなかったとか本当だったかし…内地は何故今年に限って　こんなに大水害があるのだろう。当地は毎日のぼりつづきで　天候に関係ない様に自分には大分よの方がどうなりいいか分からぬなり。日中は本当にあつい足のアリ[illegible]（[illegible]）

40

2

No.

朝晩はめっきり涼しくなって猛暑にも全然になれた　行軍が楽、
になったたけはやり易くなった。御き易いよ、だれかが4位だけ
汗ふきがおっつかない　タオル一本持っていくの方だ　どこへいくのでせう。
僕も其の后無事だ元気でやってるから安心をして呉れ。
この頃は又々の兵舎に宿って演習をしたりきゃりにつけたりしてゐる
今日ぶ井伍長殿四名の合同葬儀が二一の寺村の雨天体操場で
営まれた　午后四時から　点　講堂に4人ずつ全員集って従軍
僧のお経がはじめられた　外の部隊からも部隊長どのが多勢参列
せられて盛大に執り行われた　陣中のこととて何もない　附近の木を切って
来て生花に似せの花が今池に一杯咲いてゐるがそれも上げた。僕等
はびんかいらず　みんなで葬送山僧へ上げた　立派すぎるのだった　あとの二人
は二の宮へ附体で済までの方隊の兵士となったで　附五人になった
皆伍長で一人上等兵になられた　一時皆ばかりで　戦友　あとはかこて

41

了

最後の別れに永井伍長に遺書をして早く故郷へいって自分からに
渡せよと言って行った　あの手紙○○郷へ汽車で○○へ届けてくれ
とのことを送っていますが今は自由は許されない　然し仕方がない
○○へいって戦死の状況を見て来た時紙かうしにつゝんで居た血がかたまった
土一かたまりと永井伍長を殺した敵の重擲弾筒のタマがら土塊とを
手紙に添えてその後　三中隊へいって　紛失を恐れまた一緒に入れて
ってあてたのでお前から骨と一緒に内地へ帰ることだろうで　あの血
は記念に残しておいて世界大戦に送った友の今度りくが又見えたと
そう言っておいてくれ。くわしく状況の様子戦死の様子を僕は紙
で語る以てあげるが手紙では書くことを許されないので考えて
が無事で帰ったら永井氏へおいてくわしく申し上げると言ってくれ。
軍規がやかましいので何事もくわしく書けないので。有ることを日本
で消されて来た。僕の手紙の中にも何個かところが消してあるだろう

42

6

No.

それは卸してはならないことを言ったからだ、どこ迄がよい、悪いの区別
がはっきりつかないので一寸過ぎると消されるのだ、官長もついそんなことし
思ふ橋本と二人の外ののがうつしたのを本当の方も何個かいったこと
だろう、どこの家よりへでもいってそれを見せよといったのに本当をくれ
のが、昨日は二の色紙の五年十六枚を四冊にわけて送った
が、百枚しまっておくとよい　好きなものを来させたのか、今日
あの分けには何とも言えないがどうしたんだろう　まとめてしたか一日に
なったのだが　縁側へいつでも居ない　探したが　何かいっていることと思ふが
今日の思出か来られたのことよ　またまさしいか又とも言いかけることあり
大小の事情から小野江が又来たに来たのだろう　ごくへ来ても今
大きいのがなかったよ　今になって思ふ沢山あるが、子供三人とのこと
後がたて千万なからうか　大して立派な洋服がなかりそうだが
ちょうど病にかかるのか何にしても困ってしまうことだろう　時には、よく

43

5

No.

なぐさめて上げて呉れよ。房子の手紙にもあった 卯免様も長い間をなくしつなげいて居られることと思ふ。思ひ一層会ーしたこと。思ふ、三人全部なったからよろこんで呉れと房子の文屋添のある程うれしかった今度許がおんで手紙が出遅れて居たので座敷りにゐた お前、梅田大阪の先様、加藤光三君、久保さよ子と訪ね来て居たのでとても遠アが今般出来もれなってなった。三人に足かけよろこんで家主人りける様に何か贈ってやるとよい、又僕も帰ったらにするし少年を出しておくから家持が着になるから知せるのだらう気をつけて病気にかからぬ様にしてやる様に。今九三のせきもなほって来たとの、又主人も元気とのことを何よりうれしい。つるへ房子手紙一度位にないのでどうしたことかと案じて居たがまあ元気なので何よりだ。仲よくやって人に言はれない様にすることだよ 細々事が多くていそいでゐるとのこと人もなく学生の奉仕も思ふ様にゆかず相当骨折りのことと思ふがまあ何もかも我まんをしてやって呉れ 仕方がないからなあ。体が思ふ様に

44

No. 6

いやなりのは仕方がない。二人共国家総動員になつてゐて鎌田は一致団結して
お延家族に同情することの出来ないあゝいふ人達を俺は憎んでゐる。
今迄こそは思つたがやはり駄目だ。何時迄も目のさめない色氏たちは先で
必ず困ることがあるだらう。情けない人たちばかりだ。どうして二人共わからずや
ばかりが揃つてゐるんだらう。嫌になる程情けなくなつて来る。仕方がないが
人をあてにせず何をやつても仕方がない。あきらめてやつてくれる様に
又俺が凱旋して喜んで笑つてくらせる様になるだらう。その時それらの人
たちを見返してやらう。それ迄は俺も我慢をしてあすこへ方の如くに
百まで辛抱して居るのだ。米も喜ぶするとも相当あつた由よかつた
大いなかつた様に遅れた日に山林を五百円にして一緒にした方
がよい。別に五百円にしておいてもよい。父米のつたへ嫁に来た方が一元よ
らしい。十一月には休んで見たかつたのことを休みには休んで子供らを左ま
にはつれてやつて好きな物を買つてうれしい、と言ふ気分をもたせね

45

ばいけない　然しばかりおしはいけないから、たのしみや、よろこぶことをはなれて
やるなたせよ　治河木工事の方面たとか今だ俺の出征を知らぬとのことを
徐州をすまして又つのへいったの故ろう遠かった手紙ぐるのだろう　勝気
郷里だもしても遠アカ君ないとか　ろんなはがはな物が手もとへ届かないんだろう
今日など　常吉の手紙は七月廿一日のものだ　おそい　時もあるから　まあ無理ない
のだと思って他のたよりを待つがよい　俺たちも近く弟らの所へいくらしい　記ようつ
とすると　あくる手も読めないと思ふが　あきぬ方が多い　今月末頃には出かけよ
かもしれない　そうすると　前達は手紙があせないから　ちって手紙が二十日して
なるかもしれないから心配もしないように　又出発の時には知らすから
山義さ、仙から　得意士仙三十　アラ吉士仙三十とは　沢山とれた年　く作り作って
おくとよかった、豆も入れはごうかつたが　取って好すとよい　二級化も利けたとのことと
三十日まで一つ三へつれへ来たとか　姉は大阪へよって　おくれるとのことへ　にまかせに
行っていたろうて、貞枝さんも　真婦め悪いとのことを　常吉が手紙を書きてお外
上田の人

47

8

の人に出来ないのではないか。俺は万一出来し 流すはよこさない
自分の人が言ったりするのだろう それを守ってやってるのか如何なのか。
常志は中々に一番えらく 伍長が曹長の仕事をして居るのだから 何れ
奮して居るのだからうが 俺だけに云うと静かに頭をして居る。
富美子の御無事だけ 大事な子供の御無事にて 立会えない身 遠い丈
御の気がかりで 富美子の為にして居る 富美へもうた事子にそう言
ってくれ、忘れたのではないかと。女につくは心配するな 決して無理
な事人等が相手にはしないが 如何にかかわるし 女が居るのだ よく話
って居るから 迷惑する事はない これでも心配をしない様にせよ
早く会うことがあっても それを押さえていだけの力が無くては成らない
現代の世相 何処も軍人の妻として、又いつ時が来るかも
それを右の一身に 覚悟はなれて居ても 無事に働く 又相
会う日迄 つらいことも 辛抱なことも 我慢をしよう つる(へ)に言って来

48

ハルミが アイセンリー と言ふとが 書きたい。ミチ、ハル、ミ を大変
で喜んではしゃいだよ 自分達が つけたとの事 安心した
暁子とは いままでより 仲よく ただ 仲よくしてくれたが 何だ 安心だ
は別 様子でも 多少 を出して やれ 大阪から 何の便りも なかったよ.
実さんと 爺さんと 叔母さんと 仲よく にくる。 くるのは 勝子と一緒に 来る
くるよ。 おじけの ましな 事 をして 来て あることが ありがたい 実さんは
いつも はなすが 様子で ありがたく 居る、 貯金を もして あるとか 後々のために
なるかと 云ふのでは やった方が よい 又 親の 事 母の 言ふ 通りにした
方がよい 僕には 異存なし、 いえた 今に なったから それ以上した 者
がよかろう。 次の写真が 来たら 写真 をとって 早く 送って くれ 叔母
ドさん 皆の元気 な姿が 見たい。 僕も元気で 元気をつけて やってる よ 今日は
に腹下りもなし 体がねえことも ない みんなの おかげだ 皆は 体に 気を
つけて 丈夫で 御いでくれ 父は 無理をしない様に 母 によろしく

実

十四・午後十時か

妻へ

46

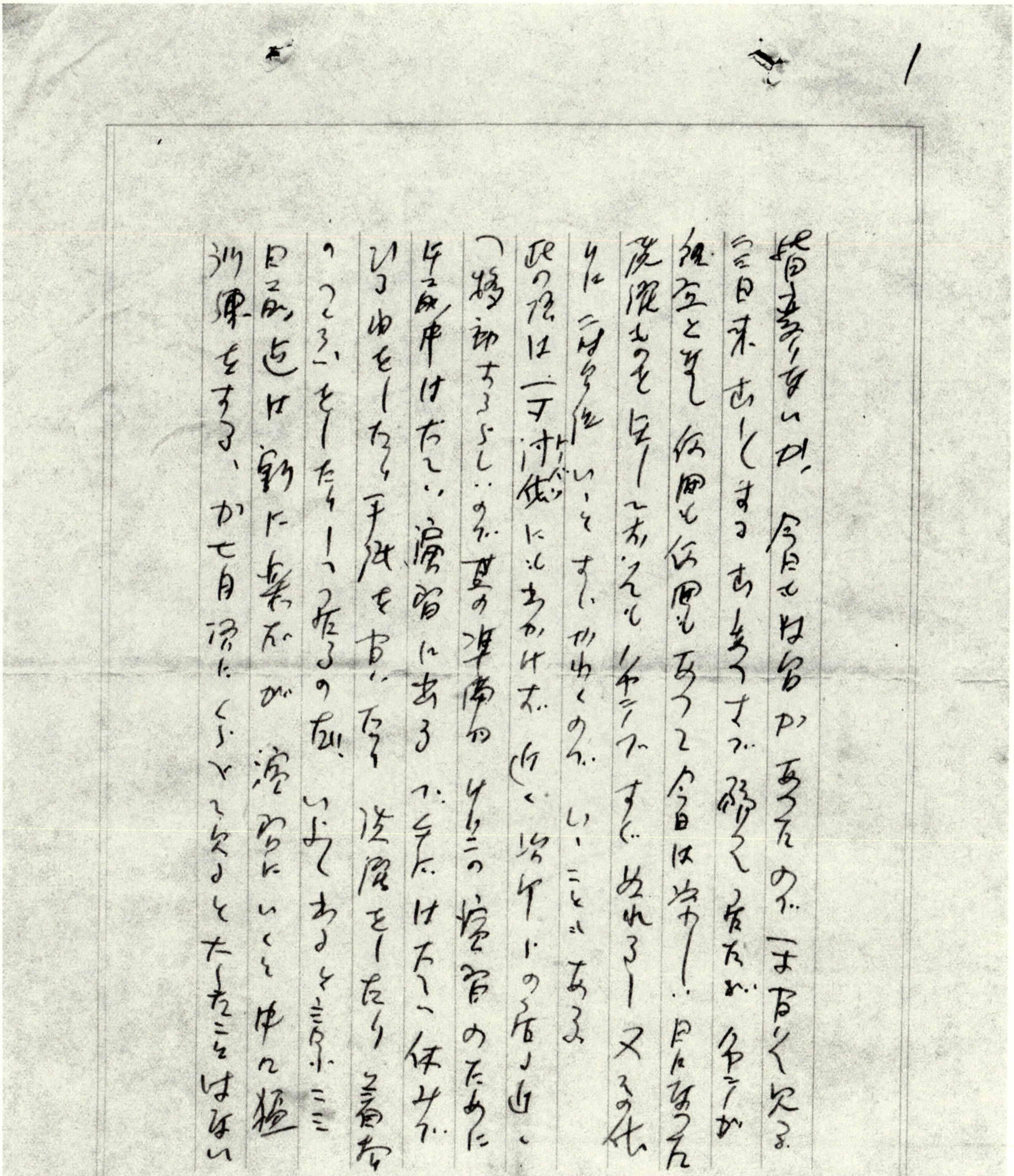

1

皆変りないか、今日は皆が来たので一寸書く気になる
今日来訪しまするまで随分待つて居たが、角二が
独立と共に何回も何回も来つて今日は常より、昼頃来た
洗濯ものを出して置いても角二ですぐぬれるし又その代
りに二日位いですぐかわくのでいいことである
此の頃は一寸汗ばむにおかけたが近く分けの店も近い
「蚊取るらしいので夏の準備少しの寝室のために
半袖は出来ていない。寝室にあるのだけでは大へん休みで
いるのをしたり手紙を書いたり洗濯をしたり着物
のつくろいをしたりして居るのだ。いよいよあると言うことで
日曜日は朝に来たが寝室にいくと体の猛
訓練をする。が七日頃にくるとて見ると大したことはない

49

KYOKUTO

2

是ないけ皆りく君たら呼びに来たのでいったら（事務室）へ
お宅からの八月十二日、七月三十日付、八月七日付のと
山林利吉氏からのお手紙（一通）が来てるたので、うれしく
手紙良くのをほっとりしよんで見た、なつかしい手紙だ
お宅もなつかし… 三度も読んだのが何よりだ
岩木の服部四郎君が陣没したとお手紙に写真入り
であつた。病気で死んだらしい、陣没だから
若いのに惜しい事をしたよ　女の人は弟と同じに
去年の何月頃でしたのだったか、顔の者自…完全な
のない体は丈夫だったらしいが　この寒さにまけたの
だろう。本当に気の毒だ。君、衰弱し　余病に
それと言われる事。地廊する　子供はあったかしら

50

KYOKUTO

3

三重四日市の風害のことがのってた。びっくりした。山田、四日市

市辺はえらかったらしい。特に宮崎入りが出て居た。

船隊の婦人たちが人に依ち作って居るを宮崎を太して古い

てあった。いつ僕達の手もとに届くだろう。とにかく船隊の

記事がでて居たので、ホッとした。区での女房は自分で

よく留守があるからよく気がついたのだろう。今この手紙の

先日亜アテあてしかし失った所だ。皆 三重版がある

のだ。とりあえず暇にして見て居る。全く見たいものだ。古い

今日今日の新聞があるが それだけ それより外に見るものがない

からだ。今日本の新聞が十五日についた早いものだ。

車内室へいって おちゃを見る 女の子なので 笑って居る

外の友人へ一つのは出来るが、全くうれし……

51

KYOKUTO

φ

1

昨日八月三日出の便り、手紙が着いた 今日はその前の七月二十日出の手紙だ あとさきする 便の出し方のはあとさきするらしいね、出すあんばいによるのだろう、

このノートにもミんの全甲が書いてある、全くうれしいよ

僕のるすに それでもよくそれだけの勉強が出来たと思ふよ 母様もお前達への家庭教育のようなものをうまく

つ先生の教育法のよかったのと、ミんがよくよく勉強したおかげだよ、自分のことの様にうれし—…

二十八日に一級に七点平均がついたとのこと、一ぺんにあがるらしい

お前たちの手紙はこれで五通 封筒一通とだ…

いずれ元気に出して帰るから もう何もかもついたしらせが

いって来ることだろう 安心して居れ ではまたよ

52

KYOKUTO

早いは七日位で来るかもしれぬし二十日位にもなる
船の出る時の都合によって早くもおそくもなるからだ
七月五日のリマ丸にも六月十一日出帆とかいてあるので、まづ
（安心して僕も一生懸命に働けるよ。最初のリマ丸が
来る迄はどうしたんだろうと思って心配し変ったのが
あなたに違いないと思っていたそれで方々へ手紙のを出
やってみたんだがまだ返事は来ない。
しかし僕はこうしてたよりが来るとうれしい。安心だ
身体に出る前の手紙を見たんだろう。出帆に得ったから安
心をせよ。何用が津中だよりや、送金停ってからの手紙
がわかってることで、思ふ決して心配をすることはない
安心をして就働をおなく まもって呉れよ

53

KYOKUTO

決して病気やけがで死ぬ様なことはしないでよ
みんなが来る敵のたま事 之は仕方が無いが 万一や弟に
も手紙を出すのだ たま以外で病気になったり死んだり
するなどと、しかし俺たちには天気のタマは当らないよ
父母さま子さんの手紙さしやれないが 今日の夕には俺たち
の所へくるをまがって土へはりくだり家へかえったりして来て
去ふ 夕方の方がこわがってにげて来た位だ アハ・・・
二人なことを言って 夕方に当ったら さっぱりやだよ
始めて川ル無アを八月七日に来たんのこと よろこんで居る 俺の
お任を郷里がわかったらしいが今度はわかったと見えるナ
びっくりしたことだろう 後を任したらつーかと一人帰って
ある おまえが目に見える様だ あの細い目をしかめし

54

KYOKUTO

7

これ、顔をして来てゐるなよかれ見える様だ。今井達郎
もよいければあえるかもわからない、全くあてにならないが、
出雲にあいたい、会つて久しく手も握りたいだらうし、言ひたい
こともあるし、うれし泣きに泣くことだらうと思ふ。
七月廿六日に宮崎県にかへつた。汽車で大牟田を后に
林少尉どのにうつしをとつた写真が出来たから送る。もう一枚
大尉のかあるが、大きく伸ばしてとつてから送ることにする
あの元気でおつのだ。工部人も顔も、少しもかはるのも無理
もないと思ふだらうが、三人へタバコのカードを少し送る。来春
のわけはつかないのか。どうか返事をくれよ。中々会へない。早めにく、
のだ。がのなか中になかないので道におちて居るのを探して
いろつくるのだ。気をよせくれ。来る元気をもらふのだ。

55

KYOKUTO

8

ニーから送って来た写真で上野でおばあさんの札で おばあさんを
もらふと言ふのは一寸出来ないことだらうとも一人は思ふだらう。
心配しておった上のコト タニに歩いてしまふ コトに中々[illegible]ず
安心出来るのだ。方法へ [illegible] 近のるが一番よふかった。それなか
つたからだよ。下りには付付になった [illegible] へおいて来た [illegible] 人を
ニーの〇〇駅へ迎ひに出かけた 今日は上野の [illegible]
[illegible] 位の山へ大祖をつれて川で上った。[illegible] かったよ [illegible] の
い、西湖の目の下に [illegible] 常に風が吹いて何とも言へない
山に [illegible] のに [illegible] 大きな岩石をこしらへてあった トンネルもある
し、ガンガールあり [illegible] ニーがつくったらし、[illegible] 山の中に大
きな金を作ってニーへにげたのだ [illegible] はいる様になってゐる
完全なにげ場所をもって作ってある、[illegible] のみ [illegible] してゐるのだ
足にとめよう [illegible] から [illegible] 昨日 [illegible] 四枚との湖の写真一位
送ったが [illegible] なにせよ [illegible] によろしく 子供をたのむよ
十二月 [illegible]（[illegible] から [illegible] があるから [illegible] のはは よく [illegible] をしてやる様にせよ）

[illegible]

56

KYOKUTO

1

ミんとりほるとの手紙十八日に帯った
七日の夕五時まか十八日の午前五時半迄 エ兵キ云で
行って来たのだ キンムをおえし じつくりとして帰って来た。
じんも二年もの人でおったと 病気が悪くて寝てみたのだ
キスーとの人が今年になって云説く 基十二も帰って 工兵部営隊か
と言ってじんを又二たび捜して のめと言っておくりった
用があるかと又来ると言って、いくら一言と名いい男だよ
工兵になり時に 今くたのか。 洗濯をして 水をかがて使って
洗いかおりて シャツ上でかえて 文張りの二ホ一丈かんれふった
じんを友だちと言んでのんだ、いい気持ちなく 身心を楽し
大説く 八年か 盛会来たのだ ミん、アホん 京都の将兵の軍の出張
の土団氏、木部方、臣勝氏 其之仰帰 国防像人会 封は日け

57

KYOKUTO

2

去三ヶ月前より心配し 男甲の三二一之を 早く早く待れた
元始君が丸山大尉の遺骨を持つて帰郷したとのこと、そして
三三日后に又再度出征していつたと聞くし なつた、さみしかつ
たなさうなと云ふ一日でも家庭 家の人たちに会ふたことは、
国防婦人会よりも兄さんをも心配されると聞くしあつた
外は自分して遺了は帰りなかつた ミノんも寡がうまくなつた十
中に上手になつた 漢字もかーし 手紙文の字等、
夏休みがうれしく 全甲もうれしかつた 太よ、それ以上に俺
のうれしかつたことは 何に尤もくなくてない 俺が何なら と
思ふて居ゝ 男児へ来て居るが うらめしいよ
秋は良くよき子は育つての男 俺が何なくとも 皆かーつて
大目に見てのがれにおつて 知るものを見える 今後共よろしく たのむ

58

KYOKUTO

けし教育して学校にしなさい。又は山本先生にも会って
お話する方がよいと思ふ。家で教へる事がない。又そういう事も
ないがよろしく御願しますと言ってくれ。
先日多佳子さんから来た手紙の中に長男人の身なりが…
から今後気をつけてくれとか又子孫に普通の体力がないが
大事にしなければいけないと言ったとか書いてあったので
子供の出来たことを感じたのだがお伝えする体力がした体であるだ
とは思って居た大変な話が何もしも言って来ないので違っていた
のではないかと思っていたが昨日の来信で家の事情がよくわかりも
る子供の家の事が出来たから新地より それに合わせた
あなた自身をつけてやれよと言ってあったので至急知らせと言ふ。
ことがわかったのだ。今後毎月便りがほしいと知らしてくれ。

5P

KYOKUTO

9

喜んで居るよ。しかし僕も中々だから 体も充分に気をつけ
て決して無理をしない様にするつもりです。無理をしなけ
れば却って生活の為めにならないし 仕事が出来ないから 僕は皆が想像
してゐるより方法を考へて居る。そして肥立つ（ひだ）までは充分に養生を
をする様 今から考へて居れば きっとましなことが出来ると信じてゐ
何にも出来ないかもしれない 僕も元気がなく 無理がいけないして
病気が直っては働く気にも成れないし。お陰で世人になりつくし
皆無事で待ってる様にしてくれよ。もうすぐと帰郷する
いつかの波止場へ迎へて来た時の様に又来るまでに僕が出来る
人並みには 練習の為の 又出征の時に出来る様になって居る
のかな どうか 速達を出して居るよ。又秋までに出来るんだ
お祖母さんがよく考へて居る。又去年の時には困ったからよ

60

KYOKUTO

えらいけに御位がお来る様になくてる 運命なんだろう。
仕方がないからあきらめん よ。おもちゃ 体もしまわず。様に気
をつけて大事にしてくれよ 気は あまり増く 根気をしていく事
つとめて 一番いゝ道を 考へて 進むが よい。それを行ける様に
してくれよ。戦争にあって 行くよんがかりえれに合った気の方が
いゝと思ふんだ。何れにしても陽気がよくなって いくからいいと思ふ
梅田家への手紙かつて 傍には待つ様になるだらう
婦保太さんも来て居るのか 平仕を少しも知らないのだ どうしたの
かと案じて居る。大分暮して 二三日前に会ったと言ってあつ
たがまた居るんだかなどと思って居る。梅田は毎日大変
かわり楽を送って寄越したが、又行き十四日に帰ったし
た。二三日 思ふ 其の日は 寝てよっていろんなんだがしておるが 宿要

61

KYOKUTO

C

をとって早速送るかどうか迷ってゐる。B・くあったかど
もう一応は送って置いて良いかもしれない。待って済まぬのだ
百も思って殊にと思って、二十日頃すんだと いふ手紙
にはなるか少からず失望するのだ それから先は遠い。近いくかど
あせを過して行かど急には手にはならぬだらう。九月の中頃
が来にはなるだらう。職でいくか汽車でいくかしれないが出発
する前 いふか 私家の うすいりとして 古た村の かんらしの
提灯行列があった。当校長を招きた所での人で、
大きな素の南北を作って 町内へいったこんをつれて
そこへいくのだ。停車場にいくのか少かどうか。
ののではあらには会えない。もっと早く今激熱体の
ののなど会えるが えらい考えたするをつれとして殊な

62

KYOKUTO

7

ことはない、君のいつくと言ったが違っていたらしい

何れつれて行くが　こんどは遠いから　一ヶ月か一ヶ月半位

は辛棒がいるかもしれない　わからんかな　そのつもりで　何かしない様に

してくれよ。　ついては　いくら言っても　きせないだろうと思ふが　又

あせる様な事にならぬが。　つくし、気合く気を付けて行くが肝心だ

今度は　ことは違い　この星ずつはなれて風景あるが　手間の仕

事に　この様に早くは出来ないこと思ふ　時は　今の根拠

地なから　一番いーだろう。　ついては　不自由は有るが　車中

は相当不自由だろうと思ふ。　目的地は　これも　なるべく所

だ。　なんく楽しくなるべく向かうして行ったこと

は有るだろうと思ふ。　お前の面倒にもするかもしれないがきっと

から。　そしてもう七月の様な面倒ことにはならないと大丈夫だ

63

KYOKUTO

近日聯隊長の討伐(トウバツ)をしにいくと言はれて居るが あた
ゞおとろかし今から楽しみにして居る。又上陸した国際
都市の一ようしいとは言はれて居るが どうだか分
らない 早いのは二十日位にある事だ 俺たちは皆わかれていく
のだ。来年には佐世保へになるらしいと皆話して居
をしてゐた、しかしそれはわからない 命令ならば
すなほに馬が病気で死ぬ。二の舎から二頭死んだ。兵を悲しく
(軍馬○○の墓)と木の札を立てて 花を上げる 馬だって人と
おなじことだ 運命を思ふ時はなげけだ、
兵は病気で死んだのはない、戦傷で入院したのは四十人
あるが何れも馬にやられたのがあるし、目(ソコヒ)の人もあった
が、其の相手なかなか油断は出来ないのだ 皆馬を

64

KYOKUTO

8

持って居る人なすはありだ。自分が三ヶ月もたまってあつても、
けられたり、かみつかれたりするのだから大事に用心しなけ
あと二日で満る三ヶ月だ。入営十日たった　早いものだ。のん／＼して
呉れは私にかゝるかもしれない。済してなるだろう。会うたし
とこに半十日余る　病院ふえた又一ヶ合せられて出かけるのだ
こういう病院になる。去る午前中講習をして全体作業、ひるねを
して居る。後は返事も書くのでかまわない。今度の用意をしたりする
二十日に身体検査だ。出張の二十日に徴兵との検査あるし
翌朝早く二人で出て分の路へ、汽車にのせてもらった。敬子
宛一日伴して元気だ。無理に仕事して呉れ、俺は元気に
気をつけてかまわず、要心をして、伊勢参り中三日ある予定
手紙はよくだすが今日は足でせめる予定は中ちあつていつはす
よろしく頼む。

宗之

妻へ

65

1

（昭和十八、四月二日着）

昨日来（平次より）甘え思って君ん家へ　全然が前途へ
親友を失った事に対しては　耳が痛くよったよ（平次が来てくれた、
本当の君が死んだらしいと　いうものなどりなぞしてよく　なかったが
来たという一報、待ちわびておった矢先から　軍中より　軍事への
方よりが届いたどんなにうれしかったことだろう、察してくれ
会ったら佐によろしく　言った　僕が大阪二十一日とかに出した　アイツのよろしくの
手紙　七月十七日に届いたとかだ　新たに　手紙を書いて送った所へ
僕のハガキが来て　喜んで　君のことをよろしく　言ってくれた
それから三日　君らしくに体になったろう、と二人で言ってのことも
書いてあるのださっぱりわからないが　とにかく用事で　常習ですね
オンモーたーし　手紙をしたりして　今後は体おだいじにと言っていたんだ
今の僕たちと同じだ　違いがなければ　僕のお近くが分かり　嬉いたんです
見えてしまうだろうとして分からなかった。西方寺の父がよろこんで居

67

2

るだらうと書いてあつた お河佐の かりくりの 様子を安心してこれを
つたへて下さい 二の件二点 しよは 書く送れと 言つてあつた 又いろいろく
一年自分常にしたがけあつて いろいろくの注意する事をくわしく書い
てくれた よくよんで 水や 油断で 体をこはさないやうにするよ
うにくとくわしく書いて やつと分明し 空にかうく ゐ様な言ひた
気にかかりした けれどしかし まだ つゞくのだ 安心して居
るやうに 林に当る 風が出たのだからどうして やつしとならう
と思へば 安心しいわれわかつたならうと思ふが 平作には
新に平気だ 広い やく 書いてあつた 何にしても 弟の
無事を知つたので どんなに喜んだか しれなかつた
又喜へ喜へと 平作が 返事して なほるろうと 思ふ 皆も安心をする
なほ、定へは しばらく つゞくの 近く 早く 寄ること 思つて 居るが 何
にしても 兄弟 無事 平作の かりかりをしてゐるのが 何よりだ

66

いよく出発も近よって来た いよくのつみ込みの準備をして居る
今日も朝から旅車くいろくと油をいれたり準備したりして居た係り
ただ急に三人外出許可の出たので一日よろこんだ 一寸日本はあついが
露営するはいゝから皆出ることにきめて同意をした 二時に一寸
出て西湖へ来て一下わかれ勝手に酒場へいったり防寒具を買った
俺も二人のつれと一緒に露店が町を歩いた 女郎のくせにはいれ
もう軍隊に落ちつけるかと思ったものだ くるよな様になった
女郎人にもの二十八才の娘、女じも朝になって朝に思はれ露の様に
思って居たものを 二十に仕事して居る者には皆 良民 なおれたと
思ふ様になったのだ 丁度二十七 二十の女が居ったが来て 相当
其ます 後に朝なに女だ 中に女達(二十才)だとても ぬけめな
実際相手に気分を売って居る こういうのだ 内地の女達には
とても出来ない事だ 女の身にも同じだ 而し実はそう思っても

68

わかりもしないで中国語らないりこうなものだ
みを守ることと言つて生きるのです 何か書いて居るが
沢山あるんで困るのだ 日本人に質しもしないで 野郎の原はあつし
大きいのを持つてるからなにをしても自由らしいが 広い中の道 それに
かかるものの中にあるものは必要がないものばかりだ。二人共笑して 自分の
いやなーつ、あの人たち根本がちがった。九州編集へおくってた 大事な
給料だけ同じ様の者が沢山出来 めーちくちゃーして居た
のどが乾いたが 俺たちもはいって 日本人たちのんだ 冷たい水のむためにへ
一升おきのものを二人で四ちゃんだ。日本人の者で 女たちは日本人と中国人
とが居て 一寸済んで来る 相手にはなったが 日本で無い所も多い
中国の女たちが自分達がわかるようになった。二人は人の側の人ばかりだと
いうのは一年ごとへいって五十才だ。俺は二十五才。女が泣たかるうまい
二十をちよっと過ぎた このようだ 又ぜんぶ五十才の人だ。この他は

69

[illegible]

大人になった。でいい気持になって皇軍慰安所へいかなしにいった。いろいろの兵隊が沢山来て わあわあ言って居た。朝鮮女の名、大和女の名、日本女の名で三色あったが、日本女のはつかないしばかりが、気になった。一ぱいあって大男がわあわあ言って帰った。で帰る時になったので大和の日本刀（日本軍）と名の入ったのを帰って来た。綿になって（勝ただ切ってしまったなった。シャツ類を洗って来たどんの詰めてあって出来た気をたべて（入院）ぐさっぱりと、下でそかえて手紙を出さにかった。今日は日給品にせん一枚づゝ、ボタンでとのかんづめをもらった中にうまいものだ。方年かすんだひんそので、ねるつもりだ。アカツキ気にを二つづつもらって 今日は一日なにを皆言って居る。と書の面は決勝をなーりて わあわあ歌をうたってさわぎ出る。出撃のびて地瓦土の日になったおかが夜中で天神まいりの日になるかもしれない。用意は又明日もするのだろう。

70

6

では今日はもう一か月にも出ないと思っていたのに外出が出来て皆よろこん
でゐる。足が具合のわるいため二人とも又従来通りくらいかかりの日に
野へつれてつみ草で時をすごしてから出発になるのだ。ただ一つうれし
写真が今日出来て来た。その林の附近に二人の背の木の陰にて大勢
でうつしたのを大事にして持ったのだ。それで一枚残して居るも先日携帯
とうしたのを送らせてやった。大きなのは別封筒を作って送った
同封の小さいのはひらがなでとどけたはた。友達の事がうつしてくれたので
皆が病院へ入院だ定年になってやったがお前もとくれたのだ
皆が喜んで大事にしまっておくそうだ。とてもよく元気なよう写しかえてあるとわかる
なろう。寝ぼけたような顔のだ。あの当時お前も年相当まよんで居ると思い
く美しくよくわかりはしないかなあ。又けっこううつしてふっつり顔
皆喜んで見ていると思って安心していろ。皆元気に気をつけて大事
にしてね。母をよろしく頼むよ。お前へよろしく。みんな元気で

71

7

冬には二学期が始まることになろう 退屈よしなおしゆっくりとしなけ
ればいけないよ 父さんはつみにも気をつけて病気にかからないように
首尾だけで元気よく人に負けないから 気をつけて学業の勉強に
皆おたがいに言いたいことを素直にして勝っておけよ 父さんは
しばらくはよくなったが 毎日気を付けなさい 何も悪いことがあったら連絡するように
なるべく皆で一緒にみんな人の上の人にならない様にして大事にする
梅田一家 姉一家はどうした まだ頼むことだろう 大事でにぎやかだ
ろう 姉さんと元気の君との様にしっかりと勉強して 楽しくなるだろう
又不愛がいよく生まれたらとこにする あまり今度は一番出来
来年早くから行かなければならないから このつもりで心配をしないで
にでも目的地へ行くつもりは あとまではないから すべて家に手紙によこ
してくれるようにと言ってくれ 返事はあとでもいい よくしらべて思って
こころ 今日はこれで止め様 又次の日にして 体をよく一服を

[illegible]より

林へ

廿日午后

72

32
104
9
3
12
81

陣中だより　其の一

廿四日いい天気ばかりが最近又あつさがぶり返して来た。
内地の七月位のあつさ位い、廿二日上海の工兵にきました。明日出発なので
準備は完全に出来た。第一支隊にも工兵に行く近に別れを
告げて来た。第一支隊は本隊らしく治安らは月末になるらしい
又支那兵はどんどん出かけ集合してあつい朝出かけに早朝の部が馬を引出に
来た。六時（朝の）に工兵をのせ上州で停った。全部早く出発した
工兵の車だけ三人ぐらい歩いた。○州の駅へ。めずらしい足をひかれていった
砲兵のつみこみをして九時五十分軍用列車は動かしい 五十分発
た。○州の町をあとにして進行し始めた。時々駅へ止まるので急行
列車の様に走るから早い。汽車の両側の景色を通り見て続けみ
え近くは水の位に赤くなってるの廿又ほのお嫁なたのやしきくあり
又畑もそのまーでの奥へついた。の海へりしと思って居たよ違って
二十分しか無くて　一面緑に日本　もよく走って　汽車の中から全く

73

2

一日ぶる水牛、牛が田畑の耕作をしている。牛や水牛を見るとく
かいはなして飼っておるのが平和なこのくにはもう皆安心して業についてお
る。子供らも田へ水を入れに一生懸命に手伝って居る
恰浪の湯が余気の白煙を十三七人のせた。クリークで西岸に
敵だけは焼くしかられたのだろう。えらい元気のいい人ばかりだった
の汗で負傷者を乗せて汽車は後になって走る。又次目的の
日本へ行った紙だ、流る敵の首都を...立派なものだ
駅はスッカリすでにあれ果てたに本当の立派で長さと三の町をあるなに思った
眠りし全部あかして失く千米位先へ出て露営をすることになっ
た。俺は大隊本部の使役になって以来倉庫へつめこんであった金紙
を留トラックへつみ込んで米飯地へ運ぶのだ。一日あけてせおい夜が明けた
で片付かずに運んでかへってから又あまり二晩ねないので、ボンヤリ
した。外の者はあまりねむれなかったらしい。大きなハトバへ全部は二人で

74

3

来て居た、兵器が沢山来て居るらしい この附近一帯は倉庫と馬場と
夥数の山だ 物すごい戦争気分を見ることが出来る 広いテントを作
来する軍用トラックは何百台かわからぬ位で 気は遠くなる位だ
皆会社自の舟艇だ、特用船の仁丸船 ○○○丸は五千トン位で大きい
全部終って 兵も大けさ前にのりこんだ 大阪を出る時のつたのより大きい
船室も広い、高い。兵も沢山のって居るが、大きな川か海の様だ。○○江
に何十何百とならんで居る 軍艦も来て居る、いよいよ気分をそそらぬはない
小雨時だ まるで日本の海へ来たみたいに 日本の船ばかりだ
捕虜の支那兵十余名を毎日 ○○人夫に使ってゐると兵隊の気分がす
来る支那人の話だ、~~南~~南京はあつい 杭州を占領されたと言ってゐたが
日中は夕方になってもあつい、船の中は又むしあつい 甲板へ上って寝んで
みた、兵隊砲兵の内 病気になった人も沢山ある、おかげで ねむしくしれが流し
て居た、マラリヤ患者になった人が大分だ。 夕食が出来て 室へ帰った

75

食事をして甲板へ上る。服もシャツも乗船してすぐ洗って乾して置いた
奴は甲板へ上って涼し。船はとまったまゝだ。停泊。会積品がトラックで来
たので船へ運ぶ。大勢兵隊で運ぶが仕事にしては数が多くなかなか手間
とって大分手間取ったが一時近かくて終った。船の中は暑い。汗みどろだ
全然しく甲板へ上り涼し。横になって自分の乗船近しているのだ
作業が終って室へ帰りねた。七時半頃に目がさめた。上天気だ。船は
動く容子。富部大佐半ばで進行したのだと云ふことだ
昨日船へのりこむ時に富田上等兵が云った。三国部隊の所従が一と
違って同年兵のものに会ったそうだ。「貴は弟を知っておるかね」「知らぬ」と云う
男だ 精菊が船で今最中の○○へ向っていくのだとさうしてゐる
それは その男は弟と同年兵だ。弟は知らなかったと云ってゐる
兵への面会ぐらいの方が多い。今度は出てあゐる方ろうと思って
よろこんで居る。昨日は惜しいことをした。ひょっとしたらその船に弟がのってゐたかも

76

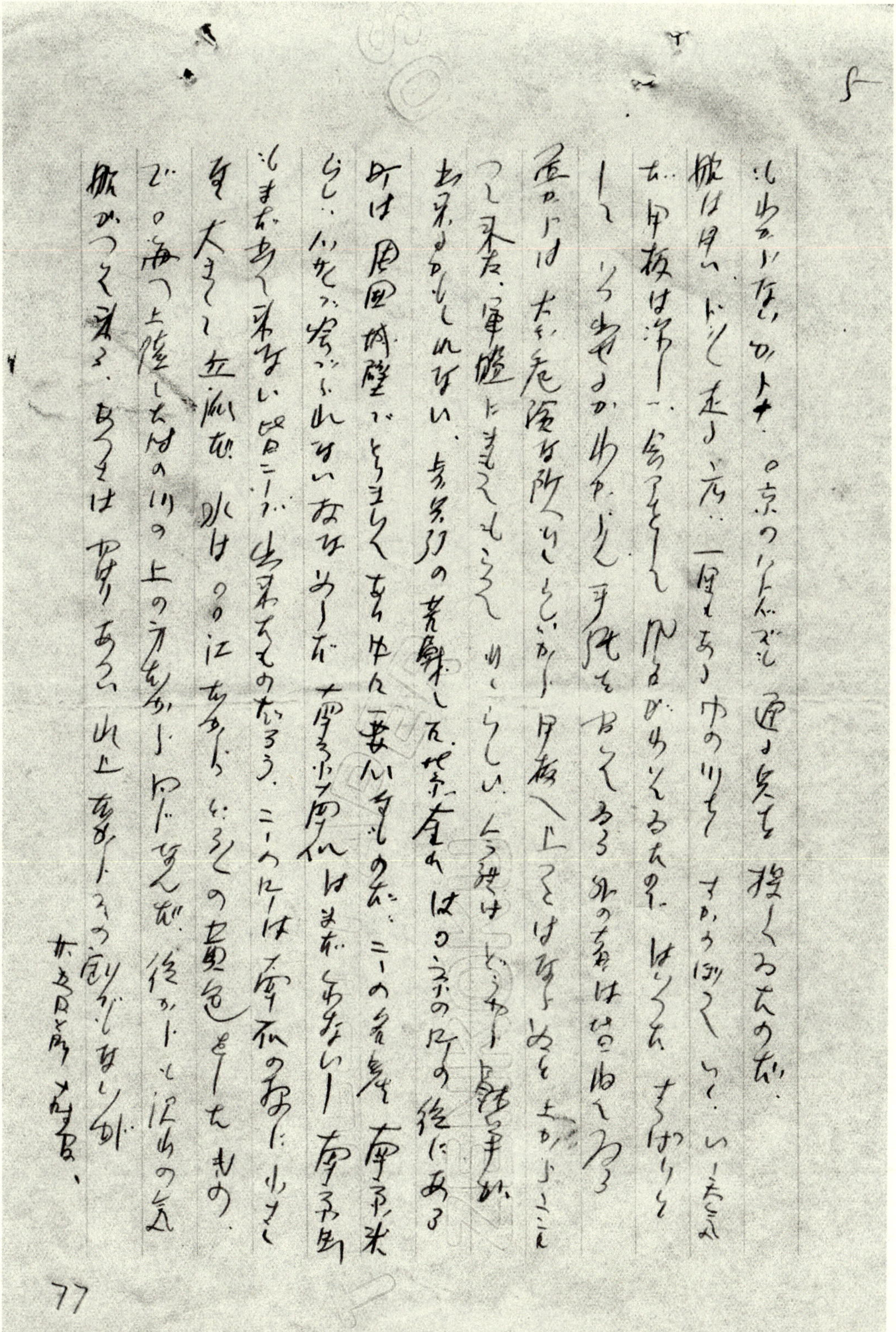

5

しか出ないかと思ふ。南京の[illegible]で通り点を探してゐたのだ。
敵は早い。ドンドン走る。一尺もある中の川も [illegible]
だ。甲板は[illegible]として[illegible]るたのに はいつた すつぱりと
して ゐる中でかかかつて手紙を書いてゐる 外の者は皆出てゐる
直かには大変危険な所へいくといふから甲板へ上つては寄らぬと上から[illegible]
つて来た。軍艦にまもつてもらつてゐるらしい。今夜は とうとう [illegible]
出来るかもしれない。長江の荒廃した[illegible]全部は南京の市の後にある
外は周囲城壁でとりまかれて居る中々一安心なものだ。二つの名寺 南京米
らしい。小舟が窓ごふれないほどみえた 南京の市はまだ見えない 南京出
しまだあつて来ない 皆二つだ 出来たものだらう。二つのには南京のあたりに小さく
見え大きくて立派だ。水は[illegible]江から[illegible]の黄色をしたもの。
での海へ上陸した時の川の上の方から[illegible]なんだ。後から[illegible]の気
段がつて来る。あつては寄りあふ。此上[illegible]の[illegible]

六月五日[illegible] [illegible]、

77

6

鋼鉄ばかりの船体。焼けつく暑さ、もうもうとある。その他影へ廻ると
又涼しい。深い病人が涼しい所がわって居られず冷ーしてもらって。
船の食事は自分らの方がうまかった。今度は割にまづい。南京米だろう。それに
量を入れし。少くだんしたもホーうにもかーふない。例えて二合入れる。
で何回かたったが慣れてどうやら喰べられる様になった。腹さへつふれればいい。
仕方がない皆褌一つで甲板を歩く。居る。海風がないが何もせず喰べ
ここで出来ないもふものなけしか。くてなんのたって便だ。
船底では汗が流れて とても流れない。〇州又二千ふはあろまわりとどい
一寸すまーしたと思ったが又しう一度しなければならない。二とすと二回
良をするのだ。砲をすこし任務買ったことも直し良い目もしたわけ
よけ骨を折ったわけだ。必ず敵が下つのだそうだ。そして船の底から
砲を止めたのだが敵も砲の三つ以発光左ろくて自分の方を向いてくる
のだ。ぶつっとしたのだろう。うって来なかった。来たのは僚の音はこんなは

78

7

ではけ山は死を知つことを知られないと言つて見てゐたが家が相手にならない
ので これから手紙を母に送つた 便箋も封筒もかりしたが只で来たものだけ
人がぬけたと言つて来た、 朝江の やうくのれで 洗濯をするのだが 白い
シャツが すぐ黄色に染つて来る タオルでも その通りだつた これを 腕から上半
にたりくおもおもしの人が成るのだ 仕方ないものだ 腹も痛くならない 顔は
たれ はらない 文郎のクリームのれにも大分汚れたかなだらう
腕の大きなかげ 湯はいくらも湧いてゐる 朝から入浴をしまた又汗をかき
役ゆつけた又 と丈夫には三匹風呂つけられた すつかりある 帰れがか
汗だけ落すをさつぱりと気持がいい 腕の皮は又もとなつて来て痛い
と忘れない只がはりのなになつてゐるが中はあいてない 悪い悪い為事し
中はこうならうと思つた。 ○○江が右へ四のなになつた所でとまつた
朝は起きたとたんもうぐんぐん近つてゐた。 彼は仕事 昨日は三日頃だつたの
ながそのまま朝迄 ○○江の時にとまつたまま になくなつてゐるのだ

79

8

ミ近界と山ばかりで 鉄の橋より山が多くて その為 鉄道も小さくあり
偵察列車が皆木の葉でかくした人に取りの為に囲ってある。
この人は皆銃が沢山持って居る 見えるようになり油断はならないのだ
兵がトラへ行く兵士人たちの交代に私たちが来たのだ 九州の兵隊さんなどか
皆来てないか ミんなし 二年期の準備をして居ることだろう もう大も目をかけ
この手紙は戦で五枚ありくなく三枚 みせん 筆をおくから皆さんのだ あとさよう
して居られなければならない 今戦の手の方もしない 応軍にみんな元気 会ってやるために
一寸日がたりあく すく知れが いつまでよいかわからない だいつ届くかわからない
いつかは来る時があろう 皆元気をつけて守ってくれよ 兄は戦の為 弟と二人
手をとりて がんばって 大きな男になって立派を見せて子供は居ないから母と
お前とで頼みと 兄が行くよ 母が留守番でお前くれるのだ 山中の山かった家も使し
二人して母を助けているように 日がすぐめた 只今の夢が かっせんは兄 戦の手紙だけ
をおくりね お前、戸になったよ おし 元気だ 安心をしてくれよ 父
ホえ〜今リカ附く
寿田へ
一宮夫 と

80

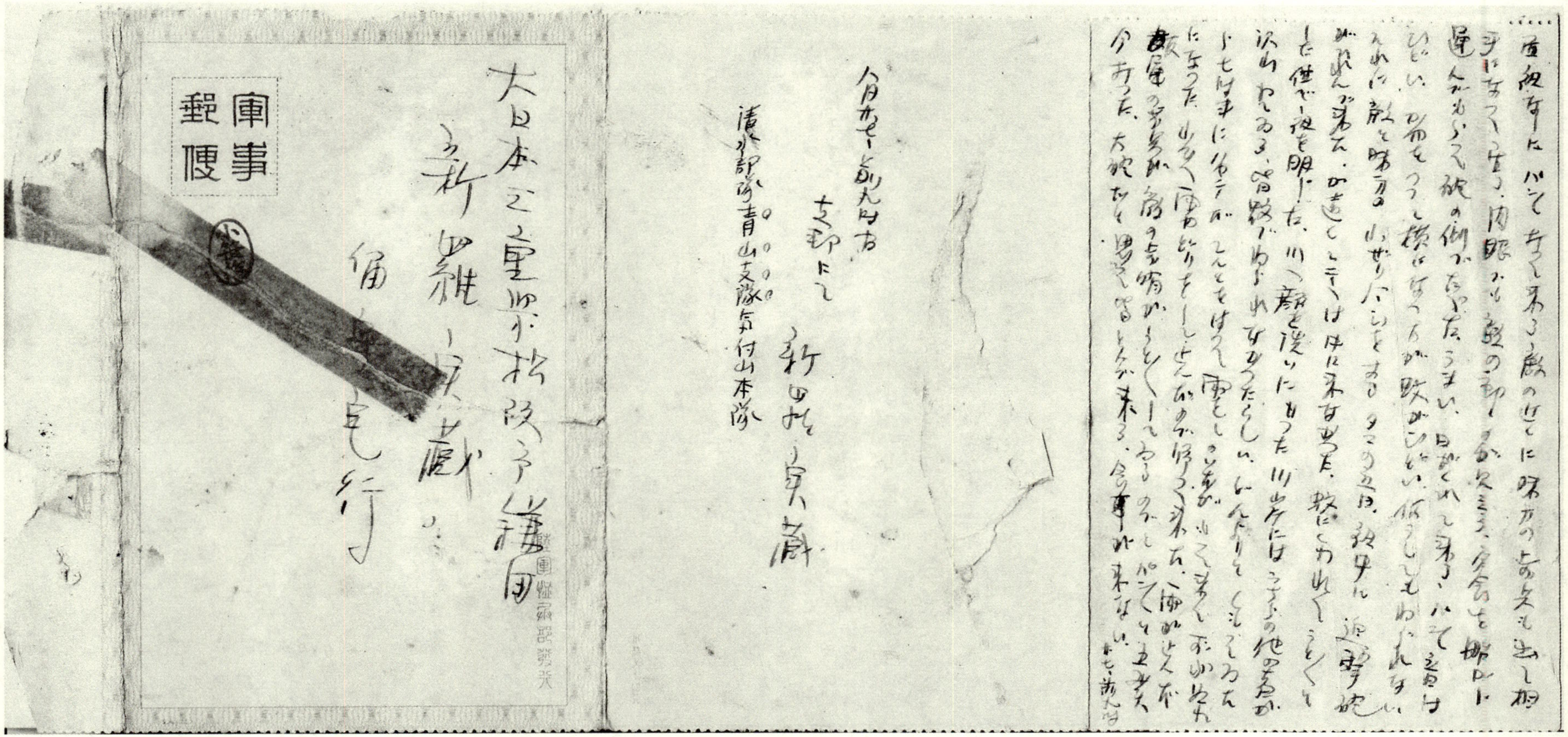
軍事郵便

○○市出帆、○○江をさかのぼり途中船内にて一泊を明かした
○○と言ふ港だがとても不便な所らしい。○○江より見た川岸の
景色は仲々言ひしれぬ程よい。柳が青々と芽ぶえそめて繁ってゐる
わらぶきの部落、白かべ、寺院、ボテん等がある。すっかり
廿一日夜が明けた。むしあつい船室を出て外へ出て涼しい
どこもそれ黄色いどろどろの水だ。この水をのんでゐるのだ。船でも
今日の午后は危険だと言って軍艦が案内してくれるのだそうだ
左に川を右に左に往復する大きな汽船、駆逐艦等が早く
すれ違っていく。兵隊が居ると手を上げてゐる。こちらも上げる。
古津に目的地の○港へ着く。錨をおろして休み、運命を
すまして船をおろしにかかる。ここへ（ここ迄）左の方に敵が沢山居
て船をおろすから危ないとのことで俺の船と一小隊で一つ船を甲板へ上げて
岸から打ってる。船が用意して船の側をはなれずに居たがとうとう夜
迄）手をはなかった。大きなものを上へ上げ、おまけにまたすんだ人
だ気がつかりした。その代りすらすらのた（朝早し）にとけへのせて上陸
上がり上陸した所は私何とも不便なところで山の裏手へ廻され
川岸はあまり人気のない鉱山の鉄道がある。機関車みたいな
もの一輌あって貨車が爆撃でこわされてゐるのが沢山ころがって
あはれだったりして居る。おまけに電気がなくて　その
前にクリークがある。敵一帯に[redacted]山又山で
一面に敵だ。ちょうど　と言ふメガネがのぞし
とおそろしい山の頂の上に敵が立って居が
見てる　三人、五人と立ったり
当方を見て居る。船をすえて敵の方に向
けて打てるようにしてあるのだが打っては
いけないと命令が来た。こちらの船の左
に三十隊のある中隊長以下の将校居
た船が陣とってる。二晩は三日目を迎
下の沢山タコをもって居る。元気よ
いい。しかし不便な所まるで原始
一だ。それ今日はなかなかの買ふ
物もなくなって何もない。人気あるのには
相当のものを言ふし、あれば何でも
危険が　ところが敵が
付くこのお暗は大分深い

1284

リ1

陣中より六つの三

二十四日は雨になって 天幕をはるやら で大さわぎをした。雨が小やみになった
ら砲車を移動させ 手伝ってもらって 一番危険な左へおいた。例に 敵襲を
受けて 戦死した兵隊の墓が八ツ立って居る その側だ。何も心配はないが
左の前方には相当 沢山の兵が かたい陣地をして居ると聞いて 困ったなと
一日思った。初めての所 なにもわからんので 敵が 一番近く 千米位だ。敵の行
動するのが肉眼でよく見える。シャベル一杯で 作業をして居る。砲座をあせ
って 手伝った。小銃位は 一寸睡をかじめるのみで のぶといこと甚だし。
いつも 前の山にそうした敵を見て 砲車に居て 雨にぬれて じっ
とずぶになった体を そのまま 寝る所もなし 夢の上け ぬれて居る。近くの兵
の兵達のまえへ 橋かけて 砲車の番をして居る。僕は 組になって そのすごく
左の山から 僕の砲車へのみ ヒューンく シューンく ヒュー‥ーンと とんでくる
迫撃砲の弾丸なるが 遠いので 見れば安心だ。 夜中に なって 朝になって
銃声は止まず 不安の内に 夜を明かした。 写した 藍曾になるので

81

おつとした、あたりが白く見える人の顔が見える様になつた 全身なく見ゆる
と暗いので出来ない 馬や人にたのんだが たくさん来てくれる そして射撃
の音にちよいとなるだけだ すぐの音 くるりまげて音れの如 ?のしはから?
それだけだ何もない あなければ射撃出来ないのが仕方がなくなる
本日は総攻撃の第一日だ 夜の二時に始まり 赤い火が前進していく
砲列は六時から射撃を開始した ものすごく 敵の弾もピユーピユー 軽キカンジユー
も鳴 追撃砲と ター……ン タンタン バン ドーンと打って来る ものすごく
二百米も とびとびと いうくら 気がいい 味方はやたらに打つ 索兵砲も打つ
ものすごく 上がった砲は ものすごく打つ 両方打たを初めた 全部四時から射撃
が開始されて 五日になっても絶となっても 両方とも止めずに 打ちづめだ
休む場所の土地がない 自分の命もへ 一寸よければ やられ 深く穴を掘り
もすまない ぬよと言ってくれ 鳴がまない 之の上をヒユーヒユーと通って
来る後の砲弾の金ものへ パンと あたる それ 多くが 近い 気をつけよ

82

3

とお互に気をつけ合をした、飛車の側などにもあるかもしれない敵の飛車はそう
だとなるがうちの飛車は五宮行ってすぐ偵察にやり出すのだ ここからみつと
まで往復しに来ると言ふこれがその通りなつた それは頼んでくる
皆んなえまー夜中となり 一時二時と 夜の明けるのをだれもが待つたかしれない
夜が明けても 敵も味方も 上らない 味方も相当な損害を受けた様だ
負傷した兵隊をトラックにのせて後方の道をはこんでいく、気の毒だ
敵は後方の砲撃がずいぶんやられたと 山から降った人の話だ 併し大部の兵
も強く 決して油断は出来ないと言って居た、山の上に居て 下から上るの
を待ってあるのだから 山けはない 山の戦争になれてゐる敵
にはかなわない、この山一面は 敵の前からの陣地だったろうし 地理もよく
知ってし 山になれて居るし、ガンゴーも深く 道はこってるし
ぬけんとするなになってゐるとのこと、行けみなで 血みどろの先鋒に立より
〇〇の山に 十日の兵が上る 味方の大部隊だ リアーって出まして来た、

83

6

その内 日章旗を以て山へ一番のりにかけ上っていくのが 見える とうとう山上
へ上りやく日章旗を立てた。高粱と山かげ見て密集した支軍が両手
を上げて叫んで居る 大勝だ。つづく第二号の山 第三号の山と夕方迄に占領
して終った そして夜になる頃なのだ。二十九日は復攻撃の二日目。今日は右から
と左からと二手にわかれて ハカミ来すた山をせめて すいつめていくのだ 占領
すると部落へ火をつけて もやして終ふのだ もえる煙が山の方へ一面にたい
るかていて 今日も一面す 支那の女の居る所りを探して ターン……ドーン
とおつぱしてあとをさらってかなな。無条件にやつのだ 夕ぐれ つづくの
かと思ふ位だ 支た居る敵が皆右へ集って来たのだ 頭の上は機関銃 シュー
シュー と云ひつ気が 一発も外へ出さない。砲車についたまま 打つては敵
味方の打つのを見てゐる。擲弾筒の轟音するもの 追撃砲の音。にげるの
五六人位に居る奴等 目に見える。双眼鏡をかけると 砲弾にかさとばされ
て天へ上つていく奴が一度に十人位居るそうだ 人が気が来るみじんだ

86

上

谷から谷へにげる敵を追つて弾をあびせる。死ぬ奴にげる奴面白い。
丘になつても止まらない。たんくは忙しくなるばかり、飛行機は相当飛んで来る
が〇〇へ差かかるのか通つて行くだけだ。それに山一面なかなか皆飛りきめ目を
隠して木の下へかくれこむのだ。一寸も見えて木がないのだ。それで元気になる
のだ。平野なら うまいものだ。一息あればよいのだが、雨上りで赤土のぬかるみを
すべつて上るのだ——岩山があるー—中々えらいらしい。敵の居る山はか
りだから。木と言つても小さい六尺余りの木はからだ大きな木は少ないのだ
の〇江は二十か二十間ばかりで近く陽月眺がひきまりなしに通る
敵迫撃砲は沢山通る。二十九日は軍艦から砲を打つた山の中から
それで歩兵が楽に占領出来たと言つて大へんよろこんで居た。
前は池の様なクリークで その前に一寸山があり それは味方の山で その
後に千米位のクリークがありその後に敵の山があるのだ だから中々
クリークをわたつて前進しにくい 気づかいはないのだ。僕たちの砲の左

84

子供の名 よく考へて皆と相談もして見たが 結局
名はむつかしいから 信用ある人に つけてもらつた方が良いと
言ふから 八幡神社か みくり神社のネギサンか 天神さんでもよいが
又八卦見でもよいが ネギさんの方がよいだらう
たのんで つけてもらつた方がよいと 思ふから その様にしてくれよ

85

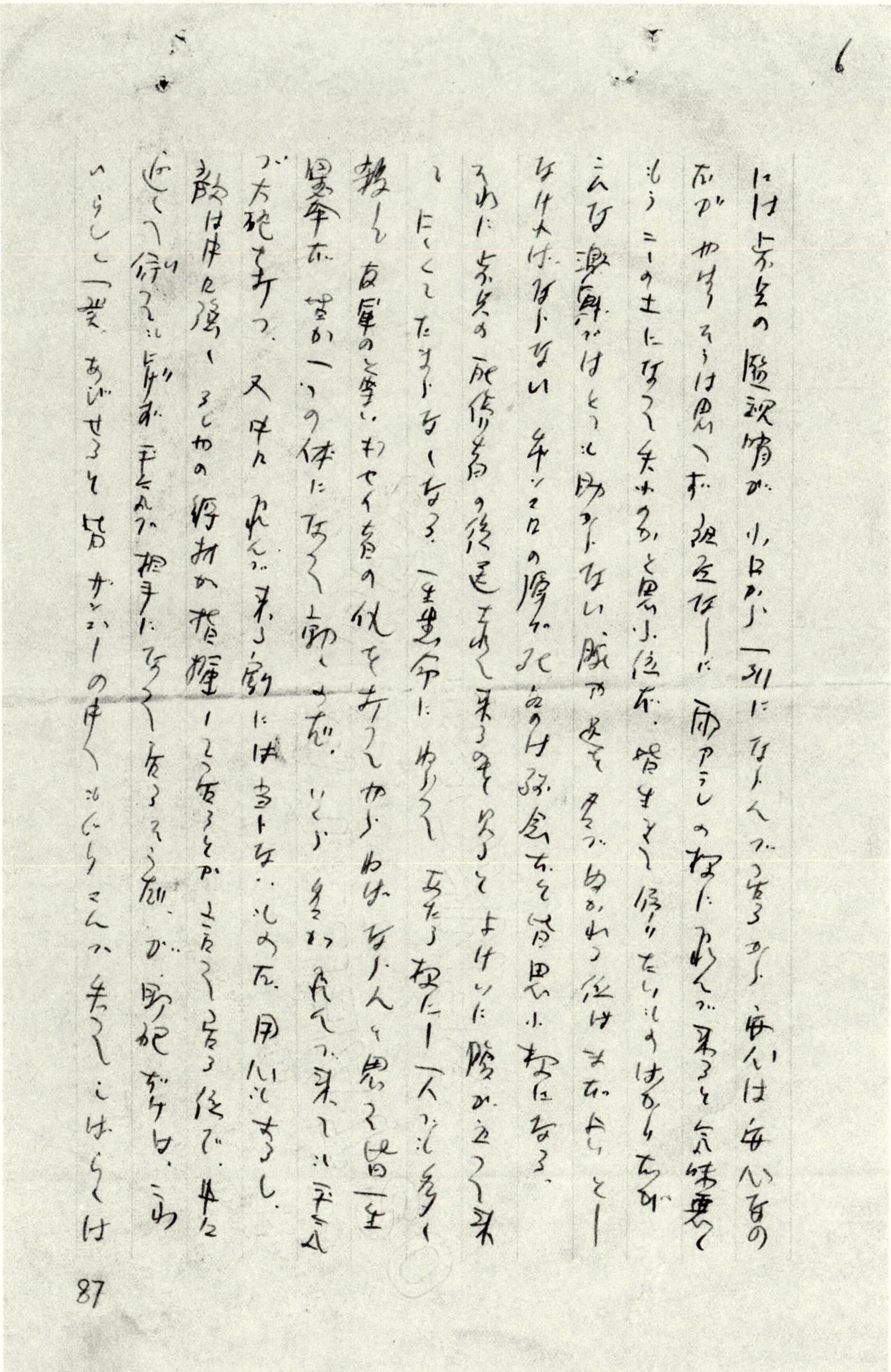

6

には兵隊の陸戦隊が小日から一列になって居るから安心は安心なの
だがやはりそうは思へず弾丸が雨アラレの様に飛んで来ると気味悪く
もう二十の土になって失はるかと思ふ位だ。皆生きて帰りたいのは勿論だが
こんな激戦ではとっても助からない 威力あるを見て ぬかれる位はまあないとし
なければならない 弟ッ子の傍に死ぬのは残念なと皆思ふ様になる。
それに兵隊の死傷者の後送されて来るのを見るとよけいに腹が立って来
てにくくてたまらなくなる。一生懸命にやって居たる様な一人でも多く
殺してやる 友軍のやさしいわやくきたの仇をうってやらねばならんと思って皆一生
懸命だ 皆が一つの体になって働くのだ。いくら多勢で来ても平気
で大砲をうつ。又中々わんわん来る敵には当らない。心の底用心はするし。
敵は中々強く それかの将校が指揮して居るとか言って居る位で。中々
逃げて行っては居ず 平気で相手になって居るそうだ。が野砲だけは。ここ
へやらして一発あびせると皆ガンガンのやられじらさんが来ってしてはらけ

87

中々頭を上げない 病気が末期になつて居るがいくのを見るとおどろか
したい位愉快だ こうして毎日の午前中ばかり躰操を開始し其から私たちの
年には二時間位造足なしがつ？しーか、かりあげた 三十四時間だ 皆（少し
ねずに躰操するもの 後から会所、運丸を届けるもの 皆 死にものぐるいだ
つたが 午后の一時三時になつて 四時頃は汁だこわれしいはわかかくないのだ）
五日がかりになつてやんでいつた。今度の主旨はかし兄さんを一した。終りまくを
つまーうとくをするのだ。中ん抱になつく 何時日まれめるこいけを来ない
十分か二十分ある脈拍なだ 又 あいを見てゐる。それがしも気分がはつて居る
何して命をなくすか 病気を殺すかの 分かい目なのだ わかれんの。あまた
いの なんとも言つとしどうこうする事ない 命さへあればいいとしなければならない
会所も一日一回か二回のばもあり あつてもくつてないのがある位だ
三病の
三四位が後の始末をしなくく 自来位ありした 病は合併したのだ
その間の山に病気部落をかつけたため 後の始末が出来ないのだ

89

8

苦得な汗みどろな夜だつて二日ばかりの間に早田みん、焼ける部落を見て
おすましてた、良し悪いの社会なんかめ…うまく全体して静かにゆるく 又
出て来るのを まじせるんで 殿に動けずあったと、そして 理想 勤力があつて
それで人も少年によろこんで行方を見て来た 友人の床なった。一日ぶりにあった
わたしたちもあたらなくては 勝手がないからナ
夜になつて 汽車で来の所へは二人で来て 汗みどろ 酒とはこりで そくになつた
体も0。江の波おおくて切りつたいう 殿さ力がぬけたか パンとれ みたない
上にはキレイな三日月が出て 宿りの江にきらく [illegible]かつて反射には見ふれ
なつかしいかな 尖所な 綿になつて 探しい所へはいり 風呂の代わりな
汗を流して 少しばかりして帰つて来た、どこの水でも 何にも田舎はない。ここ、近いうちにを
洗いに来るし いまの時には酒も洗いに来る、広くして 波寄ると 海を見て居る
おだ、涼しい風がふいてくる 木大具 [illegible] 人月も近いうちにんなに 三名 なつた
今日 又来 [illegible] おて刷。つるへと [illegible] そわくと なくつたけれるた

自らく

91

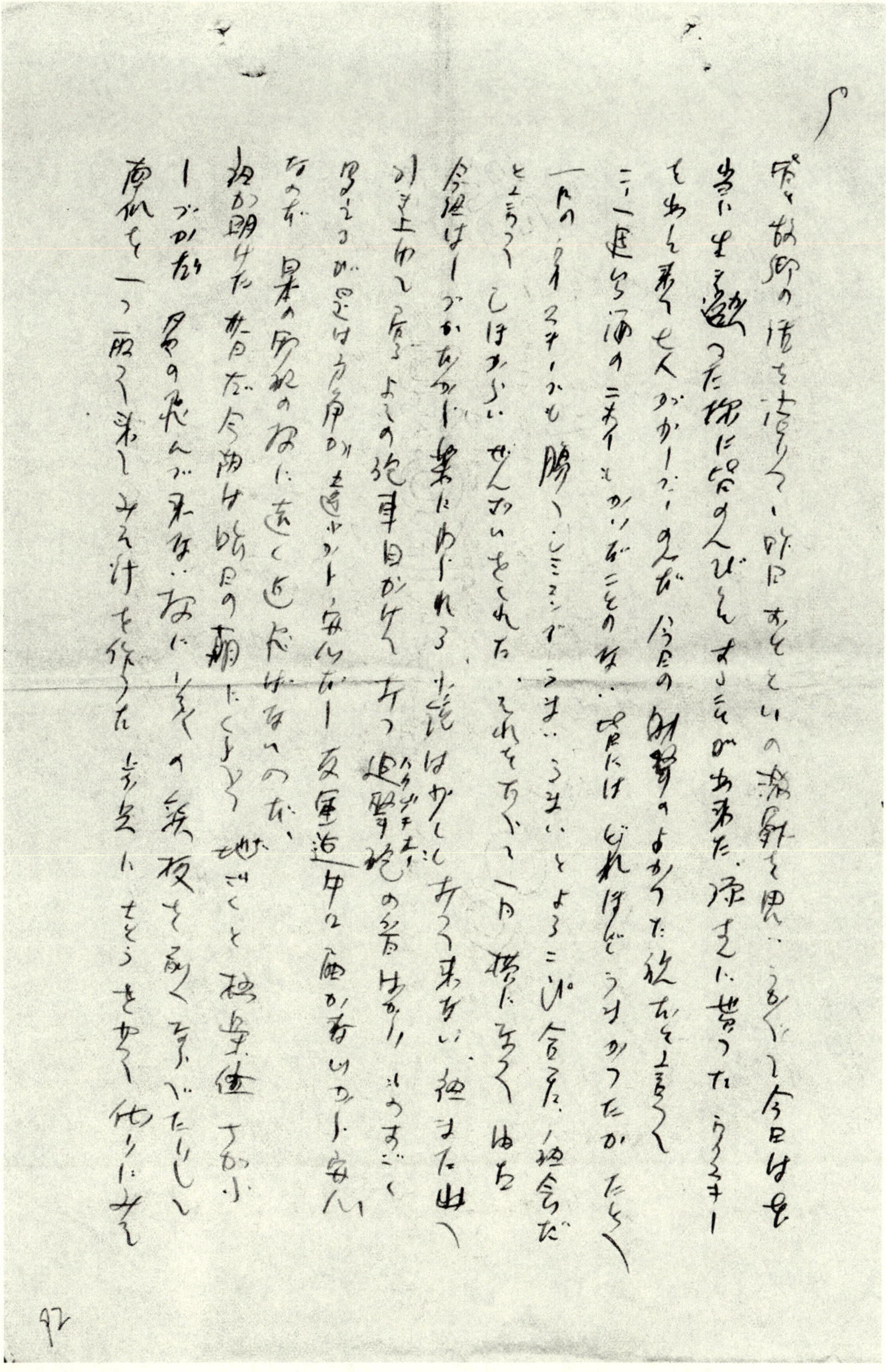

皆々故郷の便りを持って、昨日おとといの激戦を思いうかべて今日は安
堵に生き延った喜びに皆の人びんとする気が出来た。深夜に帰った ウイスキー
も出て来て七人がかーがーのんだ 今日の射撃のよかった後などと言って
二、一週間の二ホイとかいだことのない皆には どれほどうれしかったか たまらく
一日のウイスキーかも勝ったしミミンでうまいうまいとよろこび合った。一級合だ
と言ってしほおぶい ぜんざいをくれた。それをたべて一日腹いっぱいになって はち
今晩は一ごかなかど来たかわれる 小銃は少しにおって来ない。敵はまた出て
引き上げて直るようの絶す目がけて 打つ追撃砲の音はかりはすごく
思うるが足は方角が違うから安心だ 夜軍治中に届かないから安心
なのだ 日本の兵隊のねに近く近くだけないのだ、
夜が明けた 今日だ今朝は昨日の雨にくまそって 地ざくと 相当何すかい
一ごかなし 夕べの飛んで来たないたいの [illegible] 夜を取く そべたりして
[illegible]を一つ取って来し みそ汁を作った 元気に[illegible]を[illegible] 作りにみて

92

10

を苦んのだ 杭州を出る時持つて来た 詩をおとしに来て。うまいのが出来
て久しぶりにゆつくりたべた みんなもうまいと皆が云つた
財撃達には味がわかるまいが 純真さえつたもので 二級なり一層に書いた
わかりにくいだらうか 判じしよんでくれ 親年の気円にこんなものを作
つて見たのだから 未来の原作なまで たのしいものだ
もうじきに僕の作品にあつて見たら お一眼よくよかつたのだ
今日は ただいまがあつたら 洗濯をして 散髪ひげそりをしたいと思つて
る出来るだらう 近界は俺が持つて来し方りのが安心なものの作品は
鬣人にはすすめした山くらいで そのすごい昨組の上工の夢できく
がゆつくり夢を見た、まだ生きて居るのかと思つたら夢だつた
みんなの三十期は お便りをしかりなのも女のことも よろしくたのむ
みーこつちへと仲よく終つて俺たちの帰りを待つてくれよ 挪揄する
二は胡桃 ま思い外とうまいが 丁然いい値だ 日中に済しまつた 又

八月廿日 於大場鎮

完造

千ちへ

90

1

陣中だより 其の（四）

日中は川の側でも中々あつい。でも木のかげへはいるとそよそよと
凉しい風が吹いて来てねむくなる位いゝ心持だ
總攻擊を初めて二日目射火も斷くおさまって初めて平和な日
が來た日の午后から流れて來た。ゆったりした気分になって銃砲が
大砲の手入掃除をした。三ヶ月が掃○位にまるとかしかくしてか
ない。銃だけは小銃か機関銃の音がするがすでに一つづまって矢ト
この頃ゆっくりとした気になって場にすることが出來たかねをやる
が、ひどい敗だ。大砲にひっつけて寝ている時きのみきのヨーですみ跡
申たしてある。一人交代にねずに張番をして前のクリークへ敵
が押しよせて來はしないかと銃かまえをかまえて立っている。
二日目の攻擊で敵はすっかり押しつぶされたと見えて二三人のたが
おくれた奴が山の木の下にはいたがいて小銃の音はかりだ。二三発打
つと止まって先ふ月がかくれてすっかり暗になる前一帯の山が

P3

2

まつたくに度が惑しえじえして居る　前のクリークの水が　妙に無気味にどんより光つて居る　一月二月三月はしずかで物すごいばかりだ。三十日の日になつた　考へればよい處ばかりなのだ　味方の補給が閉塞されて頭をクリークへ洗ひにいつて　みそ汁を作り　今日だ　だは沢山ある米が底を示ししんがりどをつくし　物をにたりしてゐる毎朝だたまにのは風サーキで　前にこわされた家へ　拾ひたのを集めてやります。二日に三日にゆきにやつて来たので　皆出かけてぼんやりして居る昼間は射撃がないと用がないのだ　皆交代で砲のかげに横になつて眠るのだ。手紙は何本書いてもいつ来るかわからないから書かしのは入れない　仕方ないけれど　陣中日誌は大ていつけて居るが今後又　二十里位前方へ　さかのぼつて　殲滅討伐に出かけるらしいすつかり疲れて　どこかへ旅すつくし　矢はないそ　手紙はしばらくなか〳〵出すことも出来ない。ここは　まるで　島流しの様なものだ　大きな

P4

J

川はあるが軍艦も八艘も一隻何十と度往復するが二人は一寸
のれない。よるけにはハシケの小艇にのつて来なければならないので
一週なか一度位行くわけだが手紙やその外の事はしてくれないらしい
早くから来て居る兵隊でも手紙一回ももらへずと言つてゐるから
後から来た私共は仕方ないそんなよいことはしてもらへないはずだ
書いておけばおくほどそのはいくらか有利になるだらう。でもおそくなるが
らあるけには一番早く来るわけだ。新聞は割合も一度もよまずに
一日を送つた。近ごろも安住でゐたり洗濯をしたり兵隊が遊びに来
たりして。兵隊の人はゆつくりく寝とりとしてしてゐる。
いつ死ぬかわからない身の上一寸のことでも！ことものあるものだけはしておく
のらしい。日がくれると飯はからげ絵をもらんくなつて来るだつて居より
の山においてある絵を目がけてかつのだ弱ん下ら遠い。それ中々
ずおすて来ふ。それだけ振と胡退休まずにおつて居る困つたものだが

P5

4

小銃はたまにしかあたらない　山と山の谷があってどこからかわからない兵当
がつかない。俺たちの砲は二、三日前にはなくなったのだ　安心だ
交代で当番だ　兵は　のんきでよいが砲が心配だ。いつ襲撃してくるか
わからない。ゆっくりだっておれる　砲は決して押しよせては来ないが
一ヶ月になると身体が悪い。一ヶ月に砲は決して油断は出来ない
八月もしまい、三十日もいい天気で　味方は時々砲をうった　敵は追撃
砲をうって来ると一日が心配になって来るを止めたい　朝の四時だ
今日は一番あつい。交代で休んで居た。砲の掃除もしておく。
酒保は五六十山をぐるりと廻っていくので中々行けない　それに俺は
砲の側をしがみつきはなれられないのだ　外の者は使役に出て俺は行
かない。まあ言ふ時　おつものがないがだ　なかなかどこへもいけない
代りに楽は楽だ　せんして来られた　下が眼目などがらない兵が側に
休む事が出来ない安心だ！　酒保では酒（半瓶）一九、二円七十五銭だーん

96

ト

六千米と言つてゐるが三千米内外あるらしい わりだ 林五米 タバコは アメ

弟錦 十五六米 太郎の 年少 戦死 保ホと 笑く 食つたのがです

ころ。 [illegible] 硯書持つてゐるが 三へも [illegible] 大小はかりでよけいに

ゐる一方だ ホのかげでねし カマスを かぶつたのだ 暫し 眠つた。 アチラ 新

しい白砂糖であつたので クズ湯にして皆のみ レンニュウ四本（七人の中へ）と

ふうし 泡を吐いたり わかれにしたりして たりた。 二丸で十本の酒を一升 あけて

少し ランをして 七人 レンニュウでのんだ 後の者は 三年位たつた ろうそく 七人

だ。 みんなやつて。 ホのかげで 仕事の丸で [illegible] かした 湯で 行水をした 処

だ。 以後に なつて 敵の 動く 音の かすかに 聞こえる 割り。 大尉 の 様を 見て

以後 少し のんだ かなしい 気持だ なつて 少く 宿をして 花が 咲く。

岩 [illegible] かなしい 新しい 叫びに 来る ー [illegible] なつて [illegible] 持たせ よむ

あつた。 [illegible] 倦むかれ なかつたのだ 外には 一つも ない 家に ゐるので ある が

路で ゐない ゐない やうな 上を トンネルでは なく 程度 一時だけは 一の [illegible]

97

にーてある、ぐるりサーパイ位の書白草な、馬に乗すのに刈りにくる、

俺は一時から二時迄の立番だった。内地は敵所と云ふ気があるが

ピンと一て居る。追撃砲はどんどん打って居る。時々ダダダと音がして居た

敵の機銃もあって夜の明けし迄を一た。時々台の音の流れ来った

三時ごろは一段落となり又上へ進むと云ふ命令 云われた 三日平なろう

皆用に出て俺一人留守をし眠。ふと目を覚して居く紙のカンカンもーしたト

いまはなのだ。手紙も書いて居る暇もない。読みたいだけ今迄あったんだがな

馬と犯は三四十は取れるのだ。自分から来なければ会えない。昨日は

戦をして来た。また暇はなくサボりとした。今日はあったかくして

るのだ。大したことはない。九月一日だ。二百十日だろう。内地は、うちの方は

うだろうと皆話していた。来てから百日を二した。早いものだ

昨夜は露営の夢で三人を呼ぶようにあったのを俺が逃げたい

つて首をはねたかせて おかすし 触れて居るのを見ては いけない

99

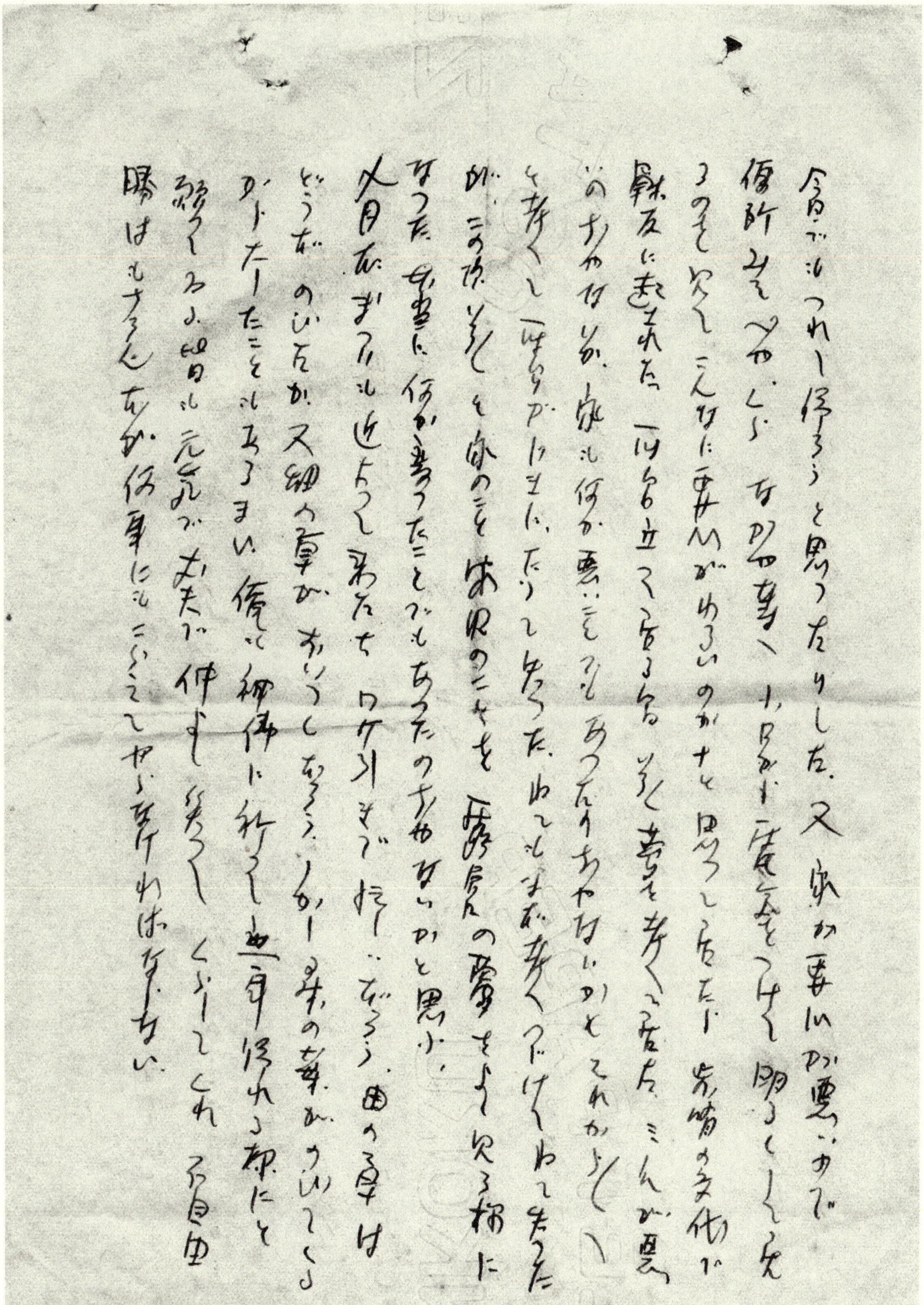

今日でもつれて帰ろうと思ったりした。又気分が悪いので
病院をやめ、くらなる葉へ行かずに元気をつけて明るくして先
このまゝ暮して こんなに安心がゆるいのかなと思って居た 先晴の文化で
親友に裏切れた 一同立て居る者 皆苦くて居た。みんが悪
いのかなな が。気は何か悪い事でもあったりあやないかと それから
と考くし一時ばかりになって居った。帰ってもまだ苦くつけてゐて来た
が。この頃どうしても余のことを出来の二々を 医者の夢をよく見る様に
なった。先生に何か悪ったことでもあったのではないかと思ふ。
又目をつぶって見れば遠くなって来たらワケ引きで行ってしまう。毎の事は
どうだ のびたが 又細の事が おいつしなるう しかし未の事がかいてくる
かトた一ことも まゝ まい 徳は 神佛に祈って 無事帰れる様にと
祈ってる 小田も元気で 丈夫で伸ぶして待って くらして くれ 不自由
勝は もう すこし 左が 何事にも こらえて 辛抱 しなければ ならない。

100

子供の名前にも書いた通り
どこかの神社（八幡神社　みどり神社　天神さま　よいね）
にたのんで君の子に合ったいい名をつけてもらう様にしなさい
中々むつかしいから　つけてもらえるよう　永久に子供の幸不幸に
なるので、名前はよく考へなさいよ。
お前一人の体ではないから体を大事にな　金にかまわれない
今、文字に体を大事にして　身る様に　協和する
八月の初めに書くあるが　三人で　二と八をよせて十（つまり数）
偶数（ぐうスー）の年に生まれて翌る年の五月の節句近くに生れるのは　何か有り
あるかしら。あっ、英雄　加藤の後の有名志位のだ。男であろうと思うが
ミんと同じになるから、大した男にきまって居るよ。
くれぐれもからだを大切にして　静養するよ。
今日の夕日も上んだ　俺一人だ　一ぱいだ。返は不用をたくのむ。では又
実より

九月一日夕　文明
妻へ

陣中だより　其の一

しぶしと大雨に…ずぶ濡れになるでもなしで　わり　うつとーしい日もあつたが
今日になつたら止んだ。ドてらく寒い。近頃は皆ごろんごろんで休んでゐる
夜になるとゆつくり起きて来て目を皿の様にしてみはつてゐる。
昨日は雨の為に用があつたので山の宿舎の部落へいつた。友部隊本部
もここにある。中で位みる所であるが飛行機でやられたので、ここはミジンになつてゐて
足の踏場もないひどいものだ。人は何も住んでゐない。家はばかり山の様になる。
酒保もあり、憲兵隊出張所もある。一寸一面平和でランプに自分ンワのターニヤン
が目方の名を示してもらうなる。カネに三ドリ、花ナとか、ときには一がパーンと鳴る
つまらぬ支那人の家族は、どこへいつても不潔の様だ。ヨモもない。ハイ、敗ないといふわけだ
山の中腹にはわれ大日の旧攻撃の日に起こり築つた家々も中隊長どの其他の人
墓標が木の香も新しく立つてゐる。はるかに拝した。全く嫌気の毒だ。
帰りに骨の葬つてある所へ寄つて線香を上げておがんで来た。の中隊は四人で、
位牌置かれてあつた中隊長のは綿布がドに錠膜かあるそのま、すかれし
あり。手にとつて見せてもらつた。外の兵たちは上ではなかつたといつて旅ドは
汚くなつたが血で真つ赤に染つて居た。位は優たちにこうさんれになれぬと
は流れなかつた身の上だ。何も言わず言葉もなく敬が下るばかりだ。宿の代表だ
たれたのだ。そこを出て帰つて来た。夕食を早くたべて床のものを敷いた
従つた少しの後へ七人はなつて横になり　そしの酒を一杯を飲つたらギンギン
をしたりして其後のなになつて一年半毎日なかつたりして一寸の間眠ると忘れたなに
なつた。月級だも気つて居るのがうれしい。大体晩になつたらパンとら……と
鳴り出した。友軍はやれない。迫撃砲がドーンと響きる。又やり出した　しう陣
いぬなーと聞ゆたか、音を聞いてゐた。中に近いが少したらなつてゐる一つ大砲がかど
しているのを一番前にて待つてゐたら一近かたへ一番前の砲車がドーンと打ち出した
失つたれたと思つて見つてゐたら一発が敵の名がパクリと止んだ　近道かナとこう決
つて居た。アドッグを伏せた。一人はしかまり込つた。何も動かしたら又ーパンて
とやり出したがすぐ止んで又つた。夕ては打ちを百へ飛んだのに俺たちの所には来ない
しい安定の頃の中人は二人遊びに来て敵の打つなるを見て少し居てから行つた
お友は左へ行くたけあつて少しいが元気はよい。大分慣れて来てあつく横になつた
ヲナ二時近くになつた。夕ごの音もしない、安心してねた。四時から起こり又入込つた。矢張
り音はしなくなつた。しかし宿の夕にびつくりしたらしい。今日はよい日になつた
清々しい風がふく。気持がよい。今日は船が来て、お菓子を毎日言つてゐるかんかんの
焼が来ない。どうしたものかわからない。クリークへ顔を洗いにいつて食事をした。
やかましい砲の響もなく毎日たいくつでならない。用もないので
小屋へもぐつて横になつて寝てゐた。クリークへ洗濯に行つてかうたを歌つて来た
一週ひとまずあくしぬふれもせず、汚れ物をそれ一週りとした。前の者は
ねてゐる。今日か又なにか立つのがわからない。柳田船は毎日何百となく
上つて行くが止まらない。俺の分隊長は平井伍長だ、年は四十四、と一等兵長だ
毎日のしらみがよく肥つてゐる。今日もとりよつて洗つて元気がよい。今酒保へいつてきた
て来る云ふかけいつた。四二四も十枚も一袋買つて来た、七人での分だ。皆が仕方がない。
残念ながら金はいくらあるたがいまとに…もものをとつておかねば損だと言つてた……
その分の見つかり次第いずれダニ六も一度か何ばかりか淋しいかもかかない。から割いに
其れは印れた。又何と俺も元気で兵隊さん方で…心配をしないでくださいよ。ません。

陣中便り 其の二

毎日いい天気ばかりつづいて居る。内地はどうだろう。二百十日もすんで二、三日で二百二十日が来るがあれて居るのか無事なのか何百里とはなれて居ると とんとわからなくなった。八月の風雨であとが晴れればよいが又つづいて二回も三回もあれて今年は不作だろう。[illegible]米がとれなくなって[illegible]が今年はアテが多い。関西関東と全国的に水がひどく荒れて居たが九月となってどうなるか。田の方はどうだ。ひどい目をしてとった田の草は今になって又大きくのびて来たのなければならないが、こがん草もさようで始まって居ることと思って居る。わけても今最中だろう。こえの具合はどうだ。根気不足だろう。手を出して居るのが女らには中々なんぎなことと察して居る。押切りも[illegible]なしになったろう。かどって[illegible]へ持っていってさようでとりでもらった方がよいよ。　今年はわらが多いが出来るだけ[illegible]らずに外の物にくんであるのが便利いいし 切ったそのまま積んでおく様だ。来年もし帰れたらわらが足りなくなるから 二階にあるのはなるべく手をつけない方がよい。今年は草が多かった様だから ごみ取りのじゃがいもも小さくて駄目だったろう。里芋も早いことだろうと思う。今年の米は例の二階にある俵を見て足らぬだけ買って白に[illegible]たのんだろう。様に家の分も同じだ。中々あそばれず困った方がよいよ。又晩秋蚕が出たろう。まわり近くに上げる様に又一しまいだしことと思う。蚕をたてるは気をつけることと思うが無理をせず飼わない方がよい。つるへは元気であるか。三田へも何回か手紙を出したが一度も返事をくれない。[illegible]もどうしたのかな。まだ[illegible]元気来たのだろうと思うがどんな様子だった。あれから手紙が来ないのでわからなくなり心配なれど[illegible]三回位の[illegible]をおくったが今日迄一回の分も来ない。[illegible]一ぺんにどっさり来ることと思って居る。毎日手紙をまちかねて居ること出すのも言うていまさら[illegible]が、いつ落付いたものか日に何十何百と郵便が二、三日も上下して居るが一寸も上って来ないから何んともならないし何とも仕方がない不便だ。しかし今日あたり船が来て又沢山来ると思うが、今日は来るとよいが今日言って二、三週間はかかるだろう。今度は本当だろう。今度は部隊で一ヶ月か二ヶ月か又冬ごもりをするかもわからない。様な又不便な所で田畑にのってあるない所ばかりで部隊なので[illegible]と思う。[illegible]のみで僕はそれほど[illegible]と[illegible]友人[illegible]は二三週相手にしない。白いシャツを着た[illegible]。まるで前の山の中腹に立てられる。毎日杭をし、遠眼鏡が良く見える。夜はいい月夜な 空に位な外とうを着ても涼しい位。日の暮れが日の光を見て七人[illegible]になって[illegible]の話をしている。[illegible]遠方[illegible]山に[illegible]して 銃声が聞えている。今日迄異状なく過ごして来た。歩哨に立つのも[illegible]なれて[illegible]いくらか[illegible]中に[illegible]れない事もしなかった。自然と先が[illegible]人の[illegible]が安心して居るが[illegible]ない。空内に設備して居るのは何か[illegible]と便利に思う。東部へ馬糧や食糧を度々取りに出かける。山をこえて人家のある所へ行く。一日に一回位は運動になってよい。家へは[illegible]を絵に描いてはおくってはいる。運動不足になるからしかし元気なので安心をするように。母によろしく達者か。これらは毎朝又[illegible]して居ることと思うがうまくなるのかね。[illegible]も達者だ。かんしゃくをしておそく迄起きて居るのだろう。昨夜は歩哨で[illegible]が大阪へ来たのことを思い出して帰ってきた。[illegible]迄来てくれるのだろう。梅田は落付かんのか田が無いのだろう。新しい僕の行先へ行ってやってくれる事と思って居る。無理をしない様にしてくれ。悪い所はよく[illegible]に[illegible]。母にはやさしくしてやってくれ。いやしくも出征軍人の妻だ。どんな苦労にもたえていかねばならない。又

妻へ　（六月六日[illegible]）　　　　　　実[illegible]

陣中便より 其の三

○○に居ること十二日目 昔の白鶴丼をもつて 敵を追撃し四五日ゆつくりと休んで
いよいよ今日九月七日朝からいよいよの用意をして午后からトラックにつみこんで乗船
六○○○トン位の大きな船だ この船へ詰められたのだから兵士が三三人ゝつて居るが仲々
乗ると波が荒い。航海は少くて眼をぬすんで甲板へ上ると波がおそろしい
あつとしまふ程この船の方から来た時よりも見ると余程海に慣れはしたが
今度は皆別々になつて別れの所へ行くのだ 自分の中隊は他一つ外の部隊と
一緒に行く物へ、俺たちは中隊と一緒に行動することになつた。
別にさびしくはない。今日迄おそれなかつたの流れなごり惜しく それた馬の係り
だけで一日と別々で別れ。た。落胆し気をそげしいけよとも
五日には休み一日居て船にのつた。久しぶりで近の港の部隊を見て居た
せはしい。古日でも居ることなし。夕方には少しよいので別に安全なつた
今晩は一の件でとまることになつた。先程で中々兵隊が乗れないそうだ。大分通る
部下と共に又船室(降りて来た)一寸窮屈となつた。休んで居たので上陸を
考へて居たよりも言いて見た。今度行く所は○○の南と云ふ所で地図には
ない小さな所で又こゝ迄不便なもので、それに中々勇敢な兵らしい野砲
も持つて居て途中鉄を折つてしまつた。あたりはあまりあたりがあるそうだ。
何と云つても今度に皆がかつて居る○○上陸となつたらこの沿岸は敵が居
るので中々油断はならない。こんな時には銃をのせておく様にしてあるから使
命は何とか言つても部下の為の大切な思ひ出にはなるだろう。
しかし今晩は雨になるかと思つてゐた、とてもよく晴れてゐる
夜に入つて寒くなつた陸ではないが、しかしながら船の中では何か恐ろしい
あふれる。白粉甲板を見たかの様に、一寸居たりして二人で見ていた今夜
は船が欲しかつたよ。みそ汁をたべても美味しかつた。
たつた一人でだまつていた。ヒゲニスポン、アンのスルのはかりで近して来た身には
たつたそれだけ見れないのだ。二ケのだいぶ変化をうれしく思つた。これでもうまかつたよ
レンコンをはんせうたのでたりてたべたが、これもうまかつた。今晩は何の研究かしら
つみ込みがおくれたので夕食もおくれてあたたかい御飯にジャガイモのはいたものの大根のワンタリのはいたものをかんづ
めだいたおいしいものを出してくれためしもおかずも沢山あつて皆汗みどろになつて食事をした。今度は
その班の家族は十人になつた。前から居た三人ふえたのだ。大分にぎやかだが仕事もしやすい。
步兵の人が交代で入つて来た。今日はこまぬをしてやらないといけない。あついので甲板
へ涼みにそしてから横になつた。かえりも交代の上り下りする者もわかるまでいつたが英の船に
ぬれて失つた目がさめた。大分暑さで居た。今日船上へ来た加上へいつて顔を洗つて帰る。大きな
なかなか大きな声で中にいれて、静かで油断ならない。すみが沢山ある
こちらは手和らしい人も三三人で勇ましく居る様に見える。寒く寝つて来て明日を二日の
だつたが汁は皆はみそがなくれてけがなかつた。たまらうまかつた。用も使も上へあつてはいけない
との命令が大分室にこもつて居る。洗濯をあまりよんで居るものだけにとどまりしてゐる
その人との日記を書いて居るものも多いらしい。ハトもこの船にのつて居る。沢山飼つてある。
今日中には目的地の○○につくのだろうが又一晩この船にとまつて明日の朝から上陸。先行
をあそして又討伐だ。なれた所よりも変つた所へいくといつても知らないので不安が
あつたがやられることはないと安心して居る。安心に安心をしようとして居るから。しかし不安に
思わぬでもない。しかし、あつたら来いといつ覚悟でこれも神様に会ひに行く気持ちをはなさず
腹をきめて居る。何れ又上陸したら書こう、皆によろしく。これは曾て夜の頃によまねばならん。

九月八日朝船中で

高井 實

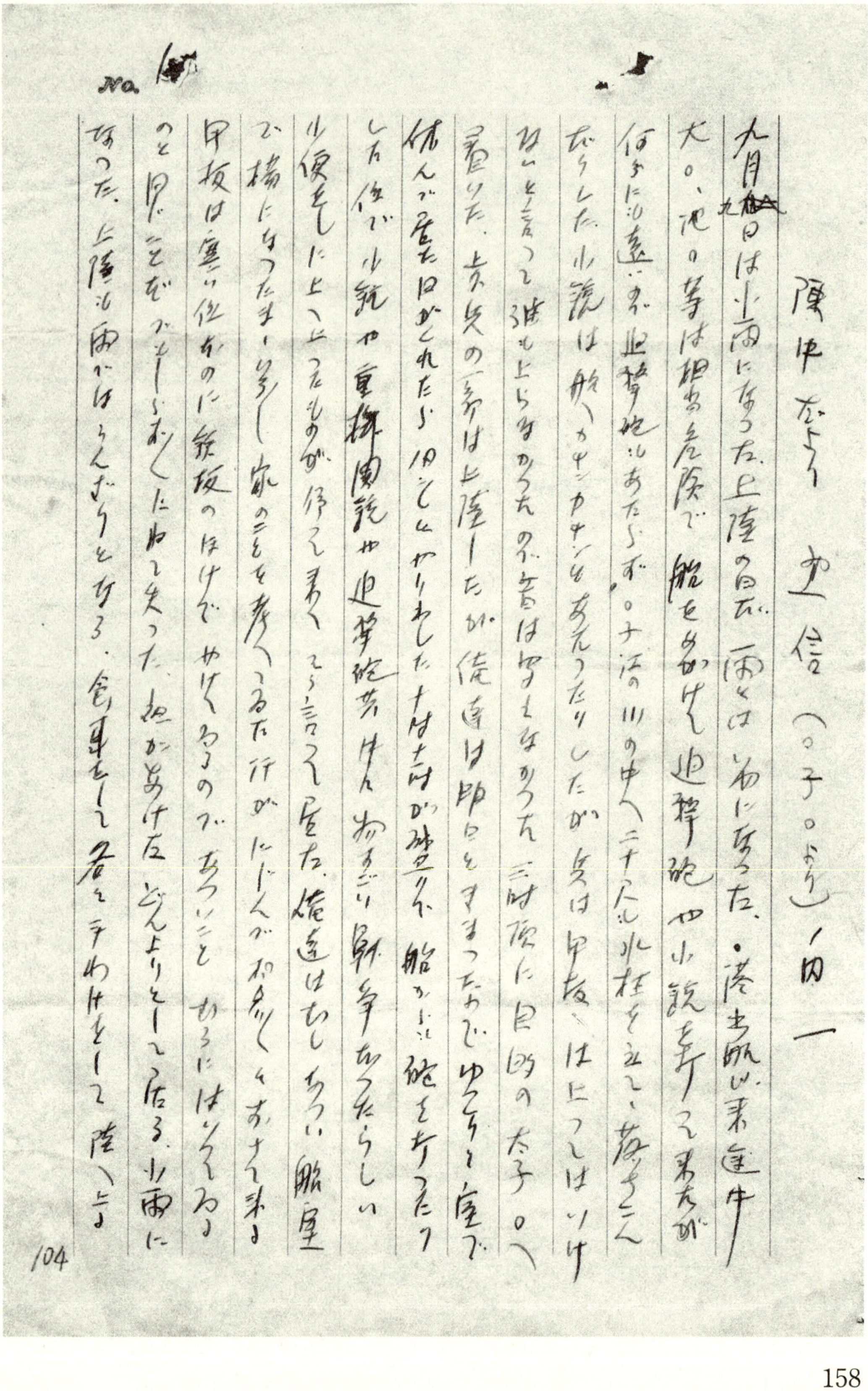

No.

陣中だより　第二信（〇子〇より）/四　一

九月九日は小雨になつた。上陸の日だ。雨とは砂になつた。・落出帆し来途中大〇、池の等は相当危険で船をめがけて追撃砲や小銃を打つて来たが何分にも遠い所で追撃砲はあたらず。〇子江の川の中へ二十ぐらい水柱を立て、落ちこんだりした。小銃は船へカチンカチンとあたつたりしたが兵は甲板へは上つてはいけないと言つて誰も上らなかつたので負傷者は一人もなかつた。三時頃に目的の太子〇へ着いた。兵隊の一部は上陸したが俺達は即日をまつたのでゆつくりと室で休んで居た。日がくれたら出てしきりにかりねした。十時頃が過ぎ船からは銃を打つたりした位で小銃や重機関銃や追撃砲共はげしい射撃があつたらしい。小便をしに上へ上つたものが帰つて来てそう言つて居た。俺達はむしあつい船室で横になつたまゝ暫し家のことを考へて居た。汗がにじんでおさまつて来る。甲板は寒い位なのに鉄板のおかげでむれてゐるのであついことはあるにはなつてゐる。のど見たことでむしくしたもつて失つた。夜が明けた。どんよりとして居る。小雨になつた。上陸は雨ではらんだりとする。食事をして着を手わけをして陸へ上る

104

No.

この水上のもの船のものが三つになつた。俺は船の中の係りが起るを樽で女房を
上げる方だつた。即ち上の方の左側辺だつた、かわいそうでかんかんになつて陸へ
上つた。今は又様子のでも広い所で一面海の様な渡船が向い側になるのがあみ
が耳にあつたり川中にうつたり目かけ船がすよりく浮いてゐるらしく居る。
が俺達の上陸地は船が二三位見える位で何も見えない一面平原地だ。小さい山
が何十何百とならんで居る。幾つもの様な大きなのは一つもない。戦争で人が死んだ
のは避けん来るのには中しらのない所だと思つた。去れいは戦争がはじまつて、
人だんで歩くもいい。道がいい。兵隊が。木はほとんどなくて野原と田ばかりだ。
砲車はもう水牛で小山の上へ上げてあつた。おし進んではいると部落があつた
五千位あつたのが皆焼いて来てしかもだけ強くて灰で山になつてゐる、両側の
田や小さい池には支那人の死体がくさつて沢山浮いて居る うじ虫が何万と
わいてゐる まりこそ何千匹 いくらも くさつてはまだすなはとない様子のの側にも何千と
浮らして見た。どこを歩いてもくさく 敵の服がほつてある。手も何千と死んでゐるとか

105

No.

言つて居るものがあつた、丸で一面に死体がころがつて居るのかもわからない。
で夕方になり気分はだいぶおちついたので カンメンパンをかじつて水をのんだ（お茶だ）
日がくれかゝつて来たら敵がおそつて来た ターーー…… パンとしゝと無茶苦茶だ 砲をならし
ておそろしくなつてしまつた ペこペこペこと れんぱつし危くて出来ない 一日止めて 音のしない
所へおりて タコをまいて居た。名古屋の部隊が来ていて 一つおけだ それがドーンと来
おとした 岩目の木かげに寝て居るのだつたそうだ、僕の教へたものが戦闘になつてこゝへ来ている
そうだ。なつかしい名古屋の兵隊に会つて うれしく涙を流つた。敵は中日横着でにげ
る又すぐあとへつけて行つて来るそうだ。その砲の側へ 僕の砲をおいた。うれしく気に
いつたり 何のたりするのに 便利だ、飛行機偵察機をまたしておるそうだ
去年の今月から上海から方々歩いてこゝへ来たのだそうだ、弟かと思つた 通中だ
名古屋の隊長がおつたらしーがになつた、せけ 部隊は元いるか よくよくと思つた
だもしこテンくと飯の上をとんで来るこゝではひどいで 小山と小山の谷のまれで一寸ひく…
夜の所へ 小隊長以下 大人がたまつて 本を見て居た。すんくしーがにかつて来た

106

No.

第一信ノ内 二

今日は満月らしいと人々話して居るが明るいことは明るい皆言って笑った 今年も
金の月を二人で不自由な所で見ようとは思はなかった、と言って.
くもった方をぬけて青空へかゝるを川にうつしてかゞやいて何とも云へない景色だ
秋へ出もなりかけキリギリスがかしかしと となりて居る田地を見じたが之も書けない
気で五分五分へ行をなかったら のんびりと出来るのに と一日笑った. 話は近くの
山一帯に一面にひろがつて居るそうだ. 皆宝の山だから. 四日も五日も山へはいらずの
シャツも宝から之れ位としましようよと言ったらない. 洗々たとへ半日位洗濯所の
わきが好かない. くつもはいたまゝ. だ. でれんな体を見つた. 泡びじよりの組露の上にころが
って居る. 昨今覚はつらい. と人が夢を見るだろう 夢にまで見た世上か……でも無理が
今夜は私共の所から大分キャンプから二人づつ立つことにして危くない所へ二人づつ
立った. 七人交代で僕は前線に二回立った. と共に仲間の砲車がある所で
しっかりに返答したが 夕のも大分なった 大丈夫にかーでーすったけれど来なかった
大丈夫とは云はない. でもとうして安心をして組を明かした.

107

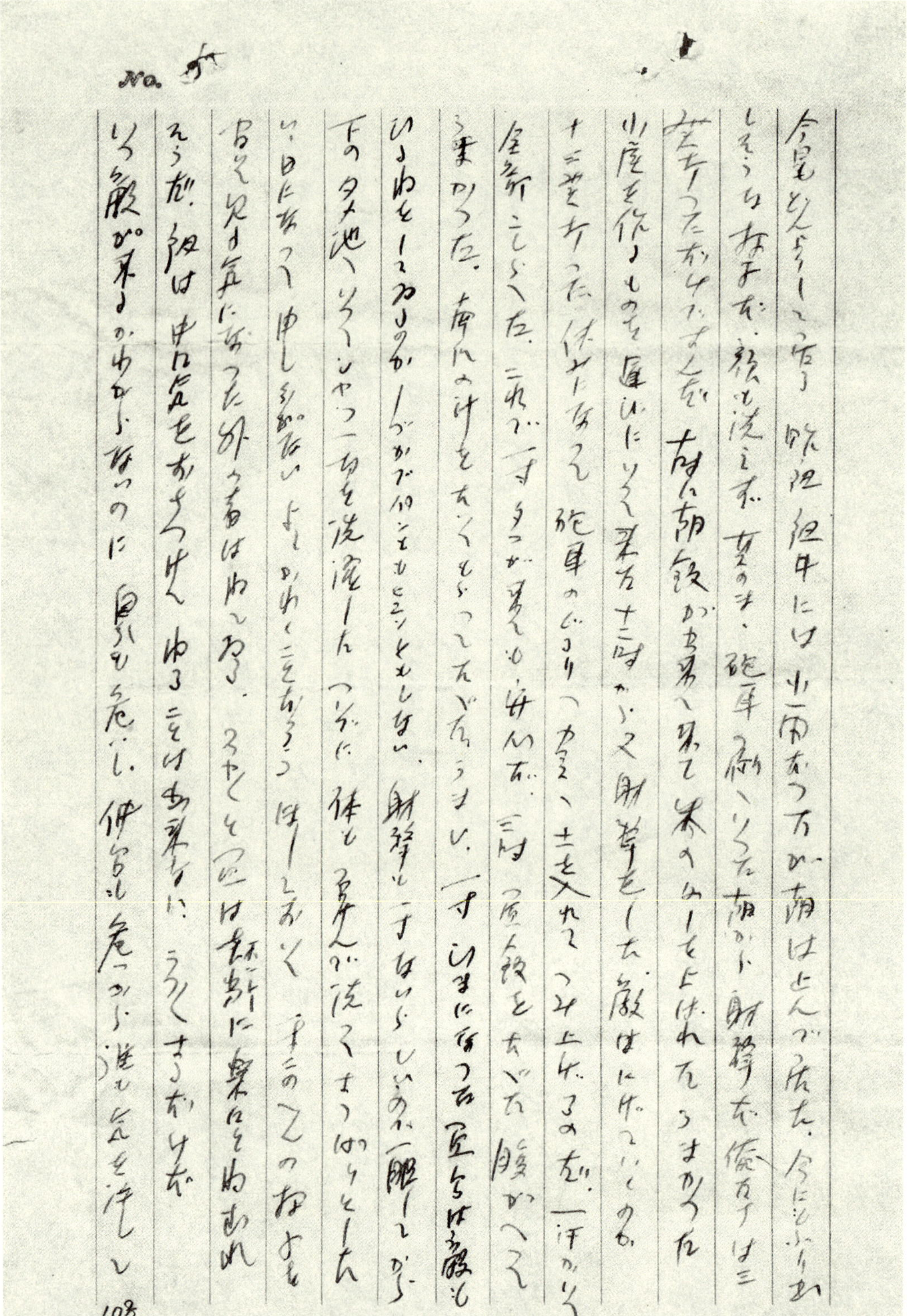

No.

今朝もどんよりして居る 昨夜 夜中には小雨だったが朝は止んで居た。今にもふり出
しそうな様子だ。顔も洗えず 其の中、砲車廠へいくと 敵から射撃だ 僚友は三
発打ったがそれだけだ 敵に朝飯が出来て来て 米のめしを上げれた うまかった
小屋を作るものを運びにいって来ると十二時から又射撃をした。敵はにげていくのか
十二発打った 体がなえて 砲車のぐるりへ かえへ 土を入れて つみ上げるのだ。一汗かいて
全部こしらえた。これで一寸気が落ちつく 安心だ。三時 夕飯をたべた 腹がへって
うまかった。南瓜の汁をたくさんもらってたべたらうまい。一寸ひまになった 今は敵も
ひるねをしているのか しづかで何ともヒコンともしない。射撃も一寸ないらしいので一服してから
下の溜池へいって シャツ一切を洗濯した ついでに 体も自分で洗ってさっぱりとした
いい日になって申しぶんない よくかわくことだろう 干しておく 千二の文のねよも
出て見ず気になった 外の者は寝ている。久しぶりで便は新聞に集合をおくれ
そうだ。飯は味噌をおかずにつけん ゆることは出来ない。うろくするだけだ
いつ敵が来るかわからないのに 自分も危い。何時も危っから 誰も気を許して

108

No.

めざめはよい一声ですぐ起きて来る位だ　林小隊長が寫真をとってやろう
と言って皆並んでうつしてもらった　十名の小隊の中は淋しい〃
今迄から陸路もかわらなくなるだろう　二・三日は牛や水牛が沢山はなしがい
にして飼ってある。下の川岸には水牛が四五頭　水をすみにかつらく歩いている
のどかな村の春、椰子林の水が黄色く光っている　二・三人来るを　方角は　こちを向いで
日の出　日の入　皆同じだ、然し　椰子〇〇の宿舎へ　すっかりなれてはいっていく
何も言えぬ早急だ　六と云し　細と云し　御用船輸送船にすえられて〇〇へ
〇〇へと　何千何百と行って来たろうし居る。目の下に椰子林を見　船を見て
いる。何時自分の船にのって下っていけるのだろうと思ふと心細くなって来る。
外のことを思っては何かもないが　でも陣中の日の立つのが早いものである。
毎日飛行機がこの山をまって　何十と飛んでいく　明日〇〇へいくのだろう
三機時々なっては行ってくる。船の水上機が陸軍機等　ひくく手がとどきそうな
所をゆうゆうと飛んでいて。敵が沢山居ると思ふと　ボーンボーンとおとしていくので安心

109

カ信ノ四 三

だそうだ。船からも来てくれるし、思ったよりはいい所だ。前の家のよりは見はらしがよいし小山ばかりでいい。それに敵が下りて山に居るので安全だ。前のは敵は高い山の上だし、景色はひどい所のはたの野原だし見おろせるので相手んかしノバリをするにはかなわなかったが、こんどは前より味方の方が高い所に居るので安心で山のかげに居れば、タバコをすっても居をしてもよいので、それだけでもよい。

名古屋の部隊も僧達が来たが、停ていくのか、こちらへ来て夜営をすっかりしてゐたが山をおりて行った。この先下っていくのか、上ってしまうのか、わからないと言ってゐた。大分上へ行っていくのだろう。牛を停してはくれないでせうと言って居た。

ここには田んぼもあるし、途に赤らんだ稲が前よりも黄金の波をたてゝゐる。い。田んぼが元で南京米みたいに細長い。うまくないだろうなと思ふ位だ。綿の花に村が長くいてみたい、もう少しで牛ですかね大隊である。日本が懐かしくて来たが、びっくりして来るだろう。からすが田の中にはつてある

ここは安慶（アンケイ）へ近くて四五里とか七里とか言って居る。便利がよいか何か

No. 5

110

No. 3

だからあんけいがくは喜んで呉れるだらう。前などは、子供でも分もものたは困らないかも
しれないと思ふ。それに第二回部隊が上陸して居ると聞いた。船で東岸江
の村で、会社の前田（元工兵だ）にあつてなつかしくてしかりに村落の人
に会つてなつかしかつた。勇敢義勇も無下なと言つてゐた。安見の増井（消防小頭
東岸江の人）にも会つて話をした。それで あんけいが来てゐる安見部の人に
多喜郎 五ケ谷村の人に会つて あんけいに弟が居ることを聞いたのだ。五六里上
兄弟が近よつてもあへないのかと思つて情けなくなつた。そしてその人に手紙を
ことづけた。届くかどうかわからないが あへたら渡すと言つてゐた。弟らしき人よ
で働いてゐるのだらう。今後上へ上るとひよつとするとあへるかも知れないが 二、三日は長
く居るらしい。故に今月はかんもく居ることのこと。部隊によると冬ごもりをするかもしれない
と言つてゐる位だから どうなるかわからないが……二人も山の中で皆穴をほつてもぐら
の様な生活をしなければならぬとは、夢にも思はなかつた位だ。
今後いけば もぐら生活などと言つてゐたが 本当になつた。りつくなれるがけの

111

材料を持つて来たのだよかつた　山の中のことゝし何もない、
しかし涼しくなつた　此上天気でも日なたに出てゐてもあつくない。丁度いい位だ　内地の
又日本の十月頃の様に思はれ、夜は相当に寒く着たまゝ外とうをきても丁度いい
位だから、これまであつい盛りはすんで来たので戦争にも楽になつた。
戦にはこりただ　あーあつゝて又夏を一つすごすのか今年で夏を三つすごすと思つた位だ
それに川風がふくからか涼しい。又陽攻勢が始まるだらう。思い切り大砲をうつて
敵を殺してやらう。じかには未だ敵の様に殺せないが一発で十人も二十人も殺すことが出来る
又勝つたことがあつたと言つて、多くの[illegible]が始まつた。両親の[illegible]をたくさと言つてゐる
僕達は大砲をうつ一方で後は外の者が支持に立つて呉れるので安心しておくれ。
内地はどうだい　イエの移転でもするのか大抵すませたか、何かと忙しいだらう　みんなの体お大切に
なさい。充分に気をつけてやつてくれよ。くれ〲もよろしく　母も達者か。こんなに元気がよくておく
No. 4
いとか、みんな元気でやつてゐてくれ。あとでみてやるのか。手紙が今日来三日か一週間もらえないのがさつぱり
わからない。その内にはもらえるだらう。これを書いているときかわからない、体を大切にやつてくれよ

八月十日　在支部隊中にて

実　より

寿[illegible]

No.

陣中 第二信 ○○○より 1

九月七日は丁度田地の二百二十日になる。是してどうだつたろうか。無事だつたか又風雨で害になつたかと案じて居る
皆の者皆達者で留守宅を守り全部やつて守つてくれることと思ふが、繁殖の盛り月だ。あつい夏もすんで田地は九月末頃になれば一寸楽しくなつたこと、思ふ。まだ彼岸迄はあついとしなければならんが、
水稲の出来具合はどうだ。大いに出来たか一度見たいものだ、
みのるも元気よく各村へいつて居ることと思ふ。うまくなまけてやらぬはいけないよ。怒つたときはなだめてやつて工場に行けるやうにしてやつてくれ
好きなものを買つてやつてくれ。又今年は全甲をとるやうにはげむやう
全甲をとつたら何を買つてやるとか。はりあいをつけるやうになるだらうナ
こ、久美も元気よくやんちやをして毎日をアソし過してゐることと思ふ
皆の面影が毎夜の夢にあらはれる様な気がする。飲むもののない
一ヶ月な時こうして手紙を書いて居ると皆のことを思ひます

113

No.

皆の顔が見たい。めい〱にちがかに其の日を送って居る有様をまのあたりに
まがいてはしんみりとしてゐるのだ、早く帰りたくなる。
殺伐な人殺しを毎日やって居る俺達(軍隊)をなぐさめてくれるものは何もない
ただ夢にまぼろしに皆の姿をうかべては何よりの楽しみにして居る
酒もタバコも何もない。おまけに今度は何もない。皆酒はがまんしても タバコ
だけはしんぼうする事が出来ない。皆なくなって吸いおさめのを一本づつもらって
吸って居る。俺は居る時に手持ていたのだがおしかれおかにすって居るが、やめたから
わはならんのが早くなくなって来た。三宝楽ははなれた アンケイにも名々がないとか
えらい事だこうして何ヶ月でここに居るのなら一体どうなるだろうと
今から思ふところ 下給品(軍からもらふもの)も何ももらへなくなった
二ヶ月分の品物を持ってゐたがすっかりなくなって来たとの事だ
もめだこつちがなくなっていて困ってしまいにはどうなるか。毎日の炊事の
たきぎは出来ない。しなければ、しかたに居るより外はない

No.

大出の兵隊が二、三日もすると多かつかすつかり達者なるのが何より困るだらう
一年を何人がみな病気になるだらう。食糧は幸い沢山あるので白飯をたべて元気
にたべて居るから命だけは安心だ。名古屋の兵隊さんは十日に帰つて来た
のでその為へ又行かねばならなくなつて来た。二人でめしの料理かかり係員　少年が
食の係もまかせない。みそ汁・菜を炊事にするので　まして　らくなのだ
おかげでうまいものを毎日たべてゐられる。おかずも一つ作つて居る。やつぱりの兵隊
だたつてたいへんで　下士官の上手な人があつて一日それぞればかりにかかつてくれる。
山の下のためや、いつもみれをしみ湯をわかして　行れもよこしてくれる。あまり居ない
俺達は山の上（小山）にあつて　そちらがわからない。初と盆がないのでめし
をたべることが出来ないで　おつ田のないものにたべてもらつてゐる　みそ汁（厚揚
を入　カツオのかんがみをかしにしたり　とてもうまい。せんまいを厚揚をたりたら
して　毎日うまいものを腹一ぱいたべてゐる　おかげで体は何ともなし
元気で毎日毎夜敵に対して　大和の一雨をあびせ居るから安心をして呉れ

115

No. 14

な為だどうしたのか俺は今日迄 キズ一つすらなく 風をひいたことはなし

一寸にもけがした事不思議に無事なのだ 皆が神かけて祈ってくれるおかげだと

思ってよろこんで居る俺も守りをかけてはなさず 危ないことはよけて気をつけ

神仏に祈って居る。佐藤はあわてるが いまだ死をもって 南無大師遍照金剛

をとなへてねる。外の者は大てい けがをしたり 病にかかったり 命を引いて帰り

にあふれず 木のかげにゆっくりしてるのがあるが 皆が一生懸命になって歩いてるのを

見るとつらいだろうと思いながら今も楽もなし かわりの者も居ないので 仕方が出来ない

が病気になったり けがをしたりするのが一番困るのだ。大ていは一ぺんづつ何か

をして 三ヶ月 長いのは半ヶ月も 休むのがある。兵舎に居る時はよいが 二人は戦地

つれて何もない山の中に歩く 病気になっていいことはない 俺はよろこんで居る

皆が守ってくれるのだと思って どんな感謝をして居ることか

かつ俺は体をいたわることはするが 三ヶ月に足を洗ったこともないので ゐたことを

はないのだ。けがをせずに 針がつて居るだ。つぼものをしとめて 全電。

116

第二信ノ四 二

No. 十一

こうして元気よく自分は眼一ぱいの仕事をして居るとはーしうまいし、張合もよい
兵隊の様に敵の顔を見て殺すことは出来ないが僕たちが打った今日迄のタマは
沢山の敵を殺し家を焼いて トーチカをこわして居ることがわかんない
大砲を打つと兵隊がどれ程よろこぶかわからないのだ。タ、、、、、、、、、ンと西に
百も二百も打ちつけてそれを何時間と何百のタマを打つかわからない敵の重機関
銃は毎秒火をはいて無茶苦茶に打って居る。どこへ飛んで来るかわからない。頭の上右
左タマがとぶけど平気 ピューンと土の中へ水の中へはいる。友軍は一寸もおそれな
い。腹一ぱい打たしておいて大砲を打つのだ。ドーンと云う、敵をうつ砲の口から
ここ尺の火をはいてごおーっとタマは全体に全身だ ここに打ってタマの
音が一ぺんにバタリとやんでしんかんとなる、やって又どんどん打ってやる。そうすると
大しい こゝは今は音が一寸しない所に一寸揺になってしまうとする 入うまさ
気分おちつけてドーンと打ってやる。すぐとまる 面白い仕方だ
こんな所で兵隊は大砲をよろこぶのだ。無理もないだろう。僕たちは敵を

117

見られない今後方に居る山の上で敵の山を一つこえて前の山に敵が居る。ひくいから
見下ろせる。作業をして居るのが見えるそうだ。二千米から三千五百米位敵とはな
れて居るそうだ。テッペーでは山の上から小銃をおみまいされたし 見おろす 森本太郎
今夜は反対だから友軍には好都合だ。だが中々執念深いから性こりもなし
おって来る。にげても又おってくる。根づよい奴だ。今度は友軍には軽い傷位に
なったことはなかったらしい 先の所のあなに死傷があるて出来たよみくまちがうナ
十日の組はどんどんおって来た。敵の手紙をおとしが 飛車の手入れを全身でかくし
から一服しそうだ サツマイモの味役をたのしれしうまし 腹一ぱいよばれたで行れ
もし寝った。夕ての果る野原の生中で行れたるのも又いいものだと言うて
月が出てから横になったが弁をやって、いろいろ去宿の話をしたりいい月をながめて
敵のことを思いおもっていたら敵がやって来た すぐ起きておった 夜ちゅう
のればたしてとんとん ぶっぱなした。しかしなかったので又敗残の中へ日がくれし
えとしした 一日後から夜明迄 一ゆうにくってねむった、今朝は四百四日が

No. 〔?〕

汗みどろになって寝る所を作ったのだが如何にもしあわせ悲惨にもみえたかもし…
とても美しいとうをかがって蕨がてを枕にして寝ることが出来たのだ
十日だ。下のため池へ顔を洗ひに行って来た。すっきりとした又新鮮だ。おっ
ておいた朝飯が十時だ。やっと今日は大根か、大根の葉だ。おくれるのだ
今日は夕立よけのトンネルを作った。大きくアンペラへ粘土を厚くし山につんだ。これで
夜でも安心して炊事の側に居ることが出来るようになった。夕立を上げたりした
牛を殺すことにしてあった所へ騎兵だ。土民が全部ただで来たのだ。郭家へ
頭をこえて水をのみにくる間もなくおもわぬなにのんびりとしてあるんである
これをつかまえて車を引かすのだ。中々よく引く。面白いよ。子牛をつれて来て
それはなれないがすぐに、ゆでて来て肉をたべしたべる。今日は兵隊がやった
のが最上一番としやっと今出来たり、ただ箸がって出て居る。出し、あらゆるへ
たっての出てから一時過ぎまでたべられるのだ。然しこれを毎日の様にやっては
出し、肉もたべて居るのだが、道理で彼達は今日迄すっかりまいってたのだ

119

No.

十時の午后は仕事もすみで土曜日統車の方へ横になつて居た。夕方から小雨になつた。但は一刻で犬の泣声ばかりで何も聞えない しづかさとして しづかな夜勤があるかもしれない。のび時しづかな晩ほど気持が悪い。十時頃に病室に通つた。さうして大きなのがあつたが仕事もなかつた。さうして一段の事の多いことく 夕べなのか無事である。こんな気を使つておそくまでとあつた 一ぺんにしづかになつた 四時又横になつてうとうとした 十二月の頭になつて居る。又なつた 九時半頃が開飯をたべて D・S 又云ふ通おすましつた。座を二時にたたんで小座をひろげた。終事務を作つて少し四時過かつた。十二時も会同ねむた 例の家へみんなを下げてわる。いろいろの事をしなければならない様になつたが知れないから並べて手紙を書きかけた。夜勤したけた 用も無い様な後一人かつて つかまるのだ もう止めて会をよんで行れるにしよう ゐる それは何でもないが わからないから 今までの時 何かをしなければならぬ 今日は うすら寒い一寸あつい。私は毛布を着て休むとも眠れない 家のにあたいかい 又寝るを見て 書こう 手紙は早く出して来ないか。わかりません 会のなつかし事だ。今夜は

十二月 日

妻へ

実より

No. 1

陣中より　其の三　○○○より

当地も近日前迄はむしむしして雨があったりひどい風がふいたりして暑くし
かったりした。私はそれの様に猛烈に出ても来るのでどうしても少くて一回、大てい
二回は夜中に起きなければならぬ。寒いが住まする。
昨十三日はひどい風で　くもって夕方が大した雨にもならず　おさまった
休んで来た。それに土工作業ですっかり片付けしたい　やっかいもらずけし
皆らしにゆられる様になったのですることもなく前の晩ひどい状なよくて二回も
起きてどんな状なってたのでねむくてならず朝の内早し一回寝に行って
おきて九時半食事をして手紙を書いたりして皆たなった。昼近
くまで寝た。飯を起されて一時半に起きた。昼飯を食べて
又横になったが眠れず手紙を書いた。皆寝て居る。
涼しい風に当たるので行水もやめ　明るい内に夕食をすました。カツオ
の味噌だうまかった。日がくれし今日は楽に横になったまま一日を
送った。あまり寒いのだ暑く天下やみしろをつった。蚊帳がまともに

121

No.

はいって来るので布が焼け所を小さくかぶって寝ねたまゝいて居て居たら
九時前に又屋根にパンパン打ちました。仕様のない奴だと皆思って面白を
少し居ると頭の上のトタンの上を ヒューッと飛んで来る。此の頃はもう殆ど
びっくりしなくなって 冬の寒さを防ぐに欠る様になった。
相変らず無茶苦茶に打って来る 便所へ行って用を足した。高射砲
がどんどん打って居る。で 一寸しずまったのだ 今夜は 一度も 打たずすんだ
で又少なくなって横になった 夜中にもう一回きっとあるに ちがいないと思って
その用意をして居たが とうとう何もなし 朝迄眠られた。
今日(十四日)はいい天気になった。あまり風もない どうしたのか いくらか
っ朝飯前の体操が今朝はない 何とも言って来ないのだ
だ。今日は手紙を受付けるから書けと言はれたので 皆昨日から今朝へ
かけて手紙を書いて居る。俺は毎日書いて居るのだ 書くこともなし
八十枚封筒出来た 書いてあるのだ そのまゝ出す つもりだ

122

九日に二の山へ上つたきり 下へおりずに 山上の生活をつづけて居るが大分な
れたので又愉快になつた。寒いが毛布も二枚づつにしてあたたかくなり
おいしいものをたくさん給与してくれるので 敵の攻撃さへなかつたら まるで遊び
に来た様に思はれるが 戦(いくさ)なのではない、
風によつて下の死体の悪臭を上へ吹き上げて来る くさいはあるがそれ
でも下に居ることを思つたらよほどよい 風はよい!! 見晴しもよい!
下の焼き払はれた小山の中は めちやめちや 土まではじくれしてくさくとても
俺達の様に来てまで山の上へ帰れたのには 五十様がまあ来ない所で
飛行機は毎日とんで来て 夕方に行つていくのはのんびりしたのらしい
飼主のにげて失て 川原へあつめては来て居る 水牛、黄牛は小さい 従
とつかまへてどんどん出かけて居る 一日に四五匹づつ来てくれる、二三匹飼つて
おいて車をひかすのに使ふ 必ずでも引き上るので 一向動かなくて居る
この頃から 水牛の肉 はやらかし さつまかつた 野菜の少くてを補ふ

No.

り、ナベで肉は少しこゝにをして腹一ぱいたべた。うまかった。
こうして少し遠くに居るのか、少くはないが夜寒くなるので皆風を引か
ぬ様に気をつけて居る あついはは あついと言つてこぼしたが寒くなると
けば、あつい時の方がよいと皆言つて居る。勝手なものだ
平辺や手紙は来るか 天気で今すぐの空攻撃に参つかしてみるなろうと
思ふが どうだ 治郎は どうだ 手紙は来るか 皆れも元気 すこくん
ろなろう 近くに よくみるに今りに行けないの郵便が居るだ
つる之も仲よし やって居るか 机の事業 一寸手紙をもらくないので
何がどうなつて居るのか さっぱり見当がつかない
もう二十数日と五日位行く運だ 出すのは これで二回目だが これもすく
れていくなろうて 不便な こんな山奥に居る者は思ふ様には行かないのが
当り前だろう しかし 又便利なとこへ来る様になつかもしれんが
それも そのことを思ふ さっぱり見当もつかず それのみの上田切れたは

124

No. ［不明］

皆健在して居る。自分床にしたかったなった様にどこへも出歩けない
困った所だ、家の方はどうだ、そっちは晩秋一寸で楽しいだろうな。
そうして寒さがだんだん近よって来る。俺は二ヶ月 遠い内地のその寒さを
見て居よう。弟よ早くなることを考へて居るだろう。
運動会をすませて早速秋になってだんだん本格的の秋になる。商人で
又取り立てに一苦労をしなければならんナ。その内にはお前も大きくなって来
る一番早くお前が決して無理をせずすくすくしてよいか。おとなしくとなる様
にせよ。何か考へたって仕方がないから、あまりやめて。それではつるへいます
相談をして。甚だ大切なのだよ。お前がたまらなければ、なのだがない
り。大田さんの両親にたよって田から手紙が沢山来て居って思ふのだが、
今日はこれで止め様。またお前のいれもされるか。自分よりわかりて。お
まえをかえて来ることよい。ここでひっこんだのだ。まあ俺は元気だから
心配をせず、ぼんやり一日中待って、そうしたなのだ。つまりは又にして

良実

大塚武一殿

再へ

125

No. 57

病むより生きは帰して船で帰りし程のこともなく無事上陸した
名古屋の兵隊さんが来て居てなつかしかった。いろく話をしたり歩いたりした
後の紀元節の小玉が注射になって来て居ると言ってた。三日して交代して帰られた。
然しそのひっしりは生れたまま小山ばかりでそれはなかなかのこと、言ったよ。どこかの運動場
の様だ。山の上へ砲を据えて陣営をしておって居る。気分がいいよ
山の上は涼しい位し一朝は寒い位だ。敵も大砲が多いがびっくりし
たのが攻めて来ない。初めの二三日はひどくやられたがこの頃は一寸かになって
たまに何時になっても音がするわけだ。寝る所は前の所から材料を持って来た
トタン丸太で山の宿に穴をほってそこへ小舎を立てて寝おきしている。他は紫
二三回は起きる。閑静だ。いくらか太って来ると二三貫太ってしっかりになる。
暑い位だ。今日で九日になる。毎日ひる夜となすこともなしだ。夕んで
お留守中大変よく帰って居る。暑い所でなし。荷物はあったが食堂掃除はずれて
あんまりでもない。不便なことは紙の上もない。仕事は洗濯かもするんと、思いかが

126

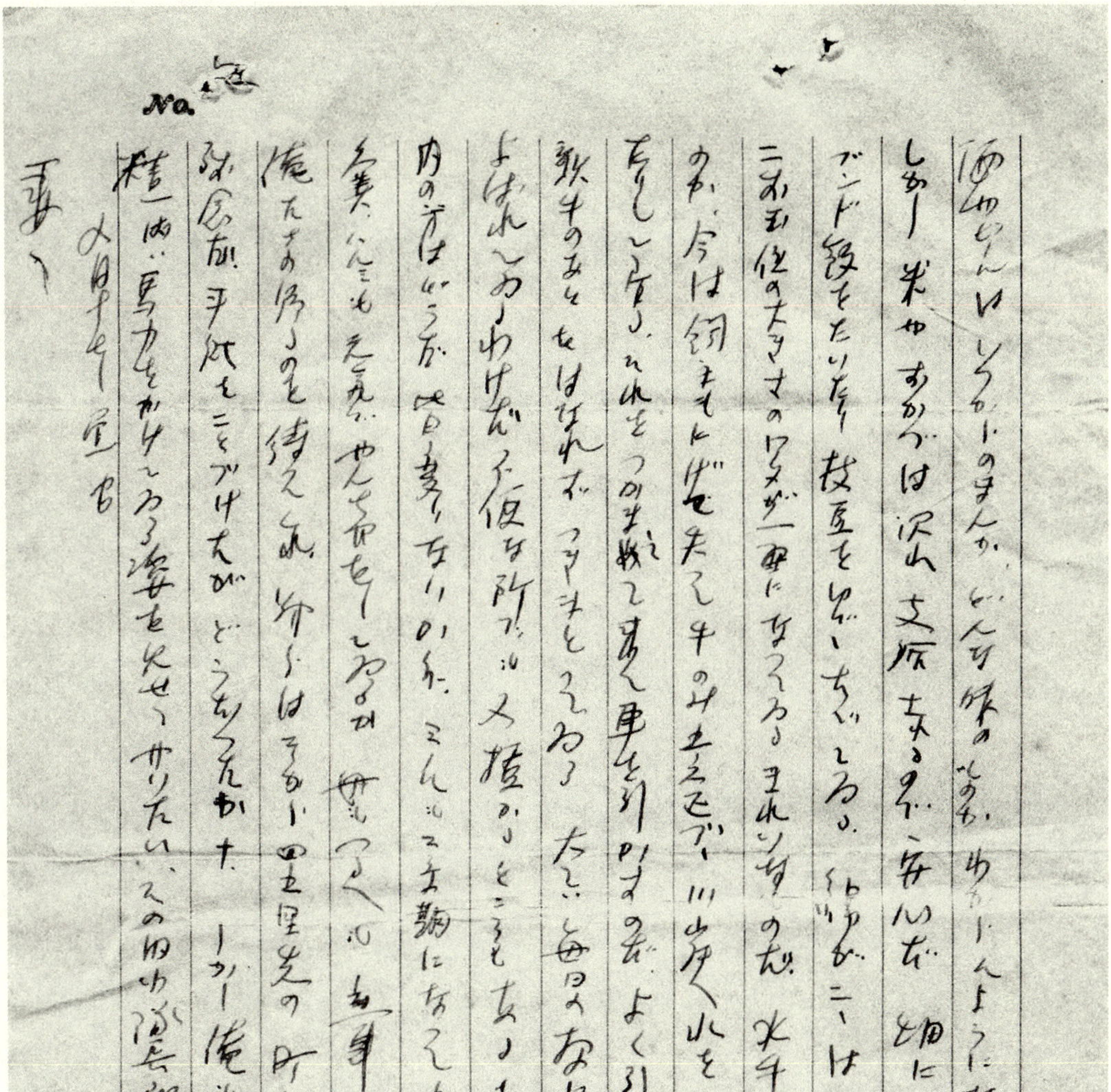

No.

酒やたばこは しろうとのまんが、どんな味のものか わからんようになって失った、
しかし 米や おかずは 沢山 支給されるので 安心だ 畑に ブンド豆、アゼマメ が あり
ブンド豆をたいたり 枝豆をゆでたり なぞしてゐる。 仲間が二、は 沢山 作ってあり これも 白い
二才五位の大きさのワメが一面になってゐる これは 芋のだ。 水牛が多くて 牧場の様になってある
のか、今は 飼主もにげて失って 牛のみ 主に 川 山原へ 水をのみに来たり 草をくいに来
たりしてゐる。 これをつかまえて来て 車を引かすのだ よく引くものだ 小牛は 一匹位までを
殺すのだ 牛のあとを はなれず つきまとって ゐる 大きい 毎日の様に これを 殺して おいしい 肉を
よばれて ゐる わけだ 不便な 所でも 又 楽な ところも あるものだ
内の方は どうだ 皆変りないのか。 こんな 支那にきて 早や 十ヶ月に なったナ。
食料 なんでも 元気で やってゐるか 世の人の 意見が あるか 皆仲よくしたら
俺たちの帰るのを待って 気長く 子供らは まだ 四五里先の 所に居るのだが 会いに行けない
家の 家族 手紙を つづけたが どうなってたかナ しかし 俺は 元気でやってゐる 山の上で
精出して 馬力をかけてゐる 姿を見せてやりたい。 その内 陽気な 様にしてもらうよ 又、
八月十七日 夕
寅之助
妻へ

127

No. 7

とかく雨ばかり、十八日頃から少しずつと大雨にもならずに皆
な日ばかりで本当に困って居る。山の上も雨の用意はしてあ
るから大丈夫だけれども赤土がねばくになるので全くひっついて
歩けないのだ。早く天気になってほしい。此のあたりはいつも天気
になるが、内地の彼岸からと白ばかり下めくを梅雨になるだろう
ない、早くなに内地でも見える子少ないが、れ外交員は
天気ならよいが、山上の生活も十ヶ月たった。なれたが
なかなか寒くなって来たのに仕事らしく居る風のはいらぬなにしたが
それでも下は土、上はトタンで冷たいことは下よりひどい。
僕の身は元気だ。一生懸命になって毎日頑張って居る。
から安心をして居れよ。夜は一かけになって熱中に起きてし
ることはよく夢になった。家のに帰っていつかまたもしれ
ない。油断は出来ないが、初まり次第と楽になった

128

No. 四

此日はどうだ、元気でやつて居るかね さよ子も達者で故国へ
帰省して家へは元日の元気な顔を見せて呉れ早い一晩の内に
何回でもいゝから書いて来たまへ、[illegible]も来て三日居た[illegible]だろう
うんと勉強をして体に力をつけなければいけないよ 子供乃之
気がつかなかつたね 一ぺん平氏をもぶつてあかりんだが この前に来たうちが
多くて仕方がなかつたので 先の[illegible]へ送つたろうか。まあ日中平氏はも
くさない。一寸[illegible]で それより仲よくして呉れ 足が弁[illegible]だ、
暑かつた日も続いて居るが 月見の頃がいゝだろう 又秋が近づいて来たね
今の所では気分がよいと思う 何事につけても こらえて辛棒をしていかね
ばならない。体を大事にして気分をよくしたい 佐之助兵衛とは
もう会わないかね。[illegible]になつて来たかな 元気だよ
如何様にお前も無理をして居るに違いない 陽気の為に自ら[illegible]体
に気をつけて さよ子は[illegible] 異国の地 山上の[illegible]する所でね 又

大正[illegible]年十月[illegible]日 安之

すゑへ

129

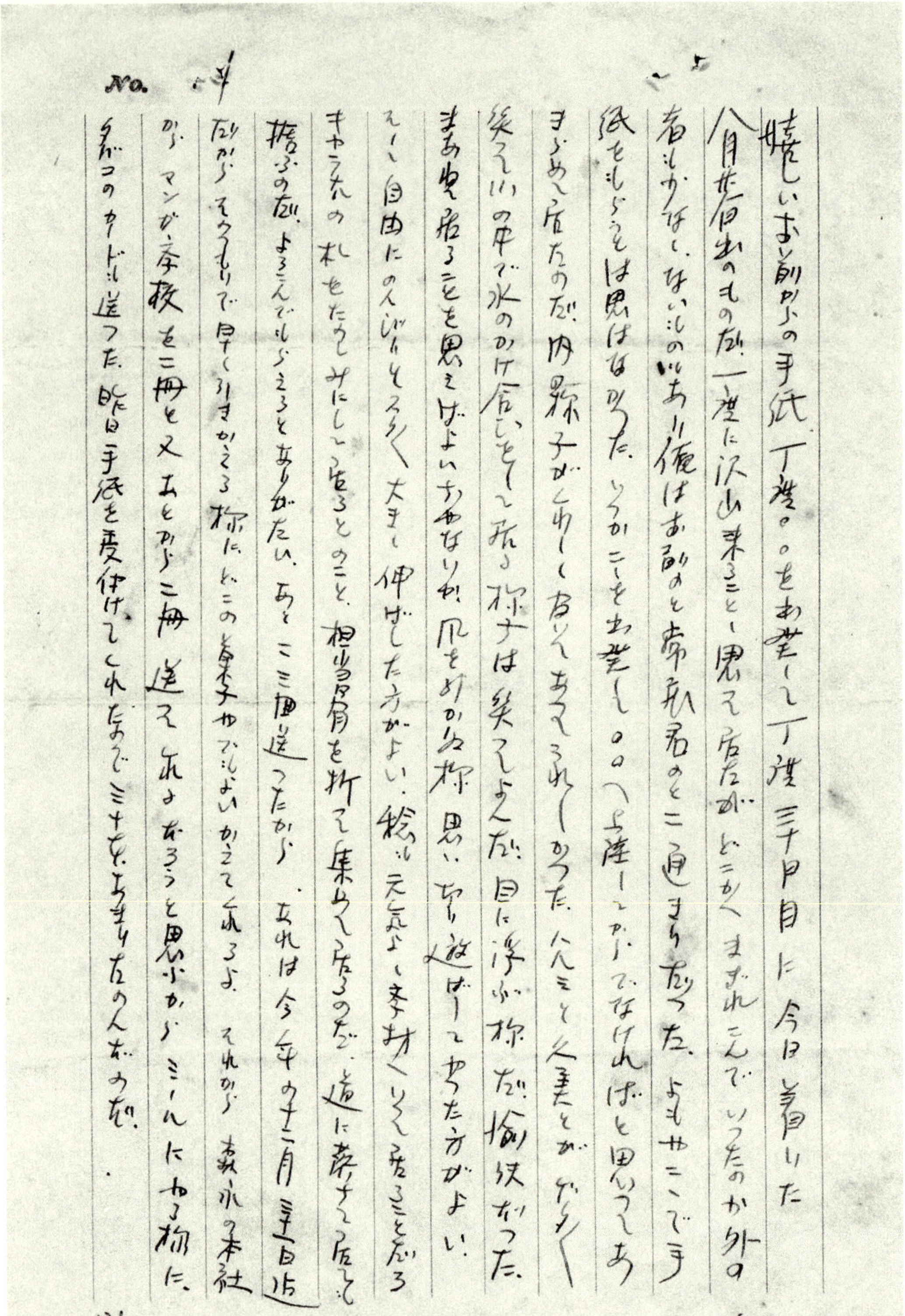

No. 54

嬉しいお前からの手紙 丁度。。をお発して丁度三十日目に今日着いた
八月廿日出のものだ。一度に沢山来ることと思って居たが どこかへまぎれこんでいったのか外の
者からはない。ないものがあり俺はお前のと常弘君のと二通きりだった。よもやこゝで手
紙をもらうとは思はなかった。いつかこゝをお発し。。へ上陸してからでなければと思っていてあ
きらめて居たのだ。内孫子がくわしく書いてあってうれしかった。ハんこと久美とがぐんぐん
笑っている中で水のかけ合いをして居る様子は笑ってしまった。目に浮ぶ様だ。愉快だった。
まあ良く居ることを思えばよいお母なりか。風をひかぬ様思い切り遊ばしてやった方がよい。
えゝ自由にのんびりとすくすく大きく伸ばした方がよい。絵も元気よく書いて居ることだろう
キャラメルの札をたのしみにして居るとのこと。相当な量を折って集めて居るのだ。道に落ちて居て
拾ふのだ。よろこんでもらえるとありがたい。あとニ三冊送ったから。あれは今年の十二月三十日迄
だから そのつもりで早くひきかえる様に。どこの菓子やでもよいかえて呉れるよ。それから森永の本社
から マンガ本を二冊と又あとから二冊 送って呉れるだろうと思ふから きいてやる様に。
タバコのカードも送った。昨日手紙を受付けてくれたので三十枚あまりたのんだ。

131

賦割を払った全戸　五十銭から下が　何戸
こんな風に口数だけでよい　一円が　何戸
分類してくれんか　二円が　何戸
五円一が　戸

奥の赤机の引出し（下の右）にあるだらう　白イ　ブリキの箱に
アル　クロースの表紙のノートにある事を思出から　うつしてくれ

131-1

No.

金には里へいつたとの事と両親も無事だつたことと思ふ。平一からだよりはあると言つて居たか。

○○江の実弾射撃でうつした写真ついたとの事と安心した。母の目にも見えしうれしかつた。えう思つて大事にしたのだ。それからものでうつしてもらつたが焼く者がないのでどこか大きな市街へでも落ついたら出来るだらう。又大事にして送るよ。いつもあの通りの元気でやつて居るのだ。面白いだろう。

家内の便りも毎日待つて居たが今日の便には来なかつた。こゝへ来て居るうちに違ひないがどこかへいつて居るのだろうと思ふ。一冊手紙をもらつたからこれからたまにでも船がついてもらえるだらうと思ふ。

子供の事を何回か書いておいたので今頃はわかつたと思ふが名は中々むつかしいと言ふから宮さんへいつて名字に合つた本人の性質に合ふた名を見てもらふ様にせよ。男女と二つ先方へ依頼してつけてもらい、わかつたら知らして呉れ。早い目に今の内見てもらつておく様に。写つたそうだがわるく言つて居たのが忘れて居たのだろう。まあ手帳に写して出したよ。

十二月から一月の始めにかけてお産らしいとの事、ひまな時でよいからよく養生して体を大切にして無事分娩する様にせよ。俺も遠い異国の地より小銃・砲の音を聞きつゝ神かけて祈つて居る。神がまもつて下さるから安心だよ。その頃どこに俺が居ることやら。

132

No. 3

さっぱり見当もつかない。ますの事も十七日に帰ったとのこと借りた久米からも来たとか多作で
もかんの方でも賑やかでよかろう。妹共は水害で来られなかったそうだ。残念だったネ
二十日に小父さん帰ったと、いつもあの日はシケの様な日ばかりだネ。誰もよばれていかなかったらしい
らいだ。初めての節期で骨が折れただろう。大したことはないと思って居たが　それでも家数が
多かったから忙しかったことと思ふ。蚕も晩秋蚕を仲間で一枚半飼ふとのこと。あまり無理
をせずにおいた方がよいと思ふがもう今頃は上蔟して居るかネ　オクレになった。
働くだけのことはあるが　からだをこわしては何もならんから　それを案じて居るのだ
土用に桑を十三円余も売ったと。此のやの幸さんが月末に入営するとか　御苦労だネ。
九月一日頃に動員があったそうだ三里塚の友人も弟がとられた　四国行だと言って居た
末弟だ、奈良の男も弟をとられた。仲間五人の内で九月節句で二人弟をとられたのだ
内の方はどうだ。変ったことはないか　案外だそうだ二十八、九の所を、綾田の軍人会の
人たちも何ともないか。彼岸も、もう今日が中日さんで　お寺参りで母も行かれた
ことと思ふ。文郎で彼岸かりた念た約一週間余じめじめとした雨でいやんなりゃう

133

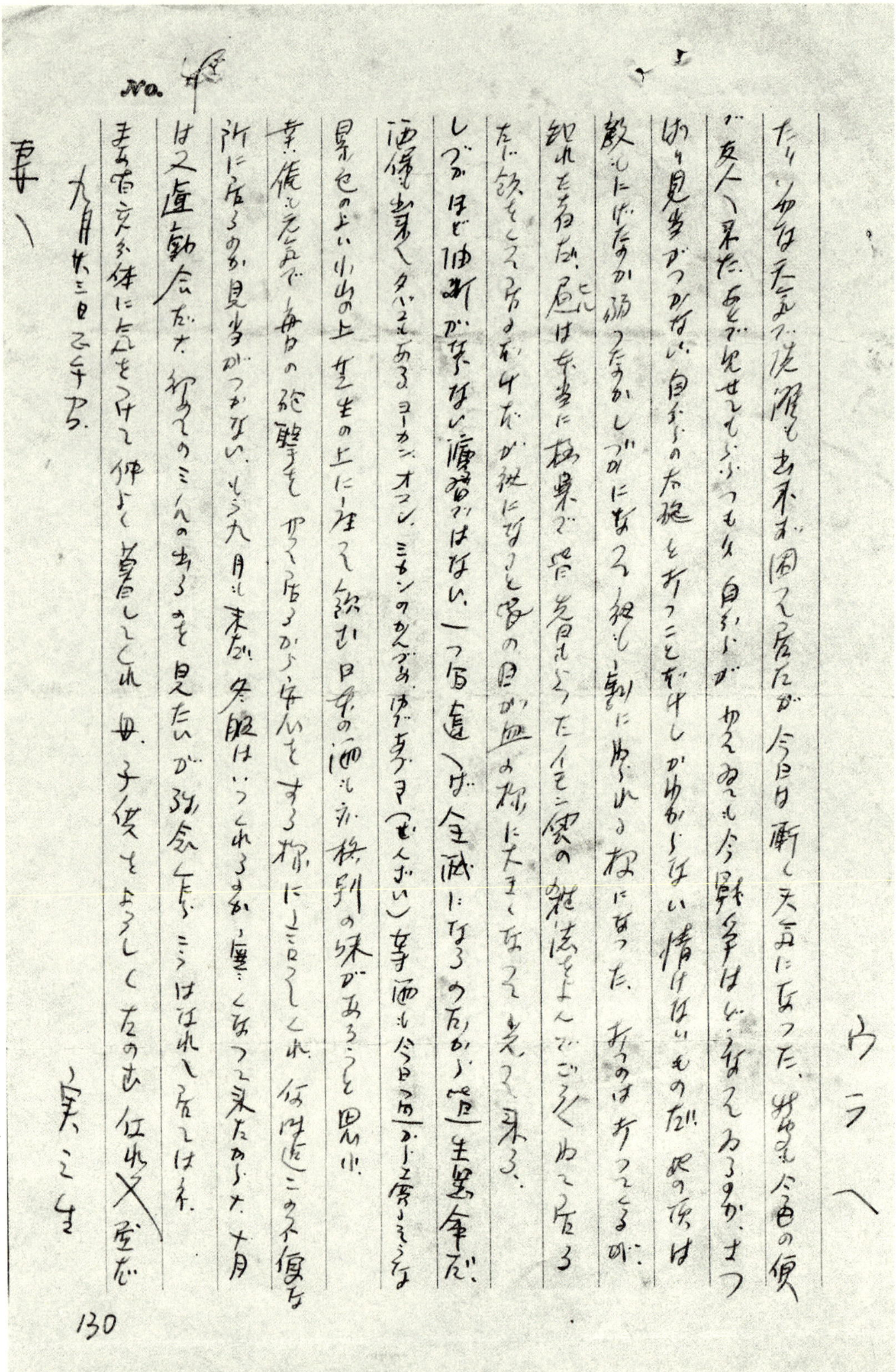

No. 4

ウラへ

たりいやな天気で洗濯も出来ず困て居たが今日は晴れ天気になった、然し今日の便
で友人へ来た手紙で見せてもらっても自分が かえって今戦争はどうなって居るのか、まつ
たり見当がつかない。自分らの本務を打つことだけしかわからない情けないものだ。此の頃は
敵もだいぶ弱ったのかしずかになって却て割に眠れる様になった。あつのは打ってくるが。
組れた毎日だ。昼は兵当に横隊で皆着れたイモ二俵の雑誌をよんでごろごろねて居る
ただ飲をくって居るだけだが秋になると夜の目が血の様に大きくなって見えて来る。
しずかほど油断がならない。演習ではない。一つ間違へば全滅になるのだから生死命だ。
酒保も出来てタバコもあるヨーカン、オコシ、ミカンのかんづめ、ゆであずき（ぜんざい）等酒も今日頃から売るそうな
景色のよい小山の上で芝生の上に座って飲む日本の酒も亦格別の味があろうと思ふ。
全く暢気で毎日の砲撃もやって居るから安心をする様に言ってくれ。何時迄こんな不便な
所に居るのか見当がつかない。もう九月も末だ。冬服はいつくれるのか。寒くなって来たから。十月
は又運動会だな。和子のミんなの出るのを見たいが残念だ。ここは任れて居てはな
まあ皆丈夫体に気をつけて仲よく暮してくれ 母、子供をよろしく たのむ 任れ不孝だ

九月廿三日正午

実之生

妻へ

130

長い〳〵梅雨も漸く上って毎日カラリと晴れたいゝ天気になった
其の代り山の上だ風が強い、ビユー〳〵と吹いて小屋の中へはいる
小屋の中は何だかひどい ここへ来た時にはかんしんした所なかったのだが強い級
も捨てるし野糞を方々へたれたりするから ゆりくし来たのだ
そして ねころんで身を休めて居ても頭や顔や首や手を本当にうるさい位
飛んで来る 蠅はトタンの裏にくっついて夜になると出てくる
夜は蚊がまだ居るので蚊帳をつらんならんのだ 内地ではもう蚊帳の必要
もないだろう、山の草の中だからよけいにこうなのだろう
空は本当に景色がよい 天は[illegible]青空で涼しい 風が吹いて寒くも
なくあつくもなく何とも言えぬいい陽気だ、目の下ににごった黄色の
の江の水を見おろして遠く向ふ岸の森部落をながめ遠く其の後
に高い山がそびえて居る まるで絵を見て居る様で朗らかな気分に
なって来る に留でもふりして山の上も あちらこちらへ散歩して居ると こんな

NO. 二

に何千里とはなれた遠い所に来て居るとは思えない位だ
のんびりとした気持になって秋のさびしさを忘れて失ふ 前一面は小山の連山
だ 高原と言った方がよいかも知れない 木はなく きれいな芝草ばかり生えて
ハダシで歩いて居ると足の裏がひやくと芝草にあたって何とも言えぬ心持だ
敵は二か千か二三千 遠くは四千米位 先に居る 山の上か 谷に居るのか
前へ出て行ったことがないからわからない 一度も敵を見ずだ
砲艦となく クチクカンが川に浮んで居る 守って居てくれるのだ、協同船も又
支那の漁船は何十艘となく にごった水の上をすべって行く
川の側への砲も二つ来た 野砲の親みたいな大きなもので こわい音がする
二ーダース砲も迫も ドカンくと打って居る 子になった柿なども打って居るが 近頃
はどうで なかしずかになって ひどく打って来なくなった
家内土人皆元気で皆かかりで こぶを入れたみそ汁を作ったり 大きなドラム
の油缶で湯をわかして 風呂へはいったり めしをたいたりして 大さわぎだ

135

クリークの水も沸かして使ふから腹具合の悪い者なんか一人もない こんな水が
のめたら内地の裏の川なんか そのまゝのんでもよいわけに思へる 湯に沸かすと下に
こまかい砂が白くとごって居る位だ がめしもおいしくたける様になった
外はカンヅメも下給品(陸軍省恤兵部からもらうものを言ふ)にもらえる、天ぷら
やシドき、冬ホールなど肉もいろいろある だしに使ったりそのまゝたべたりして居る
今はさーまだ、いゝ天気だが内地はどうだらう 蚕を飼って居た様だがどうかな
何曜日かわからなくなり 日だけは日記をつけて居るからわかるのだ イネも子等を
下げて来ただらう シンはどうだったかな うまくぬけて流れるとよいがな
皆変りない事と思ふ 決して無理をしない様にしておくれよ 何と言っても体が
第一だからな それに陽気の代り目 子供らにも充分気をつけておくれよ
又手不足で忙しい秋が近よって来た 思ふとぞっとするだらうて 俺も去年の
秋を思ひ出すよ 今年は尚更だ 私も体を大切にしておくれよ そして
みんな仲よくしておくれ 御願するよ 決して人に笑はれない様にたのむ

妻へ

九月廿七日二時夜

実生

136

No.

今日もよい天気だ。毎日秋晴れの上天気ばかりで気持がよい
天高く馬肥ゆる通り支那へ来ても同じことだ 秋空は又別だ!! 気もせいせいと
なって来る。昨夜は一つぞよく眠られた。交代で目を皿の様にして見張ってゐる
の様。敵せめて来はしないかとの用心のために。吾等の者十名を安らかにねさせ
るために兵が九名交代には自分が十時から六時近か七時近立ってゐる
今朝は俺が五時から六時近くなった。その時は ターー!!…とよく考えてゐたが俺たち
の方では冬はわかしい来なかった。六時でもまだまっくらだ で又ねるのだ。
ぐっすりねこんで八時近に目をさました。皆まだねむってゐる。起きて顔を洗った
さっぱりとした気持になって 暮て日の上った列車の側へいった。そよそよと涼しい風が
吹いて来る。この朝は何とも言えぬ気持だ! 戦友がめいめいみそ汁をたいて
居て呉れる。用がない手紙を二十八通 だからえて山へいった。そして又一枚づつ
ゆっくり誰も居ないしづかな所でよみ返して見た。皆のたよりが一たらりと胸に
こたえる。いつもくれる人は同じ人ばかりだ。其の人に好意を感謝しつつ

137

No.

食事が出来たので兵舎へ帰って来た。たった十日位しかはなれて居ないのだが
あたたかいめしをよばれて一服すった。すみきったいい気持だ。休んでから服上下
を洗濯に下へおりて池へ入った。シャツ一つになって洗った。きれいになって乾かし
ておそく兵舎へ帰った。皆手紙を出して居る。朝食は八時だが、帰ったのは十時過ぎだった
一服して黒部の叔父から送って貰った雑誌をよんで見た。親切な叔父さんだ
なつかしい三重県版がある。こまかくよんで見た。市長から送って呉れた慰問文
もよんだ。村役のことがなりも自来ぬではあるが俺たちにはうれしく見られる。
丁度ここへ本部へ手紙をことづけ呉れる者が来たので皆小隊長（林少尉）
に見て貰って出したのだ。で急ぎ少年だけ書く一緒に出したのだ。
外へは全部昨日の昼一ぱいに書いておいたのでよかったが、家へのだけがおく
れて間に合はなかった。昼過ぎにゆっくり手紙を書こうと思っていたので
だが、この手紙と又一緒になるかもしれない。本部でとまってるかもわからない。
でゆっくりも少年と手紙を三本ひろげてよみたら返事を書いたのだが この二通
138

No.

に書いたものだ、ゆっくり書いたのだが返事なけになってゐるから又書いて
見ようと思って書きあしたのだ、いくら書いても書けるものだ。ふーむだ
あの手紙を書いてから雑誌を今迄よんで居た　ねころんでなまいで　イモン袋にはい
ってゐたのや小包で送って来たのを交代で皆がよむのだ　面白い、何でもよい、見な
いもんなら何でもよんでゐる。でないと室の時間がたゝない。日がくれるのを待つ。
班長や外の戦友は三人でイモン袋にあったツリバリを持って竹をさがし魚をつり
に池へおりて行った　二時頃帰って来たが四寸あまりの魚を三匹つって来た。
俺は半ばかりよんだ所だが頭がぼんやりして来たから止めて手紙を書いて
見る気になったのだ、今日も写真を出して見た、なつかしい家内の姿を見て
しずかに出征当日迄の楽しい生活を思い出して見た、
梅田がイモン品を送ったと言ってゐた。手紙よりはずっとおくれてくるだろ
う。出してから一ヶ月か四十日位かゝらねばつかぬ。航空郵便なら早いが足も
首都〇〇の迄で止まって失ふか又来ぬの所ると言ふ。〇〇〇〇の迄行って又小船で

139

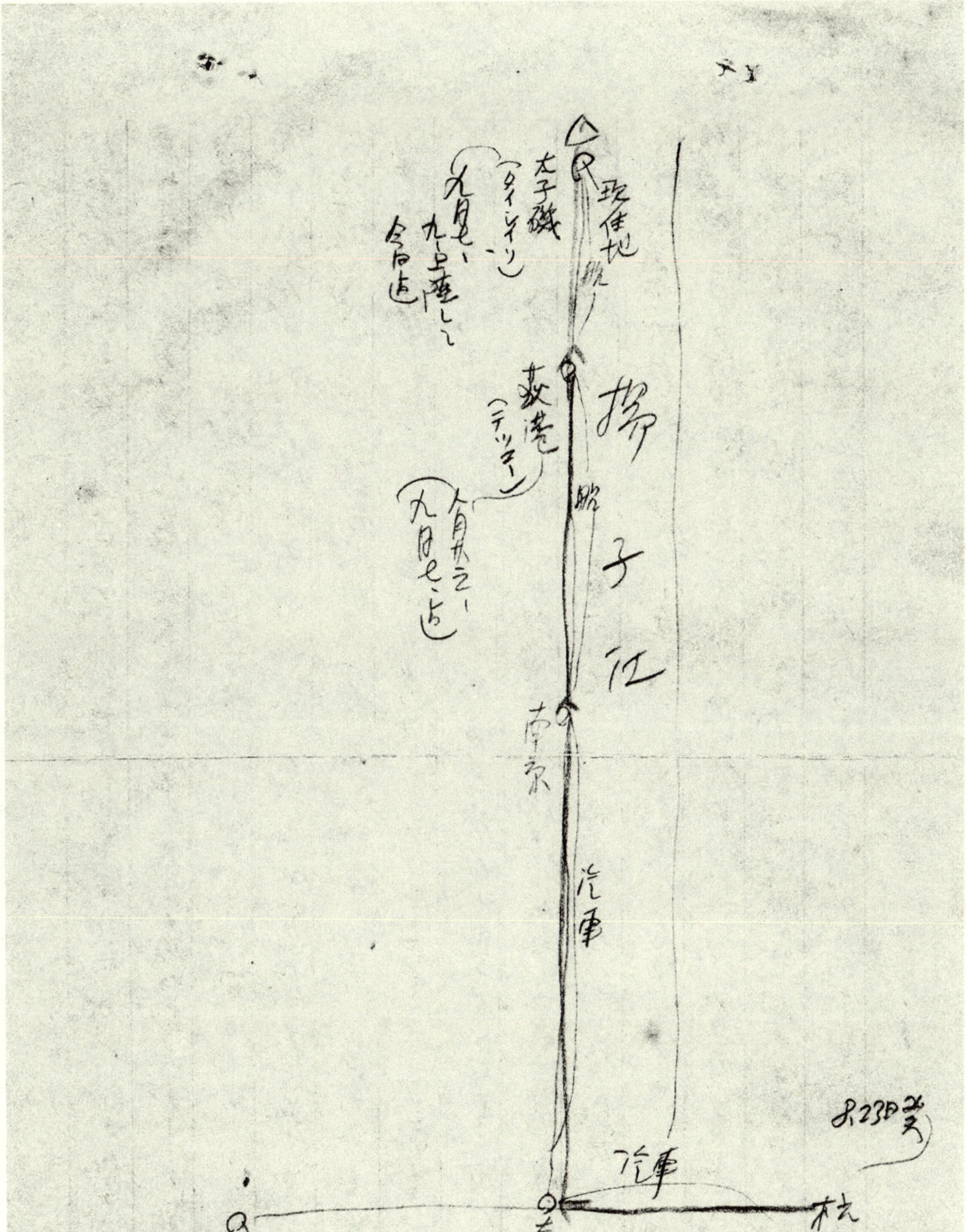
現住地
太子磯
揚子江
南京
汽車
上海
嘉興
杭州
汽車
140

No. 45

戻って来て手に入るか何れにしても無理によりは早く来ることは来るかでも
陣中のことだからされることは何とも仕方がない。少しでも早く会へることを祈って
たのだが戦友が話をして会へたのだ。それでよい。仕方がないから
橋本の妻君も家政婦になって働いて居ると言って昨日来た手紙に書いて
あった。中々しっかりした人だから出来るだろう。子供が多いから大変な事だが
橋本は〇〇に行って居るのだ。馬の係りなんで一寸も馬で上れる所はないのだから
馬と馬の係りは全部この町の〇〇に残って居るのだから、もう一年あまり別れて居る訳だ。
いつどこで又一緒になるかわからない有様だ。俺も中々しっかりして居て中々大変なんか
かくも知らないで居ないので居なんで安心をして居る。橋本の妻君もそうしての写真
を見て うまくうつして居る。写真もうつして送りたいが二人で顔では不満と書いてあった
そうして送ってくれるかもしれない。別々になって居ることを知らないらしいな
しかしいつ迄も別れては居ない。もう一月寄って十日とか五日とか七日とかした人、
どうかして帰ると言ふ話も出て居る。それが本当かわからないが、でも大ていは

141

昨二十七日ナカミさんの九月二日出の
手紙を受取った、うれしかった、よか
うまくなったのにはびっくりしたよ
同じく姉から七月三十日に出したイモン袋
が来たうれしかった 早速あけて見た

（たん文）一
手拭 二
タオル 一
ハミガキ粉 一
ブラシ 一

ミカンのかんづめ
リンゴのかんづめ
ドロップス
梅干を一カン
富士十月号一冊
マチ子のぬり絵沢山
イモン袋 二

142

No. 5

あたるもの顔、永井の写真から二通来た。いろいろそれを言ってあった。俺が帰ったら
話をして聞かしてやるのだが、手紙では書けないから仕方がない。本当に
気の毒だ。でも書けるだけ書けたのか、病気ではないかと案じたと言ってきたが、本当さ。ホ
すぐ返事を出して出しておいた。弟の妻の手紙は中々うまい。皆感心してゐた。
ハルミが「オトータン、テントー！」と言って赤い舌をペロリと出す……とあるのには吹き
出さずにはゐられなかった。手一つの子をよく育ててあった。あまり一ぺんに多く来た
ので、よめるだけで一寸忘れて失ふ位だ。遺書、遺言三通来て居たし、何しろ皆返事を出し
たのでスーッとした。ねころんで涼しい風の少し涼しい小山をながめたら、うちのことを思い
出して居る。遊びに行っても手紙を書いて居るのもねて居るのも本をよむのも
ぜいたくだ。それも今は夕食の仕度にかかるだらう。水をくみに下の池迄いくのが
遠いので危険だ。交代でいくのだ。範囲もえらくせまくなって、まゆちぎりか饅頭の位だ
ろう。一寸いまになったら本棚にひそめる位だろう。あすの移植もしなければなら
ないから。まあ今月陽気の変り目だから病気にならぬ様気をつけてくれ。俺も気をつける。

九月廿七日夜書

実生

妻へ

143

No. 三拾

昨廿三日に一度にどつさり家に届いた様に手紙が来たうれしいやらよいのに骨が折れますやら

返事を見のた後、知らで目をまはして居る。では一寸も来ないのかと久々と待ってもうれしい。

七日出の小包には手紙がはいってないと書いてあったが一週たってはいってたらしい。大便口には中口いかない

後になっておくれ船のおそいのにつけたらしい。ひと前のがあとになりあとのが先になったりする。お前ので

こして近頃はずっと前にもらった分は大分あるのだ。それで昨日は十七日、二十三日、二十五日と早くあてたのがあと

に来たのと同じだ。これは仕方がない。母さんお元気な時と同じ元気だと思って喜んで居る。子供らもイタ

ヅラをしたりして元気との事、尚更うれしい。つよへからも一通に来して居てうれしかった。進三も謹田は猶

市田にはちよいちよいあるとのこと。南京あたりに居たのが危ない大尉。財界も兵がとられた者が十人の中二人ある。

隣村の婿が応召、体が悪くて帰った処、皆に合はない者は仕方が無い。大分は妻もで居るだろうが。

二十三日あの手紙に一度に十三来りつたとのこと。何日か、たまってるたのだな。すこしも案じることはないよ。どんなへんぴ

な所でもどんなに忙しくても俺は手紙だけは書くから。大陸を打って居る最中でも書いた通りだ。お前の方が

かわかないだけだ。前の様に書いてたものなのだ。今日も小包二十五六、封筒十五枚、計四十五位

度に出した方が、小包十枚封筒の便箋のある限りは書くが、小包が多うて少ないためで心配しなさるなどこか

144

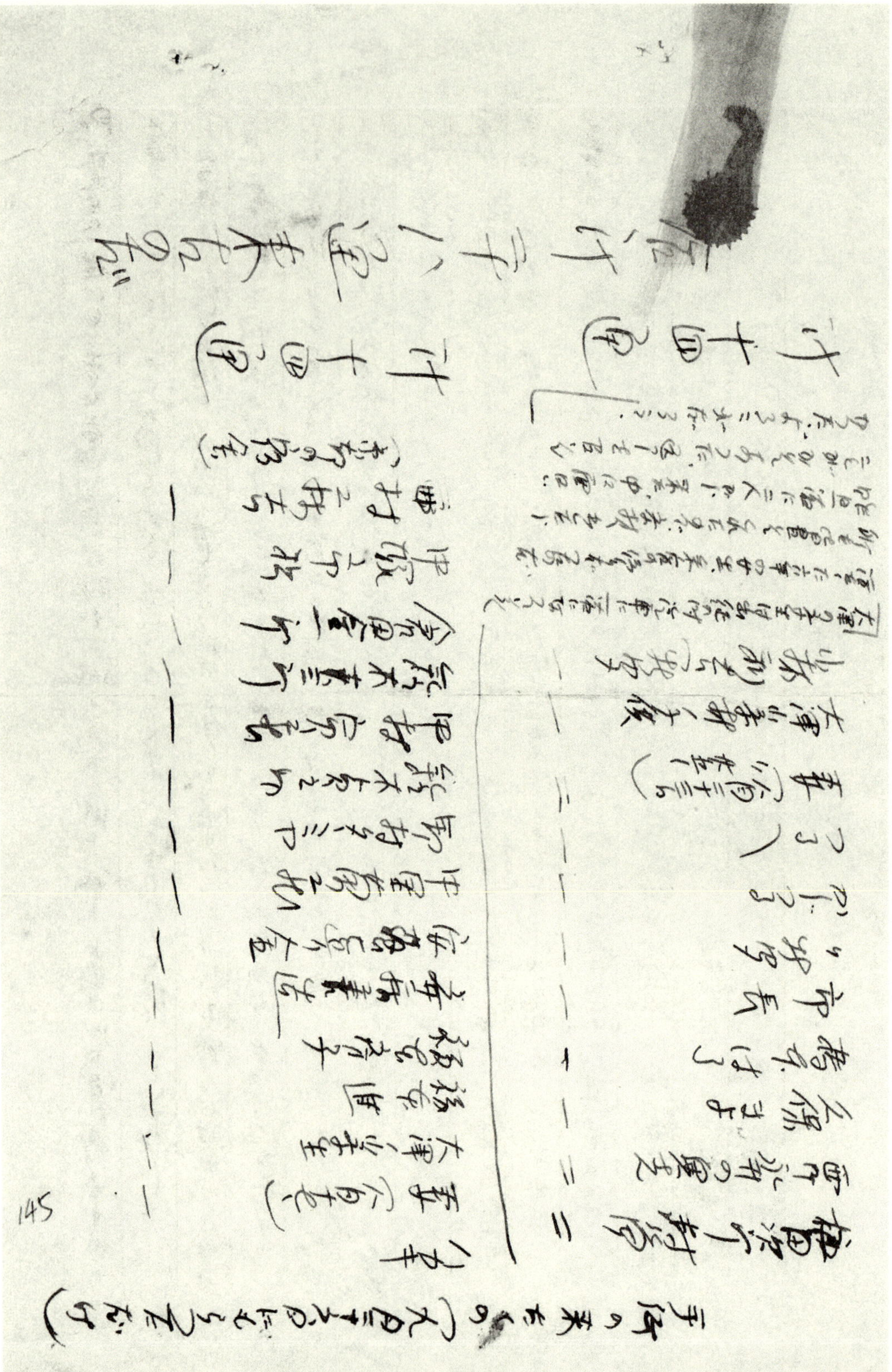

一週

No.

大きな町へ行かないとないので困る。イモンにはいってくるが十枚ばかり入れて居る。敵の弾は心配することはない
いくらとんで来ても砲弾へは未だ一つもパチンとあたったことがない位だ。これに当れば よくよく運が悪いのだよ
兄さんも田がすんだので 用なく ひえ刈り位で一寸肩の荷がおりたことと思ふ。雨が多いと外の者から言って来
たが困るだろう。畑の草を手の設来にしてみるとのことひどい事だとわかるよ。中々大しい方もないだ。察して居るよ。
ためなに人もなく本当に困って居るのが目に見える。かぶつるが一マこの種を知らしてくれた。兵隊さんもない位だ。ミんな称め
この夏休みで すらくて頭をつかったことだろう。セミとり。夢中だとか 大きいは ほっておく 思ふ存分に遊ばしたり
勉強もしたりしたらよい。あまりやかましく言ふと子供はりくつになるから。子にすれば おもしろいだ。気をつけてネ
梅田から写真を最近送ってきた。家内の、三人の子供、梅田の、ミヨのと皆うつってきた。家内全部のを見て
よく行った祢は年になった。母も元気だ。つるへもお礼。それは三人の子供の大きくなったのには驚いた。大阪で別れ
た。ミヨがあんな顔になって、父まのやんちゃしたような顔、元気よく赤い舌をペロリとあまえなかったナと思ふ
遠くはなれて居ても皆のおかげで子供は大きく育っていく。ありがたい。皆にあって御礼を言ふよ。ミんなの
又顔に見たにもびっくりした。待って居た写真も届いたから もう淋しがることはない。ひまな時には出して
皆の顔を見て話をしよう。鎌田近届いて留まるかわからないよ。全部のほうびに九寸の写真機を買う

146

てもらって大事にして居るとか、よいことをした時には何かほうびにやることも忘れてはならないよ。其の代り悪いことをした時にはきびしく叱らねばいけない。ノンベンダラリとした育て方は安さんの様なぐなくの男に仕上って失ふ。ミルの小半は〇〇で全甲だったと言ってゐるが来た葉書、安最の五日前に手紙（第百五）ー一と皆手紙二、第十一と来ただけだ。又あとから来るのかもしれない。田の作も良くないとのこと。農作がないた肥も妙んで五斗五升ばかりとったとのこと。それで何もなければ沢山とれるのだがな。尼白もきっとあれて居るに違いないと思ふ。困ったことだ。小物も出来ないし一般に高いとのこと。戦争中はものが出来ないのだ。米も七八月に売って失ってもう何も食るものがないとのこと。心細い事な話。米は八月に配給所が出来たので安くなったとか。東の内姉様だから仕方がないよ。妹様は木屋と体が弱って来られなかったとのこと。涙もあったのに残念だった。しかし又あえる時があろう。てミナの初盆には十人位の人と伊賀が来って盛大にたのんでうまくしてもらったとのこと。よかった。大事にして居るよ。盆には五郎の子供らをつれてくるとのこと。たまには気休めになっていいだろう。五郎の母からも昨日来て葉書があった。其れ兄貴からのことを表佐七郎からの手紙。其さんも十七日に漸く帰ったと。済すのには日々となかったが表佐七郎表三郎君のに日記があった。日をよく送ってほしいものだ。自分の身体は精神が非常にいたんで居るからよくなくさせてやるんだ。済ナが来たら言ってやれよ。信じられると言っておしてやったが、何男三男が二十五日の手紙の返事に

147

NO.

八月二十三日に之はがきが着いたところ、皆に見せて大事にしまってすこし物にせよ。毎日たよりを待って居る様だが
一ぺんに九月の十三日のをいくとよめのに骨が折れて困るだろう。だんだんについていくとよいと思ってまとめてるから
すぐは行かないものだ。まあゆっくりだけよいとしなければならぬよ。夏休みミンも大学に進学しうだ。体操に
いってるとか、感心だ。時計も見る様になったとか。だんだん覚えていくものだな。むつかしいことを一ぺんに教へずに
一つ一つ教へていった方がよい。先生がついてゐるからうまく教へてもらってゐるだろう。今年はカホルと仲よく遊んだとか
文子ちゃんと様になったおかげだろう。フミコの肥えてゐるのには驚いた。外の勝友が子供のシンサ会に出した
きっと一等だよと言って笑ってゐた位だ。写真を係わしく取り合って見せてやるとやかましかった。おーちゃんが
君の事が見たいで、アー是が弟の娘か、ミンクンはどれだと皆見に回してそれはがきにおそわる
るものもある。皆見て長男がミンとよく似てゐる。ミンのオトカンはどれだと、ホー是か、中々シッカリ
しておるナと皆大よろこびだ。左右の子供は中々イタズラがありそうだナとか、言う者が喜んだ。大変で
見えて賞賛がある。と言う者もあり昨日は写真で一寸わざ持ちよった位にぎやかだった。
今年は田の出来はどうだった。多かったことと思ふ。今年は弟が奉仕しなかったのか! 目が立って
皆はく情になって云われて来たい。自分と二人家事となって来た。張のおかげで今日安楽に生活が出来るが

148

NO.

お前らが来たら有がたいと思って一日か二日辛抱するのが何でもないんだ。支那の国をみよ 戦にまけた国の

みじめな有様だ。皆土民でも殺され家は焼かれ、かれらの衣もそのまゝ、田の中にこけて失てて青い新芽がやつになつ

て又村があっても人はない。もみは芽をふいて畜舎の様に田一面に生えてゐる。こんなもみにける村もない山

にもったまゝはってあり、着物や外の道具もめちゃくちゃだ。家をこわして夕方そこに火をつけてゐる位だ。俺達はこんな

所をお前らに見せてやりたい。一ぺんに目がさめるのだ。生き残った奴も人夫に使い用がすむと殺すことも

のだ。同胞が死んでゐるのを見て何と思ってゐるだらうか。老婆と女に七つ位の子供が山に逃げてゐる

皆は兵士のめしをもらって生きてゐるが、子を持つ俺たちはよく考へさせられる。よう覚悟で見ておられない位だ。

喰いもの、のみものには充分気をつけてゐるから腹をこわしたことはない。安心をせよ。母が今月五日に軍人さんにお参りし以上喜んで

お守りしてくれたとのこと守りと御便りはその時産せんもらったものです。御便はまだいただいていない。守りは早速首にかけて

居るが母に御礼を言ってくれ。お前のまじなひもしてもらってゐるとのこと皆に心から感謝をする。ありがたう。

私宅も皆元気でお互に元気なことを、一を通る便を見て安心してゐると思ふよ。大へんだ。お前、ますのに作

つてもらってゐるのだらう。お米次々に送ってくれ。お願する。兄は二度の手紙を見ては返事を出してゐるのだ

俺も元気に気をつけてやるから安心をして皆仲よく。決して無理をせず元気で暮してくれ。心から祈ってゐる。又便する

九月十七日 夜十時半頃

良七

妻へ

149

NO. 17

廿七日の夕方に小隊長殿のおごりで一升 世帯十四人（通信を入れて）がかーづ、あつくかんぱいして工兵隊の兵へ持ってよばれた、病人が三四人ねそべってゐるーのすんそうもあり一人か二人位はのめた、ほろりとなったいー気持で下に見えるの江をすべっていく船をながめたらしみじみ皆と話をしと思ったり 故郷を少し思ひと、びっくりしたよ 俺が、うそだろう、しかしおそろしいか、かえったら姉からの慰問少々届い 破って早く中をあけて見た しんなりしたものがはいってゐる 先の便に書いたお守りがはいってゐた、うれしかったナ、俺の財布に何かこれよと位置がきまった。トロトロでしたべよ、ありがたう しかし と言って 三四人 が知ってるた、姉の親切身にしみたよ、梅田も送ってくれたそうだが十月になら人は来ないだろう、待ってゐるが。夜になって にーッショ汗して横にね、ドロップをあけて一人三つ四つあけてたべた、終戦つけた、八幡宮の軍人守をつけて顔を洗って小山の上へ立って東の方をおがんだ 家内安全無事に帰れますようにと祈って 体操を4つた一人で、いー気持だ、帰って来て下駄をはいて、姉への私信を書くよへ

150

No. の速

ゐる迄アミンルの迄アつかナゐる迄ア、あと三きから手紙を送ってくれふつた仏心と
書いたのだ。ミんなから九月二日までの手紙が少しで一度に来たられしかった
中に字がうまくなってゐるのに驚いた。それに大きくなったのになったネ
せいで勉強のつもりで書かして送ってくれるのだ。其人の為にも使ってやって
両方いゝかった。今度は姉よりの、又、ミカンのかんづめを切って十人にわけて
かーごーたべた。皆んなよろこんで居た。二つは一人で体で一つの者を六人たべるのだ
ことはしない。会社が来ると仲良の者のようになる。かーごーでわけてたべる。
仲のよいもの同士、病人にはよけいやったりあめやをたくさんして喰いさせる
やけに離れかー見るから、マラリヤ熱にかゝるのだ。大したことはないが一週間ある
まりはねる。だけど今赤痢の様に下る大便で一度にとまった様だ。下へおりて
洗濯をしている。上が二人ねている。外の者は皆元気で仕事にまきわり
をやったり下の池へ水を石油かんでいれて来るもの等皆かーって炊事の方の
を作る。この頃は毎日になって二十一三日夕日をみたそうだ。今度も東をよんでねこ。

151

NO.

えで居た 三時 大浴場へ 下流品をえらびに二人で行った ホピョー お茶
酒一升 買 等で タバコを 買って(マッチ) 帰った 途中で一杯やりたい 気分だ
タオルに包んだ 湯がわいてる ドラムかんへはいって 垢をおとした いい気持になって
酒のかんをやった 大根のせん切りと かつをのかんづめのたしで さかないものはしたかを
たりてうまい それを肴に一杯いの人だ のむ 酒すすむ 俺で女四人 女と二人はかり
ブーしかりかない 本当にいい気持になって またたびの女よ うえぶりの女を相手に
居た 以前よりとして 旅さ 山の へはいって 歩く 父の店や 足かけの店、女の
店等に花がまいて 中心にまかだ 酔えて居る 一の性法をよんだ 早く かかを
つって 横になる 小雨になった 雨がトタンへ じゃじゃ あたる音を 目の上で 聞いて
女をよむ 借りた本を すこしよんだが 失えて 妹が起きて来た 帰って よみ始めた
九時まで 一服して 目を つむった 一眠は せんぶの店 明日は 一雨の よく休む
毛布で かぶって 居るとき 汗がにじんでくる、布団を かけた ためだ すっぱりとし
いい気持だ ムッすり ねこんで (三時半) 起きは 四十分過 一時間と二十分の 立派だ
152

No.

疲れて床にしたがねむれない。目をとぢてねに立つ。雨は止んで居る。
ひとの音がさやさやする。川の音がするんで、次の戸を起して又ねる。今は十五分前
目をあけた。まだ外の方は大いに明けて居る。月光へは起きて顔を洗へる
側によって洗面して少しより東方をながめ、窓、自分の私道具を持て体
操をして少しやった。少々停て一服して、ハツキ褌を持て下の池へ
洗濯をして停った。シャツ、ランニングと二枚着て居るのだ。ほしたが今だかわりそうだ
食事が出来た。再びに、かつをのかんづめのだしで大分うまい。食べたが私のための分
意地のである。私のはうまくない。ただ私が出る。やはり私はうまくない
あついのをつくし少々食ってした。雨が降って来た。洗濯物を入れて少しの時く
つった。毛布の陰だ。当番をするつもりだ。四五人かって、うまく出来るかしら
今日手紙が出来で書いた。とうとう元気なから安心をせよ。小雨は降りつづけ
こちら又毎日が心のおちつかぬものになって来た。もう大分明日一日でしまいだ
覚えたのなるこそ、俺は元気で居るから安心をして欲しい。写真をとって
もらったが、いつ出来るかわからん。二一をまで早く出来ねば駄目だ。又金をかけ
ます。[illegible] 一家んを

153

No.

皆達者なりや。大分涼しくなつただろう。彼岸も過ぎて十月になつた。
晩秋蚕も終つたネ。出来栄はどうだ。よかつたかネ。どうせ彼岸がりでも
あつし如れ桑を呉したことゝ思ふ。初めて二人の母さんが飼つた蚕
中々骨が折れたことゝ思つて居る。さしきもすんだネ。何かうまい御馳
走かも出来たか。一家の経済も中々きびしいだろう。統制の所金巾
ホタン等ハ賣るものはなしなり出す方ばかり。米の売つた金で
今迄は米のとれる迄やらねばならないのだから相当骨が折れる。
やれるのはやれるから安心だが金廻りをうまくやつて行こうと思ふと苦
労だネ。まあ皆と相談した上でうまくやつてくれるやうにネ。
なたねもまいたのか。もう移植をして居ることゝ思ふ。よく雨のふる日に
やらねばならんが俺はどうなるか。いつ帰れるか今の所どうも見
当がつかないが、アテにせず自分だけでやれると思ふだけする
様にして呉れ。去年の様に弟が帰る、宜達家と帰れると思つて安

154

No. ま2

作ってダンダもしました、思って十分に用意をしたが中々停らない。
作ったものは大きくなる　待って居た者は停らない。まだその頃は
俺が居たから無理にでもやって来たが今度はそうは行かない。
どうしても　はった仕事をすれば　人々の命に取らねば所が字の
奉仕作業は思ふ様には行かない。まるきり　アテには出来ない、さりとて
人をたのむにも二人なに沢山出征して居ては　力のある者は　居ない
たいていはとられて居るのだから　人のないのが　あたり前で、どこへ行っても全国
同じことだ。ただ論田はなりたくはない。で　やとふにしても人はないから　せめて二人で
やれる程度にやって行かねばならない。所が畑が多いから　そうい
草のもりをする丈けでも中々骨が折れる。畑を、麦を蒔けぬつもり
なるたけへらしていけば　大分楽になるだらうと思ふが、あまり今迄に
はった作りをして居たから　仕方がないが　小さい畑でも　大体外取敷
中央にこみ入りの中へも出来るから　多い。無理な仕事な

155

No. 3

だから皆よく共同致して仲よく働き決して無理な仕事をしない
ようにしなければならない。仕事も大事だが命ふたつには働かねばなら
んが、先づ働くのには からだが丈夫でなければならん。よく体に気をつ
けて病気にならんよう特にお前は風邪をめいめいお互に気をつけねば
ならんぞ。それはよく考えて居るだろうが仕事の都合で無理をせんならん
ときもあり、雨ふりにも行かねばならん時もよく そう言ふ時には体に気をつけ
て絶対に風邪を引かぬ様にせないかんよ。くれぐれもたのんでおくよ
又月末には母牛がふたり姙め 頃たに出生から秋にかけてしいくから
ひまな時には交代で営養ふを与えて体を丈夫に養っておく せねば
ならぬ秋のはたに稲り三生め様にふだんから丈夫にしておかねばならぬ。
今朝も三八へ写真のカードを送ってくれ カードを出して居た。そして家の
の写真を出して見た。なつかしい。二人が見のを言ふ様になったどんなに
うれしいことかとながめ大く育って居た。写真はいい見の顔

156

No.

ひまな時。淋しい時にはなぐさめてくれる。皆の大たんな話を気にして居ったと
安心をして助ける気になる
又雨だ今日が三日目だ又いつやむのかわからない。止んでみたり又ふったり
してうるさい。いやな天気だ。青空でもしかみえけをたくのでぬれるし
たきものがもえないので困って居る。雨のためドラムかんの風呂も二、三日休み
ではいらない、洗濯をしたがほす所はなし外は雨で結局何かにつけて
不都合だ。で敵はどうしたか撤まけしたか、それともにげたか、ちっとも
つたらしい。あまり無茶苦茶に打たなくなった。たまにパン、パンと
打って居る。日が暮れると翻道やって居る。友軍を相手になってやるな
な相手だ。月が出初めたから割合に明るい。それに駆逐艦がまって居
それもしじゅうサーチライトで敵の方をパッとてらして居るのだ。敵は自分
のすることが見えるから打たないのかもしれないが。二十三日夕方を一発は
打たずに至極のんきにやって居る。することはなし皆退屈をして居る。

157

No. 5

洗濯をたのんだり服の破れをつくろったりして居る、俺と外六人は友人に服の

を工夫したものが居るので 寄手を作った材料で型を作ってもらって

一日かゝって昨日迄かゝって出来上った、実に妙の人だこの手拭で ミオだ使つ

て、せなかへ一かじハチミツ温泉のゆかたを着しダテマキをしめびんのほつれを左手

を上げてなでして居る所 温泉の湯上りの赤青できれいにあるいてふしもの

だ、外の者が見せしめと上ってまがめ位だ 中々あたゝかい服をきなくとも

暑いかい位だ、シャツ類が有れば もう大丈夫だ。自分で縫って こしらえた服へ

入らって、外の者は日の丸の旗と武運長久をせなかへ入れて これ又ないものだ

書いてつけてて縁起だ、又写真をとって 送ってあげたら送ろう小隊長が頂

日がたつのは早いもの 思って居るうちだ、今日あたり便りを来るだろうと思ふ、

便りが明日来れば丁度よい時によい便りがあってよかった、今日はもうする事も

無い、天気を良くて洗濯をするだけだ、演習をすると腹がへる 全く困って失ふ、

明後日で手紙を書いた所だ今丁度十分だ、点呼は一時か二時だ、皆活の最中だ

実人より

十月一十四日十二時

妻へ

158

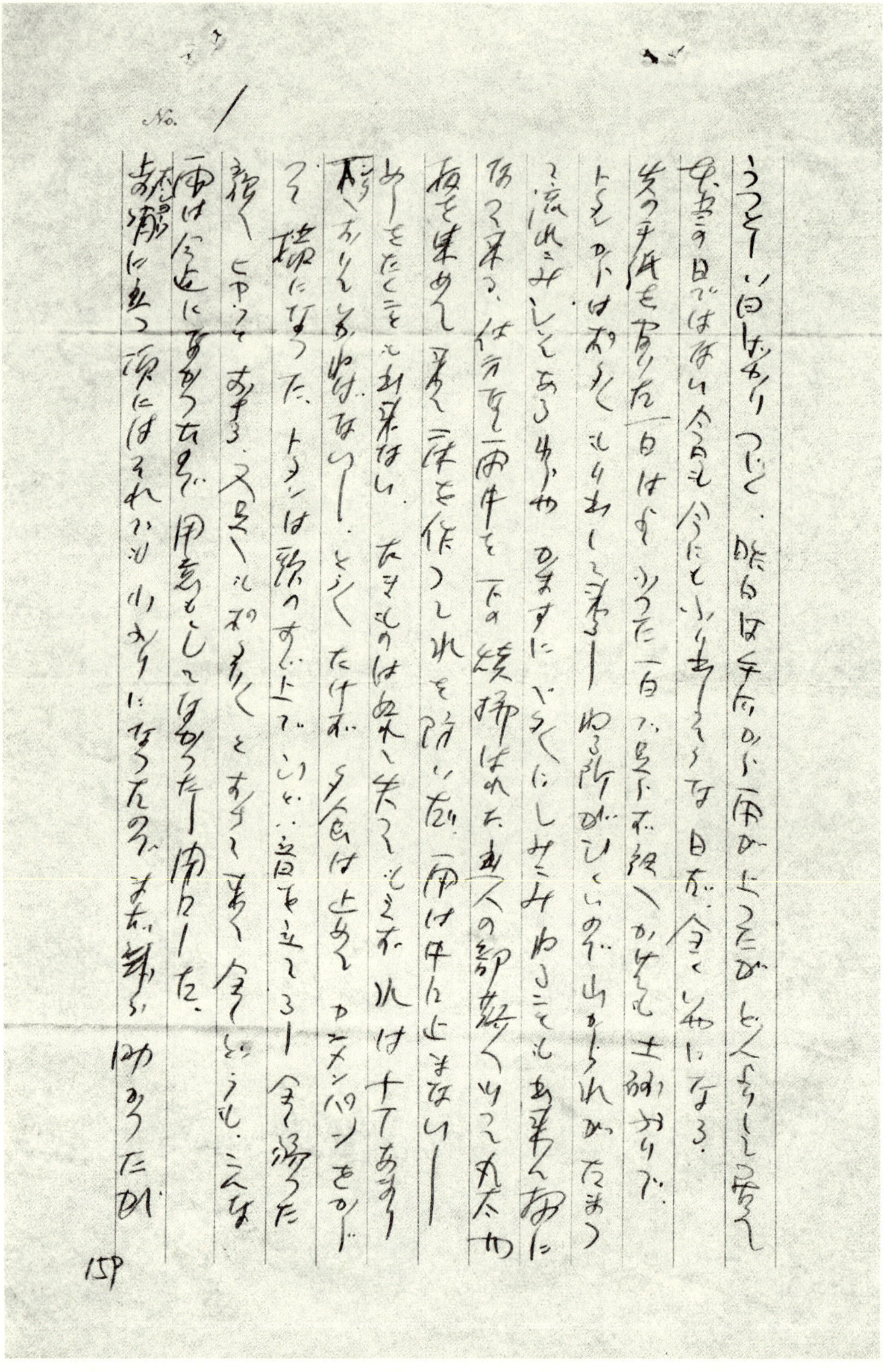

No. 1

うっとーしい日ばかりつゞく．昨日は午后から雨が上ったがどんよりと暗く
お天気の日ではない今日も今にもふり出しそうな日だ．全くいやになる．
父の手紙を貰った一日は少しふった一日だ足下不注意へかけても土砂ばかりで．
トラもかけはおそくもりおして来る．ぬる所がないので山からのれがたまっ
て流れこみしとしとある中にかますにびしょにしみこみねることも出来んなに
なって来る．仕方なく雨中を下の焼跡はなれた主人の部落へ行って丸太や
板を集めて高く床を作ってそれを防いだ．雨は中々止まない．
めしをたくことも出来ない．たきものはぬれて失ってしまった．それは十丁あまり
離れたところへとりに行かねばならない．ようやくたけだが夕食は止めてカンメンパンをかじ
って横になった．トタンは頭のすぐ上で，いやな音を立てる．全く弱った
鶏はピヤ／＼ないてる．又足をとられておそくまでおきて全くどうも．こんな
雨は今迄になかったので用意もしてなかった．閉口した．
兵舎前に立つ頃にはそれでも小ぶりになったのでまだ気分が助かったが

159

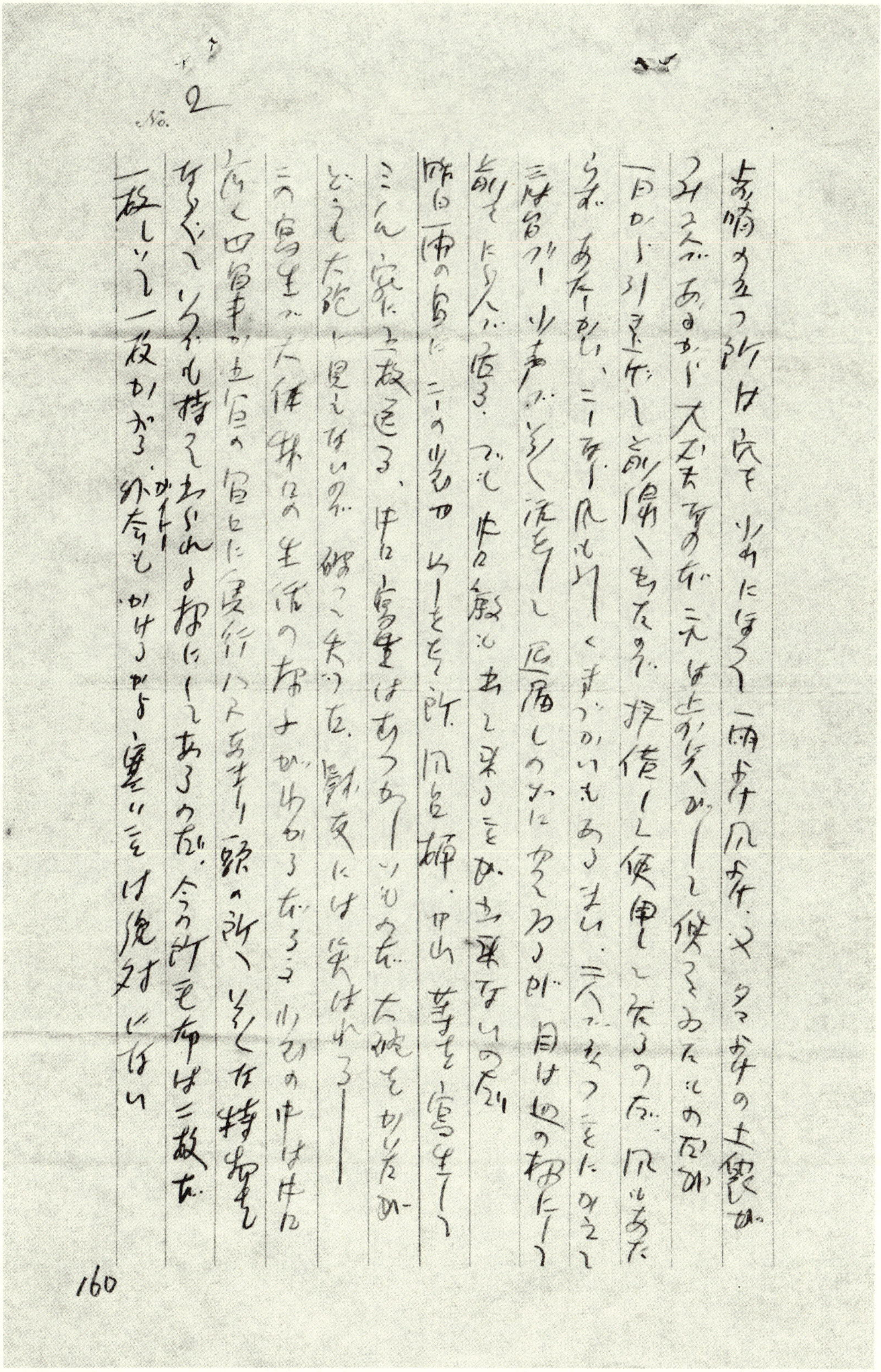

No. 2

寝台の立つ所は穴を少しにほつて雨よけ風よけ、又夕立よけの土俵が
つみ込んであるが大変な事なのだ。元は兵が失かして作つてみたものだが
一日から引き上げし前線へも行くので接収して使用して居るのだ。風もあた
らずあたたかい、こー云ふ風にしくまずがいもあるまい。二人でたつてをたかえて
三時頃から少声で話し流をして近届しのかに交て居るが目は世の中をにらんで
前にたら人が居る。でも火を燃して来るを出来ないのだ
昨日雨の日に二十の兵をかーきた所、風呂場・中山等を写生して
ミシン室に二枚居る、昨日写生はむつかしいものだ。大砲をかいたが
どうも大砲に見えないので解つて来つた。戦友には笑はれる――
この写生で大体兵隊の生活の様子がわかるだろう。小包の中は内に
行く四日手が立つの日に見付けて来まり頭の所へよく立持かきを
なくていやでも持つておられる様にしてあるのだ。今の所毛布は二枚だ。
一枚しいて一枚かける。外套もかけるから寒い事は絶対にない

160

No. 3

退屈にならん　炒豆をたべていて話し皆が集つてゐる　今日も誰かいてくれ
たので皆で炒豆をたべて貰ひ話をしてゐる。昨日今日総攻撃で忙しさうらしい
兵隊は皆前へ出て攻めて居る。昨日は雨中をおしきつたが止めて来た。
今日も折つ様に用意をしてゐるが未だ命令が来ない。ひどい人だ。うろうろして
くやり切れない。山だから　敗は居る。全く困つた所だ。でも大日の来るを
まる一ヶ月になる。早いものだ。すつかり慣れて　板のはしで　針金の下駄を作りはりして
ゐる。ランプの代りにサイダビンを切つて使つたり（油ぎしへ豆油をつけて黒い所へまりくて
火をつけてビンがやけたらおじれの中へ入れるとピンとうまく切れる）して　まあ自由だ
不自由はしないものをないのでゐる。病人も大分よくなつて昨日から起きた
其の代りに又少し流感が早治の為でねてゐる。天気になればよくなるだらうが
いつ行きも所で　連絡して呉んで守つてくれる　○○へいく道を、気をつけて呉れよのだ
鈴木ドーの姚は法寓もするかりよい人だつた。どこかへいつてかへつて来ればなあ
と思つてゐる　僕は此の通り元気だ、皆も元気だらう　又　昌三ス　雨は止んでゐる

月三十一日午后四十五分

妻へ

宏より

161

No. 1

暫く昨日から（三日）午前から青空が見えましたが本当の天気ではないやうな
二日から総攻撃を開始して居るので危くて外へ出られず皆小屋の中でおとなしく
戦況をよく知り手紙を書いた。今日の流れのため止めるものもある
外は砲車のある山の上へプスン、プスンと多々のさゝる迄弾が落ちる一頭の
上へはピューンピューンと機関銃の多くの飛んで来る音がひっきりなしに、
今迄おとなしくして居た敵も皇軍の攻撃によってにげ場が無くなって失って
やけくそに出まくって居るらしい。皇軍は前進又前進でどんどん進んでいく
中々念の入った攻撃ではかりのザンゴーが作ってあるとかニを敵は遠くの所から穴を
居るから少しのわからない所が一番に行動した戦友が作っての沼を穿ちと
皆骨折りして居てぬけ穴を作ってザンゴーからザンゴーへ行ける様になって居る
勝一時はかっておって次のザンゴーへ伝っていくのだで中々しっかりしたものを作って
居るので下手なことをして銃砲を打って居る位では中々敵は死なないそうだ
で総攻撃をやったのだろうか。この敵を皆殺しにして去るのだと言って

163

No. 2

二日から始めたのだ。二日は大尉の負傷、戦死者は十何名　敵は非常に多くやら
れたとの事。二日も四日も敵は多大の損害を受けた今四日も向こうで直前に
全部終って戦友たちが集って来た。敵の小銃や夕方は沢山ドンドンやったし、その銃
砲をかついで夕方何百とあるのを踏へまして突撃して帰って来た。えらかったと言う
ことだ。音を聞いた。敵の銃砲を見たが、木の皮がこわれしかも流れたり、赤さび
になったりして居る。ガソリン手入れをせず　おすまし一方だったらしい。夕方は大きく
先の丸いたまのだ。重機関銃も三台とか迫撃砲を二つ三つブンドッテ意気揚々
機銃であたえうだ。其の銃砲を砲兵へ、かくしれなかったのであるのだ
アテイから　又官の運転兵も応援に来ての江の南側から行くし　南京は出て
ここでいよいよ　ハサミ打ちにしようとしたのをやめたのだそうだ。で　に伴隊はなくなって
大方やられたとの事を。敵のホットイテに出た死体が無数にころがって居たと言って
居た。二方面の　の柳た割に兄　損害を受けたと言うが今度は死傷は
生々とにかなしでも　の中隊長は戦死されたとさっきまで居たがなあらしい。

164

No.

本当にお気の毒だと思ふ。で一應總攻撃は終つたのだ
昨夜も十二時頃迄は敵は死物の狂ひになつて打つた、朝まで打つて居た。ある
だけの弾を打つて死ぬが神経（たりつ）になつてしまつたんだらう。昨日は一人道に死ん
だ奴を思つて見しおたら馬をしし宿るのでよく見たら年をとつてしんだまねをし
てゐたんだそうだ。ですぐ引ずり起してポンと一発自分の拳銃で自分がやら
れたと言つて笑つて来た。そんな馬鹿な奴もあるだらう。が最后まける
迄は中々頑強に抵抗したそうだ、三十米位近くいつてもにげないで突
撃をやるとすぐにげる。そのにげ足の早いのにはびつくりしたと言つて来た
今度の總攻撃も大勝利だつた。目出たい。萬歳だ。皆喜んでゐる。
俺達は後軍めかふかい戦場くりつて見ることも出来ない。胡麻だらけ山山
の上の砲車に登つて弾を打つだけだ。山だそれし何をして居るか銃の音だ
け聞こえるだけで何も見えない。馬鹿が多い。敵の口の時は山の上の敵をやつたので
目の前にその戦争が手にとる様に見えて居たが、今度は三十に有利な

166

No. 6

地獄にある代りかと見えはなかつた。最初の二日の日は雨だつたが友軍も
来て雄当団つたことと思ふ。幸ひ昨日は近かつた　大へんになつたし今日も前の内
とりすましし今にも降り出しそうになつたがなんと風がはげしくて大へんになつたが
戦ひ日本なつたことと思ひ乍ら又床の寮舎の中には太田、鈴木君、中服部
寺沢山本と居るが流が一人位は着て床をと思ひなかつたが中々それ所
ではないので諸会所も閉こまつた。
昨日は近所に於て新法を読んでゐるが午後から外仕事は出来ないので
日の中へ板はりをやつた。又雨がやになると下へ降つて来るから板がこみの柱に
下の部落から入口の戸の何かを外して持つて来てしつかりとはりつめた。
夕食も早い目に カンジを切てしまして出した便にたまりを入れて味噌をたいた
割にうまく腹一杯だつたので早くから風呂をわかして入れたのではいつた
近頃は今日位はないのですつかりとしていい気持になつた。日がくれる。赤つ夕
日が西の空の一面赤くはなしていく。日もみじかくなつた。早く寝るをとつて横にな

168

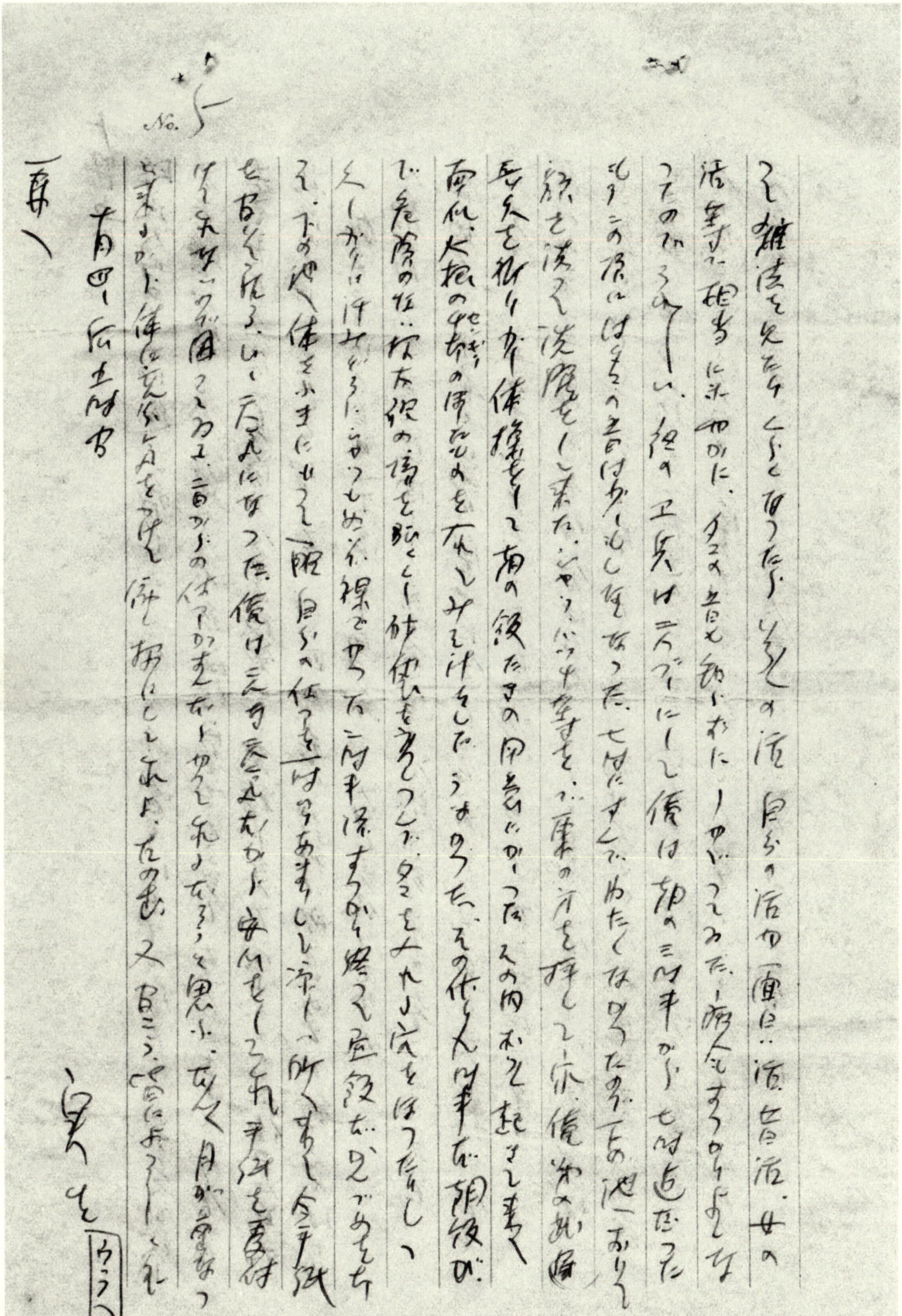
No. 5

170

6

十五日
昨夜八時から十時迄歩哨に立っていると外の者と話をして居たら兵が沢山
来た。便衣隊攻撃も全く終って今晩露営をするのであちこちで打合せに
走って居た。久々の兵隊で今度の攻撃に応援に来た沢山。。。名位の大男な
松後の人は居ないかと探したが誰も知らない月夜で明るいのだが知らん人ばかり
で、外の者を帰ったが一寸遠いので思い切って十時に交代してねた。
今朝七時に起きて洗面して歩兵の居る大隊本部の下の谷へ行って見た。
大石君に会って幸せと前川軍曹に会った。なつかしくお互に手を握り肩を
たたき合って無事だったかと言った。胸からあついものがこみ上げて来る。
当地へ来て五ヶ月だ。長い間会はなかったなと話して話をした。今も前川は
マラリヤにかかってやせて仕ってしまって目ばかり大きくて元気のない声で話をし
て居た。四日目何もたべずに五日目に一寸来たので体がえらくてたまらない
今日早く自分傷者と一緒にアンケイへ行って療生をするのだそうだ。いつもあの
元気のよい男がこの言分の大儀にしてるた。気の毒だった。

川

7

旅行中の石坂君も中河君も今日と鎌田君の人々とも お互に知つて居るだけ
話し合つた。そこへバクローの弟の一両下駄を作つた民くで買いの一度之
の息子 広野鉄工所の前で指物を売つて 中村君らしい言ふのが居る
と言ふ中で呼んでもよかつた。これはしかしわざわざ二日前から汁をやつたので元気が
なかつた。これと此ういふ場合はなかつたので よく話をした。そこへ西田とか言ふ
去年三河君の妻君 みつえさんの兄（六振の）が来て 去年ここへ来た大阪当時
一寸見たことがあるが来て よく話をした。そうして探しに来て知つた友は三人
会つたが来れた婦人があつたと思ひ喜んで居た。当所の山口君は随分
喜んでやつたと。そしてマラリヤにやられて出してみる やせて細いのがよけいに細くな
つた 此頃は一寸よくなると酒をのんで勝手に弱つて病人みたいだと
言つて皆が笑つて居た。山口君は仙台に来て元気になつてゐると
服部は私らと言つて居た 塩谷の伊藤さんらしいと言つて居た
一時間あまり芝草の上に坐つて しめて よく話をして大変語つた

169

8

今日もすんで了ったので一人たゞして一眠し 靴と衣服の手入れをして
今晩寝る所へはいって 前川かめの君に合ったことを書こうと思って
今書いてゐる。前川さんは早く帰りたいと言ってゐた、
総攻撃のおかげで 昨四日の夜からは雨になって 今朝になっても一寸
も飯を食べては来ない 本当に平静になった。皆 [illegible]たり掃ったりしたのは
何か言ってくれはしまいかと思って 大分居たらしい [illegible]の為に
私 昨日は 夕方 ヅンドリ君の [illegible]の歓迎会の風呂をして居た。夕……
とびっくりしたら電話で 今風呂などに入ることはないと言って来た。
本当に静かになった。それで安心だ。前川さんはもう今頃[illegible]に入って 何処か
へ上っていったろう。本当に危ないのは このあたり。する所はない [illegible]から[illegible]へ
と移動しているだと言ってゐた。[illegible]になった。しっかり行ったら先生を
して先の[illegible]の空気にならんといかんよ と言ってたら りっ と言って様に
なってゐた。好きな[illegible]の葉書が [illegible]を送ってくれたら 手紙は

167

しじうそれを言つて居た。病院に行つたら まあしてやるんだぞと
言つたら 馬鹿なことを、おくさんの行つたら 如何ん。ほつてくのさと言つ
て居た。馬鹿なことをすると罰があたつて病気になつて行らん様に
なるぜと大笑ひをして、しかし早くよくなれよ宜しく サヨナラと言つて
帰つて来たんだ。
今日も天気がよい。十月になつてから少し寒くなつたので黒い絹かくし
一枚で居ても一寸汗ばむ位だ 今日は俺の生れた誕生日だ 第三十五回の、
子供らが元気で遊んで居るかと思ひつつ、お前が共に元気でやつて
居るだらうと思ふ。先日も郵便が在米の友人の絹を下さるからと来て畑へ
まゐつた。鹿は十八ヤード。日本ビール等があるのでみんなけふくれてやつた。
まあ元気で遊んで居るから心配をしないでくれ。もう暁朝一葉みた
が野砲のおとうさんたちと宗兄が得意が言つてみたから来たおにとつくり
拝討する迄ここにごろごろして居るのだらうと思ふ。久しぶりに、

十月五日朝十時

康へ

一宮

165

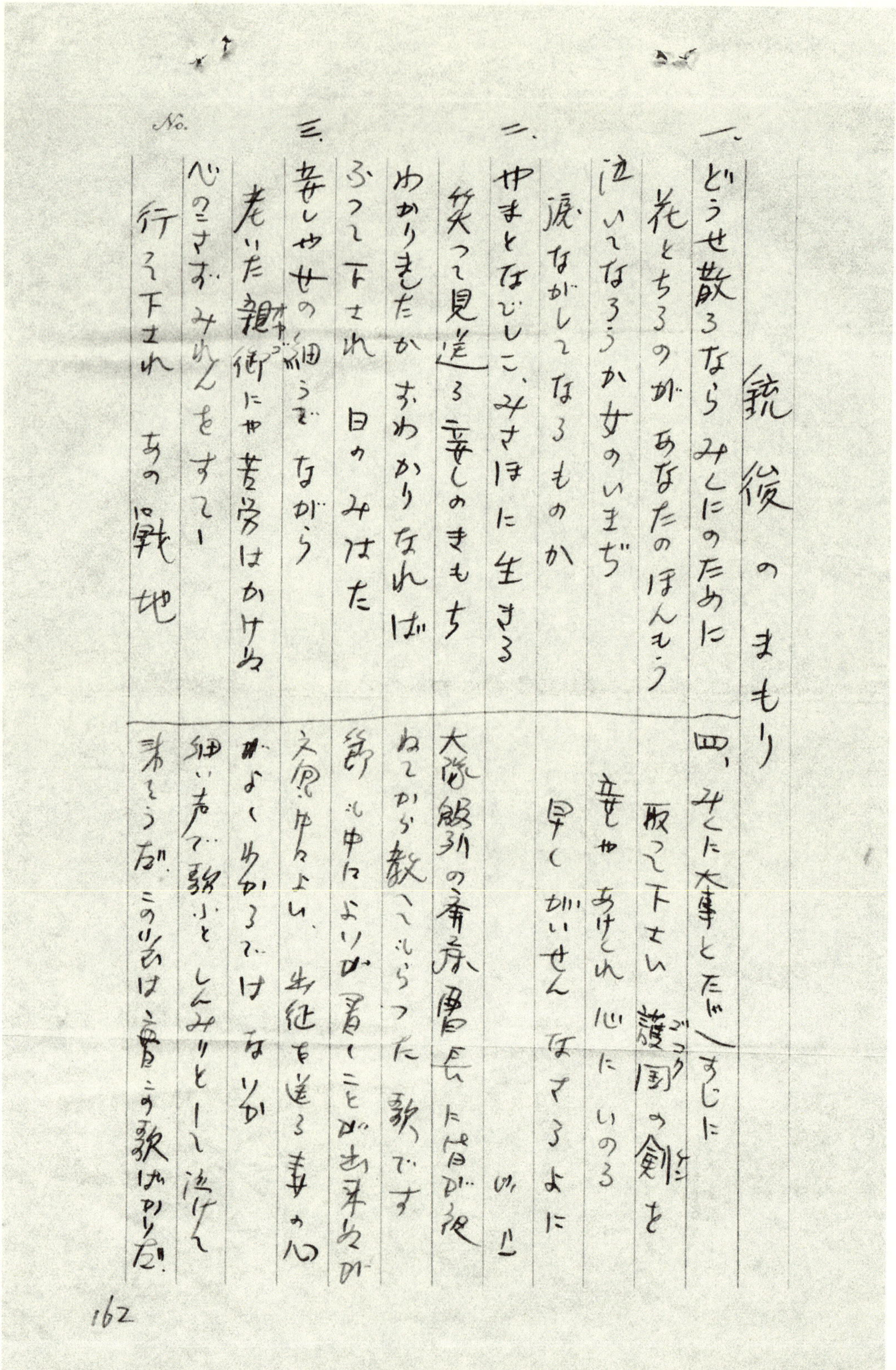

No.

銃後のまもり

一、どうせ散るなら みくにのために
花とちるのが あなたのほんもう
泣いてなろうか 女のいまぢ
涙ながしてなるものか

二、やまとなでしこ、みさほに生きる
笑って見送る妻のきもち
わかりましたか おわかりなれば
ふって下され 日の丸はた

三、妻しや世の細うで ながら
老いた親御(オヤゴ)にゃ苦労はかけぬ
心のこさず みれんをすてゝ
行って下され あの戦地

四、みくに大事と たゞ一すじに
取って下さい 護国(ゴコク)の剣を
妻ゃあけくれ 心にいのる
早く がいせん なさるように

以上

大隊般引の斉藤曹長に皆が夜
ねてから教へてもらった歌です
節は中々によいが書くことが出来ぬが
文句は中々よい、出征を送る妻の心
がよくわかるではないか
細い声で歌ふと しんみりとして泣けて
来そうだ この頃は毎日この歌ばかりだ。

162

No. 1

十月六日 相変らずだ のんびりとして居る 夕べはあれから二十分へ 一発も弾丸の音が
しずかになった 平和になったような気がした 兵隊もまつたくいもをほりに七人がいつた
三十米位先へいつても皆友軍の占領地になるので安心だ どこの部落へ
いつても皆焼け落ちて どこも人家は一軒もない 道具を皆さがしてあつめて池へ
ほりこんであるものあり かんおけ(これもみな焼け残りのものなり そこから)棺の中は
死体がくさつて居る 牛が多くにあたつて四五匹死んで骨ばかりになって
くさつてにおいがひどい 牛を焼いて食ったが 小豚が作つてある アヒルが二三羽
サツマイモ等 畑やの裏にあった 皆ほりかえしてそこにいつたのだ 畑の傍に木が
先日中から書いてある みじめな有様だ
草も大分はえて小さな指位しかない あすぐにすぐかけ通いに細く
植えて大きなさつまいもをカミキリ 一本とつて中へ入れて行つて来た
い通訳がいた 早速いい物をたいて多くを 食べて 向て 生さつまいもを
喰べるようにして それを料理して食べて まずかったよ

172

No. 2

そこへ林口の移動の命令が来た。うれしいともかなしいとも言えず
涙を出した。夕方になってから[illegible]二ついたことにさまり待たされたことを
はなった。旅[illegible]はそれまで個人の小隊の代りに私の人を書いて[illegible]
近寄った。旅順へ[illegible]をつけておいた。[illegible]が十分防
長い夜ここに居て。東京へ家の者に送ったものをこの手紙にとじて持っていたのは
便りを名残り惜しい別れを申し出に小隊長から酒のたばこを一つもらって十人
が一日の分だ。ミンコメの空ばかりを持って有難いしい気持になって横になる
命令は出ました。[illegible]をつれこみ希望求等をもって下へ行
ろした。夜明けて言ってはいたが、船は着く。待ってる。工兵の鉄の舟が
二隻へ寄って来て[illegible]一寸大きな船に乗り移ってそれでの荷を下ろした
輸送船にかえこのまま[illegible]して下っていくのかと内地へ行けるのかと思ったのだが
が農家は陸軍の鉄舟では望みが薄い。どんどんどこかの方へ流れて上る途中
た。船が小さいから波が船の中へ入ってきて雨のようにぬらしとする

174

No. 3

今日は雨ふりが止んで居たがなんとなく雲がたれさがって丘頂には上空気

になって寒い位だ。眠むれぬまま涼しい、寒い位だ。川は烈しく

どうしていいのか石のうへいった。汽船が三度黒い煙をはいて別れていっ

た。うまいものがどこへいったかわからない。船長も知らない。行先行先で

命令を守っていくのだろうか。大分暇の中でひるめしをくった。昨日たいた肉で

腹のすかぬは生がけのたいたのを一切れ入れて置いてある、暇は一時にとった

どこかに出かけない兵隊へ今に守ったらどうかと言ってみたが守ったことのない所

だ。ここだ命令を守って又目的地へ走るのだろうか。敵前上陸なんかさせらるのであろう

がどこへ上陸するのでも敵の前に出て上陸するのも同じことだ。思って居た

今迄の〇〇〇が失敗したならだれもが大したことはあるまいと思ふ小

ここには〇〇〇〇の部隊があるのだろうか。小銃を出し任務をしている船

からすぐ前に見える「ジャングル」になって浅瀬に沿く木々で茂って居る景色もある

船は先から二十分あまりは流れた所に止まっているのでよく見える。

176

No. 57

ニーもＳＯと同じ様に小山はかりらしく高い山は見えない。支流か本流
かわからんがとっても一貫して様に見ふ山の中れ、広いものだ。漁船が沢山
岸についてゐる。土部人の様なもの差土民のだろう。土部人のはったホニーか
赤土を切り開くトンネルの様な穴が方々に見える。
下流片岸の手が伐採されたことになって、あとは天のまゝ強く整備をしてゐるのか
俺たちの方の大将は、すまなく山陰吾林が討伐をした下士の人も四五人居る。
病気になったものは残して行っても、つれていく事になる。行くとき行く時には皆
船にのせへいくが、増援に行く様な時にはつれて行かない。当たり前の事はないから。
あつい位なのだ。自動車で下へおりて二人がゐて暑さあり俺も田と自動車の下に集つ
て船がとまったのだ。すっかり見ておるのだ。ヘカキへ集つてワイワイ酒をしてゐる
もんの五月りにて何、どんな所へ行くのか行って見なければわからない
皆の人達だ、どこへでもつれていってくれと言って笑ってゐるのだ。
皆集つてへようせ撤っ去り山とにのたのに、残すするのが当面の最近しい！

No. 5

の鉄線の歌をうたつてゐた。皆上手になつた。いゝ節だ。教へてやりたいが
手紙では少しが言へはしまいつまらない。拝啓御無沙汰しましたが……ことを
やつたり表現法を出したりして、相当にやりかたが一通り揃つてゐる
と元気が出るので何ごとも夢もなる所はなし、思ふだけなら出来る
作品から手紙が来るが、俺の文は大分変つてると思ふが、俺攻撃、西に行け
んのいふ この作体が更に前に行くのがよいと俺も思ふ。今後の援護がすむなら
〇〇〇〇文学の方でも本手紙が来るだらうと去年の夏頃とかにしよつたまゝだ
あるので暫くまとめてやつておいて位だ。手もと元気でのんびりやつてみたいと思ふ
しかしに今度の事を考へてみたが、今の顔が見えるやうになつたので呉を出しかけ宮
に先を出して見る。それでよいとしおつてやつと大分いつも相当が引かない様子
の悪い手紙を書いて居る。大抵元気ですこし作体や援護にやりたい方が安心を
しとれ毎朝留守宅と俺たちの御通信文を書いて字の方、留守の方をつけて
やつておくれにして呉れ。それでも世を去るのは、俺の事はよろしく伝へておいてくれ

十月七日　夜十時五十分

一字生

重兄、

No.

今迄の手紙を書く暇になつてあつくなりかけて来た湯を呑み
一休んで居たら手紙が来た 九月七日出の封〇同と九月十五日出の分等
と二つも来た外は消防からの雑誌一冊、中村君より、深田安三、中村新二
郵便局からと四つ来た 今日それへ返事を書いてしまい 最後に家へ
出すのに今インキをつめて書き出した所だ 十二時だ。あつい。十月になって
から又少しあつくなった。小包のかげへ来て書いて居る。手紙を見て返事を書き
〇〇から出した最後の手紙についてとのこと あれから三回出したからもう二回は
ついて居るだろう。一回に家へ五六枚づつ書いてあるから今頃はついてよろこんで
よんで居ることと思ふ。案じることはない。二月は出発と書いたがそんなことも
あるだろう。不便な所へ来たから出せないからと思って書いたのだ。
内地も七月頃は涼しかったが九月はあつくなって来たそうだナ。雨が多かったから
だろう。一家六人元気でよくくらして居るとのこと 安心をして居る。こちらも元気みたい
冬が来ていることと、心配の悪い日もいくらあるだろうが仕方がないから

182

No. 2

母の病の通り、本村がまちがひになっては困るから、だましてやるなにして来よ。
父さん、へへミル根性ぶれっ言って川の中へはいって行くとか手紙をよんで
ゐるとおかしく有って来て一人笑へゐた。今朝一人なりしかで写真を見た所だ
ハヘミの女の言葉で、川へ洗濯に出るとかまれいに洗へることだろう、よく肥った
とのこと。子供は丈夫でなければいけない、お様も日の丸行進曲を云って上手に
歌ふとか。行きたいもう、こうにに、こ、とは言はずなりたなりそうだ。
九月五日にしけがあったとが、大した事がなくしてよかった。トキが動くせ
では困っただろう。貞さん昨年のいつもの様子にはこしかし妻さんで済むたもよんで
から、れ紙をさいた所だ。郷津々すがもとこへもきしてていた、中には言して
自分の毒すと思ひて、様子にしてくれる人がゐるのでよいものだ、貞さんは全些
と武部キの様子をよりよくに知らしてくれたとか全く涙が出る位うれしい。
九月一日の夜見い！ 大変なったとか、東京神奈川方面はひどかったと
新聞の通てくれた材料に出し方たが三人とも無事ではよかったのだ

184

No.

毎日の風雲で早生が、日の光が赤くなったとか家の早生出穂もまったらか

去年並ならば仕方がない、今年は何を作っても駄目なんらしいかと思う

ため、あの気候のおかげで何もかもめちゃくちゃになって気の毒なもんだ、

ところが私の作では三つ位なったばかり、きゅうりは多かったとのこと、大根も草であとかり

よくなって来て茄子位なったとか、よかったな　草取りも言ってもとれたなけ

よい、こちらは草取の手境なけあって沢山なってみて大きいし、うまい。どこへ行っても

南瓜、毎日十とびは沢山なってみる　ところが茄子や玉くたいのもある。

外の家のとれなければ仕方がない。女ら二人で作るのは一寸無理なからな。

大根が六二十本私すか三十本だ上ったとか、下作で種がかれし上ったのなかろう。

四人雇ってまいったとか沢山まいたな　まくのにえらかったたろう、下肥を運ばねば

ならんからな。一寸位にのびたとのこと　間引したのをみそ汁へ入れたのを食いたい

こちらには大根がしもないので大根のみそ汁を食べることは出来ない。虫がつかず

に大きくなってくれるとよいのだが、毎日気にもっている事だろう。虫こうしの薬

186

No.

を写して見ていれてかけるとよいのだ。中井、天神、西京、猪田へ来たのだナ。
菜、カブラ、ヒーナ、イエンも蒔くとのこと。ネギも今年は悪くして困ったらしいナ
いつも母がまいてくれるのも今年は雨でいけなかったとか、何もかも悪い年だ。
せめて二人で一家ならず二軒を切りまわしていくのだから、毎日何かと忙しいだろう
案じてやるよ。だが仕方がない、もうがまんをしてやってくれよ
対手御者は若者なんだとも一家そろって丈夫なのが何よりだよ。体を悪くしては
何もならんからナ。くれぐれも皆体に気をつけるやうにして摂生する
晩秋ももうすんで日ましに寒くなるだろう。当地は一寸骨休めになるからこの間に
充分体をよくしておかねばならん。気分をたてておくんだナ。
お前の子供がまだないとか、もう金肥をやるのがおそいから 施きにでもやれ
いい時期に強くおるだろう。金肥をやってはどうかナ。下肥でも堆肥でも
よい。お前に素肥がなかったら この前言ったなに一ケ月分の中で素肥入れたと
て、お前へつくならよいと思うが、みしたら素肥も出来るかナ。

188

No. 5

塩気が出来なったそうか、上使ればよかったが、文気仏をおしたのはよかったナ
防寒用のジバン類、すっかりたのんで又 百坡とこの いしてなにお願いしたとが
クチキを買ふそ お前へ屋 呉まにやったが 九月八日より 出征兵士への小包は中止
になったそのことを困ったことなった。ツバも買ってくれたとのこと、待ってるのだが 送れなく
ればしかたがない。又送れる迄待つより外はない。今は まだいらんから大丈夫だが
それじゃあたいがセーターを作ってしまってあるから当分は大丈夫なと思ふが
又寒の日に冬服も要ってくるだろうし、たいていいらぬとは思ふが二、三ばかりならよい
が又芝の研究所へいくん、無茶なかった。この冬はまだしたことがないからたした
ことはないと言ってもどんなへかわからん。一用意をしておけばよいと思ってたの
んだのだから入送れるになったら送ってくれ。今送ってくる中には白がかって
つかないのだ。姉なへイテン品が七月三十一日までが九月十六日とかに来た位だからナ.
米まで 西府へつまたいくとのことで 油が高いからそうしたほうがよい。つまって思ふと人をたのま
ねばならんが、午…がなくてよいえーと みな 初千は ■ 石の台所かどこか 薬局の所へ

うふ、

190

しまっておらん方がよいと思ふ。この日に書いたミーんの作文が先月末に来たので
あなた自にに書いておくれ。十三日もすこしぬし来る位なから十一日までさきするのだ
ミんに毎日牛乳をのましておることのこと　仕方がなかなかえらして止めてあむらじつを
するのが悪いのだが又大きくなればなをっていくだろう　外の者は甲でも身体検
査はことのことどうにもならん。するべし　むらじいのくせをなをすおにぼつくと多く
となにしたい　そうかはなをるだろうと思ふかれ。何にしても急な事にはならない。
雨ふりは牛乳をかけて友だちとよんで遊んでしてやるそうだ。まああまり叱か
ずく言はずに好きななにさせて悪いことをしたればまって叱るおにし
折目きりめをつけた方がよい。十伯の教育は中々むつかしいらしいからな。
いんこ、ク太がミんの子お麦のうちに牛乳をかけることの二こつ面白いだろう、中々上手
にかけるとか。ク太、へんてに一ぺん、返かける。太郎でもそうしてるなるなる
に助かしてくれと言ってくれ。二人おかけたら何とするかもわからないよ。
妻子、細の事も、其の外にもお体を、何はともあれ人がら中になろう。

191

7

何もかも女がやるのだから、出したものは又畑へ行ってはこんでおかねばならぬ
いくらあっても足りない位なのだ。内地は国家総動員で中々やかましいあつ
かいらしい、女学生も役員まで皆下駄ばきで通学するとか又男丸ぼうずにせよ
とか都会では中々やかましいと流行言葉のようになって居る。それ位ならば
は才が無いとあきらめてやって来るが、女の体が弱いのに無理にさらおろう
と思ふよ。ここに居って見なければならぬので一日行ってやりたいと思ふけど都合も
ある。が何日何時は離れて居れば会ってどうもならない。
その為に又手紙を出さねばならず何か仲々都合まずかった。ただ手紙だけ出して
なよくしなさまなから、どんなになれしてよんで居るかわからない。知らしてお
そあるが一行づゝよみ返して何回日外のことにしてよんで居る
ナタネのこと。ナタネはあまり手数がかゝらんか安心するへと相談の上で
やろうと思ったが仲々少ししたらよいと思ふ。又少しでも
づかいの足しにもなろうかと、よく相談をしてきらふ。と思ったら、無理をしないこと

189

8

しようかと迷ふ方がよいし、俺は自分に合ふかどうか分からんから俺の弟は
反つに気不たよりに思はず二人でやれよと思つたら、やめると思ふたけしたら
よいと思ふ やるのなら仲合で大抵（まいたとよい（いつることと）からは麦をす
る思つたら [illegible] よくかつて皆く上たら
と大作二作を裸と小麦をどうよかく作り良自だまいし全絶をやるこの
入用を二軒で出し合つてまいておく、ひよそれの人だら二人でわけて掛け
とれた麦を半分にわけ 雨宮くしまふおにする、ナタネは下作をやめ
をやめたのなら（やめた方がよかつたよ）下作へ（ナタネをいつる）わが畑
も苗場下も、会田をあつて宮つからその中で作らうと思ふ 交別たけを一番
よくかつて耕作のし易い 暖かるのに 桑は所へ作るおにして麦を日に掛け
芋目で大ヒを二人でわけ文掛い とれし麦つたら その金を半分でわける
ることた方がよい 今年は遠いから 肥が耕作に手間がかかるかも いけない
だろう 小麦をしようと思つたら仲宮で 青山田へするとか 大作が上たら

187

いくら日すことかしてもよい よし 相談をした上でしたらよいと思ふ
ひとも沢山あつたらしいて 晩年三人で来てしまつたつもりでも いつまでも生きて
来るものと見える 今年は来ないと来ないでよいのにだ
貞雄達が来て 兄さんのことを言つて居たとのこと 俺のなまな生き方のない下士官か
つらい。それに曹長さんで何でもわかりきつて居るから貞雄達も言ふ通りだ。
手紙がくることが女の子みんな皆ゆつくりやるのだが 妻が自分へ[illegible]を言ひ生
くのはどうかと思ふ。なまけ心がしたことではない 三人で一パイのくらしなのと
知つてるから、手紙がくるのだらう。上官も深田伍長と久一郎に向つてもらふとのこと
隊でいばりたいが妻の下手な字が外の者に見られては恥かしいが久一郎に
Bそれらのあらう。俺がこのあいつた時に生まれな上官で 貞雄と自分で話して
なかなか字がうまいナと言つたらうれしさうに二ヤ/\笑つてる位だ。
足の子は大阪返ひなかつたけれど それからは夕つにむかつて失つて何もかも
ばらいかなはない。まだないもしてるしそれよとのことも もう大丈夫だよ

183

橋本の奥君を手紙のせわをしてゐるその主を老人がゐる　今は家政婦になつて
働いてゐると俺の所へも手紙をくれた　時々　たよりてくれよ　たよりに困つてか
るのだろう、橋本とは二十（二の前の所仙山部落）で別れたきりだ　十数年目あまり
あえない、高の一家がなつ〳〵〃〃に馬を共に訪ねてゐるのだ　何時かは又会になる
だろうと思ふが　いつのことかわからない〃〃〃のように一人書く　付位は三日か一週
参加して居住して　時はいたる又〃〃へ　為るなろう　今年一ぱい意すずあるから
それはまたまえ又　どうかく　全部付作して　なになるだろう　ここまでふ不便な所へも来てくれ
来てくれたが何も思はなか為になつた〃〃の言葉と居たけはよかつたが為には又一
何処へ来るなろうが　今年かは二んな所を付作を作つてにもし　過ぎしの時しれない
しかし完全に大丈夫だ　存るのが何よりだ　自分たち喜んで居る　四十才以上のやつで
ゆくゆくまたあとのたすかる　そのつもりで思ふもんなに上りみわからない　家ではジヨウなも何なな
16
い所にじつとして土民の小さな中に天やさニーかねておいてはならるものではないのだ
手紙を書いた。手紙の返事も来ないで待つことにする。返事の来る前に返事を出しておく。
十月十日夜十二時頃
一兵生
まへ
185

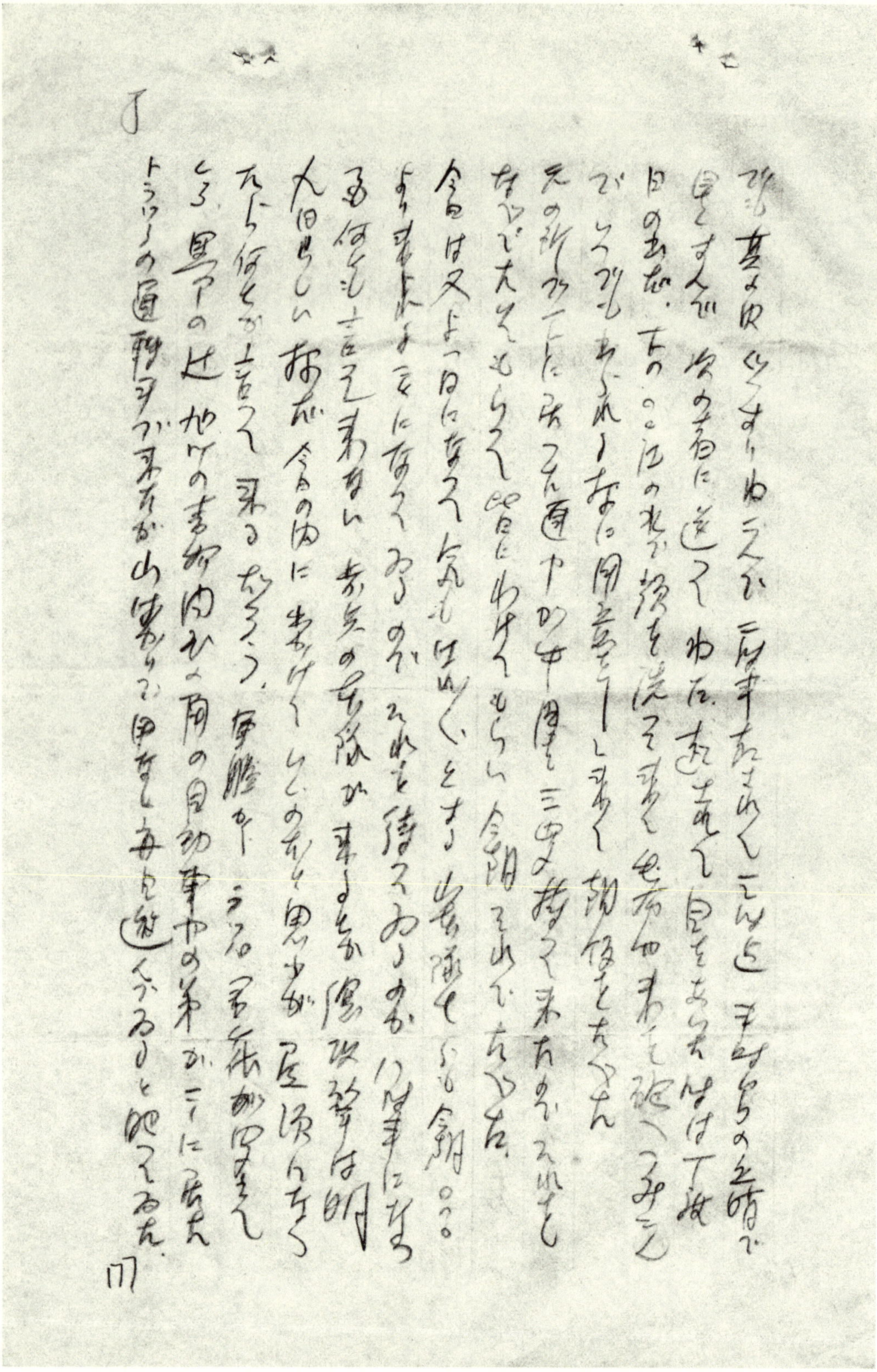

でも甚だ以つてすりむいたので 痛まないこと迄 手もとの玄関で
足をすべらしたので 次の着に 送つて わた。起きあがり 足をあらため 後は下駄
日の出前、戸の口の外の水で 顔を洗つて 来て 色好加減を 確かめて
ではつづけられなかつた。用意をして 朝飯をたべた
元の所へ下にあつた 両ヤカン 中身を 三つ持つて来たので それも
なかで大きくもらつて 皆にわけてもらい 会館へ出た。
今日は又よい日になつて 気分もはればれとする 出勤しても 会館へ。
よりまとまる事になつて みるので それを待つて みるのが 仕事になつて
るが何も言つて来ない 兵隊の部隊が 来るとか 空襲は明
大日らしい お昼 今日の内に 出かけて しまふのがよいと思ふが [illegible]
たら何とか言つて 来るだらう。[illegible]
ころ、[illegible]の辻 [illegible]の書斎内ひとつ [illegible]の自動車中の弟が 二十に [illegible]
トラックの運転手が 来たが [illegible] と思つてゐた。
門

今夜は今で映写をまつらしかく男は直船で遊んでいたが急に又
上陸することになりましたらしく岸へつけ矢かけ上った そしてせめの方へ
進みをしりぞく 山の所を作った 敵は三人侍ものいてゐた、その足へ腰かけ
て登った。ついに首で合持がけ、、四時半に見し自ト夕方をすまして
朝と夜の二回列を二十の○○○○○○○のしゃを借りていたことなあった
川岸では下は○○の江を光られ 又○○○○と日ト おそ 山山はなかりぐ
上の方にクリーンが別れくいってゐるそうだ、そこへ明日行くらしい
ニテツト約二里位向ふ岸えた 下から上って来た 宗兵は先んと先へ
いった。○○江を二そふへ 下って来る兵の乗った 船が敵の追撃
船がうまくあたって沈みかけたそうだ 船のゐる船が大開になり
兵兵にたくさん人で船車を上へ引き上出しそれぞれ兵兵がのって救助
に走った。果して船に合ったかどうか まるでれあたりに あれこれの
おうろうで ここに面像もあり 画二天 山ん四十本 ニテツアリマセ 一九二三年十二月

181

あとはもうなかつた。敵の分捕品が沢山 山につんであつた
擲弾筒、小銃は沢山あり、中に名も住所もあつた。迫撃砲の名
電池、銃剣等 所々あつた。小さいのもあり、大きいのも多かつた
日が暮れた。青草の上へ横になり 空を眺めていると 走馬灯に私
を浮かせた。友人の顔や酒がよみがえり しんみりした気持になつた
飛行機が三機やつてくる 降り出してきた空も
なんとはやくいつて 又此頃には 雲一つない いい青空で いい月
がてりかがやいて居る。丁度自分の上にあるのがまぶしくて目をあいて
るふれない想い。いい月夜だ 静かだ。敵の砲声が遠くに聞こえる
友軍の機銃も打っているらしく ろつおきた音がする
それもなく 静かになつて何も聞えない。青空をながめて思う
又はまんごとを思い、又横になっては詩を書きたりして時間が立つて行く
又 中々眠られないものだ。敵の二三発二十発音の山 聞えてくる。

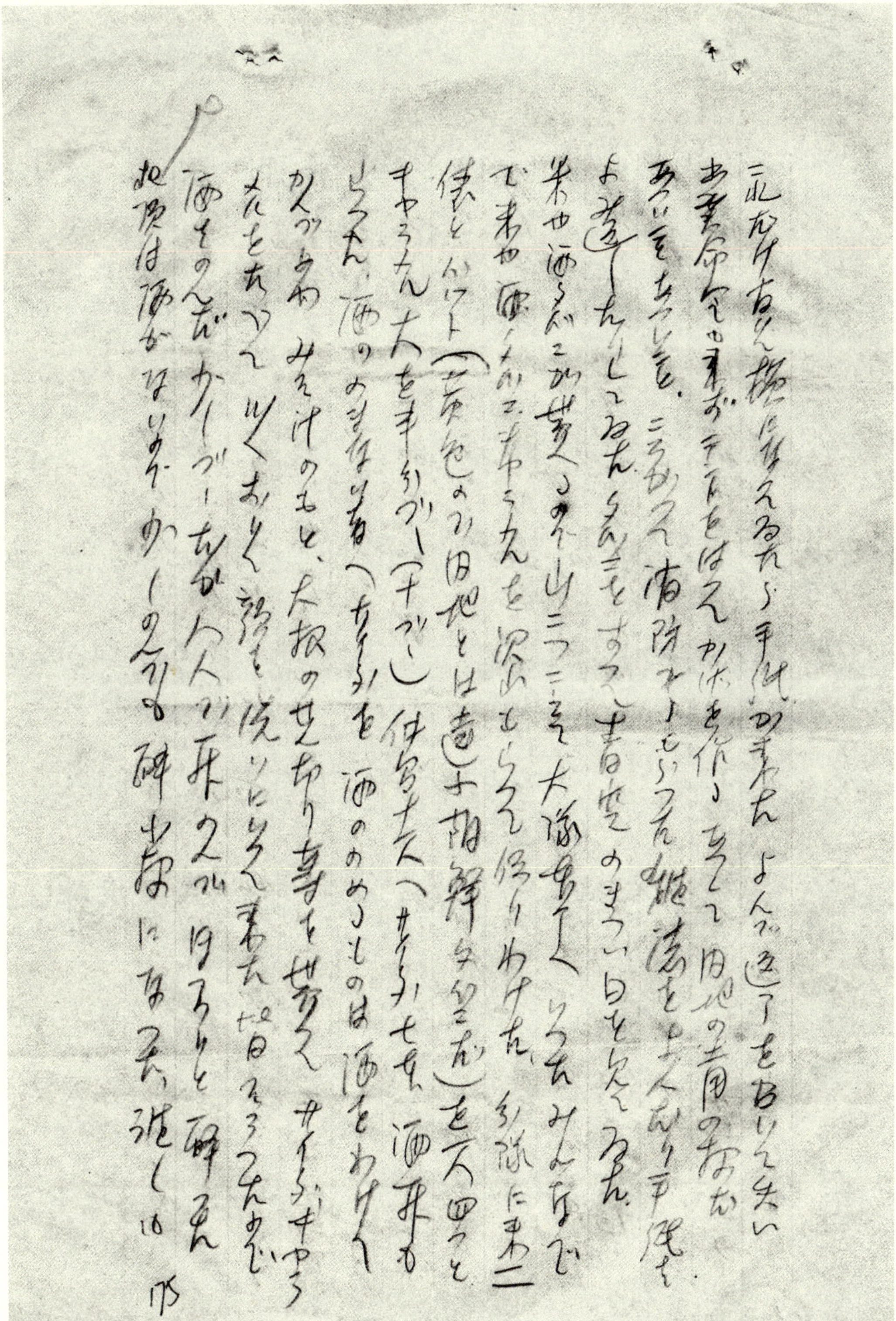

10

[illegible]悲しい[illegible]になる　俺達は ゆかん[illegible]をひるのあつくあつくし
[illegible]友人に、二十三才 小さいかんづめにあつこしか[illegible]
[illegible]のだ [illegible] なければだった、うまいものは思へたら
くっておけん 夫へと言い合いになる、死んだらしてないかと言われ
のだ 今死ぬか[illegible] [illegible]の中へくる者にとっては うまいもの
があったら すぐそれのまし[illegible] あすに残そうとは言わぬ
目がくれたら[illegible]をもって[illegible]人が[illegible]のついでを[illegible]
[illegible]のう[illegible]かがやく七時十分[illegible] 上等兵が下の広場
で[illegible]はじめて[illegible]時もすみ 体操もやる
号令がかかる 一二三と大きな声だ。[illegible]出す位の
[illegible]兵が[illegible]を上げて体操[illegible]もとなしく
ものだ。いつここを立つのか 明日かもしれぬ[illegible]
今[illegible]月だ 東の山上に上えて 今朝も明るい[illegible]又[illegible]に
[illegible] [illegible]の草枕でねようか あすの事を見ながら、

正人

十月十八日七時[illegible]

[illegible]人

173

No. 1

（今日玉三千の栄まさの婿毛尾の小隊一君に会った。野戦病院の
工生兵になってゐると言ってゐた。元気だ。玉三君に言づけてくれ
昨日は四十四日目か大方まるで一つない青空に、こうしてとって
ゐる皆ゆるを敗にされたので二年前からの上へ車站に行って月日だ
お茶も酒もない。ただ活だけだ。ようく自分の御里の珍らしい話や
女の話、足かけの活を申んにいかがだった。こでは敵の音信や砲弾の音
が遠く聞こえるだけで小銃の音はかしも聞こえないので。のある所は
まづ安全な所だ。合に小包が少しかまで立ってゐて、そこにの部隊長
閣下が来られ、こんな野戦へ来るえらい人も皆同じ小屋の中で
休まれるのだ。酒保の為って時は一ぱいさん出されたが、本当のですをゐ
てゐるが、来るたびにおそば何もない。兵隊は山まで来てゐるから僕達の
ぜいたくもはもう夢なんだ。何かよいあてものも習いになってても
ないから仕方ない。山二つこえた其の前に大隊本部があるから、そこでも
酒保があっても遠いので行く様には気にならない。
金を使ってゐるにも出来ないから、百何もせずにたって、さっぱり今日

192

No. 2

それどうする事もわからない。昨夜はよくすりよく眠た 股間をはったん
来なかった。風が少しあつい。船で又は病院。そしてそれ 風呂が出の
人るかとは申れと静かに下されて 入浴をした。体が不自由し
てるんので 自分が云が さっぱり 汗をおとし 得って来た いい気持
持だ。一時ニ肌を着て横になる
今朝は くもつてる。七時半に起きた。戸を開るアもいらんし うまいもの食
気も淡りに下の お客の来られて 出 夜口は 何 田町も ゆすけない
きたなかった。お父が めしをたべんに たべを併してくれないので 仕事
をハンゴでみしをたく なにも来をそれん おりた お父の無係の許し
へりつて 右を借りた 気付けよと借してくれた。三人で作事つたりてるたら
無係の人たちが けりて来たら かたけ よそと言はれ 当たりめしに この
うけのみそ汁に 用しかたしになってる。そーかりにみそ汁を
うまい 当たりめしに汁をかけて 皆一度ひいたべた。終りと 主人のだんご

174

No. 3

一寸湯を沸かしてゐたら 係テたりこもはいれず立ってゐた

無係の人がはいれと言ってくれたが三人中へ入れて一番両方に出した

附近あたりがいったか 上人が去った 外へ出て湯を沢とってくれて出く

上る者達は水がをかけてあったが流れて了ふ 水も表面を流れ

考へので一寸になってゐる。流れたあとの土は早くかわき 油でもひいた

なってたいへん苦労させ 旧式の人間臭のあったことだ。からはない

ものへもいふことも素振り [illegible]の上に立ってまし ものこをすくってゐる

皆さんが何とも仕方がない。不平を言って気を散らしたのだ

何も言ふことはない 七日に [illegible]郁へ上ったけど 又一寸たく

吟ってゐるだけだ。次の日本中一の [illegible]だらうが 無く兵隊では

何もわからん! 命令のまゝ 通船んが待ってゐるだけだ

今回隊長が昨晩はれて 大隊長の代なった。今日は[illegible]ってきた [illegible]

今朝も二十一で [illegible]をしく 明日夕の七時迄に船へ [illegible]をつんで

196

No. 4

お蔭で未だなんとか用意をしておけそうだ。他人はお気の毒らしい
ので○○へ二か月分二回。それからはいっていくのだ。今俺共の
しても近く救援に行くのだ。俺は敵前上陸して[illegible]早く
のためなら何も持っていかない。俺がけがをしてもあるか。けれども
けれども又どこへ行って来て又大の所へ戻るか又は何かに
救援に行くが何れかなって何はともあれこのあたりかわからない
所に今日[illegible]夜大[illegible]日済みのあとは思わぬことになる。
それに今朝のなかに一両[illegible]にかられるより外は
わからない。天気になればあついし全てやりきれない
昨日の夜は我々は○○の大会戦に参加して三回も[illegible]
大分損害を与えて今○○を占領して占領したと。そし
てここに居るらしい。昨日来た友人の話を見ると書いたけど
[illegible]が[illegible]あって[illegible]と[illegible]してやってしまって

198

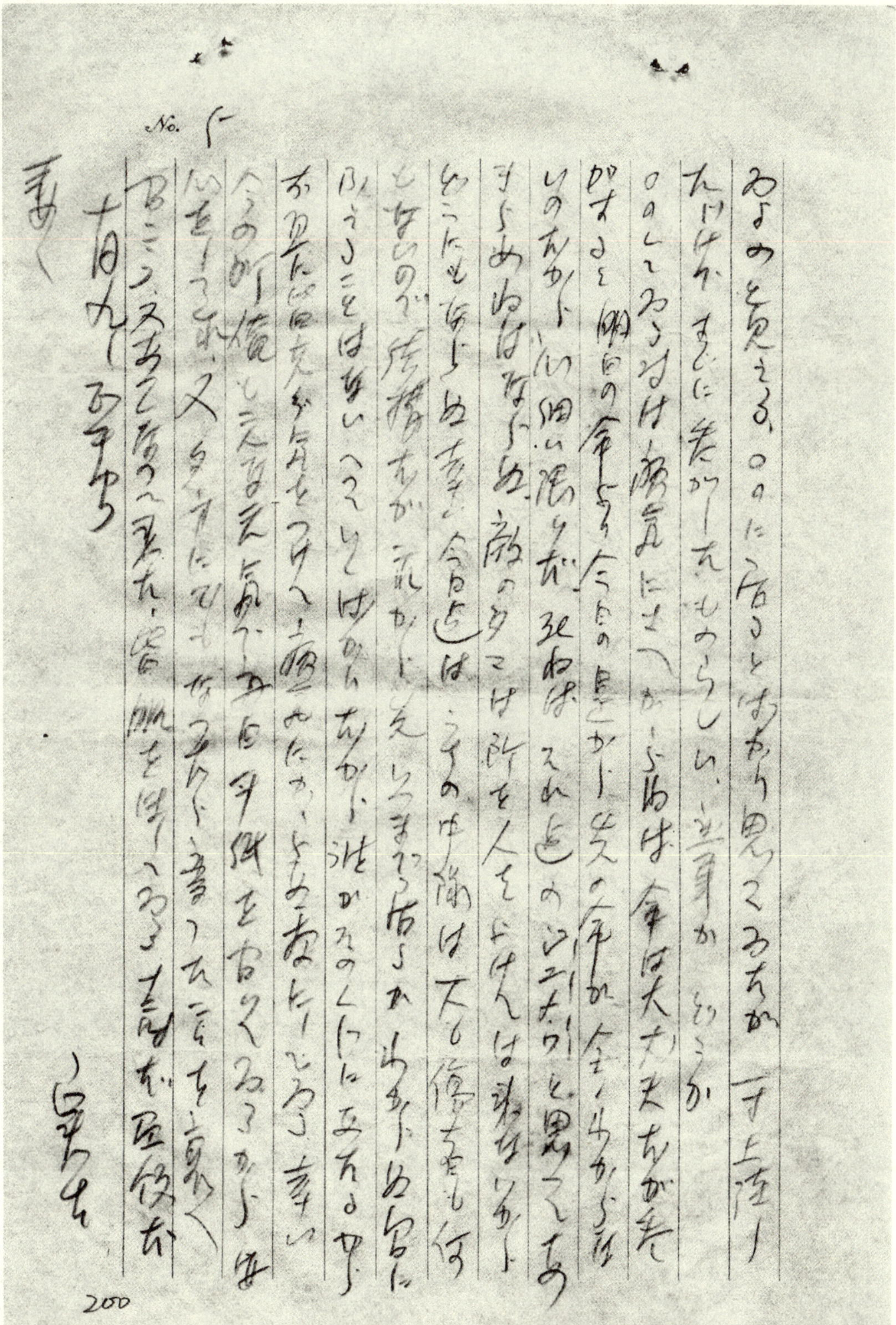

No. 5

みなのを見える。〇〇に居るとばかり思っておるが 一寸上陸し
たけれど すでに出発した ものらしい。立身か どうか
〇〇にておれば 満足にせへ からなば 命は大丈夫なが兵
がするを 明日の命より今日の見かし先の命が全く分からぬ
いのだから 心細い限りだ 死ねば それ迄の 此丈切と思ってゐ
ますめねば ならぬ。敵の多くは所を人をよけんは救はないから
めったもならぬ事。今日迄は 其の中隊は 大した傷者も何
もないので 依様なが 流れかし 気にいまでも居るか 分からぬ皆に
伝えることはない へといては いかないから 誰か其の人には 云ふて呉れる事
出たば日光が気をつけて 上腕めたかからの者たちにでも宜い 幸い
今の所 健康で 元気であって 五日手紙を出して居るから 安
心をして呉れ。又 兄もすぐにでも 御気らく 言ってゐたと言ってく
母にこの又お見舞に来た人 皆 気を付けてやるよう 主はん臣従者

十月九日 夜中

良夫

妻へ

200

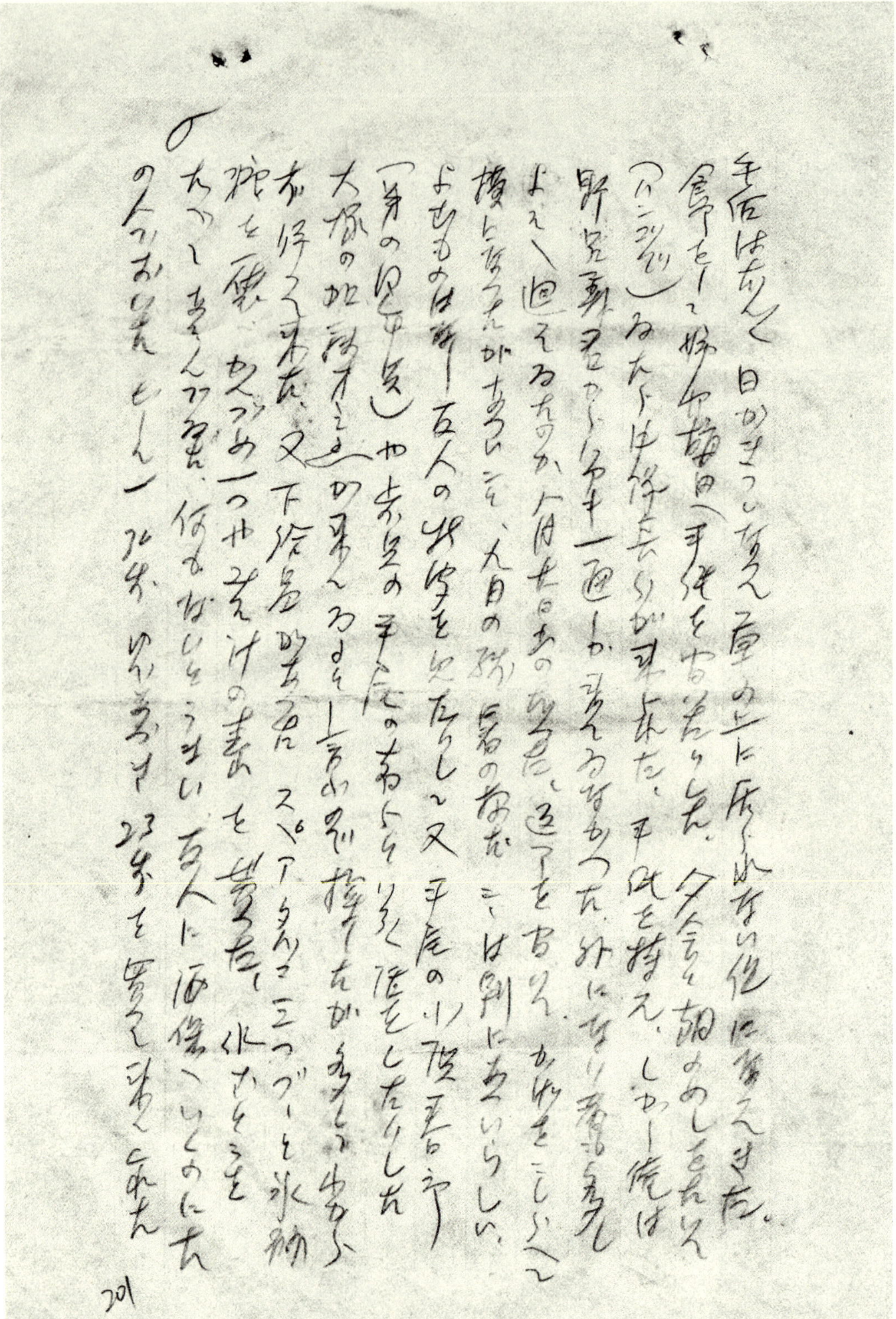
毎日はたんく日がさつしなん畳の上に床しれない位に苦えました。
食事をとって帰ってから毎日（手紙を書きたい）んだ。今も朝めしをたべて
（八ニッ頃）ねた。中隊長らが来られた。手紙を持って。しかし俺は
野営新君から今年一通しか来てなかった。外になり届かなく
なって一通来るのか、今日十五日本のかみを、返事を書いて、かれをしまって
横になったがないので、九月の新聞の切抜きは別に送って下さい。
よむものは新しい友人の手紙を見たりして又手元の小説を読んだりした
（弟の思出話）や家族の手紙を出したりして読んだりした
大阪の加藤君などが来ると一言で説明したが分らない
来て下さい。又下宿の友達スペアタンクを三つ、氷砂
糖を一袋、かんづめ一つか二つ、汁の素を送って下さい。
たべてしまったから。何もないのでつまらない友人に面会にくるのに
の人がおいでになるとき、ついでに持って来てくれ
201

のだ。各部に一個の人だ々一やられ兵舎せんはできなかった。
ゆれあがりは今夜が明日だ、ようこそ思ってしまってある
今日は腕一ぱい夜くれるので動けない位だ 通訳事上になり
そうだ 部の夜は御用所が通るをすてずんばならない
天井下ままつれ桂がきえてる 二年来住先に見るのだ
単独もさ出生 何ことと止まって探望してると やんとと
行ってみる。ガッと火がある 四路住して トンと音がする。又十物
住先に落ちた音がする。トえてみつけたってもある。
山の上から下て山を見てみる。。。。。。の来る所は安全だ 少旅の
音はかしともならい 死もの音はかりだ 敵は会社かあれてあれので
にけます音がある。とたの将材が落ちしてきた。そこには会機
が沢山ありかトねトてるるとのをた しかものがほしいのだ。
下
各らはみえけてこらってた これやマがはりてみる 味はすづい。

199

冬を支えて眠って平次を思ひ出す、涙が流れて来るよ
夜も又ハガキでもあるのに返事が無いも家も沢山返ひ今晩は満月ら
しいが雲があるからどうもハッキリ見えないかもしれない、高千穂神社
平次今日大吉日来てくれたか、定吉の分全部で二十五円
二十五円は当て納へ七千円三個使者宛へ来て、出し
なお母が伯母の写真が不全部少しは出来、印がすんだ
なかで届えて来て使へなかった高い流れた銀食器が仕方
がない五十日間毎日の様に言ってのがれになって来たのだ
平次が可哀そうと思って泣いてるだろうが大丈夫です
かに心配するなお母、私の親孝行してたら皆たまげた
皆心配して呉れてるよと思ふが何とも仕方がない、
『後から忍ばれてるよ又印をおくるかもしれないだろうが

197

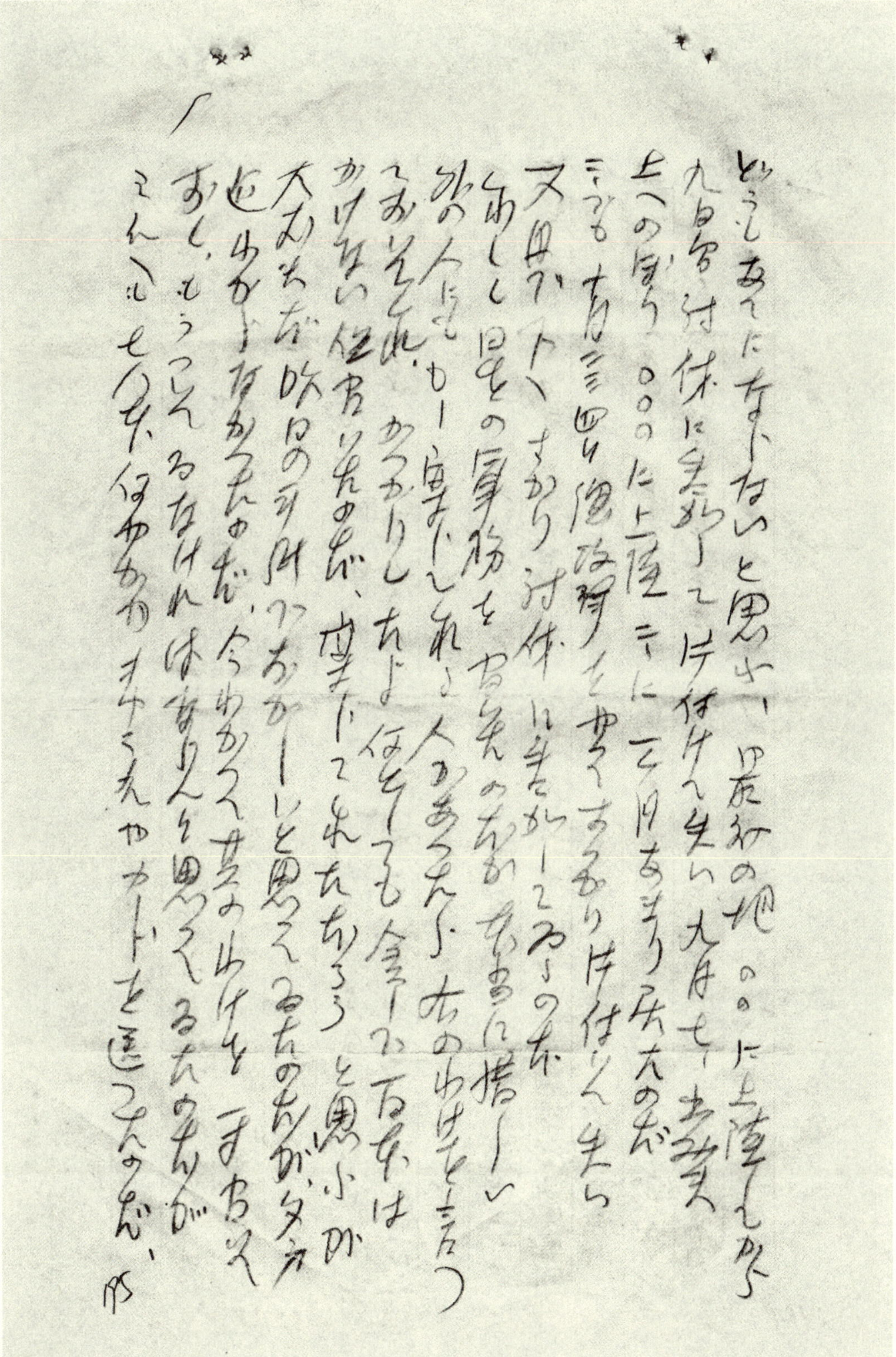

1

どうしてもたまらないと思ふ、最初の地○○に上陸してから
九日目付休に来かって片付けへ来い九月七日出発
上へのぼり○○○に上陸 二十日あまり居たのだ
三十日も十月三日四日復旧作業をやってあまり片付かん先ら
又州で下へまかり付休に来かかって居るのだ
而して最近の事務を当然のたぶんたまに措しい
他の人にはもー寒くして入るかあったら 其のわけを言って
てお呉れ、かつかりしれよ 何もしても金一が当では
かけない位言ってのだ、出まして来たたろうと思ふが
大丈夫だ 昨日の可能のおかしいと思ってるたのだが 夕方
近くかよりかかってたのだ、今わかって其のわけを一寸言って
おいてもうつしんるなければならんと思ってるたのだが
こんへ○もの何かかわすみそんやカードを送ってたのだ、

15

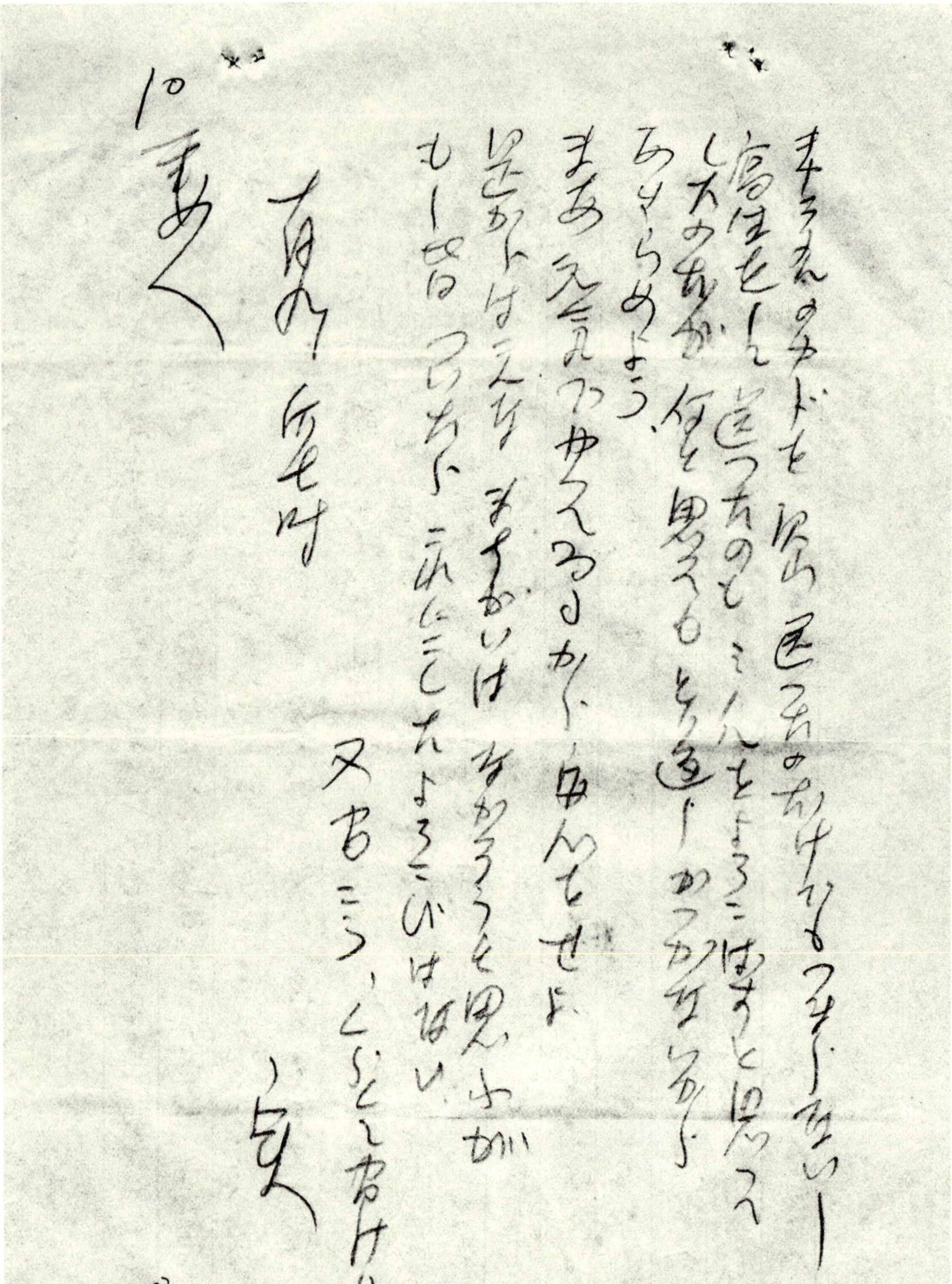

まつゑの子ドドを民山医者のおけてもつまらない
富佳もしん迄つたのもこんなによろこばすと思つて
したのだが何と思つてもとり返しがつかない事が
あるものよう、
まあ気をつかへるよりかあんしんをせよ
民都トは元気でますかいはなかろうと思ふが
もし皆つとめたらこれにこしたよろこびはない。
又書こう、くれぐれも体をお大事に
貞
有の所七時
10まく

193

十月十日.

十日の昼前に急にもよこが送って俺達が出ることになって.
工兵の鉄艇に乗込んで三隻で敵前上陸に出かけた. 援護が
河岸について来る所へ急いで上陸. 敵の射撃ははげしくなり
て川中へ水煙が上る. 迫撃砲がおちて来る. その音がきつい. 頭の上を
うなって通る. 敵の弾丸が頭の上を通って水中へおちる. 全く敵前
上陸はおそろしいものだと岸に上ったが水がこみこんで動かない
二十分あまりかかって上って来て三人泥だらけとなって穴を掘り出したがなかなか出
来ないので止めて, とうとう作った. ちょっとよけたら高く位置を見ば
らしのよい所に一つ陣をおいておく. 下の方の敵にむかってすぐに居る者は
なれぬ小銃ばかりでなくなってくる. が小銃位は平気だ. 友軍の援護
をしてまってた. 又所をかえたりして舟の来るのをまってる. 大分
その内敵の機銃がおちきました. 陣の後へびしく近よって来る.
水場所かわる. 雨が降ってぬれながら夜になってゐる」.
二時すぎかかって後軍の近く川を渡って来る山西軍

202

2

頭の上へおちたかと思ふ位ひどい音がした。そつと頭を上げて見ると
すぐ後に機銃が鳴つてゐる。もうやられる。畜生、何をこのやろうと言ふ気
になつて元気になつて、神仏に祈つてゐた。が友軍はなくなつてしまつて
ゐたのが大丈夫と思ふ様になつた。日がくれへ去つたらあつのを止めた
かれく明るくなつたと思つたら、今迄ここは一つの花と散ると覚悟も
していたが皆も同じだつた。他に皆る自分の命を後送して来て、
母ではこぶ。友軍の上陸と叫んだ。あの軍の船が次々と来る。多く
けが人ばかりが船はどんどん帰つてくる。それから毎日してエンタイ（土のカンイトンテ
ンネルにする）にもたれしろくもしながら、みるくもと土へ土ふつてはいてゐる
ゆけにはしまなら、それに川風で血だらけ足がぬれてゐる。
で夜もたまになつたよ。命令がさて銃を持つて風の中を歩いも、
遠はるくつみこみ下へ急いで今の所○○の所へ上陸した

204

3

（十一日）

三は大隊本部の在る所で角谷九兵衛、安川一兵砲を除く、今
度も結局負た様になる田の様の如る所を見へ様にかるとをきた
ましゆ三発か四ふれ敵に取れさうし、そこへ我方か（速）みる間みん
日本刀者の柄の方を握し今迄手を握つてお互の事つても話した
明日飯を上人よと鉢と味方が言った俺なつてゆ下れと言た
しかり大砲をみてくれよ、うんしっかりたのむぞ、まあ今度を
つけてとりく前進していた。敵は国統治にはいつてみるのだ
前進に敵近くいく今度こそ多く山の上へ砲を（向）よ、四九日後に
あたかもみーとみをけを求めずとりたるなにしてなん
まずかった。三は昨日より良い所で山の上の松林が見えたエラクイ
を見つけた前中本の根っこしかくりがかくれるのにはよい所だ
で苦心してかりわした十時半（過）あくへしさらり上へ上つた。

206

6

座敷もしらずに歩かん大広の土地、ひっかけて、しょっちゅう住んでいた家を

を去ったのを、あつい敏つかい、ゆるい一寸ゆってるない見回しや

りしつ今晩はすはしなくて見か安心ならずた骨を折って貰う、

で仕事を洗はく一寸手もおいくたのは日にちをおいたり座ゆをした

ところ。俺も随分おふりを初めしの家の土産に立て帰った。

ことを納得た酔いして家へいたようを思いくる。今のかるいな

日か翌日か今夜はわるいか知らない祭にこうを見つけられ

るとかふれるか、山の中にかかって、台所に来てかけ御飯をすることとす

るのがこうゆうめあって一寸俺も出して又しまうか。あすかくよ（写真）

三時半近くに出た。三時に少し、お待って持ちました。後の手入れをして

体も全体を手から上げてくれたのは、全体をおさえして、夜前の両側のひもい

所へ来て、流として時間つぶす。こいつの暇で中日印がれが外とさせ

208

のがるるとおそれて一時ひつそりになる。すると怪しくて蠅も来ないのだ
何回か起きたり寝たりして居る内に敵が大砲を打ちだした。小銃砲弾の音を
敵の山をこえて後の部落に落ちる。五分も経たぬ中に一かたになる。又打つ
て何回かして居る内にいつかしらん寝て仕舞った。十二時近くになって居ただろう。

（十二日）

目をあけたら明るくなって居た。炊事だ。ところが又味噌汁でなくて
三日目ごとに顔を洗いに下へおりて行くつもりで決っていたが一合よ補給になったりして喜んで
少し腹を減らし、洗濯が出来ないのでけがらしいのを一週あまり着て居る。仕方がないから洗って
おいた。私が帰って居る頃、甲虫が日陰を歩いて千匹のうじ虫を食べ、大砲が打って
居る。敵が大分打つ。ほかの山からは又（九時半頃）で横になって来たし、私に当ったら
会ったら一寸目をつむった。又横になって居たが、眠れず、手帳を出してこう書いて居た
敵の砲弾の音が喜ぶ友軍に届くやうな音は聞いたが飯をたべかけて居たところだ
それから友軍の飛行機十数機が一直線に部落の上空を低く通ってゆくゆくと
落したり機関銃をうったりして居た。ゆだんならないものだ。それで敵も
困ったのかしずかになった。ここは淋しい山の上だし木が沢山あるのは内地の
山の通りだ。山には三色の花でくちなしが咲いて居る。沢山生えて居る松の木
竹やぶなど ここはあまり違っていない。兵が来て居ないからはっきりしないのだろう

209

6

山へ来ても景色がよい グリーンの方が目下にはるかに
見下ろしてゐて気分も朗らかに見えとよ 然しへ来て見下ろした所が座らし
はあまり大きな声だが他になると始まって来るので座は静かでの人生に体を
休めるこ 左もこつけは敗がかたらに座るのでゐることも出来ないし又
せたらに多くの音がしてはこれも安心してゐる限にはしかないものだ
でもも話をして此は午後に会が来た。三時もあついのを上ではこんでく
れるあ めんりものだよはめてが 山の方から景色を見てゐる
友達の絶がすごい音を立て、路の上をかすめて遠く谷の傳ひを
これしにいて、他はどうなるか（[illegible]）白昼様になってゐる又教
の絶壁が二所の山から左へ左へと遠ておま人いしとか光目の純ひがい
目にみへるのか 父との足音をつけん大丈夫は思って見てゐた。困意
はしるれが無事な所、そのまゝ様になり、注つたりして陰をして
るた 日が出て明るい九時半頃 下へ又絶が来たおくれるのを
平常のにおつた。未だ女の人が田の中へりこもしてロエかとしたる

207

借金の方を払へ一つでも困る用はすんだ気分に これから来たもので
一寸した仕事がなくなった。土佐丸だ、相変らず山を掘ってエンジンを
作ってゐる。スニップや十字鉄の音が響き渡る。明るくなると見つかる
から落ちた。その日はよく晴れた、夕暗頃にひどい風が吹いて来て

（十三日）

寒かったが起きる頃は暖かいので起きた。朝食をはこんでくれる
顔も後はそのまゝ会ってた 下のせやくりーくは遠い所で浪だ
頭をつから今晩は絶対大人へ入はいる所 危険の時に身をよけ
る所を空へ作る者の胸へ気を大事にほって大丈夫ななにし
て腹がとじめる様にしたの正直に大体出来上った。今日でかき来た
お湯を大事して一服して日札を出て手紙のついでを見ていとく
なってゐる。雲くなって。所々南の松に鳴る風がさめく
として居る。雨になるかもしれない。朝は早くから多くなるなんだ
又午後の仕事にかゝる。早くしまって体をことにしよう（十二時は四十分）
午後又工事のつゞきを行った。すっかり完成して立派良がはかく

205

8

手を洗いにいく途中遠い其のまゝか地平線のまじかな青空まで見え
れ乍らその先へ生えて居る芝がひろびろとして真っ青な雨に
晴るのかもしれない。土地が段々遠くになって子供が辺りを見てもを
困ると思っては居られない。土地の会が来た。早いものね
旧大阪の十郎兵衛屋敷の前の公園をたずねたのだ。うれしいあの役
でおなじみ、おいせんの頃や幼年の頃をしのんで一服すると雨も降った
云いはない様だともかし　三年で一生懸命にやっておる。お互に立派
のおまえが何にしたものか無いにやって居る。患者政めるも一日のびになって
いつか当分ない　明日か明日かで今日になった。今按摩し来
熱く其のすをかの湯がわくそうだが若者らしいお婆さんのかをのつと
○○○○へとおくるあつの取りによるか生活がかわるだろうと思う
今度は馬上隊になって下がる来たらしい様が居るとか会の云うを
思ふや三月末日頃になるだろう　またそんなもう人を迎えをして
肥えておくから以外をしないたのむ様にしてくれ　又次の便によう

十月十七日所にて半夜

一兵より

要く

203

十月十二日（変名はいつも今迄通りでよいと言つたと言ふ（李文派遣清水部隊参謀部隊山中隊長だ）近は）

午后、飯ヶ辺より露行かやるとすぐ来た。しばらくして雨がやむ。寒い。風が山の上を来てふきおろして、竹林と音をたててゆすつてゐる。こんな日に陽気な春の光がもつとも雨をまつのか涙もなくなろうか。

外とうを着て毛布をかぶつた。あまり寒くなかつた。暗い夜だ。中に時々　夕の音もせず一つかずつ大きな雨が降つた。林中の落葉に雨の私の雨のおちる音がいつまでも耳をすました。相当寒くなる

二三枚テントをはつてあるがしぼりつても何の用にもならない。所々に落ちて昨日はつた次へ行つた。テントも何もはつてない。雨をしけてあるが山の上の程なきをはない。雨がけよ所を作るかへぬ上に横になつた。二人せまいテント二人でころがりあつてる。でもよくねた。明るくなつて気がついた。十四日だ。相当な雨が降つてゐる。山へ帰つて来た会がおえかつた。寒い一両日は一戦　自分の体としめて

214

2

来る一里手前にかたまって嵐と言って降りだした雨は
なかなか飯が来たあつけにめしを食べてからやめてしまった。
気ことを嫌はれて思っても言ひ様がない、困った話も出来なかった。
下へ出て道を通る人に聞いて借りなければならぬことが出来ない
何れにも不自由に暮らして来た。今夜もついて来たらどうしよう
と相談したら、居る所もなく しかかんであるばかりだ。
たが女の子の一疋が印象して青い顔や白い唇が見えましたので、か
わいそうに思った。一層もえんたつ足と細かな声。明かつた様に思えて能く
あれ、それ以外を下の方をさし出しならまされた
会ってからはよかれ、足は真っ赤に痛手一つづつ、どうしたのか
今日は、あかるまできたぎしてまった。あついくふいて、かつまかつれ
越ん人で仕えんなかった あかりの一ぺん位はよかろうと言って笑った。

215

3

起床し、今迄雨降りけむならば壕の穴をれがたまつてやる
ぞ出して少し靴を濡らしていた。テントをはつて雨の当らぬ様に
すかう様にた。あたたかい気になつた。外の者も総重の下の段へ
六日の衣を脱つて寝た。手紙の一切へ先生（千田）を切つて居る。一寸
眠つて白札を書き手紙を書きやる。八字りしない気分だ。胸苦しく
外気下へ十つまりもそもしになつた。〇〇〇で作つたものを二つ持つて、
あるそうで、宿舎にくるので昨日もあつて居た。よ頭のいも甘味
がないし、すじが多くてとてもまずい。焼けばさらさんから一つか二つたべる
おけば腹は飯の代りにたべられるのがよろしい。（四時だ）
用事すんで穴へ帰つて横になる。五時過ぎ少食事へ出て上り
食事をすませて一日分の洗濯を谷の穴山へ行つてねるが
中にねられない。九時頃にねむつた、あたたかいのでよくねむれた

216

4

は陰、黒くなつて中国にいた左翼作家がかつてゆく。
四川地方から長江のキニか所に或はもつと旅到は黒い
ことはすんで又もはすむ返ねた。がガーかすれ或は至る。みな付
ためしたたつて（ひかれまする）それでも一緒にすむ、
での（ルンヤンや蒋他　自分の国の（松田）を取りにおねば
悪いので少し奇出し路を取つて会て清楚なまま時に
ことを知るのは外の者が二人か三人かれよう言にならなく。拗し信
それ出す早くも今日は皆に会わなくてはならない。あたしかしてよく皆
に会わなかろう。ことを出発しないと先前ながらくないから自来
に会うたろう。近くとにかく集まるするのだことをすると始終にあ
かけるのだろう。もう三四日は二三に口エイをしなければならない
大分かないのが悪くてなるのかまたになってた。此と乍くて平常去もし

十四日　[illegible]

[illegible]兄へ

217

No. 1

十月十五日　土曜　晴　朝と昼のしたくである丘にころがって居たが　定叔が来る頃

だと思って出て行った。でも一ぱい遊んでつけた　今日はおかゆに梅干一つだった　昨日から

定はおかゆにきまってしまった。たっぷりおかゆを食べて　少しもて　一眠りした後　又三方

の穴にゆかれてしまひ　へ帰って来た　ドナルドを連れ　庭にころがって　地図をこしらえたりして

ねた　下宿をとりに来いと、で船つき場へいった　沢山持って来た　大嗣にどんどん一杯

いもと焼いもを一つ、定ちゃん一つ、ニッキ一つずつ配った。昼にわけて帰って来た。どんなもの入る

いい気持ちもなく居たら手紙が来た　兄様は[illegible]と[illegible]　お母様は姉さん、兄

君の二人　お兄さん、お姉さん　を送ってくれた　久しぶりに手紙を見た　姉の手紙

もうれしく　三日かかってかけた　やはり心配でいけなかったらしい。

進学は別に書いてないが　言ってあったが　はっきりしないらしい

定からの病院へ帰った時はすることもなく　宮島を思い出して　しばらく見て

居て　家のことを考へて居たのだ、そこへ手紙が来てくれたので

ドイツへ行くのがおくれたので、長く待って　嬉しかった。外の友も来て下さい

218

No.

なかったが、がっかりしてゐた。明の都合で一緒に来れなかったのだらう。
平岡氏はつや子の平岡ではなくなってゐた。寂しいとも言って去って行った
で通したを言ひ出した。村瀬これ迄世話になつたが全部言って去へ来る
「書きたいと今書いてゐる。無ければ小包を送りにやつて出版になつていなから
つたと言って言ってあった、どこかへ行くのだ。又来る時があるだらう。
村瀬には　雲信女子科や商業　工業等のキンロー奉仕がくわしくのつてゐた
毎日つとめと言ってあつたには、うまくいかなくなつたのだと思つてよろこんでゐる。
姉の家は貧乏だ。下宿やをやるには家を建てる金がいるし　その金はない
保沢町の男の家が破産で千葉へ疎開者にやつていつので金がかかり過ぎて
い言った。働くのには体がいものなになつて神経ばかりいためてゐると言ってあ
たが気の毒になつた。田舎へ行って僕達の所の近くにおやかに行つたらどうだ
と言ひかけたがあの気性では行けるだらうかと思つてゐるが。
五月頃になつた　めしが来るだらう　出てきて兄弟をあわして　又　言こう。

220

No. 3

銭と一しよに口の へ荷物をとりに出て来た二人が帰って来た 船が三艘の外見え
たので 仲人達って行った 外のものに めしをたのんで、二人凡引でねてゐるのだ
で船つき場へ行ったら 荷物を出って来たので 持って帰って来た 一諸にめしを
くって眠った、少し へ来て 人ものんだ いれ持になって手紙のつぎをかく
いてゐる 酒をのんで踊った一人が帰って来た、二人とも になってゐた、一人ふえた
六甲が 荷物が来たから 二十ずつもう一枚着て寝るつもりだ
人形からのことは明日の会で何に言こう
家の方は何をしてゐるのか 手紙が届かないのでさっぱりわからない、十月五日だ
運動会しするんだか 早からかと言う所だろう。今年は見たかったよ
ミーハの出るのを たのしみにしてゐたが 何と言っても駄目だ
また ヒエ刈りをしてゐるかもわからないね 草刈りも 秋のいねかりの
御またなるから 刈らねばならん しまいだと言っても 何かと用のあることと
だろう。せめて 家を二軒持てゐるのだから 忙しいだろう どう だろう

21P

No. 四

オドシ話にせんそうだろうと思ふ。よく運命にまかせてやることがあ
るからナ。しゅう一へ来て呉れと便り。家の仕事の経済が出来なくなった
者へおしゃる 永なければならないのだ。居る所に居て気をつけまし
めているから家のことは本当に考へることもないが、その様におちつくその
自分しない所ではよくよく考へて見るが、一へ来てけしょう便り、自分の命を
どうしてのばしていくかなければかまへらない。この辺はわからないのだ!!
タマにやられるかまするか、敵をやっつけるかのさかい目だ　小さなことは考へて
居れない、次はうんと力一杯やってくると体がしゅんでくるのだ　でもしじゅう
油断はならない　ぐずりは敵だ　その点よく友軍がはよくくるのだから思って
言えば、死に生れてやらなはならぬ、家族がやってくるから、ほんとなどこからおそへ
来てあたらないとも限らない　まあ心配するな　自分の命のことはないがよいとする者は
これだろうが　ここに居る者ではそのわりではない　気をつけたらみつかり安心をせよ
皆仲よくお前の体を大事にして身をつけて千代田をたのむよ　又明日にしよう

十月十五日に行ってきます　上川半吉

妻へ　山本さと

221

No.

十五日の夜となつた。どんよりとして居るが雨はない。風はきつく山々の木々を竹やぶをゆすつて　さあさあと吹いて来る　穴の中へはいつて横になつたが中々ねむれさうもない。外はまだ明るい。目をつむつてゐる。ーゴウド砲声がドーンドーンと響きる敵のらしい遠く、又聞えてきたのが時々流れ弾が　シューンと山の上を一発かすめていく　あまりひどくは打たなくなつた。すぐ　となりに一中隊の　テントがあつて　ビールんをのんで又一杯を飲んで居たりして　いい気げんになつてゐる。一方こちらでは二四分隊はおとなしい　飲もうかと言つても無いので　外のヨーカン位かんづめを買つてくつた。酒がよいと言つて　買はうと言ふものがないとなりの小屋では小声でぬツくの　ドイツの歌を歌ひ出して、しーんとした空気にかわつてゐる。小隊長以下すられが要るのだから体にたまりかねた　油をつけても頭が気にかかつて眠れない。目をあいて見るともうまつくらだ　外と内の　さかい目もないやうになつてゐる

226

No. 2

起きてタバコを吸つた。友人はみんながスヤスヤとして居る。
内は二人三人づゝ別々に小さい穴を作つて寝て居るのでしづかだ
四ケ所に十人居るのだから小隊長は本田と共にはいつて居る。
大体返近ゆいて言つて居たが その内ゆあつて来たのか知らぬ
警戒の交代が戦友を起して来た上で探して居るのがよくわかる
よく眠れるなぞも神経過敏になつて居るのか 人が上がつて来ればハツとす
る位だ 二時頃だ 起きて一服した 冷えて来た、下へ毛布一枚しいて
上へ毛布一枚と外とうをかけて居る。考てみれば此はないたまーで
それでもドキンとする。両手をさして下へランニングを一枚着たすぐ
真の剣でもない 防寒の方が寒かつた位だ!! 両手をももに組んで立つ
てありがたいと思つて居る。僕の立番は三時十分から四時十五分迄だ
戦友が待つて来ない迄うとうとしたつもりでゆられず起きて出て上つて
いつた。たちたつ迷位流れ星が上をとんでいつたがけでしつかりだ

227

No. 3

何も喰ったことなく　すいをすませて下へおりて又ねた．
十三日だ　六時半頃に目をさました．八時頃に起きして山へくりたが昨日は
て寝てを始えてゐた．水との関係でハミガキ粉で口を洗った．手すつから
た頭を洗ったり顔を洗ふ事が無理になって少しの時間は顔を洗ひに下
おりた．全部がまくみそけでないた．われわれはのうけだ、
首振って一服して山をおりシャツをすりかえて石けんを買ったので
下の入江の池へいって洗濯をした．冷たい水がしみて来る．久しぶりだ
○○○をおりる前日に洗ってかえたまゝ十七日あまり汗をかいたまゝだ
さっぱりした．上へ見ますと兄がゐるので谷の下の方へ降りておりて山へ
はいる．となりづけ手紙がきてゐると言って昨日渡ししまう官らんの様子．
内も何にもあせるかもうと思って少しも七八枚書いた．医者にかかった
外は日がてってゐたがかぜは冷たくなった．十月十日○○をお
て数日上陸に対して退はあったとして進んで来て汗がなかった十月から

228

No. 4

冬の夜だ こんなに寒いのだろうか。〇〇の〇へ行かないと眠れぬ世界となつ—
古年の兵隊たちはかとうを着て皆出かける位だ 体には毛布
を被って行く兵もある。外は日なたぼっこをして遊んでいた
敵が味方がドて銃を打って休む日が続いている。小説は読まない
今日はすえて土間手帳に入すかゆが来た。梅干一つかゆ一つでいいのかんであ
るを知って 体合でただ あっのを すすめられ又うまいものだ！
又今日一眠してめいくの出へ別れていった。洗濯物もかわいて来た。風がある
から早い。山の上に人が銃が多くなったが 風があってにぎやかだ
今日から二人になる 風引きもした 技術がわに来た。先日の敵前上陸のは
川の近くはりったまにくるのだ 風を引いたのだ 二人だ 今の所山にと。
さよくぐ風の音はあるが 寝る様なことはない。少しへはいって 平和を
甘いてるる。外の方があたたかい 少しの体はひどいどめくしてるるか
冷える 困りもするから まずでれんようにと思ふ。寒やせて 世アつた

229

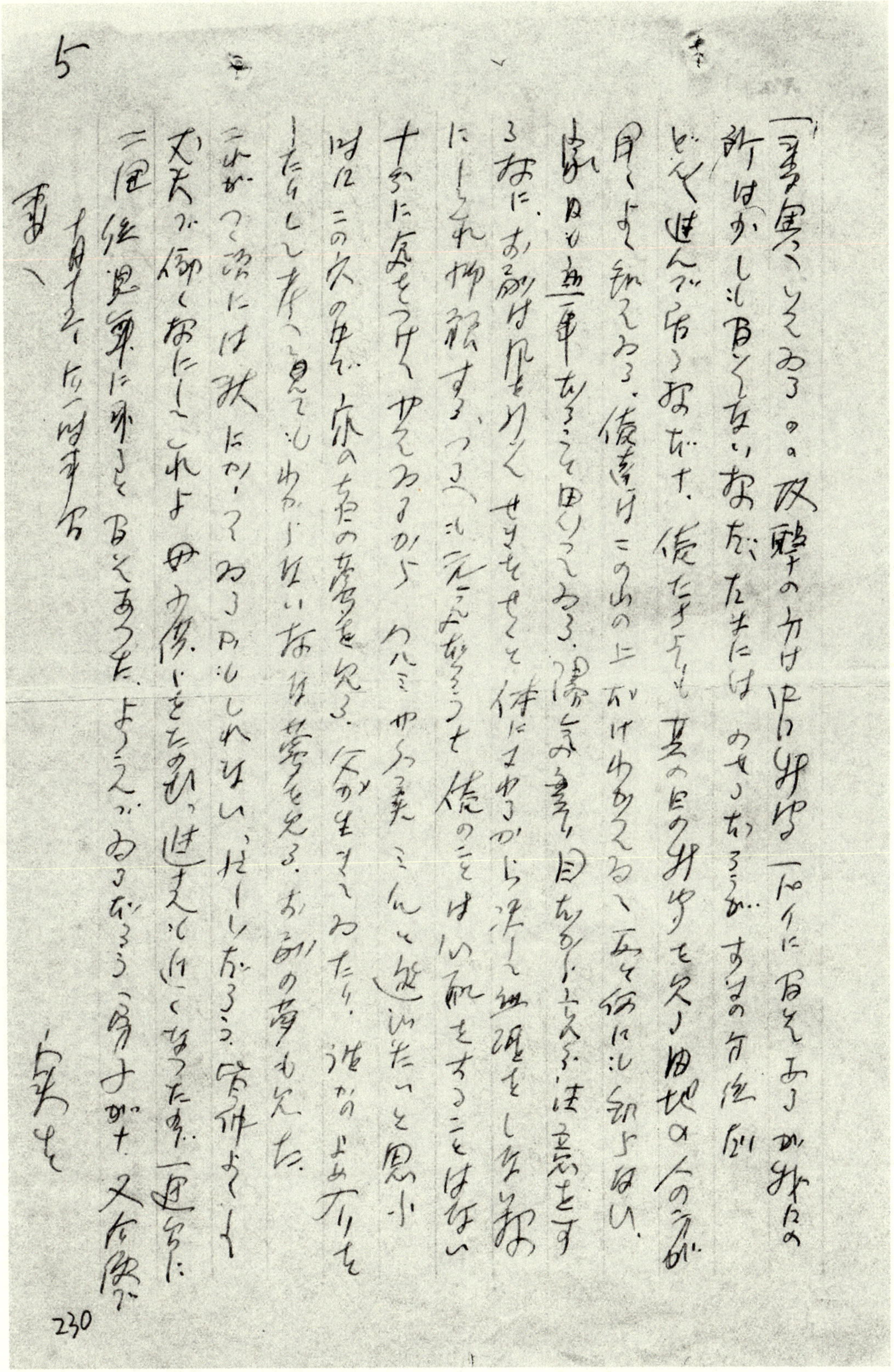

5

「事実へいそいでゐる」のゝ攻撃の方は中々好評一杯に当つてゐるが批評家の
許はかんばしくないやうだ。ただ川端さんは のせるだらうが。すでの合評会
どんどん進んで居るやうだ。僕たちも真の日の好評を見る田地の人の方が
用心して努めてゐる。僕達は此の山の上からはかへる迄は互に容易に知らない。
家内も無事で困ってゐる。陽気の為か目ならびにこんな法意をとす
るやうに。お前は風をひかぬ様せよ そして体にまかせて決して無理をしないや
うにしてくれ。御願ひする。つまりそれで完全になるので 僕のことは心配をすることはない
十分に気をつけてゐるから。わたしや父君とんと遊びたいと思ふ
時に二の次の中で京都の方の書物を見る。父が生きてゐたり。誰かのよめ入りを
したりして居るのを見てもわからないやうな夢を見る。お前の夢も見た。
これがつゞいては秋になつてゐるかもしれない。忙しいだらう。留守はよくよく
大丈夫で御くらしてこれより母上や僕とをたのむ。達夫に近くなつたが一週間に
二回位退院に来ると言ってあった。ようえがゐるだらう。勇子が又合併で

十月十六日 午后一時半

英光より

妻へ

230

No. 1

七月十六日午前は用もなく少しく疲れて横になる。古い雑誌をよんで居た
いい天気になって外は割にあたたかいが小屋の中はしけしけるので冷えてじみ
〴〵とゐる。三時過迄横になってよんで居たが サツマイモがあもたかふと言って来
て呉たので山上へ行ってホコくのうがたてを三つたべた。うまいもう一へくれば
好きなものもない胸のやけるのも忘れて失った。いもの好きな人があるものだ
芋は食油へ入れてゲスを作え山の鬆（スリ）をおろしてダドを作りたく、又は
カツオどの空の大きなかんをこのまま水をためしたりする。かもうましおかく
になえゐる。何も道具がないと何かも使へるものだ。昼たすはめしをはこんで
来るが器具は石が目のものをハンゴでたいてゐる みそ汁はパイナツプルの空かん
でこしらえて水と一緒に沸かしてゐる。不自由だよ 水は器具たすは近いすぐ
池のそばだから良いが たきものに不自由だ 何もない 植木を山へいって集めて
くるだけだ 毎日大畑の人ながらおじ様なえ失小 二本が長いあいだに成る
のだ 山の木を刈りにかしておりく たきものに使はねばならなりだろう。

222

No. 2

俺たちは夏の外にはありがたい二度くは二人で居るーおかずもうまいー

湯もわかして持て来てくれる。全くすごいせんでよばれている。ありがたいことだ

今手紙を寄せると言ふので今迄書いたのを出すノート一八、八十十枚を

明日の晩便で出るのだろう　十一月迄に着かねばつかないだろう。

又外から来る人で居るが五時も会談になったので外へ出ることが出来

に持て来られた今年の初めてのでやかえたお茶間とたいたもの、うまかった

一眼して北海道から日記を書いて手紙を書いている。もう日の〈一ケ月後だ〉

変をよんでいるうちになるのを待たうでしたら眠れるだろう。天気だけよい、

目のまつげになる迄以後をよんで居た以上いふ字が見えない。おとなったので毛布

をかぶって横になった。今日はあたたかい汗ばんで来る位だ寒気がどこかへ逃げ

で居るのが停って来ない、おきて帰って来たので眠らないでをすって話をして又ごろりと

すぐ寝て寒さを一時の新しい部屋がきたね細かったよ

ねていた。外の中学の人が来たので帰る事をとられてゆるれないと言って来て

223

No. 3

眠っていたのも知らずにねていたらしい。よく死人なんかにねられたものだと自分ながら

不自然だった、で一時から二時迄なって待って来た。又ぐっすりと附近

十七日。八時に目をさました。起きなかった。会うを待っていたんだ。みそ汁食った。

で外の部屋へ行って見れば大隊迄行って来た。橋にねって小説をよんでねた。十時

四十分外へ出た。近所のおかみが来ていた。あいつのをまって一服けなつをした

俺の時計を出しにやって 別の女とかわってやりが男が出た人より俺のかわって少し待ち

ひげをそったすっぱりした。配兵と下の山に行くあとを追いに散歩した。長部の

軍医殿に会って みなた安二十七と 二時四十分より 山の宿をまって帰った

その時善明町の小林男に会った（小林が思いかけまちのくびを買

ってきた男）死後長い会は話かった　書き町の津田上等兵が戦死し

たと聞いて悲しかった。それは収めなかったがと思った。大日本…野伊三十つ良之助

の泥棒の頭だ）も団近に名を受けて上等兵となったが軍医に案内して

見たその男は俺が見てやったが死んだぞと言った。多々、中たが一人が連れて

224

No. 8

誰かも知らん人が、ひよつとしたら死人かの手かなんかと思ったが、生きて居たら
幸だ。一般人に写して見るとよい。死人だろうとまわりに手をつけずと言うん。
なれば俺の目の中に入ったのだ。死人だのだから始末なんぞの当然なことだった。
て行ったら冬ジバン、パンツをくれた。今下士官を早速かえた。あったい、夏の
数日分の食糧を入れた。俺も飛出したので、四人共して皆が伸ばして見えなくなった
腹に車座になって私ンバのあるくの人が、小隊長以下も死んでしまったがよばれた
い気持になってつくし上がった。返事をしたが、試射なったが、用意したかのように
なった。右の蛇が行って居る。後の方の色もどんどん行って敵の上を通る。ひどい音
がする。明日から攻撃らしい。五時までから用意をするように。その後、
少し行って手帳日記を見て居る。どんどん行っている。くらくなった。
一ぱいあれていい気持になった。あすは写して行かねばならぬ。早く寝よ
う。今日は二人だけになった。冬ジバンは来たくない。敵の弾は絶対に鉄にしても
写真は何としても取るのだ。又後でやかましいが、今日はこれでおわった。
十月十七日 午後七時 於本部

妻へ

七時[?]

225

No. 15

今朝（十七日）から三人になつたのでにぎやかになつた。一寸場がせまいのでこまつた

が又明日帰ることにした。夕方くらくなる迄手紙を書いてゐたが見えなくなつて床へはいり

にラヂオをつけて八時半迄歌謡をきいてゐた。しづかだ。ラヂオを消して目をつ

むつたが室に入る海が聞えると中々ねつかれなかつた。十時過になつてねた

らしい。六時半から一時半迄の立哨で起されて行つた。今日は風もなく

あたたかで或る風も昨日からないので大分ましになつた。冷えるのはやはり

あさいころ。外とうをきて毛布もきて居るが足の先が冷たかつた。昼の番を交代

して事務所へ帰つた。ぐつすりねて七時半に目をさました。十八日だ。今日も雨

がよくあたたかそうだ。今日から燈火管制かと思つて鉄かぶとや外套をもつて出

て出ていた。朝食後今日は休むことになつたと知らされた。朝食が来る

このあいだ写真をうつして下へおりていつて顔を洗つてまはりをして

事務所へ帰る。階になつて雑談をしたり作文を書いたりしていつもの通り

だが十時に出てよくいつた。皆と一緒にひなたぼつこをして話をした。

231

あたゝかい日になった。山口が大日の壕(ゴー)(底)をほって居たのだが少し手傳つた。座会が開かれた。会はなかなか面白かった。それにしいたけのすいものがおいしかった。毎日も三段二段はえんでもらって全くすまないみなさんと思つて居る。一時頃少し小包へ修りけの時がけ用に立って居る座生の居所をすっかりかいて貼へほりあした。三ケ所だけになった。

参川町の小津邦男君が遊びに来て呉れた。この男はかけばすぐ甘栄木の中世代にある男かと見たことのある程な顔を思った。長いこと話をして遊んでいった。と別の一戸派の人と応し話をしてみて思いたら。ミノミの人でなつて居た、知ってゐる一金邦君の妻君 せつくえもよく知って居る一二軒共、牧歌になって居る男はかすとまとはいふことで言って居た。六合な男だ金邦君は知ってゐることを言って見たよ。知ってゐるなら君は知らないが、炭六のうがよく組て守なかつて、二一に顔絶頭を見たのだよく見て居たが所を出りる知見て帰つたのだ。知つた人が居たにはあつてもみた。男がないから帰む

232

ＮＯ.

らないのだ。火でもすがり出来上つてほしたがやめらつすとだのなになつてゐる
をはへ忘れて元帥日本も忘れた　一寸はずかいになるが忘い　一妄想もおけ
こうして三日信じられよう　がもようが　のめるを明日にでもしかればならぬ
大きいあんとあれた後に　わ変になる。いつもそう言ふ後になつてゐる。
え迄で革命のために十年としておけばよかつたと思つた。今僕が世界に手足を
のばして眠れるだらうと思ふ。外は雨だが、風もひどくない。
今朝顔を洗いに行つた時に河岸の息の臭い所で、昨夜縄付された党員
の人家と火葬にしてゐる所へ行つた。何すてゝ見てゐた帽十をぬいだ。家族を
した。本当にたゞの土塊だと思つて　火をつけて　どんどんもえ出した。それを一寸待つて
来たが、とても元気な美人になつたさうだ。出征する時父の死を見て[illegible]
出世がおつかをしてこの村に来たとの。この命日位になるのだらう　[illegible]
な日だ、と彼女が話をしてゐたさうだ。本当にたゞの土塊だ。頭が下る。
先便で下さつた[illegible]の死はそうらしい。[illegible]運にまかせと　そう思つた

233

No.

が今日来た小包に入った小説で一冊も出版ならないと言ってみたから人達
いだろうと言ふ気になったから私が出すつかいはないと今日言って居た。軍医の話
では頭脳の破片で一時をとられたと言ってるたから傷が何かから人達が
と思ってよろこんで居る。うまくなさえ書ける様になって欲しいものだ。大きな子供ら
が沢山あるから働けなくなるも困るからな。両親も喜んでおられるだろう。もう
○○の野戦病院へはいって養生をしてゐることと思ってゐるが一ドも便りもし
なくて淋しいと思ふ。お前たちもそんな目にあふかもしれないけれども。
毎日元気よく働いてゐるから安心をしてくれ。風引をして居た二人も丈夫になつ
たのだ。元気が出て来た。整理して働いてゐるよ。家の方はどうだい。十月の十八日だ
早生秋のかりとりも過ぎて来たな。マメ田も又すぐになるだらう。秋のことは思ふ
がつかれなくなった。元気で体を大丈夫に。色々気をつけて働いてくれたのむよ
ミンノ久[illegible]はつみ皆元気だらうな。手紙の暇がないのだ。書かない。又出してくれ
元気だらう。母にも元気だらうな。皆集って話をしてゐる様子を思いおこして筆をおく

十月十八日 四時頃

安人より

妻へ

234

No.

十月九日いよいよ總攻撃の夕暮森に集合して陣地へ
に進をして中は寒い。の部隊長殿の號声で今日の勝利に参加する者全部
気をつけをして東の方に向ってようはいをした。此の攻撃の全勝を祈ると、
いよいよ うすぐらい闇から行動開始、俺達で打つ用意をして命令を待つ。
夜もすっかりあけはなれて明るくなった。いくつもならんだ砲から火をはく砲弾
がうなりおとす。俺達も打った。敵のトーチカの土目が豆をいる如く燃えるとすぐに
頭の上をヒユーンととんでいく、やがては後の地へズンズンそそはいる音、
又はげしく加えてはいる音。砲弾の落下する音。しばらく敵も反撃はげし
く打合ってゐたがやがてはしずまってたまにしかやらなくなった。俺たちはこの
まさに至って打つ号令のおりて来るのを待ってゐる。めしが来て居たがしような
かつた。正午のでしづかになってからただ。至近剣ニーブがかかった。友軍の飛行
機にかんれんへいくバンザンをおとしていく、敵の陣地を目指して進んでいるらし
いが仲々見えらないなかだ。飛行中の来ている旨敵の砲はかくしれぬ

235

No. 2

たまらない まつばかりがながいのだ。飛行機が行って失ふと ドカンドカンとおちてくる
急に飛行機が来た。砲の附近へドカンドカンと落ちて土煙が上る。気味の悪い
もの凄い、どんどんおりて来る その間二十秒は打たずに見てゐるのだ!
夕方になってから止めた。自分で食事をすまして 銃身に打つ用意をしておく。
少し下って横になったが眠れない。今夜の僕の立番は九時十五分から十時まで
だ。交代して立ってゐるから敵の砲弾が山の向ふへおちる。機関銃は一丘を
いっぱいに五発目毎におちてくる。山の上をヒューンヒューンととんでは大てい
ジャングルの中へズブズブとささる。一つがおちればその音がよく聞える。でしづま
ったと思ったら交代の時間だ。丁度僕の立ってゐる時間十五分間だけのおそろしい
なったのだ。交代して少しはいり毛布をかぶって横になってゐた。
今朝は早くてねむたかったのだが、昼間は中々ねむられないから。十
今夜は敵はとられた山を(取返)すつもりか着弾するかもしれない。それだからあんな
によく打ったのだろうと思った。砲兵はよく打って中々うまいものだ かゆい

236

No. 88

友軍はとった山はめったにとられない、再せんをし、守ってゐるからだ。

大砲が起した黒くされたもは陣敵陣へ突つし命令を待った。打たずに

銃の打つ砲を見てゐた。昨日よりはあたりがいいので具合がよい。

近頃になったがとうく打たずに、ためが一寸出てはっくし手傷をおってゐる。

これをおそれてうかせるではわからない。命すなはいものだ。この攻撃が済めば

どこかへかわるだらう。その時は近接してゐるのだから打ってすこしだけだ。

しかし この攻撃は今日と明日とで大ていに終るだらうと思ふ。今度は飛行機

が来ている。上をとびまわってゐたが見つけたのか ばくだんを二個落した。

ところが飛行機が おちて しばらくするとひびいて土煙を立てて破裂する。

敵も負かうと思ふのか 双眼鏡かなにかで打ってゐるのか。ぐっと下へ

おりて上へ上った時に ターー……と打つ音の響きが 天気で こーくと出て(上)

うつるまで ~~又~~ おりて来て なかを見に来る 中々たいしたものだ 飛行機は打

つ甲がなかなかおどしばとし見てゐた。飛行機が行ったら又打ちはじめた。

237

No. 9

陣占道すこくとし山へ上り命令をした。一時占道待ったがおち〳〵子も居らし交代で少く下って休む
ので、いつぞよくねた。五時頃に夕食をたべに山へ行き下って休めとのことに、下って休む。敵はどん
く、一日中打ってゐた砲も小銃も、夜になって俺は八時から六時から占道の立番で立って
ゐたが、たまに打ったけで、たった二時間して交代してねた。二時頃に起こされて山へ敵が逆襲したと
のことだ。あまりの大砲で打った。敵も打って居る。豆をいるような音にまじって太鼓をたたくような音が聞こえる
しばらくしたら止み少く寝した。又五時頃に起された。二回目だ。今度も打った。四人の少しでにげし
いたが静かになった。休んで朝食をねる。陣地にねておればよかったと思った。
十日になった。八時頃目をさまして山へいったら、食事が来ておる。たべて皆と話をしてゐた。
遠くいかめに命を待てと言って来た。少く休んで日記手帳を出して又紙の代りにねてお
ることを思ふ。幸天気がよいので申し分がない。内地は秋も早生はよろしく稔ったことと思ふ
忙しくなるな。おれはあっても二人面部がないので困るだらう。自分を百の人で
三人を探して見るとよい。なつかしい家の者が頼んでよこすと思ふが、一度は会いたいでゆうっても
りだ。おなければならぬよ。早くしようと思っても出来ないのだから十。俺の居た頃の

つづく

238

5

極力寝てやくは体をこわすから、元気な体に気をつけて皆仲よくやつてくれよ
昨日座の営に米を仕入れて何だ男が出てきたように成つて居るのに女を三人来た
れもつて俺は一緒に住ましくして居る所へ俺がいつた女が寝い内に女をしふつて
おこつて言つたのでよしと言つたが女がめしをとつて風呂へいつてでもつけてやろう、
たばいそらして出来ないと思つてゐた。三人の女がハッキリ見えた。つらへは力が強いしてあり
三ヶ所とうして居る俺にはなつてゐた。その内目が覚めた。女房だつたのかと思つて聞くてゐた、
俺は元気で暮しているから心配をすることはないのを知つてから一寸も風呂へはいらない
半月になつた。病気はないし、不自由な生活だ。飲む時ならまる所だろう。
今日はあたたかい日になつた。日の出はうつくしい。又戦行すべし様してくれるのだろう
毅治行するだろう。俺は元気に気をつけて冬の寒さにはあたらない様にして
居るから、皆元気でやつて居るよ。きみも余裕元気でいてゐること思ふ。手紙が
家も来ないので様子がわからないが元気で居ることと思ふ。折角体を大切にして
出て来れる様に祈つてゐる。母上を大事によ。又皆そろつて会えよ上める

寅より

十月廿一日午前九時半

239

No. 1

十月五日だ今日はあたたかいよい日になった。割に風はない。

妻の手紙を書いて一眠した所へ、おつ命令で出ていった。かけたあとに直ぐ

様子を見ていた。手紙を受付けてもらったので完へ三枚書いてあったのを三人

へカードを一通と公平さんへ写真とを書いてあったので出した。ひまな

ときに書いておくといつでも出せるからよい時もあるものだ。

今日から特に兵が少ないのでどこかくいうなので めしを上北に大隊の炊事へ

取りにいく事になった。は二人でもらう人がない事になったのだ。

昼をすまして小屋へ帰って横になった。一時過ぎだ。めしの当番は俺だった。

横になって日記を書いて少しうとうとした。敵の砲兵が移動したか今迄と

は違う所へドンドンと撃ってる事になった。少し近いうちは奴だ。

三時過ぎ頃だ。今日は直に味方の大きな飛行機が来てドンドンと五つ六つ

ばくだんをおとした。物すごいもので敵の山より白い煙が上っている。大体の事

が絵を見るような事となる一枚くらいの大きなものだ。敵もだまっていた。

244

No. 2

それから又、今もの水上飛行キも来て盛んに陣地を探してゐるらしかった。
生意気にも敵はキカンジューで飛行キをねらってゐる。おかしいと。
平気な顔をしてスーと上っていって気持のよいものだ。飛行キが行ってしまふと
又ドンドンと砲をうってくる。全く仕方のないものだ。明日は又山へ上って行った
敵の陣地を発見したのかと思ふ。うまく、あたってくれゝばよいがと思った。
一緒について先をそろえてドンドンとうった。一切りになって小屋へ下って休んでの昼食
で、帰って来た。五時頃だ!! 夕食をとりにいった。一回づゝ交代でいくことにきめた。
早くも[illegible]から半月になる。毎晩のヒコーキや射撃にもなれたが
油断が少しも出来ない。ねてもさめても気合をゆるめられない。
入隊後が一ヶ年、大陸してからまる一百五十日になった。早いものだ。毎日の日
を数へると随分もおもはずに居る時もあって相当長い時もあるがこうし
すんだ日を見ると早いものだ。田植前に出たが、秋になってゐるのだからド
ナ。今年一はいかが立って あとは早いだらうと思ふがどうか。

245

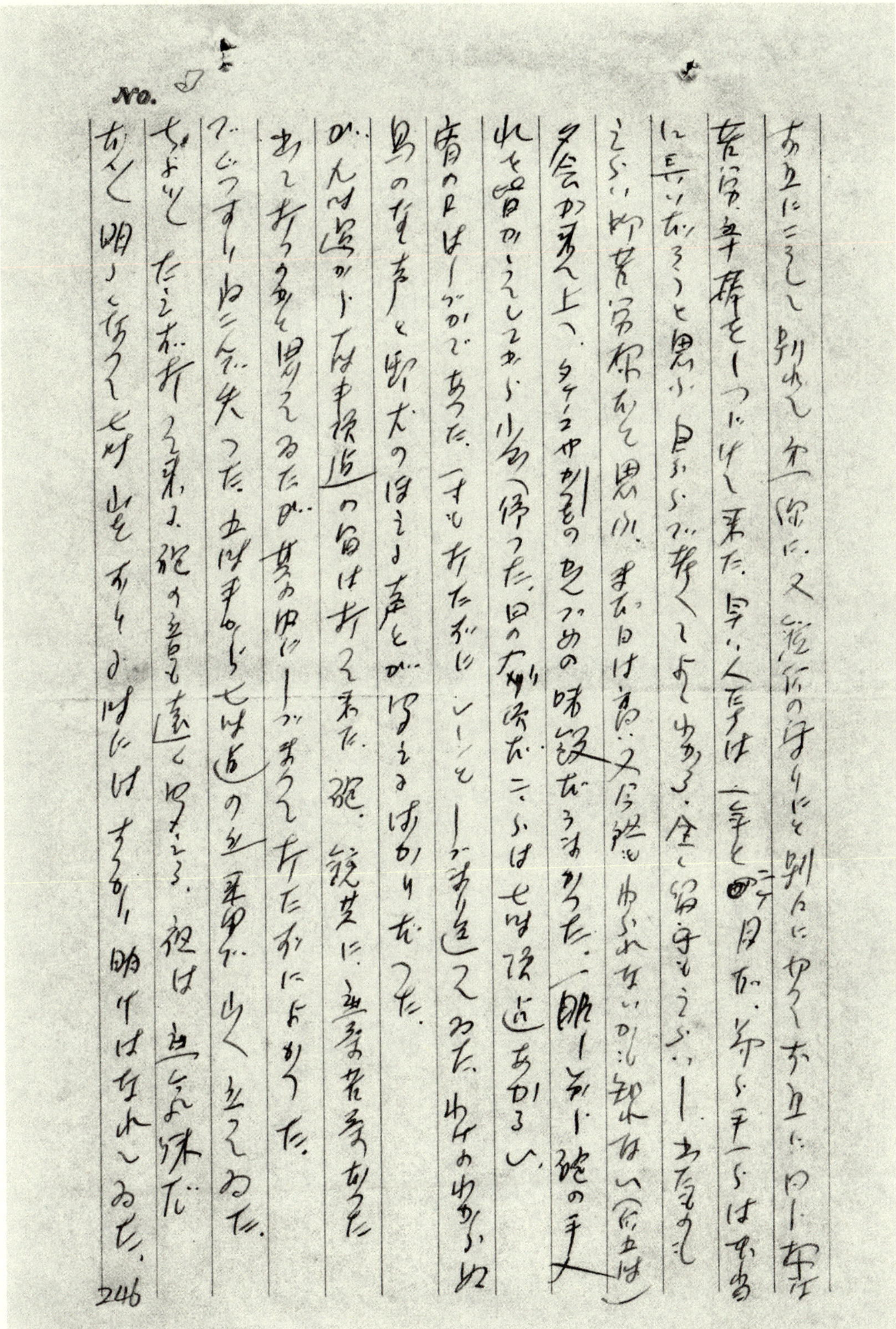

No. 9

小包で送って来た七味も又おせんに上った 飯の飯たき婆がみつか

ならしい。手紙が来た 友人では少しも来てゐない 上日ッパパハッ嬉を送って

宮にいたなに出けた。京都の人なので八ッ橋があった 今だったうまい。

さの頃は何気ない気のごとなかゞ何だか女までもが僕の様に

姉さんの写真から一ぺん手紙が来てゐた。外はどちらとも来てゐない。兄から来

てゐるそうで僕が一寸たのしみにしてゐたが、まだいまだ届いたがなかった。

姉さんの写真 家族へは少しも送ってない。女が中々むつかしいまだ困ると

言って居たがどこも同じことだ。大阪へ送っても必ずこい母があるものかと思った

はるさんは女の事など思ふ人は出征の際にだして人なんではない。

返事を出して呉れ。ただ苦労ないのだろうか。僕の手紙もつかないかもし

れないが、兄さんも近ごろ少しも来ないが心配をしてゐるが、手紙ぐらい

で思ってゐたら何すだよと思ってゐる。湯気の多い日本体に気をつけ

て仲よくやって呉れるがいい。又 元気で これはこれで。

十月廿二日朝の時 登

定之

春へ

247

今日（十一月二日）なうだ 旅神神社の祭日だナ
スト今看ゝんゐこたんがつりた。うっかりとしてゐたのだ。
毎日お参りして幽遠云ふ人を祈って居てくれるのを心から
感謝をして居る。寒くなってから体に気をつけよ。母にもあま
り無理をしてお参りしない様にと言っておいてくれ。
お使のことを何里か出したからわかってゐることと思ってゐるが
旅気神社が八幡さまとか誰かに聞いて そこへいって名を
もらって来る様に。お参してからでもよいが お礼をつけない
かぎり早く日にいって 男と女の名二つもらって来ればよい。
この前ののづなくた時は男だと思ってゐたがどうなるか
もしあたったら お父さんの手柄だ。まぐれあたりだぞ。
だんだん月が経って来たから体に充分気をつけてよおに

240

よくわかっているところが男手がならないで無理をしなければならなくなるからくれぐれも気をつけてくれよいよいよ秋はかわったことだと思っている早生畑をかりとっているねが目に見える。このへんは早く八月九月に大体とりこんで先ぶ田の方へ大きな十六尺ら中深さ三尺位の、桶のある箱(大大な)をおいてそれでしごくのか、ゴツンゴツンともみをとるのか田の中においてある。前に言った稲に田がかりとってそれからかかったがれてヒツジがなくなっているのも　みは(木)はえし苗代のなになり一寸はなれて見ると苗代か青田かわからないのもあるよその生母だ刈る(迫)には手兵がかかれてあるくにげたのだろう。山にあってあるのでもまそつたすの(田)はそしてあるのがある。そう。損だ土民をは水をかかれ家財を(迫)にとられてどこにフルエテ居るやら。

又次々とまして秋にかかって来る　忙しいだろう。
雄吉より便は元気な方から以便をしないなに、今日の手紙に
家からのがなかったのか、返信なかった。又次には来るだろう。
婦女の患者へ返了を書いて、実和家、広子、秀代子（父宛）
へ久しぶりに書いた。八分は戦線の友人へ十名、書いて
沢山たまった。又返してあつめてくれることと思って皆書いてやる
今日は下給品をもらった。エローバット（タバコ）十本入一つと三ヶ
のかんづめ五人で一つづつもらった。友人へ家からの小包が来ておいて
ドロップや何かをもらった。天婦羅が来るよ。十人がかりにわける
魚の肉の缶詰にすって久しぶりに生大根をかわりにそえて
したのをすましの中へ入れたのをもらったが、これだけは一寸ありがた
かった。梅干一つづつ寸給ではなかった。今度もなつことしなが
る

242

りそうなので下の医者の室へ出て寝ていた方が安全と見
舞にいった。風から胃を悪くしたので、帰って来た。あたたかい日
だが、数日言った手紙を書いて失って便箋を無くして又作り
の此の便箋を出した。婦から出た医者のだ。俺自身のは無い
と言って居る人にも云ってくれるな。イヤに世界中だけ書いて失ふ。
今三時十五分と聞いた。時は朝だ。怯者はするが、テッポーの音は一寸ない
独は又どんどん行ったのだろうと思ふ。薩の野郎は仕様のない
奴だ。根性知らずの奴等を無責任に行って明日出る川へ放って大丸
で失ふの事。馬鹿な奴だ、兵士が沢山有るが板路辺の人は兵は
ぶっつけ川へ流すのは無駄だよ。へ入った様だ。子供らも元気つけて
居る事と思って居る。まあ気がにべを付けて守って呉れよ。たのむ
俺は又紳佛に祈って俺や弟・妹・旅館の預金通帳を持って居る。又

十月廿二日夜三時頃

実生

愛人

243

昨廿二日午后三時から外へいつたり少々修繕もしてゐた。職員一堂
が集つてこげやバイちやんのかんづめを提げて登つた。あたゝかい日だ
日のあたる山の腹に皆座つて話をしてゐた。自分は遅く来て休ん
でゐるのが、しづかな時だ、其の内に会が始まつたので食事をするまでは
かし過ぎてゐた。今日はおそかつた。それ迄に庭の手入れを写して失
つて、飯當番が大鍋の手切りながらうまくたいてあつた。
職長が松茸のかんづめを出して来たので一同大喜びでこの
戦争の最中にこんな陣地の中で松茸をたべられるとは思
はなかつた。いーにはいだかんづめにしてあるから味はおちてない
たおにはうまみがなかつた。何も言へぬ味だつた。かんづめでは
あつたが皆舌づーみを打つた。山でとるのそのまゝのにほひ
がある。珍らしいものをよばれて今日の夕飯はうれしかつた。

248

2

それより又一キロ程歩いたら寺への店屋からのことだ。
郵便の活動をしてから日の丸山を下りし出発する
道のりは山の上でその山の谷あたりから三十分位だ。
昨夜の雨氷が四月めしかしが昨夜起って大分荒れんだのでめし
を持って来てやった。一箇にのっておるのだ。三人の内大江氏そのつれだ
お前のためにはこゝにだってよいと言ってくれたのだ。珍らしい方
だ。うすくらしなえしい姿をながめたら一寸も内地の山と変ら
めのをみておたまてし居る。林の木もいくつものだ。小さい渓流じり
とかいふのが沢山三尺位のが二三本あってそれに一パイなっておる
しかし大体には皮を切って来てそうだおそなくしておる。なあの人
即ちりだ。味は少しめが良がうまい。しかしわかない。
其の内急の途が下って来たと思ったらみる。山の中に居る

250

3

とひどく、山へおりたがそれも見ると遠のいた、安心して、
いろく三人で話をし合ふ、外がまっくらになったからねることに
して宅都外とうをかがえ棒に当る、寒いのだが神経が過
敏になってみるがねむりかかれない、遠く家のことや何やかやを考へて
居ると眠られない、今は勝手になったら又いものなにやり
わした、小説、解剖説、山鮮砲、野砲とある切りの道具を
使ってゆかすくとしく仕分の意味、クリークや山へ遊しとみる
虫がおきまったか一時眼はあかなかった頃、出人だ、それからは
思いがしたなにかパンとかし音がってるたがそれからは
ぐっすりねこんだのが知らずに起きれたのは昼頃だ、晴天だ。
足音近しづかだ、たまたがし音がするだけだ、皆方角違いだ
大分笑、風もないしづかな晩なが冷くて寒い、毛布をかぶ

249

4

ーし文化ー山口君にゆづって帰って又一眠りつまりねこんだ
廿三日今日は除目をすました。日が上って居る。外へ出て見る風も
ないよい日だ。耳の中又鼓がおり出した。耳鳴が直ってすぐ
おこりのが、耳鳴がしはじめくとおもおしてある。両方でしば
らくおもって食てみたが服は走えいしー耳の中止まった。食事が
済しこぶのみそ汁をたべた。一眠しして前のはり穴を破り側
へほった。宝いし安心なないに出来上ったので大体除山名へ帰って
見たを目いた。今日直ちに手紙を受付けてくれるので又思いお
しておそ見た。いくら出てもまりがないが、家ではたぶんを
まっておるとおもってひまあっておいて家から来ないので
心細いよ。何も耳が一三ヶ来てある。今晩返事を出しておる。
こうして十月も正に一週になった。家の方では忙しくなったろう。

十月廿三日[illegible]

[illegible]

妻へ

251

1

今日(並日)は本当に春のあたたかいよい日だった、天氣も度は
けし晴ったので封筒七、八本十一と書いた、なんとに着てた
ったく変った二ともない船たのしかたなっていたろう、
今日はなれからふやつをかえて一同おりて洗濯をして来た、
ほしおそく出て皆と話をして居た、室合は飯例によって
手切りに足りないたものだ、四十一ぱいつまい、
区からは陸軍部に下の方際の拡事場く夢をとりにいった
軍医さんもやうやで待してしれる、長い話をして元気がない
ん二ハインキをもらったが十三元未に了さしなって失った、
婦人の牧師君と話をしたら牧冊を見せてもらったりして
居ませと並んで待って来た、その他空模かので居た、
とんで進んで行って、ゆっくり眠ろうとなかった、海像だつーか

253

2

を売ると罵られたので又終了へ入ったがえらい人が居ないので
わからず帰て来た、で皆つき宿に在るかもしれぬと思つて
又々来方へ下りて来たがもう売るのはないと、馬合がな
かつた、その代り風呂へははいれぬ、はいれよと言はれ、うれし
かつた、三人でいつたので三人借りしに　石大りのドラムかん
へはいつた　二十日目位になるかネ　風呂と言ふあつい湯へ
はいつたのは久がれよめしぬてゐる、二すうしく[illegible]
四位では駐屯[illegible]だけんで本当に久ぶりにきれいになつ
おりと皆て気持がよくなった、人の体の様に思ふ、
で四時半頃川の所へ帰て来た、日記を書き手紙を書き
出した、友人が帰りに九平の個を持つて来たので今切て
ある、たいそう久ぶりに与はれる、僕は[illegible]ことにしようと
思ふ、

254

33

肉を切え炊事へ入った、夜はハンゴでたまねぎとうを煮い
支那の大根いやかけての菜を形のまるいもちを食わせ
たいた、いい香がした、みなさん四人と皆と一緒にたべた、
うまい、今日の夕食ほどうまいと思ったことはなかった、
酒がほしかった、酒でもあったらどんなによかったかを話して
ほにあった、今日酒はない近く来るそうだ、白鹿一本二円半だ
外の酒の割からすると安い位だ、一晩でも早く修了だ、一晩で手紙の
つドマを書く、日がくれた又いつものひまな夜だ、今夜は手紙か
しつかりと字が紙に書ける又手紙書すことはあろう、士官用も
申しあることにしよう、中には申しわけないが以上を書けれな
なりんかな様にでもいいから疲れれば休まるだろう、家では又まだ
一仕事しなければ家へ帰っては寝かない様だ言い聞かせ

252

日がくれたが割合しづかだ。横になったが眠らずにゐられない。
酒をのむ、となりの小屋にゆく。酒盛が始まるとはにぱもくと音がする
其の内ねむって仕舞った。夜中には敵が一時五十五分頃立った
思いがけない様に安心してゐるが大したことはない。無アキスをすまして
帰ってねる。ぐっすりと眠るだ。今は二時に目をさました。どんどりと
寝ない日になった。雨になるのかもしれない。雨にぬれん様に
用意をしなければならぬ。ルとうの兵隊たちので日をえらず語を
淡えた。会アが来た。こがのみを汁であついなかなかうまい。会アー
をすます。七時半頃からどんどん一人の兵隊の後を一人出来若草あに
飯を炊んでゐた。何もない所でほえてゐる。が今はもうやめた。ような人を
貰うと云ふので戦友が寄ってたかって来た。少なく帰って日記を書く
これで十日を終る。仍って音がある。俺は元気だ心配するな

実生

十月十四日朝四時十分

春へ

255

發	十月二十四日 午前/午後 九時 分	發信地	於陣中
着	月 日 午前/午後 時 分	發信者	定生
受信者	良枝 殿		

食事もすんで皆集ってみんなの酒をのんで別れて当人
帰り、姉、梅田、家へ、分けもしたり書いた、伊保、何か知らせ
のことを言って来た、大江君になる人でパイナップルのかんづめ
をもらったのを買って来て皆で帰った、五十本と十本位
みんな煙草、あとで二十本ずつみんなとなり分かった、
土曜日座会をとりにいく事なったので一人炊事当番をした
牧野相当なお元気で疲労して居り、仕事も達者
でも何もないと云って、動けぬ位になってゐた、
軍医さんに見てもらふ様にたのんでおいて、出て行ったがみんなを
大切にしなくてはならない。何とかしなければならない
にほいがするたばこを買って来た、げをかけてたべた
皆相談して酒が沢山ありさうだから今度の時に買っておく
こと、幸い今日十月と十一月分の俸給二十
円ばかり貰ったまで、誰でも欲しいものだから三人
で買ふ事になった、男のを一つ四十五本の縞織ですい
ものがなかった。お菓子のかんづめを買ったかったが何が

2

發	月	日 午前 後	時	分
着	月	日 午前 後	時	分

受信者 殿

發信地 於

發信者

がらんがらんと言ふのが停って来た。沢山の塵ごみ時に
ぐっと一ぱいのんだ。ちっ晴れたり ていえ しめんれんはに
すかっのたよい。肴は何もないが又何か売るなになろう
明日からも何かか売る。そうなれば金はあるし今の所申し
分ない。御保がなければ金がいとしあっても仏の役
にもたたない。はな純日なんだからな。小むへはいって手伝を
始め病身としる切れにす。済ませた。これを使ふ一筆
朝からおいから折ってきたが今日はこないな。たまにかってやつ
とあるけれど、そうしてこないと不思議な日だ！
昼中から南京がかまどしを一本帯びしまるので大
作者に小道をよんでいらいそれをさ、上から十イフで
切よしげったものだ。粉を引くおろ（三時十分頃）
か一え年として おりげった。沢山な量になった
えるい次の挑回へ壺を二つ作った。七つがあったけ
で、とらいもつ面よ 眠くいった。又大風を外ぎ
おなので言葉をもふ。指先の火づかを三人が思りたい

3

こさかった、一ぱん出来なた味つけしてない水たきのまゝで
食つてたが止めた、自分のは、持って来たらパパイヤがほしい
と言ふ不便のをかけせった。然が出るので冷たいものがほしい
の故、酒はある。常におくをやーはけづって一寸切りさへ入れ
ば味がされよ。又底のが下へ水牛の肉をもらひにいったがもし
世言ふ文句をいってたが言ん価の前にするのだ。三人で三升。
持つてもし箱のかにたのしんでのぼろと言ふす法だ。盛況
かつどんと大根を敷かせてやってゐる。何か宛つけたのだろう。味は
一寸食ってよい具合に水牛肉を買って来てくれたので早速すきを
とる。肉を少しとったのは今日が始めてだった。
で大阪の序を三人炊事へ行った、たまりをみーんなしてくれた
角さとうを酒保で買って了ってゐるまで女郎の女ちゃんの
いつもしたいた。もう臘月近い、旅の女が積にならへてゐた
ええでたえ、次へ停って来て今後のちょいと来るのだ。
はってゐる味噌を買って来いと停った。三人めいく味
いくをあしてえまい牛肉をたべてどうすびくの人だ。うまい
味用があって砲兵へいって用をすますと入かしのんだ、ごった
のんでいい気持になって味噌をたべた。味がよい。
酔ひて陳になった。どこでも来ていっへゐるので好い
勝第がよい。朝日から夜は〜ということ二つ書いた、

260

（京都・武陽社特製）

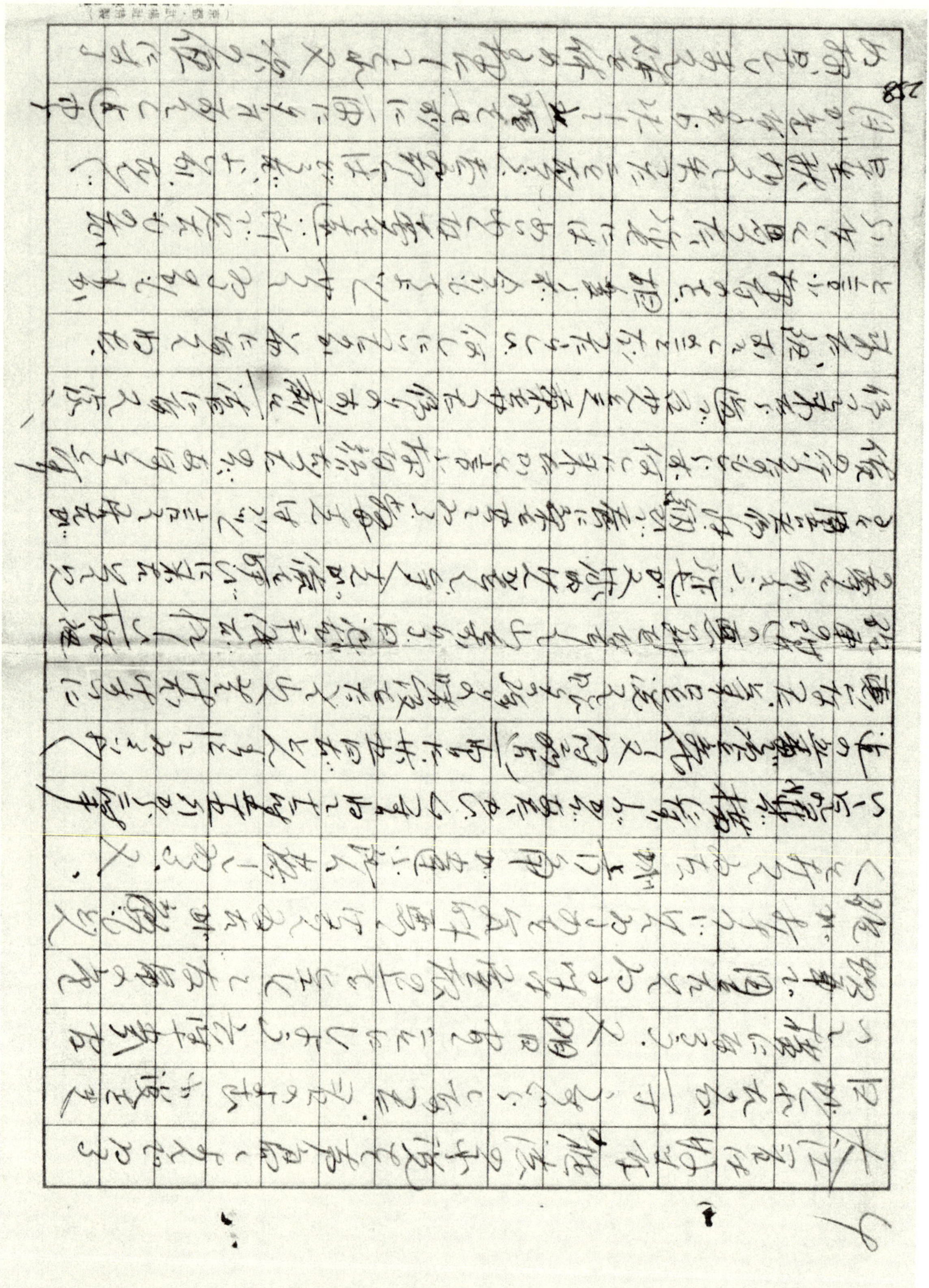

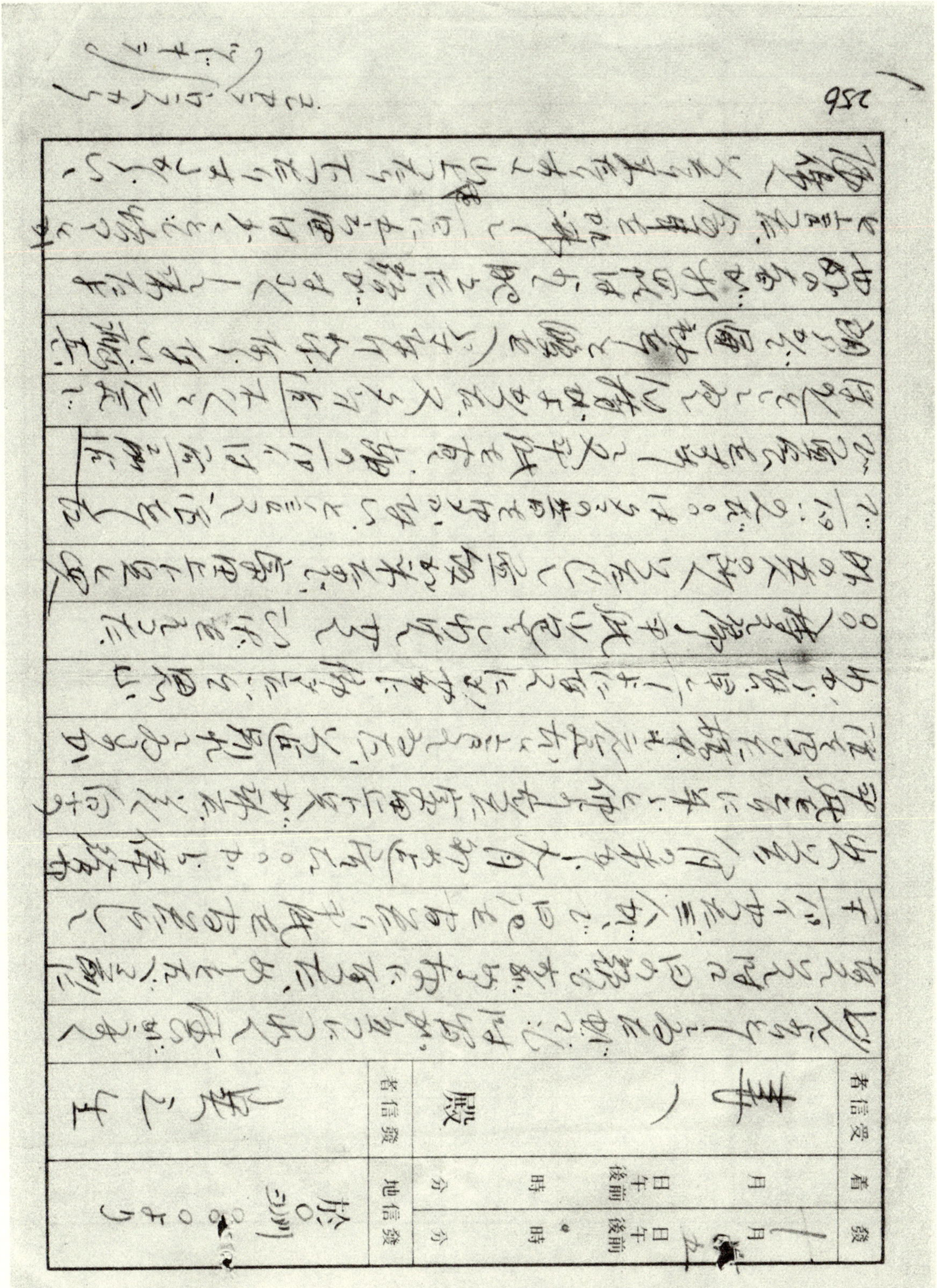

2

遅郎に取る、胡蝶とか夜蝉のない時は別に用がないから、
ぬしは知り抜ると遅郎と一所で爪を眉を悪くしてしか二匹のだ大
この今迄の両人がそうなのだで夕々の来ない時も気て位はあまり
すてゝおかない大犬大犬たちが気をつけ遅郎をまう、庭でも
又蜂撃へ出て牧野や草原を見事に出しあったとつと
蜘蛛では脚を一頭用で捧って来たのでそれを伸ばして用いんでゐる
文郎今はかしわでもゴメでも中々れ今までになる、仏位だうだ
バッタッタも何もかも皆で失ふのだ、あから云れるのがお来るとの音を
用ただゞーセットをかごを持って来て立って居るフーニャン（文郎母）
はもう、出目らいし、二階までれ寄勝をして立って、肩で息をと
一つ居る、いゝ女だ、白粉をつけぬ、又三郎は眼をぱちぱちさせたらしい
し、爰に坐って居ることも誰も言って居る。膝が大きく見かけ丈夫くと
言ふものもあり、口を尖らしてる子供が田舎の女二人を一所かに三
所を一階に生活してゐるらしいたゞ生きて其の他を使ひを
する子供らも出入の者が一定の家の装置をつりいたりしてうらい
知るは相手にしないが、それが親切であると思ったのだらう
なんとなれて来るが、独り服を出して床に入った服の皮を出して
所で字をどうして見せるのか、少年たちがくるくるごろごろと
一丁所にゐる、五歳程の息子達が、留守などは出入りした
色々の工夫のなかったろう一人先人が居るだろう女物を着出し

257

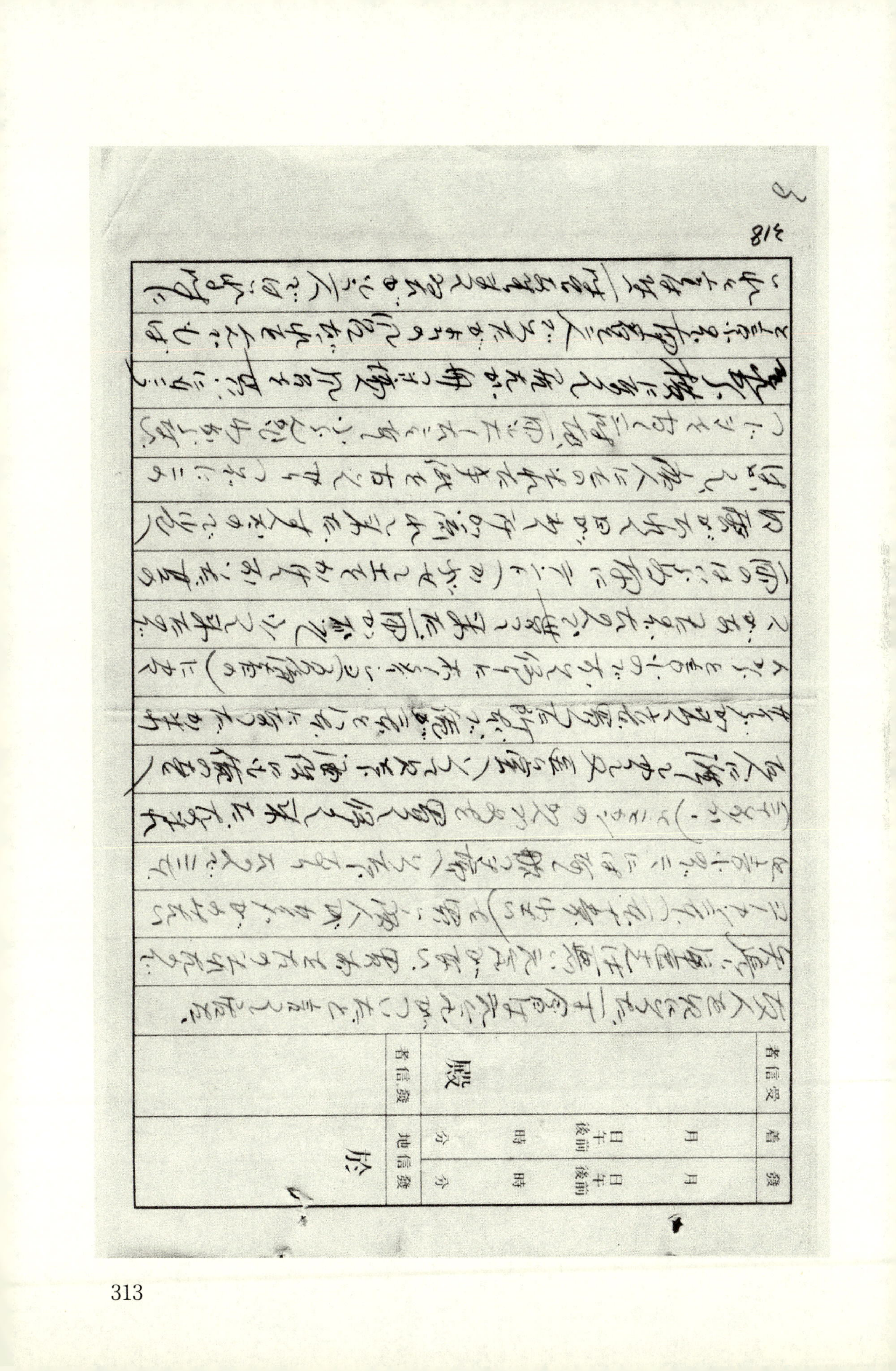

318

[illegible]
[illegible]
[illegible]
[illegible]
[illegible]
[illegible]
[illegible]
[illegible]
[illegible]
[illegible]
[illegible]
[illegible]
[illegible]
[illegible]
[illegible]

受信者	殿	發信者	
着	月　日　午前／午後　時　分	發信地	於
發	月　日　午前／午後　時　分		

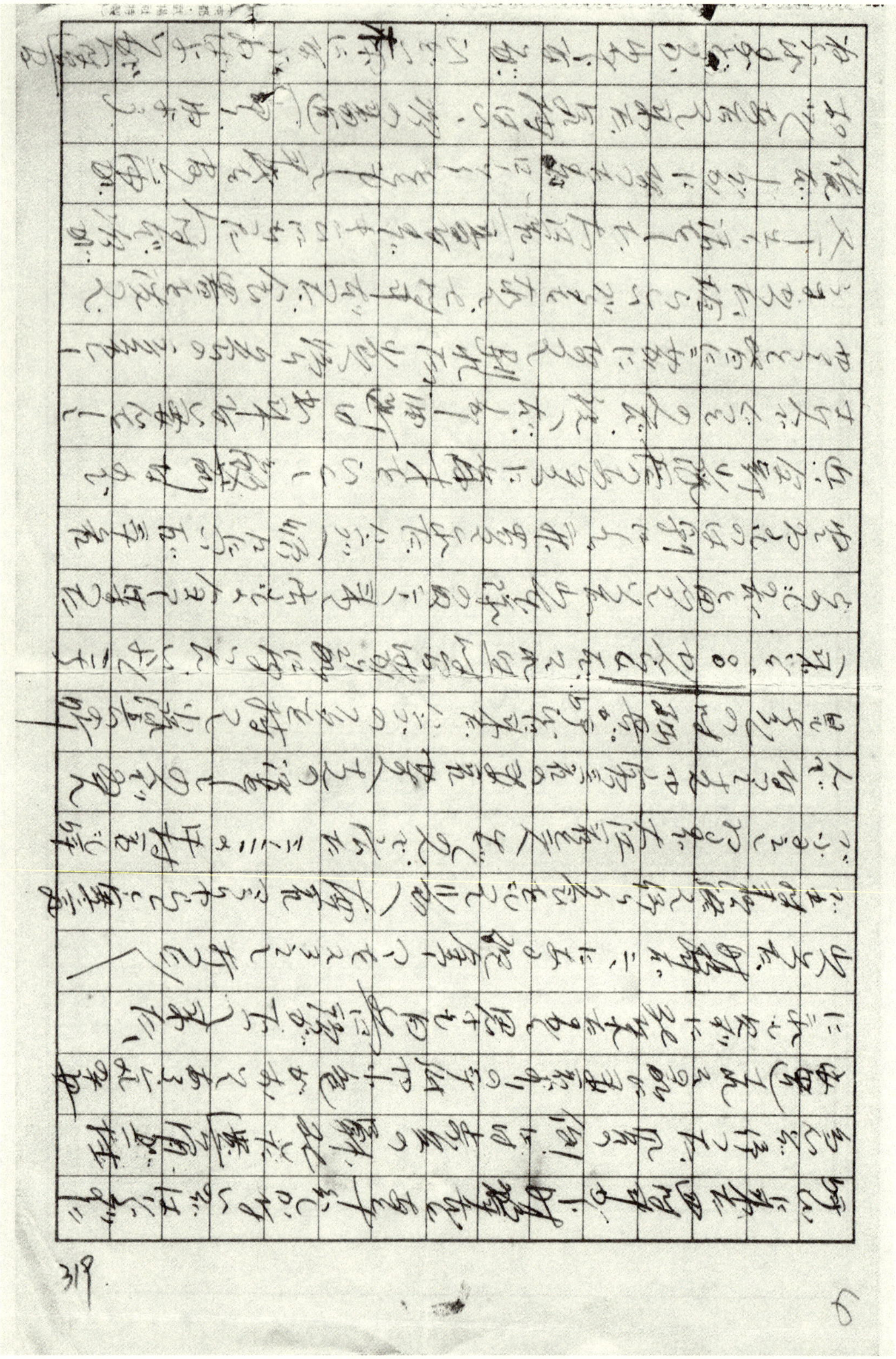

5
320

發	十月六日 午前/午後 八時半分
着	月　日 午前/午後 時　分
受信者	妻へ　殿
發信者	寛之
發信地	於滿○○ト二

○○のおくったのを読んでゐるのか　新聞は来て居るのか　やけ
えになつてゐるのか　たまにパンと替へてゐるがどうも合れがぬ
けてゐる様に見える。雨はポツポツ降つてゐる。こんどふる様に
なつて来た。旅行きが悪い。時々ひどい様になつてくる
すいぶん帝君が寒気がしてこまつてゐる。今の事だ
大江君が大陸に渡って来た。会つた。今組は四人部屋だ
四人が並んで寝るのだ。二時間早出番だ長い。そして雨の
組は私だ。俺がいたが雨が降つたえれなし止んである
思い出したように寝たりして、こういうこともないのでよい
俺の番には腕が折れるだけたまにパンを替ってだけだ。時々頭
の上へヒューヒューと来る位で山の上を通るから面白い
○○からは日本だけ大土わけもしてゐるだろう。写真が
五回でおそらく届いて居たのに三回目でおそかった。この頃
節分だ一葉のりもしたが、うらやましい。清水だ。新聞に出た
如何らしかったが、こいが見たいらしかったらしく
とよく行けなかったのだ。の体むけ立派にやつてゐる。安

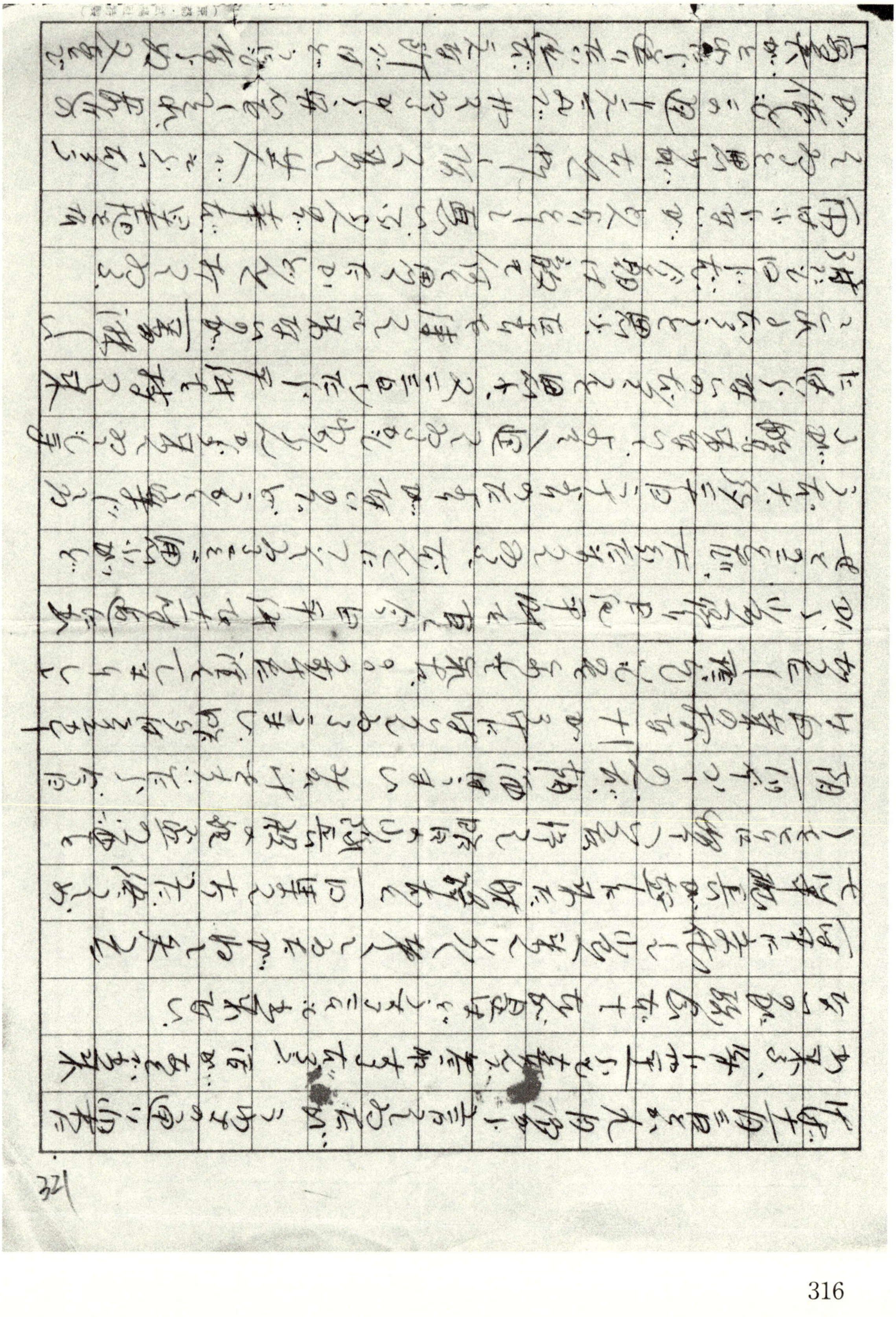

けふ十一月三日とか九日とか言っておたが うわさの通り出来た
出来る、分隊や平上なども喜んで参加するだろう 俺があとから来
ないのが残念だが 体の具合はどうすることも出来ない.
一時半に交代し少しあるくとこうたがねと失った
七時半班長が起しに来た時待たと一日休まっておぬ
ことりは郷へつれて行って 昨日の小隊長殿の紀念の酒を
開け一升ゴーの上だ。酒はうまい みそ汁をすったら ただ
の白菜の菜な十だけはりんるうまい。昨夕はうまかった
かったし一層気の毒をかんを気れた。のの方ずた酒をしまりしと
が少々身り上官平時を頂く今日平時な十時過ぎにお
世とのことだ。大分たまって居る。なんにつくるか思ふがど
うだ大分二十日すぎのたのが無いのだどうも寒じる
のが解らなかいよう入って居るしなかんなよう来ておこしら
たはうなまのたうと思ふ。又三三日ほど平時を持って来
これなならうと思ふ。右手を浦て来ないのか一番淋しい
時でも日だ。今朝は飯を何と思ったどうとなってある。
雨はふらないが 人がとして悪いふうのだ幸だ 早起きをな
それると思ふが なんとかし俺て 楽しい 生人 …
が。俺しこの週末ないで 世に居るから安心をしてくれ 最近の
写真がとりたいから送りたいんだ えなんとかだけとうぞ 終らぬ 又まで

No.

俺一人は梅田から別れたと思ふ、無理ヤ無ア
元気よく、其のおかげで今日は声ががれてものが言へない
位になった、無ア藤吉も大川・中館・今又だ、本也浮子
言なのでよかった、安川・中・山形72の山西と二人は停止された
安川は喉で、山西は喉り過ぎで俺にもよく言っていた
加東・石土と会い行った、とめて百名少人たちの熱心なのには驚
色刷風・旧師地元にきたらん、其一支は大阪、今一支は満さ
合たもよく判になくなった、浮江も今一人も今日何処に
在会ったが皆とても元気だった、他の人の事にも何処もない、会いた
りの皆んなも解散会も三四日ない、言えば別った、
梅田に別れわしは部隊の山形部隊の出発を見送
は俺一人で、四人は一緒で、それに四人それぞれが部隊
へ、後からわたしの通知を、一に師団の兵器へ

262

No.

又会はなくて腕がへり大に困った、外の事人を傳たして言ふかけ
ましたよ。ゆって言は実の所ニつだ。もう少し気をつけた。不自由
はしかたがないと覚悟して居る。体の方は絶対によくない
それから言葉もよく一番体得して、言葉を習って気持よく修行して
ゐる。直接やって為に書き、書けないでせうから作っておいて欲しくて
直ちに印鑑の方のことで、それも留守の人の一人盗りが、無理はりはし
ないかと思って御無沙汰になってゐる。おかわりまえかんだ、女一人では
困ってしまった。思ふ大先生も全然に無理の一人らしい。直接に作ってゐるが困ったかい
が、それはならない。あてのない旅をと云ってゐる。
私の思いってをまって出て行くて居た。家は無事で目の前
の病気を通用とは言いながら言葉が上へあがって伸ん
でゐるもそれはない。近い所から一寸見てしてやりたいと思ふ
が、思ふ者になりませたはいかない、一寸淋しい。今度は大

263

No.

ましか、一つか紙で一つ紙に書くであると家がなかっ一

今日は昼兄弟出に行ったよ、アラッポイのが、今朝一人やられた、

大切な大気を付けさせ安心さしてくれよ

中村と一緒には行けなかったが思わなかったが、深すまると思ってん

が小隊長の命令が出たより行けないのだと止めた、

今朝俺の顔を見て今度こそも言ってたこの性い男がよく来て

お前まで来られんのが、あまりにもいいやつだったのにと手を握って

目に涙をうかべてゐたで、これはまよい奴だと思って笑っ

てやった人だ、子供が財産って命に気はないもんだ、家屋の後

には立たないと思ってたよ、でそこへいくのだと止めたのだ

言うはよってんで、そんなれた人でが運を天に任すって何

此人の話って生命も傷つこうと思ってし、ほっておいたが小銃

弾になったのにもかかわらずの泥まみれの命ら、俺入

264

No. 24

三名であった（土人の内で）兵隊十名の部隊で名はいった
インパールの竹倉上等兵を予備が参加つた上等兵とに
二人気づかれかったか。あとは皆知らないものばかりで仲よくいくか
腹がへって一部に食べる事はおへない。又何をおいても
淋しかったようでたまらない。是は後隊兵ひとりの皆合食ありとなりか
今日のんでいる。隊友がとくさびしいことは一生はなんだろう
兵たち仲よくしようと言って決めた。一戸に行って一人ぼっち土人三軒
とまった。俺のつけられた近所で、ほよあって、俺の言うことを
よくやる。百姓が子供八人、母（五十三位）一人。長女は既婚の不在で男
が四人、田は四町歩位で作ってるとしたらしいが家は又困るある
うと言っている。全くは戦死した人と言って俺をよくした
家遠年を経てなつている。兵隊は十二三位の人数で兵舎に
其他も二十名位が（大抵其他）兵隊は下が三十三

265

No.

上は半也。若いのだ、気[illegible]の[illegible]れて来るか分らない

十年位に見える人もあり、後ろの頭も四十四の白長だ

顔をまっ白にしてゐるごくおそろしい人だ。一生懸命に

ゆうと思われ[illegible]い人が[illegible]をよく[illegible]が[illegible]にある。すぐり顔

を鏡に見て何と言ふ者かのを知ったら、トーン

ヤパンの宮イカの時のだ、うまく書く丈夫と言って[illegible]心をしてゐたな

特に美女も上は三十八上と云のおとなる[illegible]な人が是一つ[illegible]

見ると引いた云つて居る可哀想だ。実際の顔を見ると[illegible]

朋の顔を見ると大よりない事だ、一文見の[illegible]の居る。大よりないこと

すいぶんいい是非の流をして会い、六時に青い其時、二文

停って何時に画の其時があり それで今社日[illegible]もしい和女

が勝手か分からないか又分かつて来る おこう[illegible]によくよく

り出て見ると、女人は出て居るに[illegible]を御[illegible]下さい、さよなら

会 出す

[illegible]こ

一日

266

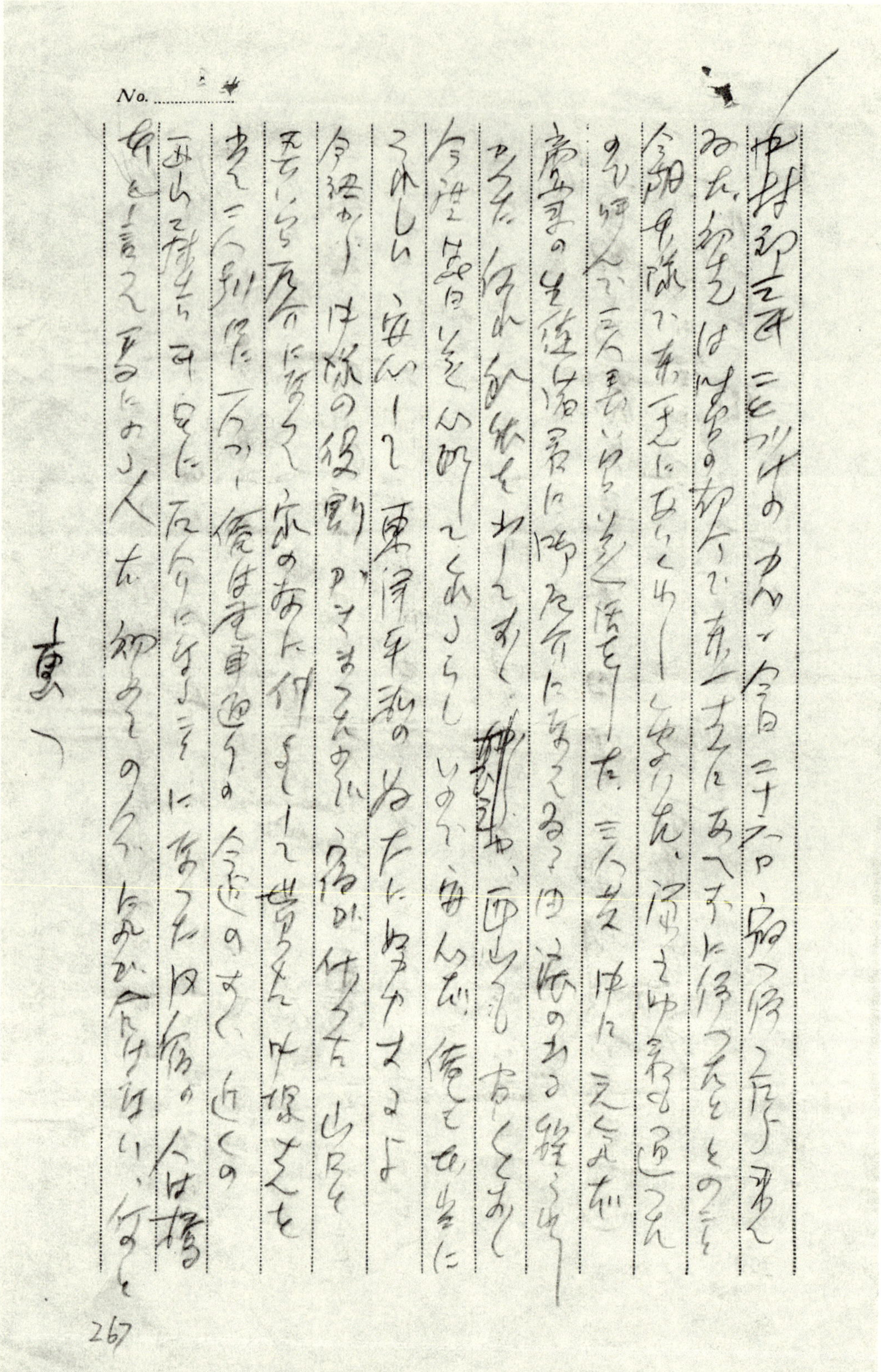

No.

中村[illegible]さん 三日づけの[illegible]今日二十六日 朝[illegible]

[illegible]は[illegible]の都合で[illegible]

今朝[illegible]で[illegible]に[illegible]

[illegible]三人共[illegible]

[illegible]の生活[illegible]

[illegible]何れ私も手紙を出しておく。[illegible]西山[illegible]

今後[illegible]心配してくれるらしいので安心だ、俺も本当に

うれしい 安心して 東洋平和の為に努力するよ

今後[illegible]の役割[illegible]

[illegible]家の為に何もして[illegible]

[illegible]二人[illegible]俺は[illegible]の今迄の[illegible]近くの

西山[illegible]になった以後[illegible]の人は[illegible]

[illegible]と言って[illegible]人だ[illegible]の[illegible]

東[illegible]

267

宿へとまつてゐる二十日、ここは一寸も寒くはない。
座敷に坐つてゐる田舎者一人づつよばれるだけだ。それも
すこしたつて弁当がくる。宿はなかなかいいから大丈夫だ。体も
丈夫なので腹がへらないのが困る位だ。お金はいらない
二五日接見禁、面会謝絶二人分払つて（三日）旅費を
二日おきにもらつて今三十円余位ある。むだ使ひをしない
から大丈夫だ。
京都を出発する時は電報すれ。又その時は大阪へ寄つて
会つてくれるがいいだらう。
京都市伏見区東竹田町七瀬川（寄宿所）
西村勇吉方

可件を書れば
当分の如し

268

No. 三〇　　8

り右以外　たゞの老人が来れば、言ひつけて　出て行けと思ふが
今日迄は我慢して　お客男子は日本人にするのであらうと思ふが
南はしても四時半、その人は二時頃に起きられる。今日も午後
飲んで茶菓を傍に寄せて先生をとりにくし　五時すぎ頃まで席
で、それから随意に、家の中を歩いて行く。多分眠いと言はれる。すぐに
[illegible]に行く。風呂を出ると　残りを足してもよい料理などの者
に出す。ちょうど紅茶、又は牛肉、とか、面白くかくしてある
夕食をすませし　仕事も大方済ませて　家の人を[illegible]しておく
十分に出して、それは三分くらい先生が風呂迄のお人は[illegible]
すっかり明日の用事も済まし、西の方[illegible]少しばかりを[illegible]
出て、帰ると、[illegible]を　九時か十時で一眠りして　起きると　一言十
里人[illegible]の四時半下がって　終わるかと[illegible]
ノ[illegible]所の[illegible]時[illegible]（[illegible]）[illegible]

26P

黒の布の表紙付引出し（金のある所）一
印肉のあるハ之に　名刺の入れた箱あり
その上で、うすい方の名刺を少し　大分位の
あつさ　焼却してくれ

加

No. 2

はなれても母さん強くで相当にくれるよ、私はよく分るよ
落付いたか好きでおろしい！皆様もかわいそうに
やよ元気な年少し四十一才の女として働いて太腕をな
ぶつかる時の苦しいものだ。でも四日十五才もしなければならない
のだ。しかし若くても皆の中になって暮す、世代の力がない。
母ちゃん一匹か山の中に子供をつれて来る。多いのは大人も子
て、旅路も山の中や子供（三つの）を連れて妹や姉婿と大世代
来たが、帰りたい子供が気の毒で一緒にいくと言って泣いて困つ
てゐた様でも早ければ会わけは言えし、然し別れる時に付た
い健康にして別れる。いやでもめいめい、泣いて泣いて泣けて来たんよ
俺も子供と離れたくないが別れるのが一番だ、けれども思し、
が別れる時に思う皆、相信して居るとも来るとも、とも
くれぐれよい子さんくたくさんのたよりくれるようよし。

271

No.

今ん三上あいたい、ニ、ラ、ト、ん、三と今でも言葉のかーと

しづかに老人はこんを着くてみると　大きな気になるよ。

管のことば眠する何巴の人たちに聴けれるなまことを　はずかしい

土孤に帰へ行子。耳病えてすれば行よいつもの場か、売る積た

気をつけし立派に存在するかね、無心つても今迄とは生活他つ

たつもりで働く、家のものが巴民族の為に大事な言葉を守つたぞ。

人に告げるあなたと申しけい、皆までよろしく申しておいてくれ

国の才付も法治なとか、法があれば相法まれのよいかだ、今迄

ほどおくように　学の土地と書いた勝利は日本を人に見せないあたに

見せてくれと言っては　土地全体を貸してある所一枚だけ外して見せる

あなた外の三国を　見せないあなたにせよ

行かるあなた　方もんもの　はあるなし　えうもか、どこへも　やって

あの大金　錆お城台の中に　今年まで　あるつもりが　それに

272

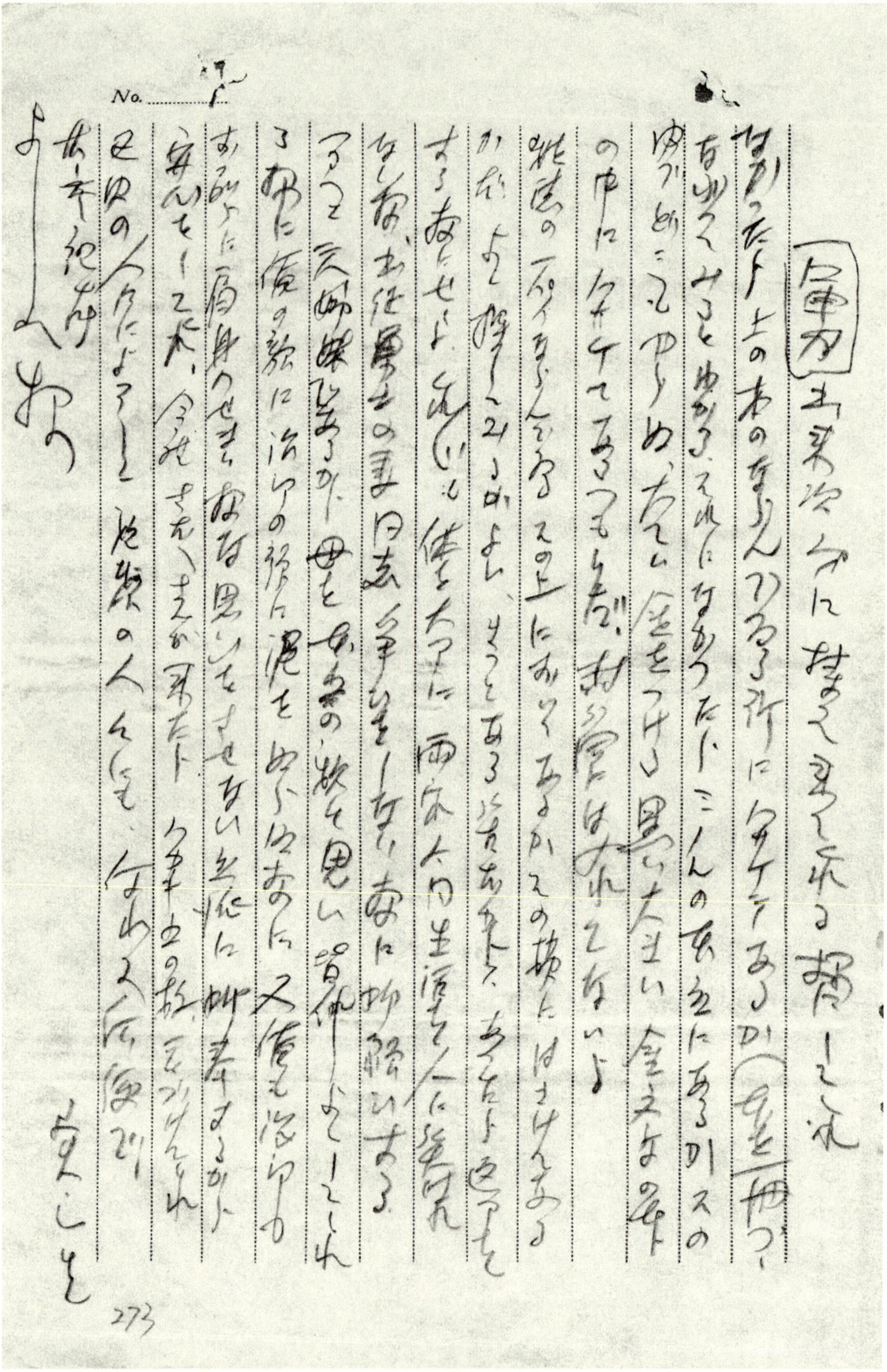

No. 2

と二人で行った　本日旅行で来たら　馬屋の六ぶ　皆行ってゐた
下絵台の酒があったので　のみました　一升位のみたかの者がかなりあったので
山口と酒屋と二人で大分のんで来た　いい気持に酔って来て　朗らかになった
役場が工場に行ったのに　山口が毛布会着を持っていって来た
係給を甘ガ了ので　持を山口お気と四人のを甘たりにいって帰り　工場所へ　役場の
印を借りにきて帰りに鉄道へよったら　雨が一杯すけんで　よい心持になってゐた
のあと又すぐ　あふれへ　皆と一しょによばれて　夕方帰ったら　又具合が悪く　荒田と雨と
三人分の係金を貰いにいって来た　いい心持になって　ごろごろしてゐた
山口が三升酒を飲みになったので　迎いにいって来た　店が　千反の小坂を手場
松田・森本さんの山小屋　佐久米の小坂で　四人を呼んで　面会し　何日半も遊んでゐたら
良作がすんで居た　山口が酔って来てゐて　皆　珍しい気になって　つかれてゐる
てよにぬて　酒をしてゐた　山口はくだをまいてゐた　大隊駐所へよって　友達に
糸やさ上をすゝめられて　うんとの人だので　とうとう酔いつかれて　寿司のおかと　言って

274

第三号

322

發	着	受信者
十月二十六日午前後二時　分	月　日午前後　時　分	妻　殿
發信地		發信者
於○○にて		実

どんより曇ったまゝで降りはせずだん〳〵悪くなるのだろう
今頃ひどく降らねばよいが。少々位の雨はよけらるゝ所が宿舎になって
ほしい。手紙を書いて班長に渡したのでおいて、炊事へ茶を汲みに行った
飯野も一寸元気がなかったようだ。厳重にしてくれんかと言っているだけだが
だ。早いところでいゝなと言って、たのまれたヨーカンを二つ買って帰った
弟が持って来てくれと言ってたのでもって又行った。ゆであずき、ヨーカン二つ
を又買って五人の中でみる番の者を決めて持って土嚢陣に
帰った。今日は軍医さんによいのが病人を見てくれた。帰ってから財
解だとの言で陣地へ上って来た。僕の砲はかんかんに石の谷に打って
ゐた。座ってみると前え。一寸の休みになるをつけてかけた。今のアガは
になった。皮腹なったのだろうまあった。今日は○○から支えの砲が松林
にかしわを取った味めしだったうまく。松茸にそばの様なに白いのが
青菜を取った吸物で珍らしい。松茸はかんでもあまりにほいがない
眠くなったが皆へ帰って休めの命令が無い。トンボをとりに帰って
ヅノーを持って来た。砲列で今これを書きつゝ。敵の砲弾がどん〳〵
飛んで来たが今静かになって西山は小さい木が赤く紅葉して来た。

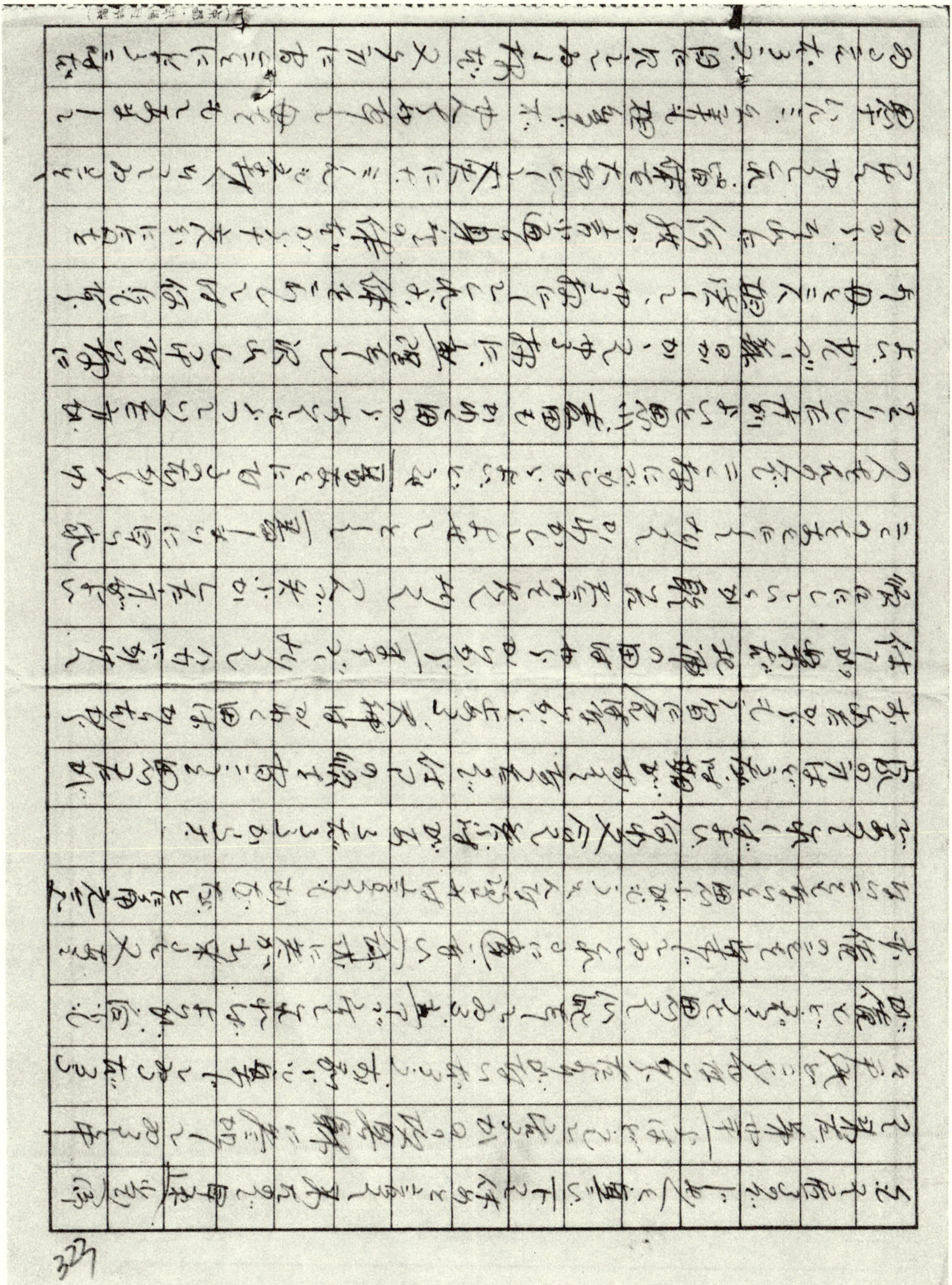

3

發	十月拾六日 午後 七時 三十分
着	月 日 午前後 時 分
受信者	妻へ 殿
發信者	男より
發信地	於○○にて

での道よって行ただけで寒い、四階へ泊って汽車
ないと云って通いだ来て四階から通り、臨時の列車を今か
何を出かける一つ路を昔なんでいるを切て 四人 四人位の酒
のんで一寸いい気持になり遊んでいた。夕食がまだいい、大根とかしわ
の吸物でうまかった。酒が少し足りない。二升ばかり飲んでしまったが
のむものは五合位で七合ただ少しも酔わなかった 十二時は過ぎて居
じめなしいた。近藤さん 丹前を着たさびしくのんびりと云う位
になったが明日の朝酒にのこしておく。止めた。夕食をまるで
たべた。酔ったよい気持がよいのの のんびりした夜を気が居い。
殿 ゆうべおかしい本を寝ころんで読んだ 鉢らは二が
水を一杯二人交代ではんさうった。今は 二人で一人分を飲む
と言った。校ノを見て帰って雨の中を帰って手紙を書いた
早くもとも早く日記帳を書く。中々寝ぬ 今日は暖かい雨
が降るかも 付近にて 雨の中でつまらないが 今日の話が
ないので安心だ。すぐ七時だ あと半時間しか寝ないで起きる
顔でも洗って寝にかかる。よう考えいい気持だ 又明日にする
七時半

4

今の沓はない。大江屋へ入ったが、すぐ店を一しに
僕達は一番近くまで出かけた。雨がふってゐるのでみやげ
陣地へ入ると思ったら途中で帰った。船長が
人が十人ばかり立ってゐるのだった。少しばかり休みのことに船長の出
迎へを受けて、隣に座ってゐた。いつもの事で失ってゐた帰りに
起きても起きなかったさうだ。十時過ぎから十二時半近くまで寝て山を
支那人の家へはいつて、久しぶりの気持ちで、ふくゆる
七時半頃目をさました。昼過ぎに雨はやまないがひどくはない
出して今になりかけたが、何か水さうの[illegible]
のやうに茶をのんで話を交した。いい気持になったので少し
今朝かまんつけた。白菜のおひたしがうまい。船長に会
らくいい気持になって出て、たゞ元ゐた部屋で又少しやすむ
今日もすこしおくれた。朝の酒はいい気持ちだ。ほろりとよう
日記を手紙を書いて見る。船人達がひとりとねむりにつくことを言
つて梅木がまたしにきた。昨日は三度寝たどのやうな船人
の日一番はない。船長も法律が好きなので話相手がない。海
とその山の天の穴へ出して一寸ばかりの人がゐる。静かな
風をおこした。たゞの静かな夜のあとは人々が言ってゐる
だが海のやうに静かな人の便のお話が、[illegible]
こないし飲むにかく、わかない[illegible]人はわからない。大げさ

（京都・武場社特製）

325

發	十月二十七日 午前 九時 分
着	月 日 午前/後 時 分
受信者	妻へ 殿
發信者	良七
發信地	於○○にて

なんとなくうすら寒い雨の夜ものんびりとうすぐらくなつ
た。すむしある部屋に居て、雨もいゝたいこんなふうずしよかつた
用も無し十時迄小説をよんで居た。今日はやけに暇で[illegible]
中隊長の偉い物で来もらいに御偉いさんかたが、ユニフォーム。言い
のんびり芸を書いて来て特にを見て来たが一寸どんなで
来たおなた、終りにめしと汁（お菜だけをおとしたすきやき　あまい）
と一緒にした。めしをつけて食事をした。大分元気がよくなつてきたし
青い空や白い雲が見えました。すずしい、敵もしずかになつて
遠くでパンパンと機関銃や砲の音がするだけだ。○○がまけて
大勝だつたのに部下のものがこんなところにまごついて[illegible]
も一つおかえして文郎の父は馬鹿な奴だ！それとも多この子[illegible]
だつて、何で甘えてにやつているのか、もう故国の母が[illegible]
なろう。又来ないだろう。今迄送つてもらつて見た○○もすつかりもう読んだ。
土曜日も日曜日もありやしない。一度運動もしなければ[illegible]
んがかしは[illegible]皮がむけたりが修繕をしておこう。三人へ[illegible]
本当のカルタのカードを集めて送つた。妻がだろう。又ひろつて送る

6

午后三時迄、波をよんで見たり、手紙を書いたり、ハガキを書いた
りして居た。班長が来た。教官に言ふて二人係りになつた。変つたものは
なく、上官がだまつてみてゐたのだ。又、こちらのはないかと出て行つたが
何事もない。敵の飛行機がドーンと爆する音がする。○○の古い兵長の兵
浅井さんが名前をさして元気な顔色をして居る。酒を来ると言ふ
確か二十三日位に見える。八月切つて居る。佐藤とくらべるとえらいまん
佐元気が違ふ。やはり若く行ければなんと思ふ。夕食前だけは
山へ行つて見るとあとで二十の店（一）かたまりが・ＲＥイの甲板をしてゐる
天ぷらとはこれものだ。芽を出てかけさうだ。捨てるものか。うかうかすましてゐる
ので、ハリ切つた若い兵たちは元気だ。やはり上陸してから継続の
野営に○○に居たのだそうだ。二人まで戦争が初めてだと。
夕食を済まして入つた。昨日の三人分の作五人位あつたのだと二人
でとうとうみんなのめしを切つたり、分けた箸箱をのたいた
夕食の方ができいと気持に言つて夕食をすます。一様にするとへ入ゆ
しとる。今迄は佐は胡坐をかいてつまりとれた。弟と二人が忙んでして帰り
早速肥取り。弟と二人で○体の半分を出して、空気入れや自転車はどう
かとが調べて見たりしてゐた。弟も大分でなつた。以修つたのかわか
らない。今日は大分のあす日兄に言つてぎりであつたのに休みの肥をとるのか。
おそくなるが一車もないといふと相談してゐた。材料もなくて佐だ。
落ちてつた。雨がおちてふつてゐる。ＲＥイの花壇だ。居られは雨くらい。

327

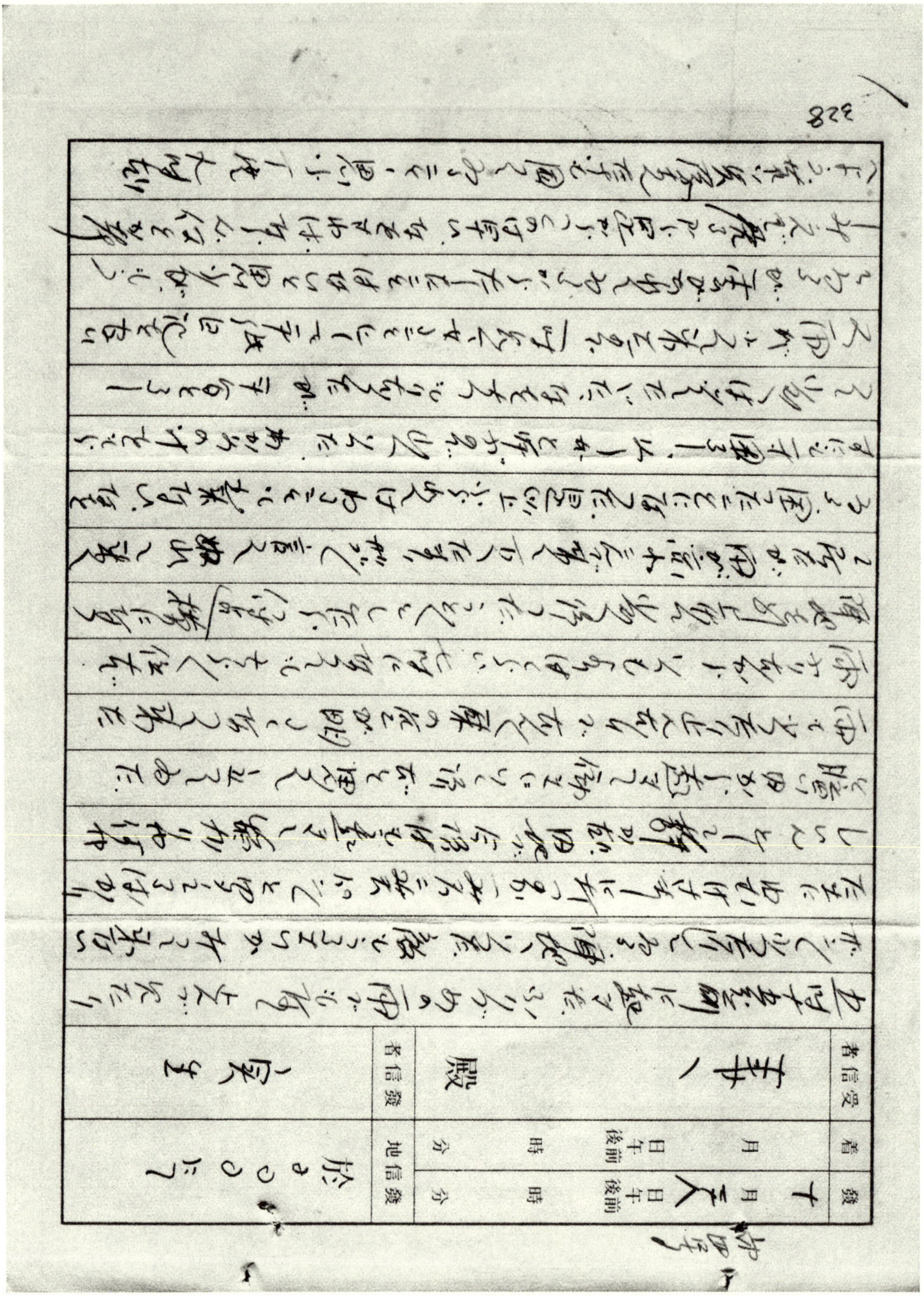

第四号

328

發	十月二十八日午前後 時 分
着	月 日午前後 時 分
受信者	事へ 殿
發信地	於〇〇にて
發信者	実生

五時半頃に起きた。ふりづめの雨でもなく止んで居たり
ボツボツふったりしてゐる。陣地へ行った。敵もうるさいか打って来ない
ため山むけさせずに打つ事が一番大事だと思ってゐるばかり
しいんとして静かな陣地だ。今朝はもう起きて給仕や何か
と晩から起きて働きにいくのだと思って立ってゐた。
雨も少したり止んだりで、なんと麻の花が明るくなって来た
雨ふりながらもよりはいくらいい。七時になってもちらく仕方だ。
陣地を少し直して行ったうとくとしたい便所横に置
いたが雨が流れ込んで来て困ったす、がっかり言へない程濡れて来て
ゐる。困ったことになった。是以上ふらぬ様はねることも出来ない。なにを
するにも不便だ、仕方がない、もうふつた。あかりの汁をそら
て少しはあったりしたが、なにをするかわからなかったが、今日はもうし
又雨がふって来たので一時過ぎてから手紙と日記を書い
てゐるが雲がはれてゐるから大したことはないと思ふがもう
一度見て居る。足が立つのは早い。なにをすればすっかり任をなす
へよう。前に兵隊たちも困ってゐること。思ふ下さい。大時だ

329

發	着	受信者
十月二十九日 午前 九時 十分	月 日 午前後 時 分	妻へ 殿
發信地 於○○○にて		發信者 雨(?)

雨が一寸小やみになつたので我々は夫々小屋をこしら
へて稲を積んで来て屋根を作れば畑の中にかくれたりした
ごそつたりしてみて床をしてゐたが雨ふらしくなつたので横
になつてやすんだがすこしあつくまるくて足を伸すとぬれて冷
たく中々よくつすりねむつたでも又時々に目をさましては失つ
たと思て起きた、畑中大雨にさらされて了つた 十二時頃から
三時半頃迄、雨にたゝかれた 幸ひ雨は陣地へ入つた 敵と味方は
砲声も一雨はふえてゐて少しも合ひをつけて居る、軍
隊も山々と交代して後へ待つた、後はもう星が出て居たが
大分寒かつた、と思つて又くつすりねてゐたのを突然音に起さ
れた、六時すぎ一回に赤土のどろどろがついてゐる 後でやつと
又雨もしみ込んで其の上にねて居るのだ、しかも汁が出来てゐる
起きて火をたいてみなさしてすまして出たまゝしてゐた、これも
雨でし又直ぐ出発がつたもう止まるかと思つてゐる 夜中
又止やうになりまして ぬれしやつの今朝は生れ
て始めて土が出来て…の上へねてゐると思へ

[illegible]

331

發	十月廿八日午前後二時半分	發信地 於○○○にて
着	月日午前後時分	
受信者	妻へ 殿	發信者 実之

は安定した気の毒だナ。やうやく二ヶ月近く甘くて言ふ時に
なつて。別れ難い様に住宅もいゝので作り、其三ヶ月に
よめをもらつてやれば いゝんだよ 如何思つて 二年ばかりした時
に壊かれて来てはもう 女をこしらへまい どうせ 旦は思ひへ
にかく 漫疲をかけて居るのだらうから 妙に外もえて、来へうつて
大分もう近所にすかつたのだらうと思ふ。御気の毒だ。
小作関係では 差し迫み合ひもして いろんなことをされては
来たが今水に流して来た 今度なれば一番下宿には何の事
もないいゝ人だ 一代御苦労して まづまづ上出来 財産をもうけ
失つた。おゆきや家族の人の苦労が目に見える様だ
貞雄の為になつておらねばならう 其三の妻のお所がいゝから
又何か話してあげて よい方がお来るだらうと思ふが
俺が子もあずかに、俺に代つてよく言つてやつてくれ。たのむ
父様もは 大をせず 平和をよく 話しい 会せんだられい
面白いことを目を覚えて来て 今後は訪れたい所も多
今迄会つたらよく言つておいて呉れ みの田から初めて手紙が来

332

5

6

だ言分け内地から来てゐるのにも如しく自分めをなすものがあるが仕細
されたが部隊名が変ったのが届いて来た。自分もあった。とも
予察部隊山岳隊でくるかと覚悟して居る。天のまゝで大丈夫とる
のだ。部隊の多くのは討伐の為その部隊について行かねばならぬ
で果ふとしまう天のまゝになる。おい副官も無事と伺もしようと三人である。
手紙を見ん五十を百で出席を久しぶりに見た。うれしかった。
二宮殿はなつかしいけれどもの為人の級友には感謝して居る。
手紙の方は今日出す所だ。夜は今止んで居る。頭を立
の道を上り下りする人がスケッチをすわって二ろが立ちがある
土産も高価な。家二軒や人もなく全くよくするのだ。又支度もしよう。
十時(日)半頃の道を甘くるた。三人雨が止んだので出て炊事へハンゴを洗。濡れをも
ふって下へ下る為寝れて来る。病人も時はホッコリしない帰って始めて居る
ワスサーをおかし兵をかなをで、新しい薪をどりに出し、生しておく為食事を
一層作意と為してすぐ茶を飲 かなス。ミシに一切れけとして桜餅を与
れる。ボロとふったが又上り始めて悪い天気だ。仙台の君、兵隊さんと言い合
そして話をしてるた皆神さんをはがいたと次の来ておると言ってるた
少し帰って日記を書く。手紙の一・二を百く、となりも大別にある
所を作ってみる。川の如く水が流れて止まれないと、とこれからだ
今から又小説でもよんで時間をつぶそう。明日へあてもし雨にふられてはさっぱり
だ。三人もたんと気持悪いだろう。又次に書くとすれば続でき 三時半頃

(京都・武揚社特製)

104

333

かたぎ

發	十月三十日 午前後 時 分	發信地	於○○○にて
着	月 日 午前後 時 分		
受信者	妻へ 殿	發信者	実く生

陪審一手に任せはとても雨もふらずよかつた。床下のさしをかゝえて
が小ツ松をすし人で三ツ炊事（つゞく）宿（米ないの）を帯びに
いた丁度四俵あつたので少く来た。みしるしたゝて下の谷の上へ
しいたよくなつた。ぬれたの一数を上へすきへにした。かしは雨も実
になるであろう。夫もせる日で汗を流してかくれた座布は又
空気がしひどくふるえてた毛布を全てかぶせて来たをならした
りそのまゝ、眼して大佐小説をよむ。大江君脈を計つて遊び
に出て行つて来た也下宿を洗つたりしてくれた。真の田んぼが
上つて来たが、分配を並けた。席はあまり酒がなれて淋しく
今日二人で一升四ツリして来た。夕方にだくのでみた昆布、竹の子
のたべがみをかつて、ええ財務が米いと言つて来てそのまゝにして
上つた。分け一重ずつただけで行つて来た。又酒を少しので
夕食をすました。しとしとなつて来た。たまりのあまし汁節煮が
はりそかす。おしい床へ様になつて何気といい気持で二人ゝ
居てゐた。何かと大江君の立場だつた。雨がまたふりて
来た。布団は物にかけて寝ずく ウーンとうなつてうえまつくらだ

334

2

どこを見ても目をつむってしまふ程だ。横になってゐた。午食の中頃(?)
て来った。大正重(?)に起きて目をあいた。交代だ。十時十五分から十二時迄
近。其の内ひどい雨になって来た。立番も出来た(?)。送って行って見ると
水だ。うまくしてあったが、どうやら流れこむのは仕方ない。大分水を汲み
してゐた。交代して水を汲む。三十分位すると又一ぱいになる。今日は中々止(?)
よと気に病(?)をつたまし。すっかり(?)の中に蒲(?)の音を聞きながら居た。一時まで二
時頃、近所(?)に佃(?)用水をわたしたかわからんが、雨も小ぶりになった。風がおちたよ
い。毛布をかぶって横になった。寒い。ねむい。雨も水もしょうがない。いつまで
ゆた。三百だ。目をあけて見ると果して雨が明って晴れておる。今朝は僕の
めし上げだ。味噌汁を見ると七時半、起きて見ると、うめし(?)田雨は出なかったが
めしてやろうと米を洗って炊いて、汁の出来るのを待って待ち合
ってを一寸一ぱいやって、一服だ。日記を書いて、これを写して(?)[illegible]
はかどしくて天気になったが、お天気と晴れて、大きなブリキの箱をかついで来て、切り
はなしトビを作た。附箋(?)が出来ます。十二時過ぎ、近所で起れたこと、会って来て
小屋(?)へ行って屋舎(?)をすます。頭の上へ大きなトビをかけた。今度は雨もかり
よくなったかと思ふ。毛布を出して一服一吹(?)だ。と思ってる(?)て風が吹くなった。
困ったもんだ。どこもかしこも木の枝が出てきて落ちたり(?)落ちてる。
ゐる。今井来た(?)。着いた(?)。道は合へいっぱいの天トを作って
まふ。天トは一人に十分(?)だ。笹を竹を切って、ちりぢりとしてゐる
どうやら(?)目だって見えた(?)。人で一杯いいだ。雨具(?)道具をしまふに

3

336

發	十月三十日午前十一時卅分
着	月　日　午前後　時　分
受信者	妻　殿
發信地	於○○にて
發信者	実と

下へ落した、敵の砲が来つたと言ふ話、宗来七日午前十時は、
○○を完全に占領せしと聞、九日午前十時○○城を占領せし
とか、ニュースがはいる。○○城は二への町だ位置とははなれ
居るらしい。東から迎えたのがおとしたのだなんと近よつて来た
ら一大に俺の部隊が進撃するなら、若い人が待つてゐるから、オ
我行林も二四名語つて捜索をしたりバンダンをおとしたり
して居る見たことのない若い人は珍らしく見て居る。一砲弾を打つて見
久に来る三時半に外の砲が前へ来るとかで、便船に三人行つた。俺は
班長と話して、穴をほつて居たものを手伝つて出て行つて手紙を書
面倒で又空気をしぼつて小さくして八つくらゐにしてゐる。気の毒な
毎日三時に作るを上から来て食べる。昨夜食事をすませて今朝
も座も何もたべない。行つて方面二への取引は長いのだ。困つてゐる。三時半。
坊やくんと遊びてみたが、あんたのカードを取りまとめしたが、大江が作つて来る
居てめし上げた。俺は又カードのつなぎをしてゐて、あとの事は心へ引き返し
捨て作り又ラジオをしないで、はいつてくる一時に、スマートだつた。ラジオをと
食べて会議後の外を見ると二三人立つて作りました日毛手紙を書く

文明す

4

夜半の二時頃三人で早く歩け[illegible]日没になった。班長殿隊長殿が下へ
入室する様にと云われ、隊長殿の居る処に入ったら軍医殿に会った。あの
んだ。明日又何とかしようと考へて[illegible]てゐた。帰って大江
君を伴って横になった。何かしら五十前後の[illegible]の[illegible]
はい[illegible]。体の心を神にて三日月を見て居た。明るい。冷えて内地
だ。皆が三日月を見て俺の言を考へてゐるであらうと思ってしんみりとした
ハっとめざましに来てゐる。川くべっと音がする。山口を先にして
横になるよう云われる。[illegible]中に泣えて目をさましたが七時まで眠って
三十日だ。今日でしまいだ。[illegible]ある日だいつも田をかりにいって[illegible]
の方の[illegible]だ。部を洗ふ猫のおなか。山へ上って栗の汁を探し
て[illegible]道長久を祈った。日が山の上に出る。頃食事が来た。山を[illegible]へ行
ってたべて外の者は皆寝ていた。俺は池へ洗濯に。[illegible]二[illegible]来て
一[illegible]一丘洗って[illegible]下へ。軍医殿に会った。[illegible]
[illegible]がよいので安野の横へ。飯こんだ。[illegible]
[illegible]ハンゴウ[illegible]水を持て来り班長の煙草[illegible]を貰ふと[illegible]
をはって[illegible]眠[illegible]
ある。飛行機[illegible]パタリと音がとまると、おまえ
まく。その時バンバンとおとすのだ。すぐ又ごとごとと[illegible]
上へ行く。各々の手を[illegible]班長として[illegible]上に[illegible]
雨の中[illegible]仲の[illegible]一緒に会ってた

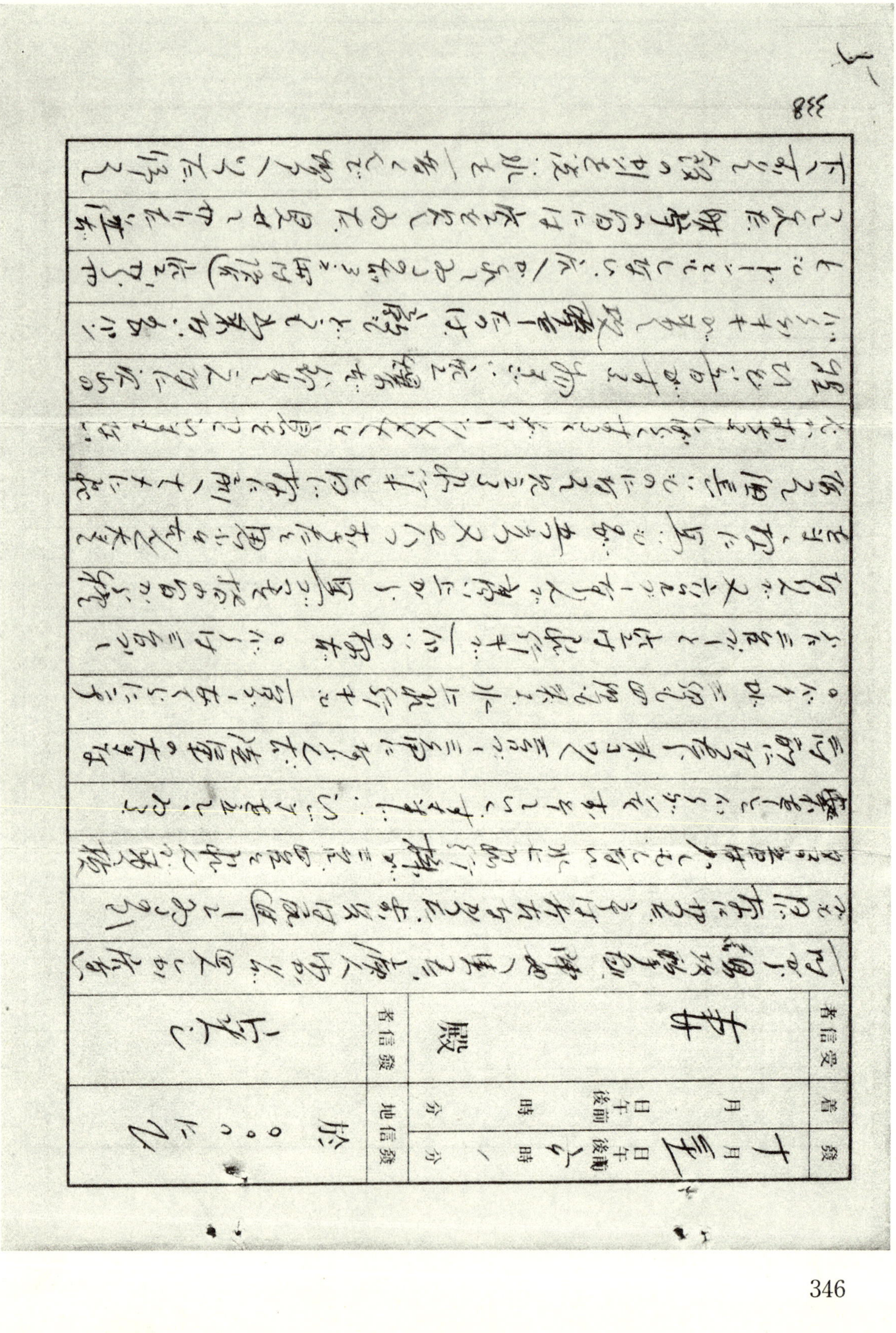

發	十月三日 午前後 六時 一分
着	月 日 午前後 時 分
受信者	妻 殿
發信地	於 ○○にて
發信者	宣之

一昨日爆撃部隊陣地へ来た、病人ばかり四人しか居ない

でも困る事はなかった、今は大たなかった、去年は成功しておるのだ

自分の部屋は少しもしない。水上飛行機が三台、四台とおれんで積

まれてからダンスをすすていく。すずすし。ひいきを立ておる

三時前になったら来るらしく三台づつ三角になって来た。陸軍の大きな

のバクダン三個も四個も来て、水上飛行機は一台づつなくなってしまう

ぶた三台づつと空は飛行機で一ぱいの様だ。○バクは三台づつ

ならんで又六ッ九づつならんで高い上から星づつを指の先から程

をまくなに早いのが五つ六つ又七八つおちたと思ふもんと大きな

砲え思いものになえ見える飛行機と同じなに前へとまったに

それがおちてしばらくするとダーンダーンと息をつくひまもない

程ひどい音がする。物すごい空爆だ。爆弾に沢山の

バクダンキが来て攻撃したのは敵もどうも来ないらしいパン

とにドーンともしない。病人がおちてみるのだろう。以後空がやや

見えた。此の窓には空を見しみた。見せてやりたいだ

下へおりて飯の用意を洗い、水を一杯くんで部屋へいった。帰って

338

6

出く今日はサイダー一本とタバコ二つ貰った。三日目にコンペートー
を貰もらった。近頃は何かの為めに世界の目は廻った逆流も
のもなく一眠だ。大砲がバリバリと言い、よその中隊の砲が前へ出る
のだ。行くのもまだまだ。〇〇県城を攻撃しにいくのだとのことだ
南京は又一時すぎから[illegible]して[illegible]居る。待って来た。今
朝は[illegible]と十三日[illegible]で紀し[illegible]ればならぬ。
[illegible]と寒いので大休憩を一ぱい[illegible]、寒いので[illegible]
が来て夕汁が簡単に来るのはかえって[illegible]のなにはかしこかった。今日
をすすめたのでという気持ちまた明日水上飛行すると[illegible]であろう
出るのも大分かわいた毛布も今夜は寒かろう。一寸[illegible]を[illegible]
出く[illegible]となるので[illegible]て一冊借りて途中山[illegible]兵が[illegible]
ふれ[illegible]は[illegible]を出してはって眠った。何か[illegible]のふたりはいい
よばれて[illegible]年[illegible]に[illegible]もって[illegible]を[illegible]で
[illegible]大江[illegible]は[illegible]が新しく[illegible]て[illegible]に[illegible]たが[illegible]
[illegible]のが[illegible]大[illegible]が[illegible]もして[illegible]
に[illegible]が[illegible]月は[illegible]に[illegible]をとめて[illegible]
だ。風もない。[illegible]の[illegible]もしない。今日は[illegible]旗[illegible]
[illegible]。今日は[illegible]を[illegible]の為に[illegible]ことと思ふ
[illegible]は三時[illegible]相当[illegible]の[illegible]を
[illegible]て居た。[illegible]して[illegible]十月[illegible]でなければ[illegible]

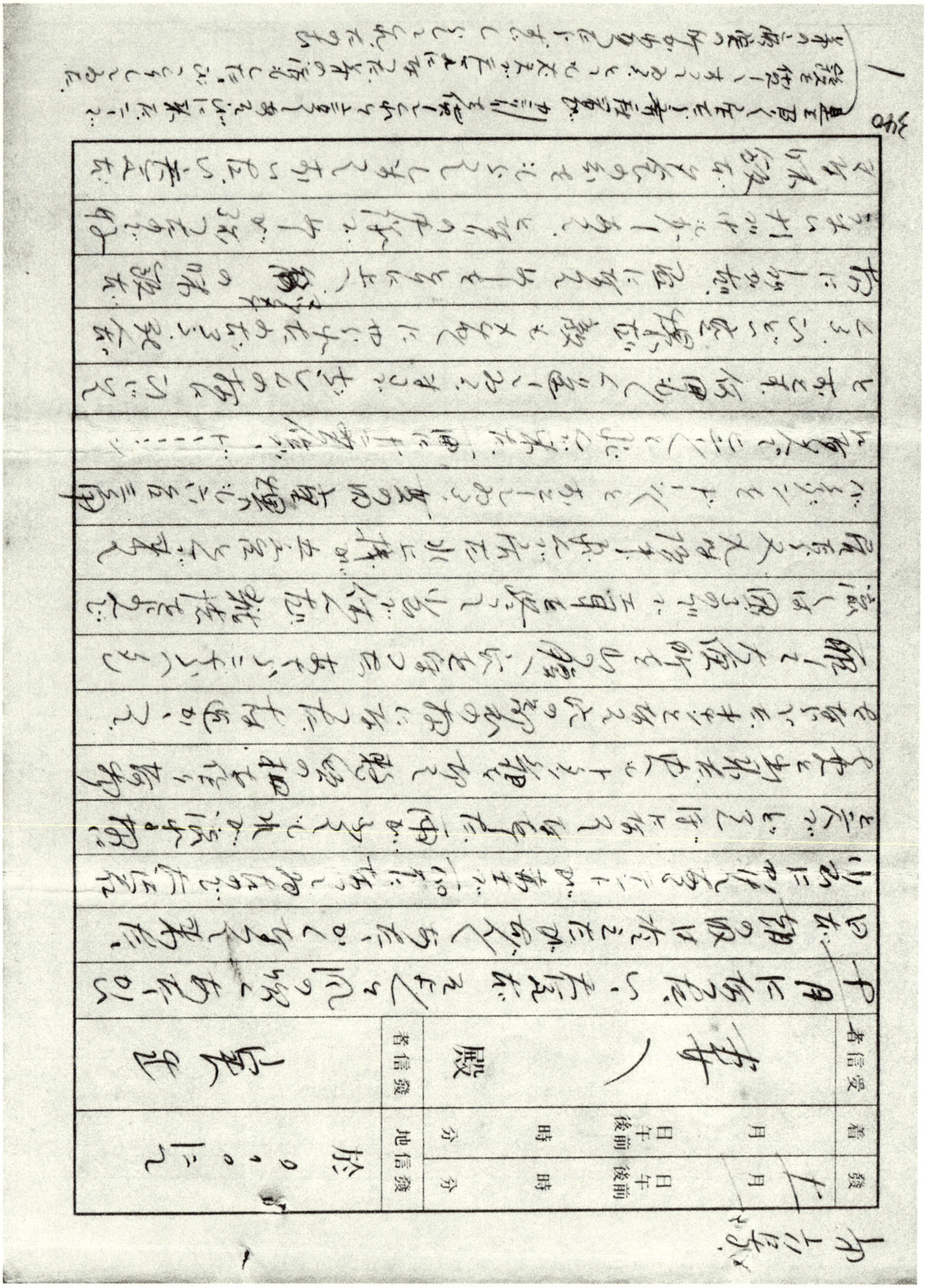
受信者

殿

發信者

着 月 日 午前 後 時 分

發 月 日 午前 後 時 分

發信地

於

2

日記を書き手紙を書く。午后雑誌をよむのをやすんでゐる。十時
船長が呼びに来た。船へ来る者にのまない、日数がばかにあたたかい
船了へ帰を常りにやったが、病人を見て少く帰さず中井病舎
雑記にハリうたり合った。風寒て元気がよくなってゐる。その脚気も
なをったと。かよいも大まくなったと言って居た。道での話をしてゐた
俺も家族の写真を出して見せた。大事にしなさいよと言って笑った
今日丸日位は…が合ったり大分二日今は本に治たの方だ。又今は
と言って別れた。ねて改くしく少しをとりにいくのだと言ってゐた
行って船長がサイダーをもえうと言ふので たまし〔illegible〕を作り石油ひ
をかけてあたゝめてくれた。山口船長もきたが、つきとして話をしてゐた
俺ものみたかったがのまない。船長はまだバクダンをつけてゐる
二時半位まであそんでゐた。あついのをたべた。うまい。散髪つけ看護が
ありそうかったが帰って来た。ここですかと、又遊びに来いよと言って
小説で小説をよんでゐたが、よまいことを言って、看護の山口を相手した。
竹をつめる人だ。小説の最中だ。本を出させる人がゐる。帰ったら
ぜんざいが今日はもらへた。ありがたい。…をもかして食べたにしてある
自分の前だけもって、ありがたく又看護へやりにいった。大変よかった
行って二本を出すことにした所へ看護がパンを渡して遊しに来た
小野へはやって一服していた。今日は遊の話をしてゐたら林が来て
竹内を返しに来ていた。又と言って看護は帰った。

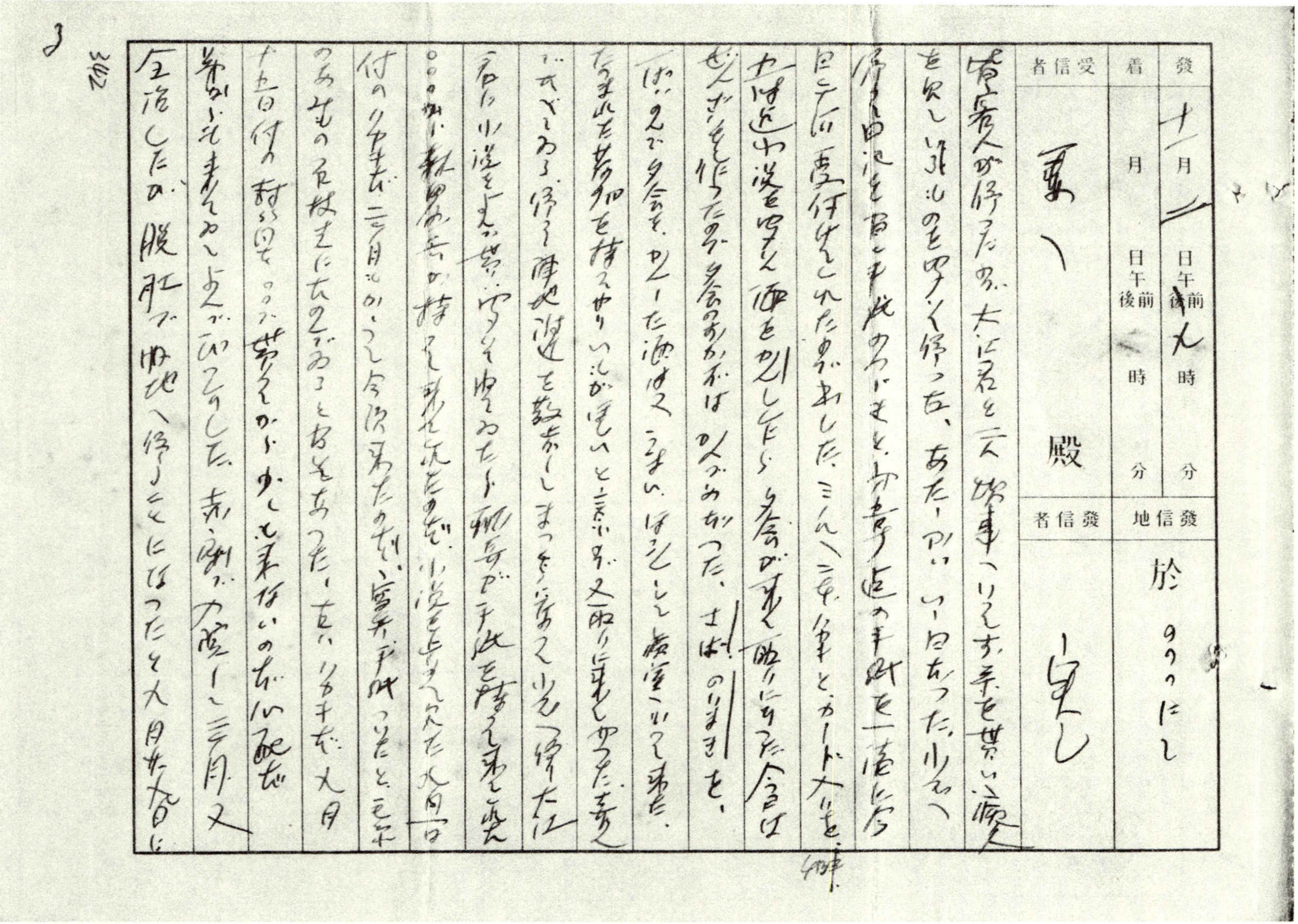

發 十一月 廿九日午前 時 分

受信者 軍へ 殿

發信地 於 ゆのたし

發信者 しえし

黄夫人が帰ったので大に君を云い物事へりこしす、手を出い演
を欠しいそれのを呼ぶく帰った、あたりがいい日になった。小孔へ
帰り田記を買い手紙のかきかと、新年近の手紙を一通に写
日に一寸何度付けられたのがありした。三んへ二字の傘とカード大りを、
十時近か浴を吸ちん酒を出しとら、多会が来て眠りになった今は
ぜんざいをもしたので多会のおかずは何んでもかった。土ば のりまきを、
はい皆で多会を、少しした酒は又こまいはこしし寝室へいって来た。
たのまれた参加を持ちかりいれが見いへと言いすが又眠りに来しかった大変
でもであろう帰って陣地に遊を勉強しまってから又少し帰った江
君に小説をよんで貰いながら寝てみたら、孤兵で手紙を持って来て呉れ
○○○抽い秋田雨雀が持って来れたので小説を止めて来た九日は
付のりっぱな二月とかいって今終わったのだが、雷雨でりったと、其代
のあるもの良枝さんに会ったのであることを知っていった。九日
十五日付の封筒を待ってからでも来ないのだが心配だ
弟から来てから、よんでいたのした。赤い刷で大変しい一月文
全治したが腹肛で地へ帰って来たになったと九日生[illegible]に

帰るのでこつお父さんに一枚だけ書いてあった。びっくりしたよ今
○○の改暑斜に参唱して居ることはわかり思ってゐたのにがっかりした
此丈は悪い病がひどくはやるからこうつたのだろう。でも御地へ行くとは
由料ではよほど悪いものがないと行さないのだから、悪いのかなあ
りがく心配をしてゐたが写真がはいってゐた。割に元気な顔をして
ある。九月廿五日と書いてあるが、お父さん田舎にうつしたのだろう
写真がお来たのですぐ送ったのと思ふ。写真を見て大そう心配
をすることはなくなり母の所へ行ってすっかり元の丈夫な体になって来たら
よいがと思って安心してゐる。あんな丈夫な体で、病にはかかってなかったんだ
もう弟のことは心配しておるたおれ。おかしけ弟や母の病気の悪さを見
て病になった。もうお前たちは紙で見るだろうと思ふし、了へ〜
大阪の高島の病院へ面会に行って居ることを、思ひ出し、びっくりし
たことだろう。もう二年かって治にはよくなるだろうと思ひが無事に
面会に行って二人とおいおいになる者を病者へ送し、あと容態を言
って女々の養生をすることのをしっかり守って来るとよい。そして病
気だけにすかしてお前にいくら金はかかっても元の体になってほしいのよ
と困るから、充分にえんでじょうぶになるものを持っていって体に力をつ
けるようにしてやらないといけないよ。このことをつるへによくしておいて
貴方に母もお来たら一活に相談するとよい。そうしてあまりつくして
中々とそれの数が病院へはいれない(とますこみの言付)と思ふが

發	十一月二日午前九時二十分
着	月　日午前後　時　分
受信者	妻へ　殿
發信地	於　ののにし
發信者	宏し

それとも送るか、附近の食事やへたのんで、おそく一日三回とか二回
いゝものをはこばす。一回毎に弟が金を払ってやればまちがいはない
が、そうした方がよいと思ふが、まあそれはいった上にして決たらよい
伝みがついたら行ってから外のサンダンを手紙でゆくなにしたらよい
そこでは遠いが弟にまかして相談をしたら。なるべく弟の自
由をなくさせるもの。書とか雑誌とかを送ってやることにしてほしい
病は気ながに養生して治るからしっかり力づけてやるなにし
これ、今朝（三日）岸医先生へいって見たら「よほど」誘
〻なたのだろう赤痢だ。二月大流行一寸な谷よ。腸肛は副の穴
のシメククりがなくって出ずめに切りで出るのだから。コーモンが下る
のだと云はれたが大したことはないが外の病を起すと帰ると来い
かとしっかりさせることだ。よくさせてはいるんかと言はれた
もう十日十日後にはおそらどこかの病院へはいってゐるかよ。丁度十二
日になる。気がつくのに又日がかゝるから。お前へ知らせたろうが
まあ退院する迄は任かしとしっかり力づけて枝に思い
生の方はより国に帰って行く。いけないとなってかけに

6

須磨にカかせくやらないと駄目になるから。手紙でも又面会に
いく時でも外の弟や妹達の日常を見せたり、全て状文などを
見せ、又今迄の事を話したり是からの事も相談したり、学生の事
仕事の事とか、今年の秋のもようとかをなるべく相互的に話をして
やれば兄ゝも喜ぶだろうと思ふ。とに角用意して居るから体に力
がつく様にしないと、一生病人になってたりしたらどうだ。つまり
が一生もう目をする様になるから、今の内しっかり元の体になる
様に、病院の先生達にも合って、よく相談して、よく早く、弟の
身上を案じて話をして見ると、又いい考へが浮かんでもよくなるから
よくによく話をして早くよくなる様に進んでもらいたい。御願する。
是非ほしいと言っておられなりに、人をたのんで、何かをさしておくとか
又ほっておいてもよいから一日も早く面会にせねばならない。
もう二百だ秋になって相当気がしいことと思ふ。冷たい風早めに
いつも御母を信じ海を一つに思い出して、居る者体を大切にしなさい
それお前も早く大人目にかかった方が、大儀なことであろう
御本のクーニャン(世)の二家人の事る探偵を見る度に思いおりよ。
米一も無理をもする様に気をつけて、これつまりそして世と二人よく相談をして
どんな事でも、体を刈りかえかも相談をするとよいものだから
何でも相談をして仲よく人に笑はれるよふな偏見はにわかに
朝々めにかうていくなにため、何も静かけく行ってから、又何便にしよう。筆

245

ホ七号

發	月 二 日 午前/後 九時 〇分	受信者	妻 殿
着	月 日 午前/後 時 分	發信者	冨と
發信地	於 ○○雨中		

商船がロ州をまわりに来て古い造船であそんでいる。
黙々と戦争の店をして帰った。旅人の注文のいいのを立つ
様を送った。外の旅人がおしこれと言ったものでわけて送った、
帰りに豆の土産を買って土産だ、足三遠手ないわけだがみじ
めになって失ったのだ。振って失った。水牛を一匹おとしてゐたので
泥にまみれ橋木が地につかった後一足一歩大きいから、それを切つ
て、おそくれる大江が、俺たちはとなりの泥を下へおろした。一面に
なった。トラクターで泥を引っぱる。トラックのなかで下にタンクのなかになって
あつ子の）で泥を引っていったので道をたもしにいくので肉のたけ
るのを待って、のりまきのなんでめでたいだが、鉄アの一割でとまり
運転手さえも近頃だと、又出て行ったが、雨にかかっているね、肉を
たけたのが平然を思って肉がよあれた。ぶらぶらい。おとしてから
味も旨いなこんなおいしい肉はしこないだろう。一服してから
蛛車の手前に待って居たら来た。タンクとトラックの全の十の探索
ものが泥を引くあかし田もない。らくしく、鉄アでとすっかりあつ停
たけた肉をたべた。うまい。あすかおさめる探だ。鉄アでナを入らう

153

2

て来たが九へしみこんだ。昨夜雨よくふって来た　おかげでそとして
るだろう大江君が行って出かけて言ってきたが。なんでテントをな
らしみじみと思い一個のしらない方に何もなかった。足へも力を
二枚あてみたりして出かけて一服しておいた。大江君が帰って来た
弟への手紙を書く日記を手紙のすきま白い一個中に出てない。
ぼくへ、斉藤遊びに来た。酒が来たので仙台へ出かけてはいこのつまたに
仙人のようなと言ってみよ一寸晩は少し一寝つ一
のみたいと思えるのに酒のにはいるまで出し、たまらなくなった（時間）
遊んで行った。俺の一番の親友になった。今日がないと言ってたすで
一足ゆったり、夕べこの仏和を出たり（ののが作ったの）よあれも来郎
の小説のうちの暗夜行路を読んで一晩の書籍特別なのだ
行ってから故事あれに行った。行けばエビ二匹大きい中指位の
と思う（二匹、細長い）を三つだ。魚屋が申しているのが見に来つ
たら酒を買ってきたがわめんが一つ入っておった三匹あるのを書い大江を
二人のが手に持ってなった。皆眠が来たので取りに行った。俺はめし
の大和を流して丸をとんで辺したりした。ビールですっかり酔いにくい
酒保でコーカンだ牛乳28ミルク50を売ってきたがわて居るのに安く
又買いにゆこう。外は小雨になった。ミルク牛乳を入れ買ってわけせり
一冊すべてこけてどうにかなったので。帰って来たのズボンをはいた
古だが夏服ひとつもあたたかい。ぼくへ一兵隊の服で

3頁

（京都・武揚社特製）

3

348

受信者	着	發
吉井一 殿	月 日 午前/午後 時 分	十一月三日 午前/午後 時 分
發信者	發信地	
宏史	於 ○○○にて	

病人もいゝと、うんとうなえるのがたまらなかつた。岸田君を同行の
尾田君だ。病人でも一緒たいかんなんのだ。なから病人はな
ると困るのだ。毛布をはこんでやろうと木江を呼んだ。左手で体を
つゝ肩へかけて尾田の手を肩へかけてつれてやろうとしてすくる
又両三げた。ズボンをぬいたが何とも仕方なくなつた。それに腓
はダブルになつてすぐ達ぶれ。病人をつかまえて、毛布を肩にかけ
ければ歩けない。手をはなすと倒れて失つてしまうで歩けないのだ
苦しそうだつた。わたしの毛布が仕方ない。腿出しかゝえ毛布を押
（山二て田ニて）かついで行つたが倒れさせ他跡つゝてゐた。待つてた毛布
へ出てそれで毛布をしまいなんで毛布をさせと大事にしなよと
言つて大江君を待つて来た。注射を打たんだ。人情味ありつた。掃
つたのは、死人様になつてゐた。汗をふいて一服薬をのませて已に手
紙を書いた。俺はそのまゝではないどんなこうとして寝る。一眠りしてやろう
雨はよつたな。俺は誰れとなし口を吐くになつたかよと思つた
十時頃に起きて交代にかし一時半迄。追撃砲銃声が遠くで何
まゝる。山口と交代して営へ帰ゆる。明くれば二日だ。今日は

°°大城村などと五月頃が一番あがみたならどうなつたことか少しもわからない
茶碗を洗つて炊事へ茶をもらいに行つて昨日シャツを忘れた事が取りに
行つたが一中隊のもたあとを見て済し道具をひろつてきた。本村を四つにして
会費を外へ作り早速朝会をしてみる。大日日編をまし会員だけを
いのは久々の代りにして。今日は雨はよつたがハキハキ青い日だがよくなつて來る
とよりが一晩して日記手紙を書く。便得た赤玉ポートワイン二本が来たと思つたが
ほがらか晴れて天気になつたあたたかい日だ。冬の上着の破れを
つくろつて外へ行つた。泥んぼの夏のズボンもだ。班長の注文の赤玉ポートワイ
酒を出すにもきまつた。班長に頼んだ段取はなくなつて来た
が教師はわからないが帰つて本をよんで外でみんなへスプーンのカー
ドを封筒へ入れ、赤玉のカードは[illegible]刑を一つ探すと二つになるのだが空
が探すことよって思えてみる。安へ女優のブロマイド三枚を封筒へ入れ
た。日記、手紙を書いたりして空になつた。今日はゴム汁だつたがうまい
白い油みがうまくなる。よーへかけてただ。一はかり小隊長の活躍あり
新年の酒を得て作り太陽暦二人十一ケ日の少しずつ二ずつん水と一パイ
みかん三ずつ、八切とも観、顔を洗つて帰り班長の用をしてやり
参服の手入れをつけてみた。班長の服がまだ出来ていないが残念
のと二つた派ぴアイロンをかけたので自分のも大きいのをかけて帰つた
道具キャラメルのカードを拾つて来たので切つてやつてもらつた
配長へ外出の手入れをしておき、それで上げて手入れをして後へ送る

5

發	十一月四日 午前 九時 分
着	月 日 午前後 時 分
受信者	安 殿
發信地	於○○にて
發信者	豆もし

大江君牛肉をつけ加へしたり じつに ハンゴーでちいたんしこれより
酒も叫して来た服を返納せよと云ふ服を返しにいって来い
とあつたので急いで行つたら急に今まで返納せよと云って
又皆来て今の服を取りにいって [illegible]を出した 今日は [illegible]を
来たかと思ったらマツチをとにたのか、コンパクト一銭 俺はだれかれに一つおけいにこれ
うった。次の処はよし 大江君と二人 外の食堂で その他 あの日佐は
のめ不満のだがみた 白の汚れた服をまとめて 一人返しにて
帰りにはいい月になってゐた 乱れ 母の人がいいと気持になって出来
帰ったら 去る夜の財に会して用をたのまれ うちの小隊その許へ
紙らしてりえ 一服して 話をし 侍りた 紙長命が少しその首にしらせて
自分の小隊へ帰つたら 時近くになってゐた 書きおりに好き様をつくしていい
何とも言へん気嫌で 日記を書く 手紙かく 手を出し
今頃かち上の方の晴けなのが 一方時になった 俺が一番だなのが
土地の者 今九時になってゐる 頭の上は山の上なるの
終っていく 山の下りも どと音を作る 雨音がしてゐる 何
をせつく 店なのか、ローソクをともして 二人で 弁えてゐる ねよう

三日午后九時

6

外へ出て見たい。月が見えない。宿のまる方へはいる時、見張りがつ
見た。仏さんの若い兵隊達が、沢山来て穴をほっている。何をそれ
たら、お晴の張番をする所を作るのだと。池藤さんの頭だに甚いてと
兵やになった。俺たち三人の頭の上へ、三人のお晴が今夜から立てられ
るのだと。サニブーが出来次第に移ると云う。清道さんがすごく不貞腐して
かつたので俺と二の十安(ツルバン)スニプをうたって出て行って佐せた。よう
こんだ。行った。少しはいった。二人がよく動く男だ。物好きな奴だなと思った言え
ふと電燈一眼し、横になる。俺は府中の立番。あれに外へ出る。工事
場を見て居た。そして座込んで立ってゐた。月だ。暗って居る ー
出し合って大川。土川四十分、文化、山口に送って少し飛んでった
る途をするが、便に三回起きた。酒もの欠けしお茶にのどがかわいて
かくの会からでる。胡になった。尺のお役目へあたり、言持だんがとんで
あるか。頭を洗ふのに便所になった。出へ上って東方を礼拝し、細道
兵隊を祈り山を出して、道をとし、今のアが流れた。少し清
今度で朝食を木箱の上だ。一寸のみそ汁だ。今日をまして洗濯だ。シャツ
の小さいのは大きかったので洗ってほした。とて下手だけれども。丹っと晴れてよ
におかれる。帰って来ておいてギモンのカード三枚を来た。カタリと沢山に
ろったが、切りとして封筒二枚で送ることにした。又とかく来たら送ろう
中国人のカードは十二月一日から早いかも仕れないそうだ
十日四日の朝だ。あきらかにいい日だ。状に映えて目のすめる位だ。又次に

六八日目

352

發	十一月 四日 午前 九時 分
着	月 日 午前後 時 分
受信者	妻 殿
發信地	於 ○○より
發信者	良平

今先の手紙を書き終って一號所へ病室の板野が杖を作ってくれた
ことづけあり 細工を始む。杖を作り持って来て歩けないと言ってゐた。
でも十二時に大沼さんのとこの処で持って来てくれとで捨てくれて貰ひ来
を貰って持っていった。停ったら殿軍を元の一号溝の横へうつすので工事
をし砲をとりかへ一千七十五十合まりだがはこんで赤く土をもりにかかった。
五時になったので少しく下って打合せや食の打合せでうまく合ったを終って
シャツ五枚小さを大にかへるので坂本軍曹のもとへ持っていったが足りないので
又作り一日しくわしをかはかしておいて又わし。思い切って大沼君が新しく
持って来たが一番に歩哨近来く五枚みてて貰い病室へ来て行って
帰りに一夜起一服ニーブ日記手帳を書き初めた。これは小さく作って
めの陣地の土管を一本けれはかけなければ作っていこう。天気だが昔
の様にあたたかい。病室と言っても土民の家でどうもといいんまく
古い家土間だ。下へわらをしいて毛布外とうでねてゐるだけだ。満貝
でやっていた青い空は分からないんだ。店や山の衣装すればよいが。下はやはり
どろをとりはけてゐる 机は一寸よんでの書日の品を持ってあるものを立っていう
くって机にしてゐる 俺たちも机も作ったがやむなくてよいものだ。

三頁

山へ行つてしまつた後になつて砲車を入れる為に土をほつてドテを作つた
あつまつた旅人が多い。それ等の人々がはかどらなかつたが四川軍次
に大体に出来た。明朝[illegible]近く[illegible]みて見た。で手待てて[illegible]を
とりだして五十歳は自分の室へ下げて来た兵隊が自[illegible]を十とれなし
みてこれるし。[illegible]の春に砂糖なまりでみけゆきをしてみてこれら海を見
しし日記を書きき時のつぎきを十五時四十分だ友軍の砲がドンく
なつてゐる。大流言を一時かくしてゐるが今夜はぴりぴりに十ケの[illegible]だ
[illegible]時にはなつて山と海になつたと又[illegible]もて出て行つたで女のまし
待つて居た。今夜の内に[illegible]まうをようたとめて[illegible]はまるかずく
[illegible]なにいらい。[illegible]の[illegible]をして[illegible]へ行りのめぐの[illegible]をもとめてお
そて又山へ一同集つて待つた。道具をつけよと車につけて来て用もそれで
も大きな家に用意をして休めと[illegible]へ下つて一時頃になることになつた
夜[illegible]が[illegible]のがいるたおつると思つてしたら[illegible]が落ちてゐた。
[illegible]のが八月二十日[illegible]のが今[illegible]たあれた。あれで見たいのの大一つ
[illegible]二三[illegible]。[illegible]、[illegible]。[illegible]、大[illegible]二[illegible]
[illegible]二二[illegible]。[illegible]が[illegible]はいてゐた[illegible]
う足がなく[illegible]ところがよかつたしまつてから[illegible]で大きなイ
ンを切つてた[illegible]のはつまし大きなのがもつはいつてゐた
で一頭をゆることにした。[illegible]すりゆるで大[illegible]
えの[illegible]して山へ[illegible]。その[illegible]を上[illegible]へとの室に[illegible]へ

發	着	受信者
七月廿日 午前/後 時 分	月 日 午前/後 時 分	妻へ 殿
發信地		發信者
於○○○ 土浦 前田に		信夫

しかし自分も皆へ加つて天ぷらや昆布をつまみ自分のみは茶

を呑んだ。皆へあげて先づそこへ盃を出合が暮して二合をつめ

て帰る。あまりたまつて別に分けて来て胡瓜の佐ちに戴いた五草

位。四時頃に大江と二人で氷上うへ瀬戸の酒を二合出立支ねておい

て、はいらなかつたのを二三合、二人で出立支度にの人の所へ行つてとして

兵ぶここをも知らない。外は寒さが少しよつたのでおめく…したが、

まだしづかになつた。早からう出立迄一休みすることにする。もう出立

するかわからない。まあ行つてと言つてみるか、多分日の出から

なるよ。思ひ切り大方はよいのだ。併しあない日は入つてくるく

なつたが其の日の山が明けてくることだらう。今度はどの山まで行つて

ロケをするのかわからない、今度ともつと~~赤布越~~だけ持つていつておけば

毛布は持つていくことは出来ないと言つて来た。昔休むよ五時半出

休んでゐた。早く寝てみたい。昔の記がでるかしら写真を

昔見てゐた。トランプでもやつてゐて、暇なのか、何んのもチャイに張

るが、家にこずのを抜きつけて用意をして待つて、みつ日にやつて来

た。転ぼと引つぱつていつてくれよつた。病人の小屋がありみたのが持つて

4

少し近所を大隊本部へ上って行った時は暑く方々日が高く
照らして人が通りぬけるのだ。一つだけ又トンネルがある
進めることになり並べつづけて、道を作る所の松の木を工兵が切る
見える。之は敵の前線から其の中にすべてゐた佐田が出合すおはな
った。今日一日は田んぼに行って仕事をするのだろうかと思いつけた事が人であり
附いて来るのだは静かく何田も途中であるまゝゐた。山田、山田と
どこもかしこもどんどん進んでいく。工兵が道を作ってくれる。歩兵は
又道をはこんでゐる。山をこえて敵の軍用道路へあの田を流す
ともかくも道に作ってあるのでやわらかい。ところどころトラクターは平坦
ないとなかなか進めない。道はとちゅう世のくぼみ（白）。時々土をかぶせてあるのが二つあって
た。道路には轍のあとが深くあたる所に地雷火が二つかけてし
あるらしい。天位のあつさ三寸位で、紫色の新緑もよく来て
長かったのは中々だと言ってあると、又加わってうめてあって作られ
を ガーンと爆発したすごい音が耳をつんざいてとび上って
ターンの音のあとのまがりくねったあたりのすぐ轍の新鮮の火に隊長
と大尉と出会とに流行く見たかった工兵とのへ命令だけで一番の手
も一つ近所なりたあとが戦死がして火をつけしりぬいた後の
外一つがかつてつくりて銃を打つうとする音がする。おもしく
ともいう。只今は三分ばかり乳んばってプーンとおそってゐる
一機の飛行機が山の方へドドと機する音が

（京都・武揚社特製）

355

發	着	受信者
十一月九日午後五時三十分	月　日　午前後　時　分	妻　殿
發信地		發信者
於前進中		[illegible]

すると敵に大分近よつたのらしい。小銃の音はたまにパンパン
とするばかり。しかし何だな、昨日迄は敵の陣地だつたのに今日
はもう俺達が歩いているのだ。日本の兵が油断はならない
地雷や未だ何か仕かけでもしてあるとも限らんからナ
気をつけて居る。ごらん、又俺のことは心配しなくともよい
秋にかへつて忙しいことを思ひ出し無理をしないように[illegible]
伸よやられよ。こゝ何日はどうせ大分遠ながければ[illegible]の
あるまいか。[illegible]にかまはないね。あせつて仕様ないからナ
足か[illegible]クリークの中へはいつてしまうと、ぐるぐると廻つた道は
泥をはつて[illegible]の連れはいないに邪魔をしてねる。それを工夫が直して
くれるのだ。[illegible]がいるものだ。敵兵の死体にぶつかつて居る時も
ドンドンと弾をおとしてある。あたたかいい日だが行軍にはさしつかえ
[illegible]いつたが道を池にはつて通れなかつた。鉄條網を通つて手に
俺はいろいろしたり杉や松かしの太い木をさがして手のつけにくい所に
[illegible]をしたりして、またすぐに用意が出来てあるそれをのけて
どんどん田の中を進む。大きなバンバンの跡が穴をほつている。[illegible]

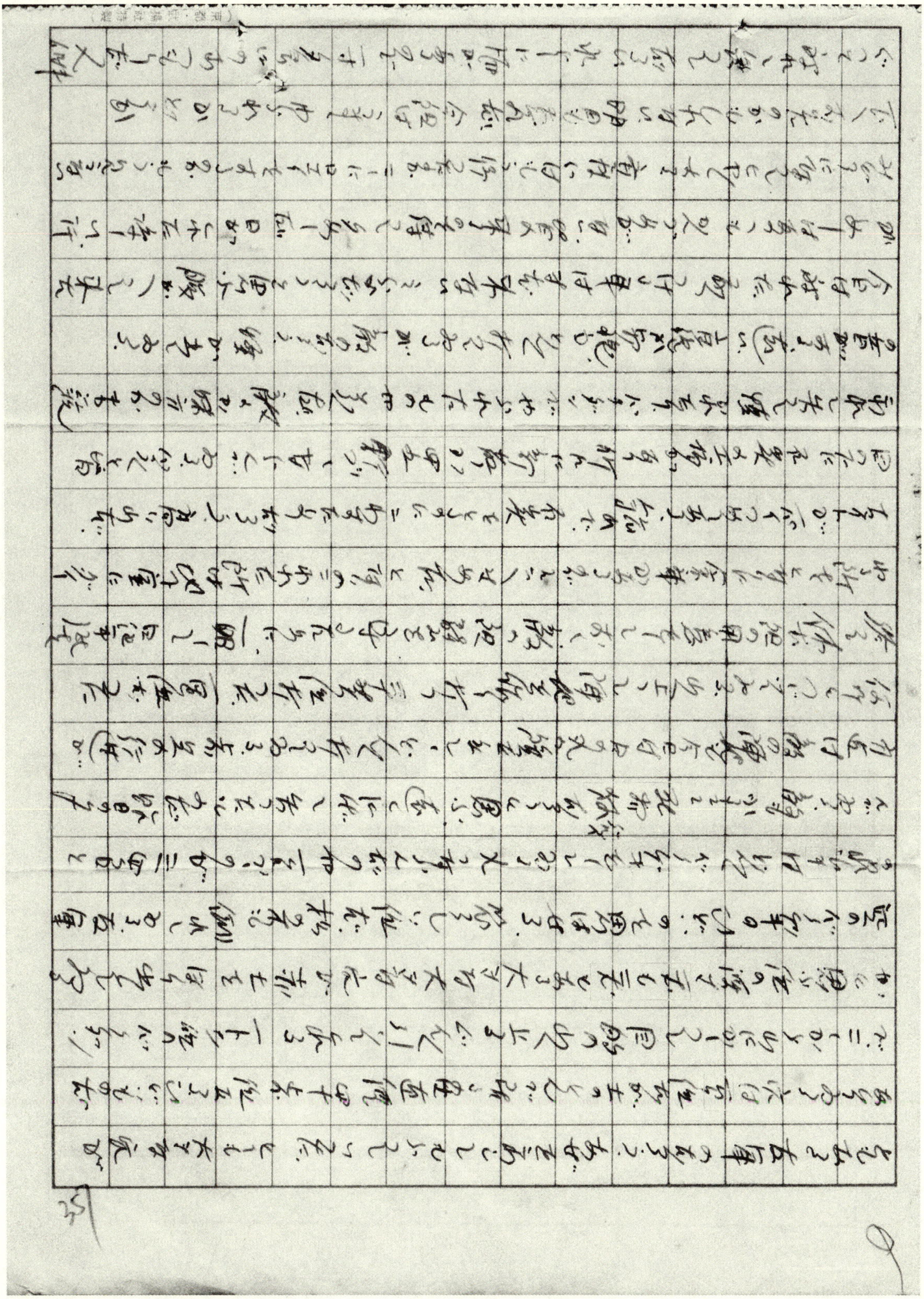

發	十一 月 六 日 午前後 時 分	地信發	於○○○○の陣地
着	月 日 午前後 時 分		
受信者	秀 殿	發信者	良

日がいまだ我々のダイナマイトの[illegible]

[illegible]

[illegible]ダイナマイトの[illegible]

[illegible]

[illegible]

[illegible]

[illegible]

[illegible]

[illegible]

[illegible]

[illegible]

[illegible]

[illegible]

[illegible]

[illegible]

358

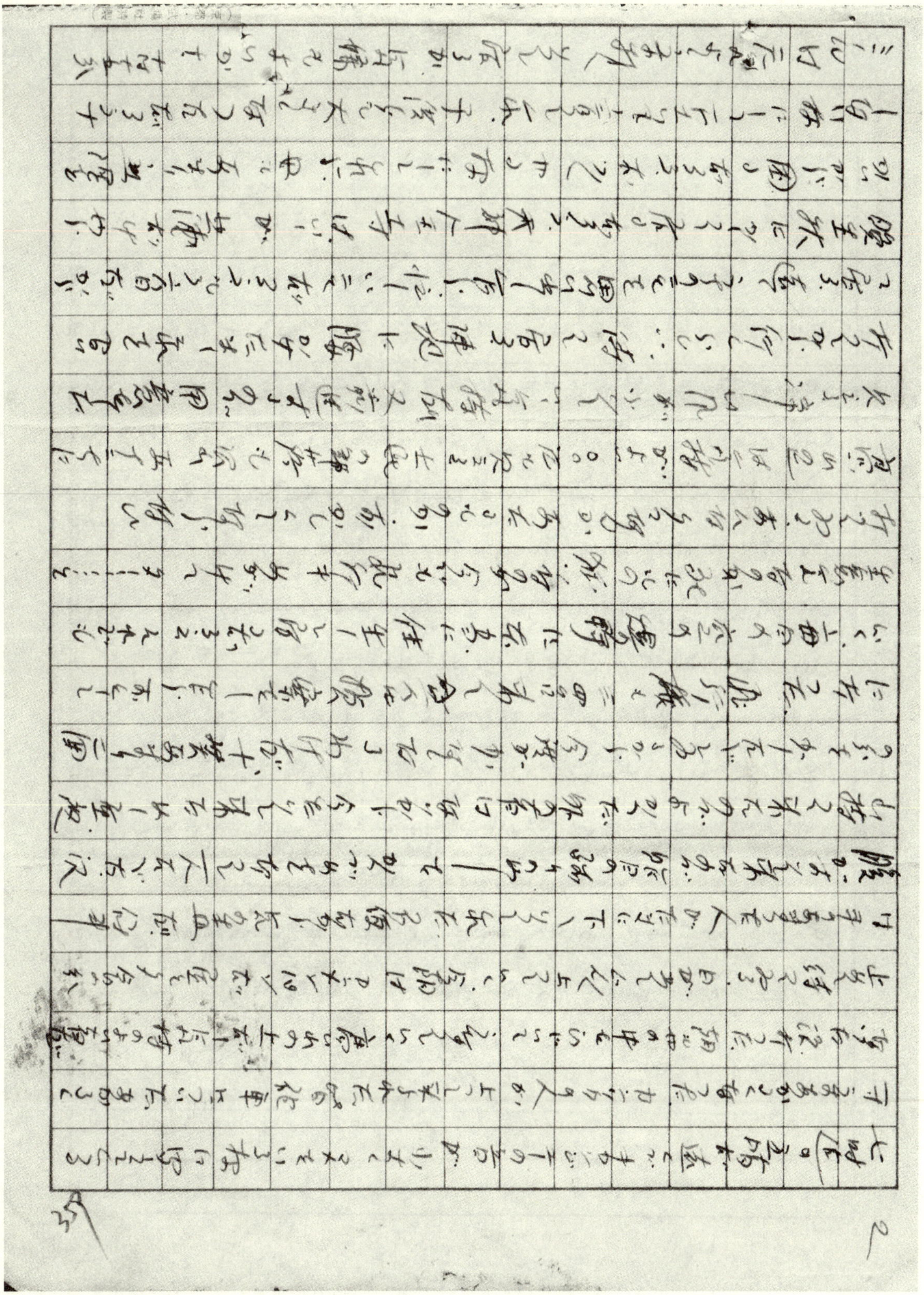

3 360

發	着	受信者
十一月六日 午前/午後 時 分	月 日 午前/午後 時 分	妻 殿
發信地		發信者
於〇〇〇〇にて 前進の途中		一男より

十時前にいよいよ前進することになり歩兵の援護を得て川へかゝ
マリつぱつたが敵弾が沢山あつて、タマも飛んであぶないから思ふやうにいか
ない。そこへ歩兵の上陸のサンパンがあつたりしてうまくだ
其の時下でトラックの音がした。大隊本部へ便がなさになつた。
トラックにひかしてもないとのことで、トラックを待つてつけて見たが
うまくつかずそくさくてやりかけてみた。そこへそのまゝ待てとの命
令で其のまゝ山の腹へ上つて休む。寒気で〔の手紙を書いて
居た。附中食事をした。一眠して居ると今度は又射撃させ
よと。でそこへ又一寸工具をして砲を据えつけた。打つ事は
かつて来ない。又命令へ暇がかけたない。準備のつゞきをおそくおる
工兵も来るも下て休んで居る。トラックが一ぱい後へいそく待てゐる
予定がまた来ない。日がくるとあつい位なかる。やりきれない
が雨になつた。又軍の方の本行が前方に前ですゝんでゐる前進する
山の腹にころがつた。晩食をすましてゐた三時半頃から四時頃迄に
二十発打つた。又一時間あまり待つて十四発つゞいて二十六発
打つた。近頃では一番多く打つた。都合七十六発打つた

4

たよ様がわかった。だんだん悪くなって、ポツポツあたって来た。寒さもまた左ろのか又雨になるのかわからないが、どうか天気になって呉れ、のだがまた折つのか上ら兵が心配しておると大隊長どのの居た。敵と二百米位近よって来ておるのだ。砲を打つようにしっかり中って居るとの事。一生懸命にやっておる。ずっとうずくしなって来た。今の内に急いで右べようかと小隊長が言はれた。方位べたびる。今須佐ここで昼をすることになった。砲車を下げて前線の所へおいておくのだろうと思ったら、兵隊がブタ牛をつれて来た。沢山に正確な土人財物といい、昔方のおいなは敗残兵が三名とらへられて来た。夕食を通訳していてすんだらバカにやるのだと言って居る。前の山を支那兵の捕が力係をおんぶ、二人つれていくどこへいくのか。気のいのだにげていく。何か横でなにかとおる金を与ったら、私らは女の子一発のそばに居た。若い兵が連れて来た敗残兵を銃殺すると言ふので見に行った。かやぶきの家の中へ立たしておく。が、一発だ。平気なものだ。ドンと歩いて少しずつ立まって中々助けてくれなんて言はずい。野郎いものだ。またこんな細い奴が五人銃殺した。バタく倒れていく。俺は軍刀でやりたかったが、みずから前のことを考へて思い止めた。無事出発して日がまって返は水をして宿舎にきめたのだ。昔からの事があってはいけない、と思ったので姑娘のやうなもの気がついたら、夜見ることは見るが、あまりいいものではない。

發	十一月七日午前後 11時 三十分
着	月 日午前後 時 分
受信者	東 殿
發信地	於兵道中
發信者	定

後の用意をしておいて少し後、炉の上に横になった。兵士を活を
して居た時一人の土玖兵 東方の敵を追って来た そして銃剣づつく
様な卯於の言葉を言うか一寸したら若人が加った。せんをすすめたかどうか
ごとごとつて居た。で又まつろはつかつてつめこんでねた よろこばれる
夕つけ責めしていなが、遠いので隠してないのかじわからない。僕の番は
三時頃から五時迄。二人で立った。寒さも寒さで月が綺麗な
満月に近い。まん丸い月は高く上って下を通る村に居る
カンテラをかかげ見張りをして居たら何も言ったのを注す
んな他の人に気付く又やぐらの中へはいる。一眠りして七時起きた
七日は、寒いなか。寒い。武装用意で準備をして七時来道
又ウクライナーに今晩日本は作った金をつけ敵の車を砲とをつなぐ
一寸したことに当った。うまく行く、大隊長のあった山の下の宿
に敵がいないとき日本軍がおそいかかねにと迫撃砲の形を
松丸太で作り、松枝でかがせし遠しから見ると迫撃砲がある
ように見せてある。しかし具合よく三門ならんで自動車をおいて
並べて留失和大太の矢が穴を空けて居る。皆笑った

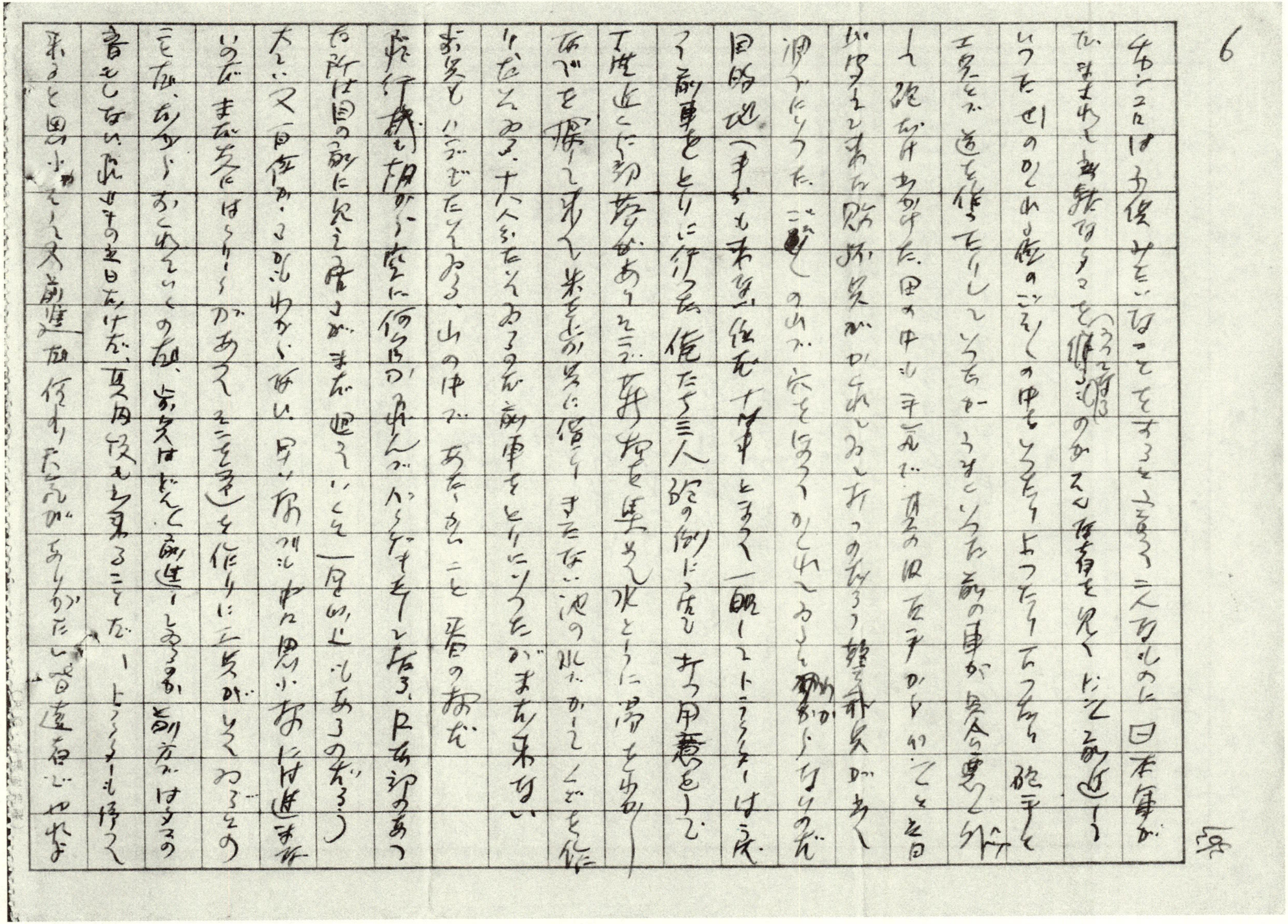
6
あくる日は予後みたいなことをすると言う二人なれのに日本軍が
たまたま無線タマを（うつ音）のかえん放射を見くここ前進し
いつもせのかくれる位のごそくの中をとつたりよつたりしつつ砲弾を
兵とで道を作つたりしてゐるがうまくいかない前の車が見合せて外へ
して砲だけあげた。田の中も平気だ。甘藷の畑を手がかりてと二日
かかつてこれた陣地兵がかくれておいつのぼつて輕ら新兵がおく
渡つたりつた。ご飯の山で穴をほつてかくれてみると初めてなりのだ
目的地（まだも未定）住民十四軒とまつて一晩してトラックは戻
つて前車をとりに行つた。俺たち三人路の側に居て打つ用意をして
下陸近くに部落があつてここで薪炭を集めし水とつに帯を出し
飯ごを探して米をとぶ地に借りてきてない池の水だがこれで（くぞ）を飲
りだんだん十人ばかりそろつてくる前車をとりにいつたがまだ来ない
お兵もハンゴもたいてゐる。山の中であたたかいことは春のおだ
飛行機も朝から空に何台か飛んでやつて来ている。尺あつ
た所は目の前に見える所だがまだ遅くいくと一年以上もあるのだろう
大きい又一日位かかるかわからない。早く家へ帰れるのならば逃げたい
いのだ。まだまだはるばるとがあつて（ここを進）を作りに工兵がいくわるとの
ことだ。たまらなくなるのだ。兵隊はどんどん前進しているが前方ではまるの
音もしない。戦地の五日だけだ。真に肉迫してくるとした上つくるメートも停て
来ると思うがそれ大前進なり。何にもならんからありがたい旨通知でやれよ

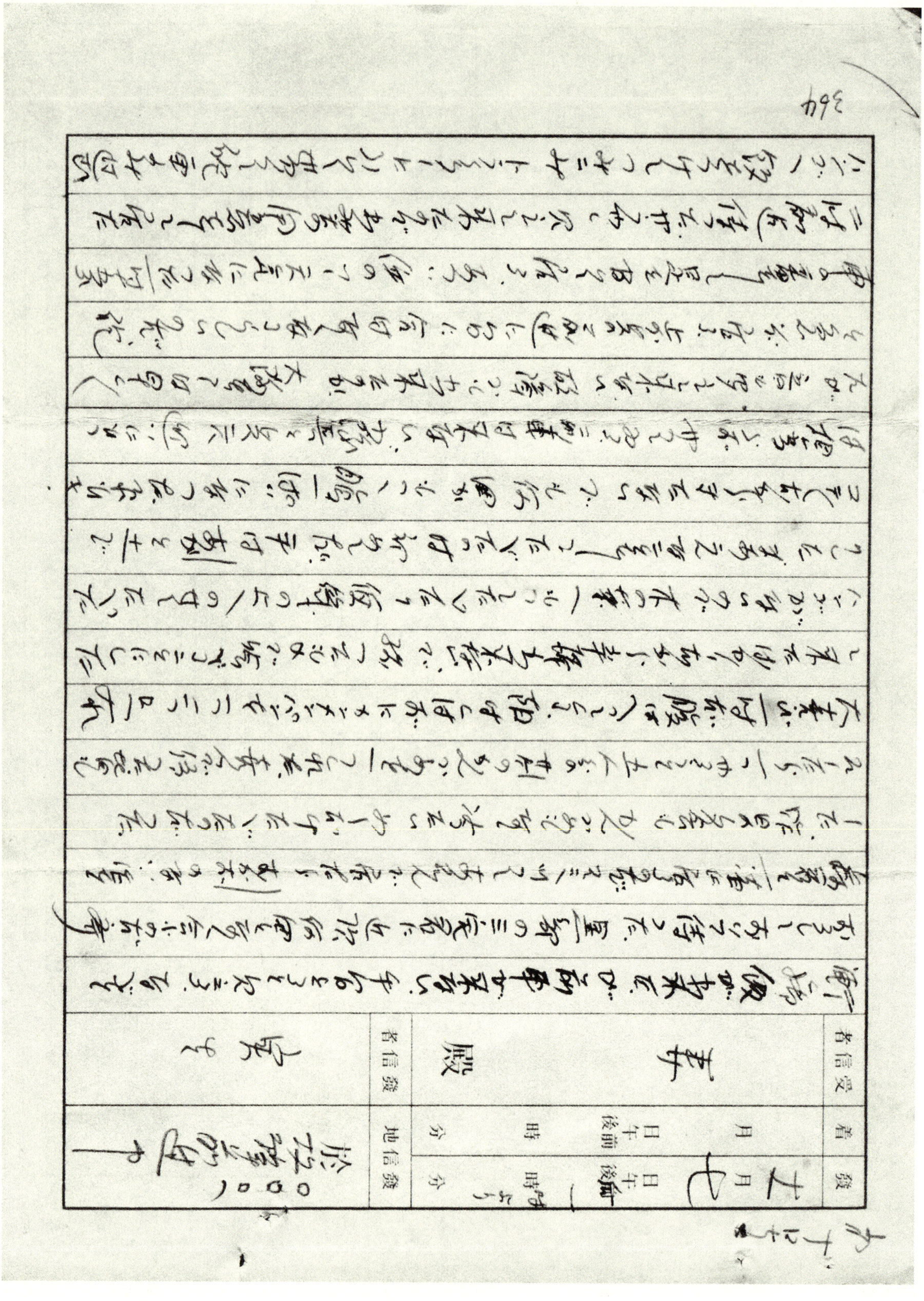
受信者
殿
發信者
發信地
364

目の前の所へいくのにも ぐるぐる廻らねばいけず 田の中をまともに
た 山の中森の中を木をへし折ったり道をつけたり汗みどろの
進軍だ。クリークをさがして廻ったり 山田の路の高い畔をわ
しとりそいしので中々平らな道でない思ふなにいけず、おれてくる
困った 工兵もこふこふだ。兵隊は今もおいぬいて汗みどろだ
で目的地の下を知のあった所へついた、途中女の田舎の死体
が累々とまつて水たまれになつてねたり らくだ道などに路
をつけてゐたすかなんだ。道にはひどい雨火があって危険だ
山の下へ抜けた時には もうすでに うすぐらくなり陣地を作って
野営 皆を食べて 仕事をたく一番近くに池があったし、きれい
な水を 女郎の男にくみにやってたいた。水さうの湯をわかしてお
たずまあ あした一日は少しも帰りある時安心だと思ふ
には途中寝て一睡した満月が、自で庭の様に明るい
月の光で文を書くもう書に一部の写だ 外の者は隊にゐる
土の入れたれても明るい時にとりにくるの音がする。
山又山の山の中の先々部落あり 十匹ほど少し居る。大町の宿屋で十五ぶ
二は宜三、由子隊より加減で途中は暑くてゆられない位だった
古は小日思康にも二十通手紙が来た 中里女等に知らせるので要
下の大事 森…その母の死がなくなってびっくりした。森江紀
よろしく伝へてびってくださることを 宅書に今々の手紙が十 牧野より

3

366

發	七月八日午前後七時　分
着	月　日午前後　時　分
受信者	英　殿
發信地	於前線中
發信者	一兵

んど悪くいふとするといけないかもしれないと病人が帰って来ての
話だ。あれ程弱く出発する時に土色に顔がなってゐたが悪いと思って
ゐたのだ もし死んだら妻や子供がびっくり力を落すだらう。
そんなことを考へつゝ出て来た。久米の周さんが[illegible]砕ってゐるそ
夢見たら敵に延了して立消 物そうな所だ。森林の中がバン
と一発打たれただけ危険だ。何としても早く来て下さい 又出る。
今日だいぶ暑くて来る 火をたいてあたり 面会をして
池で十日目に顔を洗った すっぱりとして気分の用意としては過
に又トラックで炊事だけして早く出かける 相変らず田の中を
車して横切っていく 今日はもう麦が四五寸に、いねが三四寸に
大根が一寸五分位にのびてゐる。どこでも田だ 様なものを作ってゐる
部落がある土民が全部出て来て手を合しておがんでゐる
何をしますからどうぞ助けて下さいと言ふ位りだ。水牛、赤牛
が沢山居る 豚が追まわしてつかまへしみこをのせてゐる。果物
支那人の果物があって 大きな桃をくってみた タリノメがあって
中々今日も田んぼに沢山ゐるタイ、大きなタリノメには困るのだ

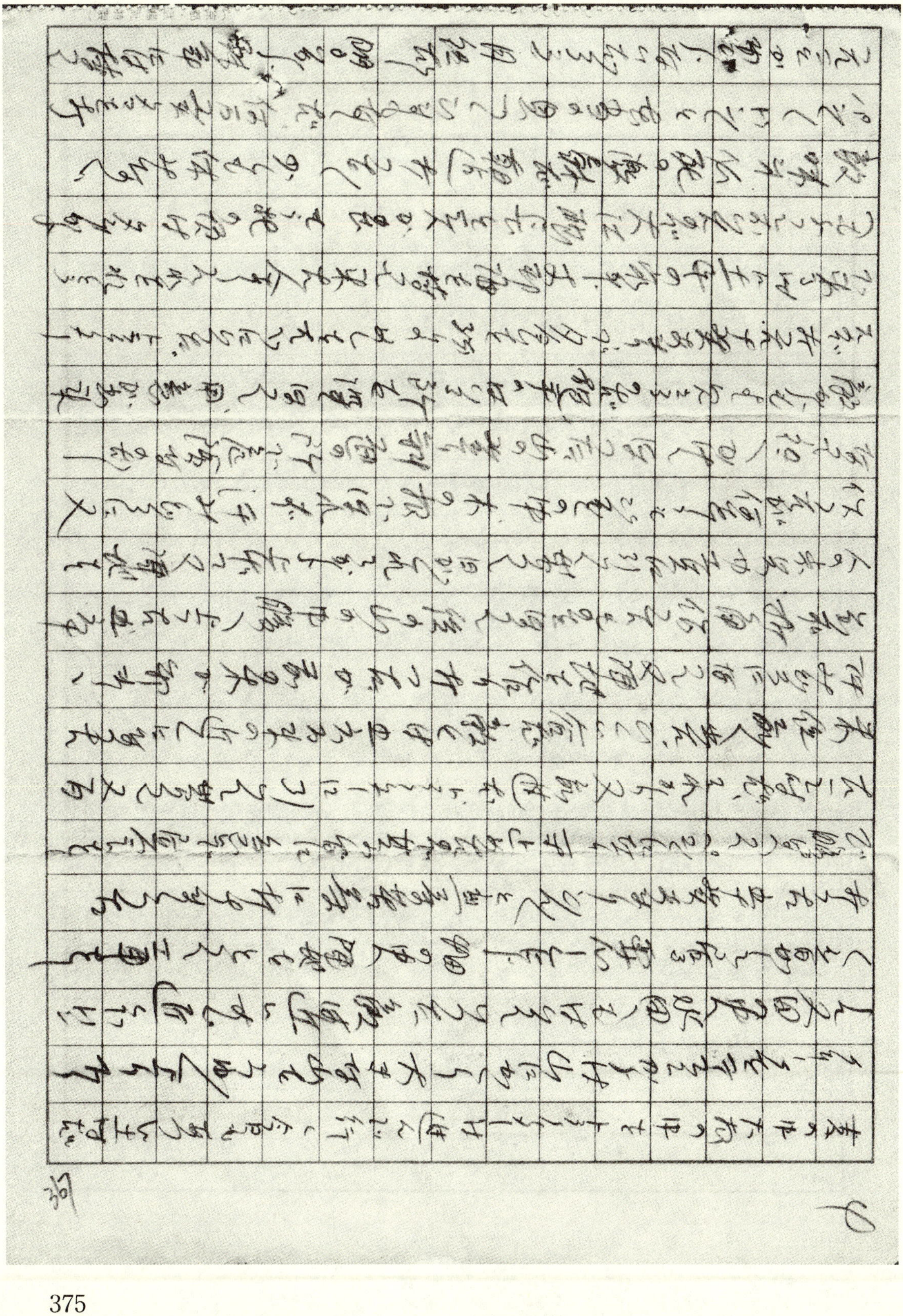

發　七月九日午前五時二〇分

受信者　妻　殿

發信者　一男こと

發信地　於陣地より

昨夜、今迄にない一晩中すさまじいえんたに次山なつ

たのを見るのは今が初めてだ。ひどい激戦だった。陣地の穴へ

住みながらも夜を明した。トテモ寒かった。何よりこの世の

中ではわずかな事はあまりないとんな者でも変りはなかったなぁ

夜が明けた大日だ。昨夜からのつづけ相当ひどい西方からへ

ところ、かくの体は案外中々にかわりないただ細目のお陰に又

三日も負けてやった、弾もおちて来る。めしを食うことも言葉は

下の人たちの人が陣地に集って来て平気で食べてる。大根も

味噌に鰹節でやったのをかけて又しようかあた梅田から

いただいたのを思いだしたがうまいことうまいことたべた。夕べこの様子でかけて来た

○○○へ来る気もする兵の前の手が荒らかなを思ってね

ものの生れて来てを二日に又伊吉でもそっとすくめる

其の日下の者が話を大そう来られたあとかわいい汁ものかんづめの

をおしにして、うまい、あたたかい御飯汁、湯までわかして貰て

山住居の俺たちはどんなにありがたいことかわからない

ありこくとはいけぬ、おかねばならんから、二人は俺たちなんかの

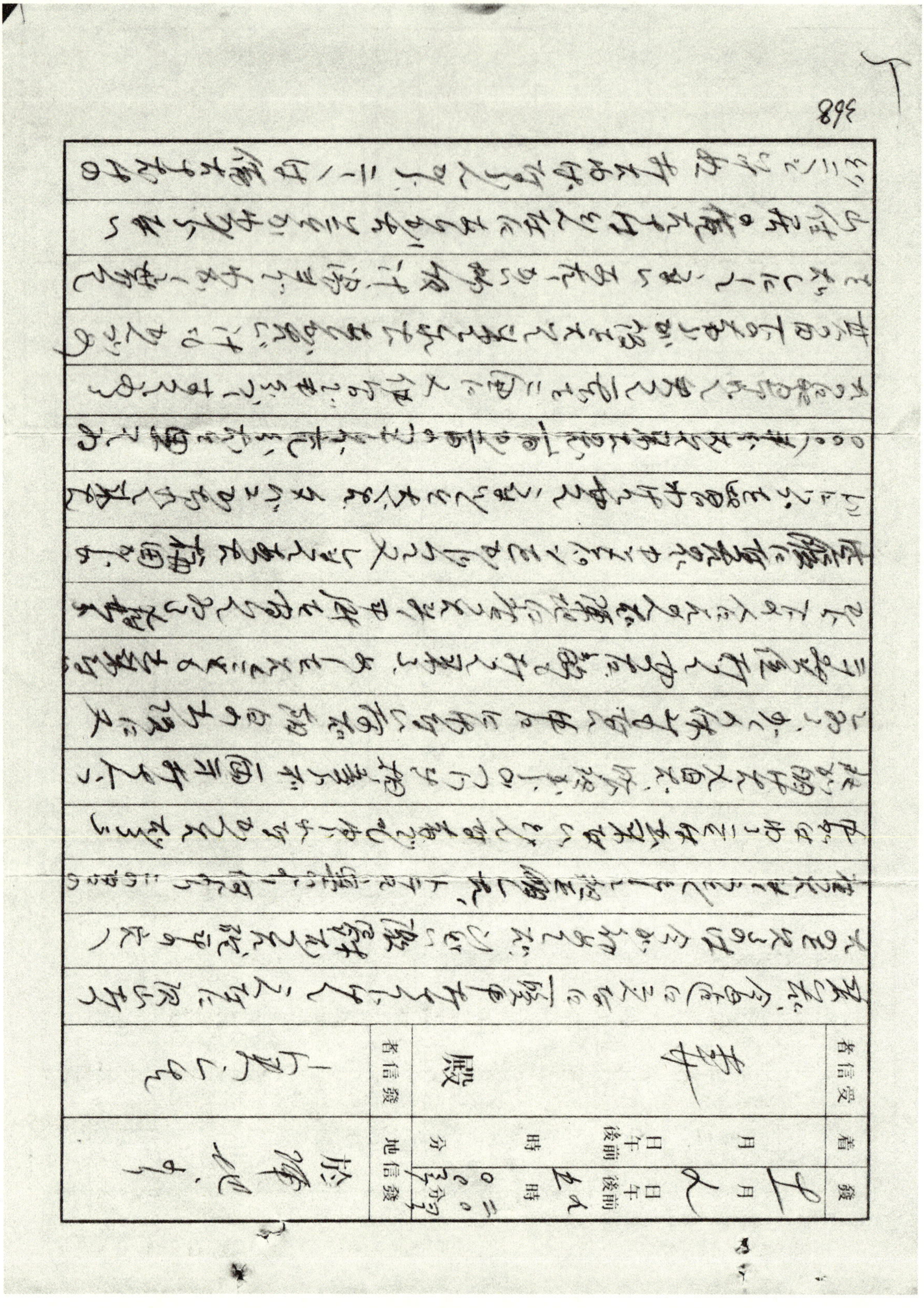

6

就かけたが、頼りなの位だ。赤城も三国も皆三の花を見ように
して居る。一つ我れおって生意気な敵の来ることを知っけれ
私を言う、云く歩く大きな打だ。又二十五日〇〇の一神さんして
来るが、安心だ。右は日本一[illegible]行きもかけて[illegible]居るのだ
相級かな時だ。私行けば何事もよく分かるものだ、感じたからそうして
居る。彼れ其のうちへ居る出て、十二時を正しく[illegible]すしておるすと自
の飯の山だよ。見える暗く居る木葉に生れかひしかんだ
今日あれて、私はだ、随分暑いの中で出ない。十時半だ。
此れの中へは先く、そして十二時半近くなた。又此所を敵が前の
山に見える様な狙うるその十分で、六連の分の物が見えて居る。
私体をかけて居られたので、うまかった。強敵を十よく
分体むより何里先かものら来ぬ、行様しまんしまう
分手を見て居て、ぬいぬいと六連を上げ居る。一千三十まで見られない所だ敵
と我行手を見て居るが相手にならない毎日ですがのだ、どんどん打って居る
我の前にとんで来て、空を見ると目を見て居る。夕の防ぎなけたり
して又此時に静かに生命におりて、ねて居るが、去年はやと言い
来ると其かけた近い時は三四百米もあって、敵を味方をといつもお居る位だ
九月の末頃の暑い位の陽気だ。元気でおりますって居ますで何て行ける
様に元気をつけてやれよ。母にもよく言って子供もよろしく
たのむ。今日も休み皆に就寝の上て、お吉と吉村だれ

358

發	着	受信者
七月十日午前一時四十分	月　日午前後　時　分	留守宅 殿
發信地		發信者
於坂野部隊中		宣二

とうとう夕方迄今日一日は砲車について居てずつと山の上で言つても
大体の様子が何某ならか百米以上有ると言ふ、思はず力の日
が敵の山によつかかつて居る陣地がよく見える。大きな山の上の方に
敵のトーチカの穴が見えてそこからチカチカ火を吐い
て居る。その下山の中腹に友軍の兵がアリの様に山をはつて
上を横に長く散へ伏せて居る。旗を振へ山く上つていく者が
ある。めいめいの銃剣が（陽につてゐるので）入日にピカピカとよく
見える。隊長の軍刀がパッとかがやく都度に、横に行
つたり、前へ山を上つたりしてゐる。様子を見てゐるのだ。よいと思ふと
皆立つて山を上る。敵の手榴弾が白い煙をはいて友軍の所
が[illegible]機関銃が[illegible]をつかまへて伏せた
と皆一度にパラパラと伏せて時機を待つ。敵の機関銃とこの
上に居る友軍の僕達がズドンズドン砲弾をぶつぱなしてゐる。砲兵
が此の上迄とどいとるんで弾丸を送つてやるが、とても夕方迄には占領出
来さうもなかつた。友軍の皆に会はずたいへん残念でたまらん
毎日のみんな大変だつたらう、陽に焼けて黒くなれてゐるのが敵の[illegible]

本日ははげしく友軍も見下ろし砲撃してゐる。はげしい敵弾が砲
弾もとんだ。頭の上一とこ三ん流れ弾がないから休みなしにあつちこつ
ちは無茶苦茶だ。自分たちは[illegible]砲をドンドンとおそかした飛行機
が来なくなったから安心もして、[illegible]のなかのだ[illegible]ばかりがある
のかわからない。友軍も目の下の田の中まで出て[illegible]
線へは出ない。[illegible]毎日何十人かの負傷者が出て来るのだ
あの山をとったかどうか、敵は死物狂いに取りかえそうとやってゐるのだろう
今夜はゴーをひろしたので[illegible]上へ[illegible]を持って来たので[illegible]
を防ぐしあたたかい。[illegible]の毛布を[illegible]、昨夜の分も一滴に[illegible]
すり眠こんだ、よしゆっくり、夜営はますますよかったので
十日だ。砲列へ行ったが今夜は木で一隊の兵隊の姿が出か
ら[illegible]、今朝の[illegible]のみな下へ下りて日記
を書いて手紙を書いていた。今日は隊を[illegible]の事があるかも知れぬ
[illegible]陣地に続き[illegible]大隊本部のみを作ってまもなく[illegible]
合わせて一服[illegible]それから砲手の三人はゴー
(火)を大きく[illegible]にはり直して[illegible]
[illegible]世話をしてくれたので一服、今日は
昨日は[illegible]敵の打つのが[illegible]相当だ[illegible]
[illegible]友軍も[illegible]らしい。[illegible]
[illegible]の山[illegible]の兵隊が[illegible]見える

371

3
372

發	着	受信者
十一月 十日 午前/午後 六時 十分	月 日 午前/午後 時 分	妻 殿
發信地		發信者
於 ○○○の陣地で		忠も

天気もよくなつて やはり寒い位になつて来た 十一月の中
頃に丁度天気のよい九月の末頃位の陽気だが夜は
寒くて [illegible]
ある。俺たちの前で日本の所は敵と味方の境目
はほんとに僅かだ。少し前道つたら味方をせめて来るのだ
敵の姿は見えない。皆ガンゴーやトーチカへはいつて居るから。今日
午后は大した事も無く俺の方は居つて落着いて居た靴下を見
て居た。寒くなつたので頓に敵が四時頃来た。今すぐ寄れ、
射撃だがおれずに居た。げらげらしと水をとりに行つて五時頃か
かしおつて千円の兵隊を置いたので会をすました。今日は
一ぱいに俺達の部隊も一応出した。六時だ 日がかへつて はいつた部隊中
も止めて行くと、今日の山は占領されたがしづかになつ
ておつて右の山で [illegible] て かえつて来る。[illegible]の[illegible]隊が来たのかもの
先の田の上を通つて一列に並んで曲つた道を一ぱい晩の静
に見える。山へ何をおろう。すぐいくのかと思つた俺たちは二十
三日頃になる。今迄はしずかだが又激戦か。六時十五分

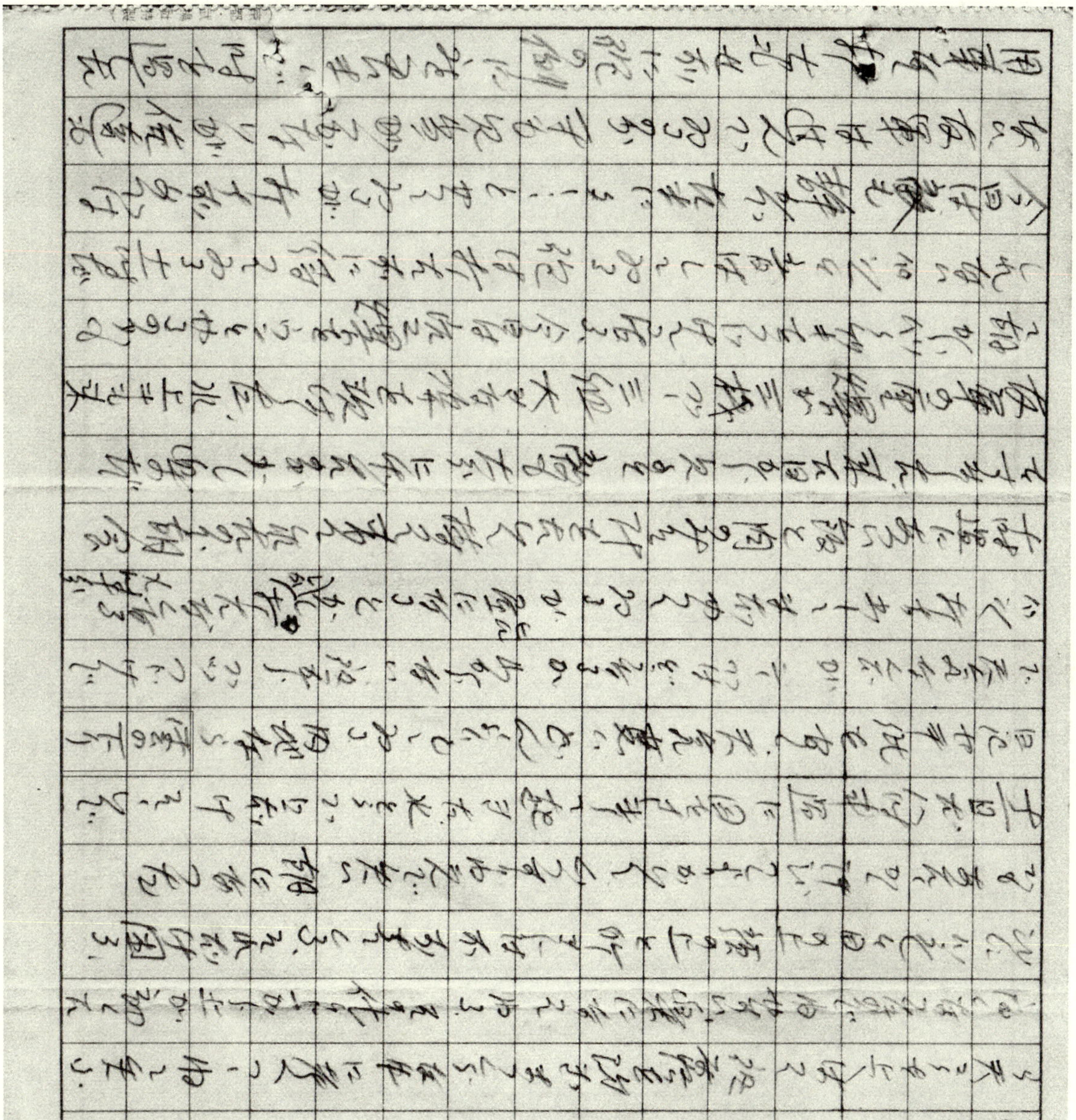

發	十一月十七日 午後七時〇分
着	月 日 午前後 時 分
受信者	まさく 殿
發信地	於〇〇
發信者	侑也より

宮こしも

隼釆が来たのか下の田へ馬が綱を附て集って居る様だ
下の畜は部落人衆達にかられ乍ら居ない様子だ。座の
あかりもれの前に先生来ないのか何か言って来ない未だ
は卒士になるのか兄がおれ、すりから一寸寒くなった。今
迄かあまりあたしが遅れたのかどうかしてゐるのだらう。
卒士になったのか兄が一寸まってあった汁漬けかめしをたべて一眠
してゐたら雪へつけたタマが上って来た。それについて一寸病気がちで居た陸
修がよくなって出て来た、云ふ訓へ来たのを十と言ってびっくり
しては居た。も一つびっくりしたのは牧野が発狂した事だ。五六
日大陸にゐて落ち兄に付いて出た土業の頭も土色の顔をしてたん
ので秋田か千代田へ来て任せた他人の事だ。まあ気が付かなく
ことなって彼の身の上をよく知ってゐたので気の毒だ
小学時代に両親に別れて叔父の手一つで大きくして貰ひ兄弟も
なく一人身らしく皆叔父の厄介になってゐた不幸な男だった
九日の朝人時に息が切れたと陸修がせつせつと来て
身に一匹山宮に縊って墓場を立てて来たと言ってゐた。

374

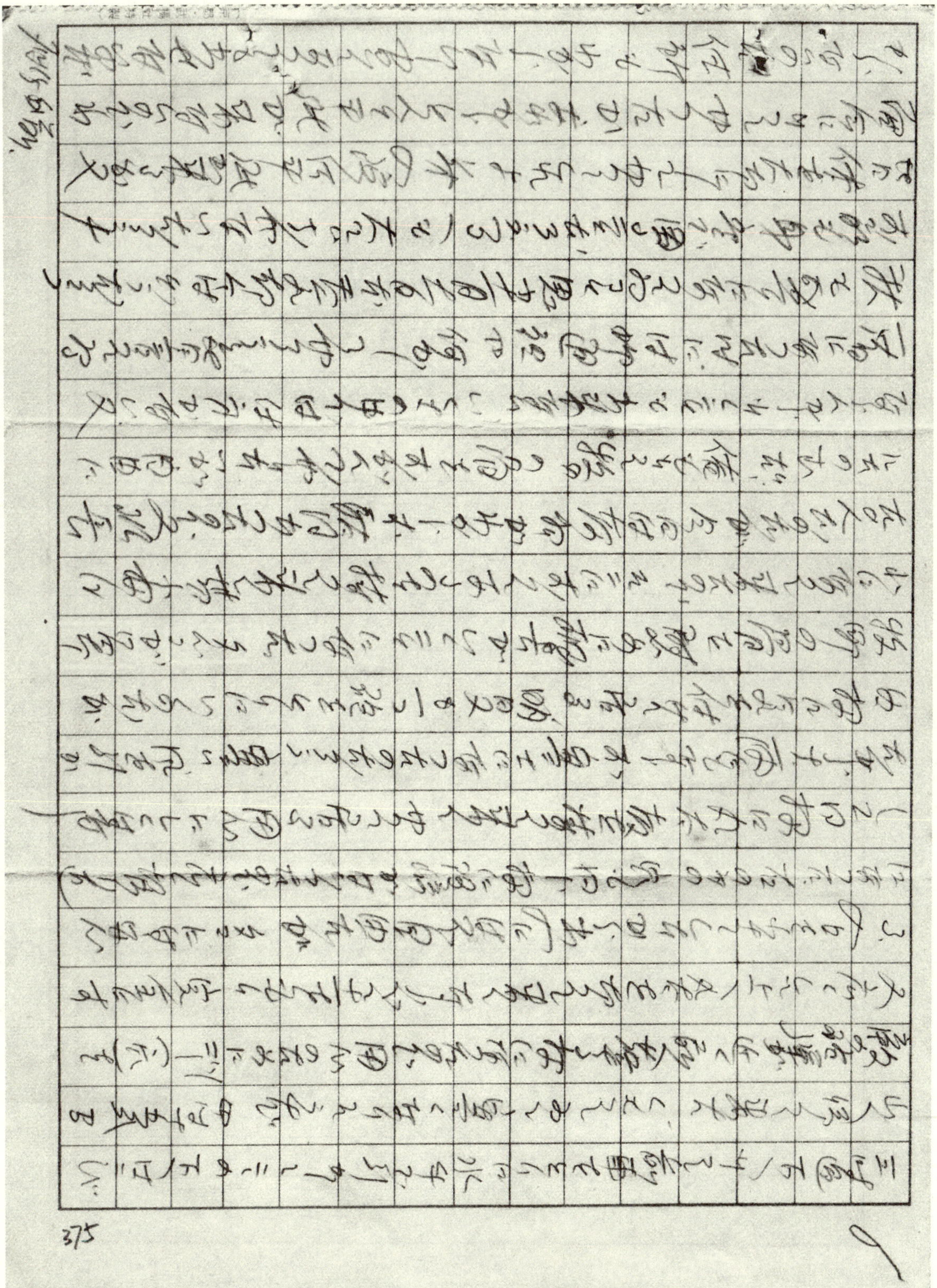

ア4二号

23

發	着	受信者
十一月十五日 午前/午後 五時 分	月 日 午前/午後 時 分	妻 殿
發信地		發信者
於〇〇陣地		宗こと

寒さはなはだしい夜になった。よく冷える晩になる。近大夫
な工事をしてすぐゴーの中へはいった。中は屋でもくらい位で風
はいらずあたたかい。横に来て眠った。割に静かでちょいちょい音が
するだけだ。ミーン鳴き始めた。こんなにタマの音のしないのは
〇〇〇へ砲をとりにいって牧野の骨を拾ってくるとの手続をとりたい
と看、西吾ら五人が七時に山をおりていった。朝は冷たい
俺は砲のそばに残ってあとは余一の準備に下へいった。敵の砲
がどんどん山の向こう落ちる。小銃の音はたまにしかしない時
寒い。だんだんよくなってきて日なたにねると一寸あたたかい
かれら昼の中頃だ。相かわらず霧があるのだから同じ
村の畑が〇〇〇え山の上が雑木林で細い水が流れ
る。大根を飯ごうで煮てあるので割のみそ汁でたべた。腹をこわさない
ように敵さんもあまり打たないから割に気持よく頂戴して居る。10時半
両方が静かだ。たまに小ぜり合いをしているだけだ。やっとあたたかく
なって来た。日なたに出て手紙を書いているが十二時頃から流行
と二人で分隊についてまわって大仕事に手伝っている

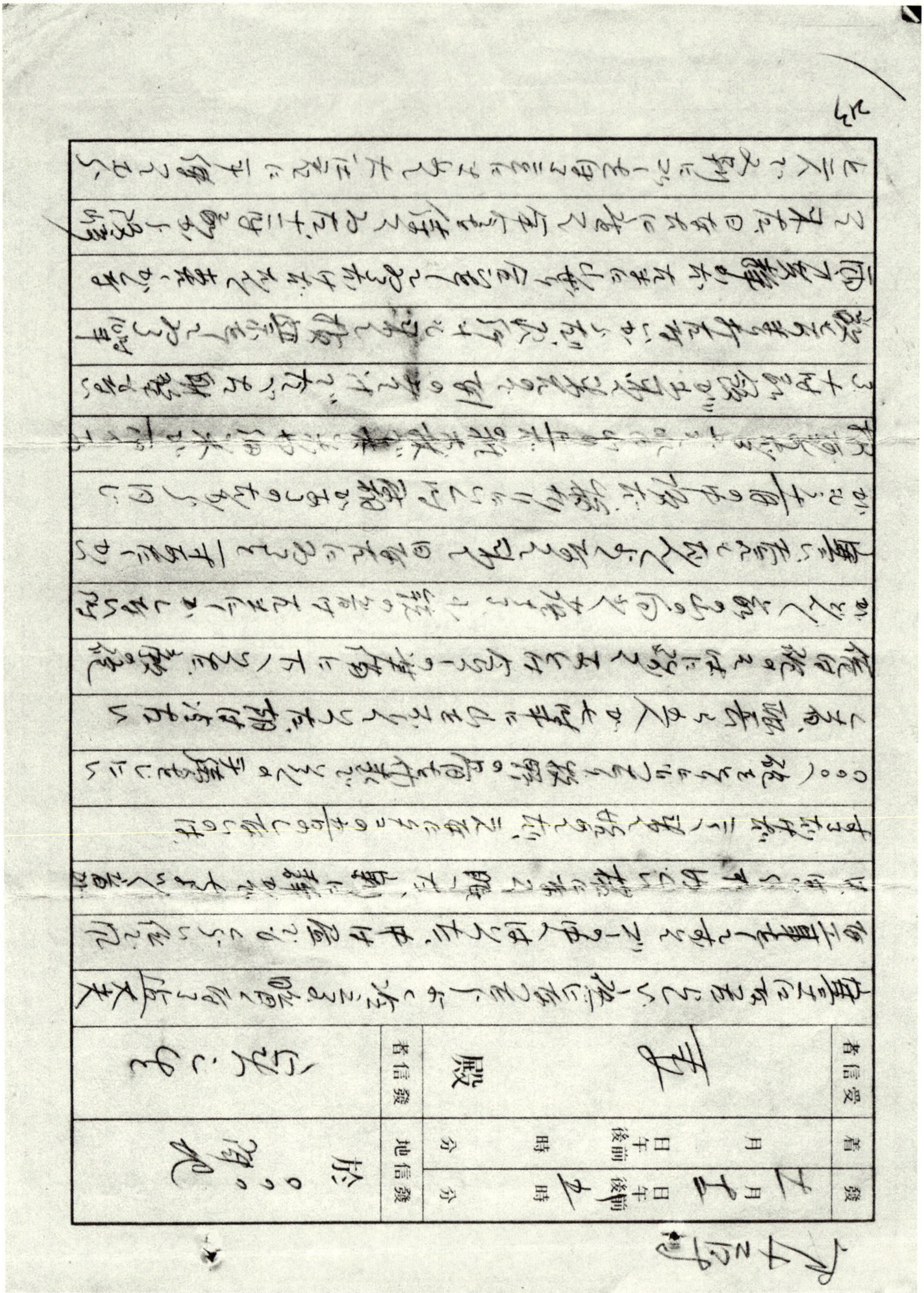

ひっぱり出したい仕事が膽ン立てには持って来いだ重要字
になった。ほり出した土は下の部落へ運ぶ。やっと持って来
て板を上へつみあげて土を山に盛り込んでかためしておけば
中へ山をもって、石を作る。板をあてゝ、やりなおして完全に
出来上る。その前に又この砲が、とかく騒ぐとか言う小話が
出て来た。角を手から手へかかってたと思ったが仕上げてやれやれたまれ
のだ。敵の追撃砲が前の山へどんどん落ちて白(今)煙を上げて居る
だんだん日がたつにつれて静かになって来た。が、又前へなくなるようう
おとしさきまた広い。自分達のまわりのはゴーッとはりつくこれを吉えて居る。
大軍の飛行機が盛んにかけめぐりまわっている。目の前の松のある山
の上にある黒い煙が上ってひどい音がする。俺たちが来た時は普
通の松山だったのが今日はかくかくと砲撃でめちゃめちゃになって
赤い松山の姿に変えられてしまった。其の頂の上に続いた山々はまるで
はげ山で赤土の山に変った。其の四陣地で学校の用意をせよと
言って来た準備をして俺は砲の側に他の者は全部下へ出て外で
はえて居る今度の陣地へ土ばかりそれがすんだら弁当をすませへ
組上げて構えるのだ。土はだんだん運べば構えるなどした。墨に(土附)
弁当の時は丸太に囲まれたせいか少し一休みして弁当を食べた後
物がサッとその後を去っていった。あいしかったな、西瓜一つ
なだら接触した近頃の命令で中止ともいえ思い出して作った

212

3 三

發	十一月十三日午前/午後十時三十分	受信者	妻一 殿
着	月　日午前/午後　時　分	發信者	良こと
發信地	於〇〇〇の陣地より		

げたりのゴリーへはいつて居ることの手紙、作つた張合がある
日山へは来て沢山の階を上つて田舎へ来たのは、つまらない早く
が又家の中だ、尻もはいらないから、あたゝかい毛布が欲しい
も沢山送つて呉れ。先日沢山来たが、大事大事に七時まで
使ひになつた。中隊の〇〇〇と云ふ森田伍長がレンラクに来て呉れた
手紙を拾つて十月二十五日着のお前のリキマがあつて、うれしかつた。兵隊の〇〇
ご病棟中の手紙が届いたとのこと、うれし……かつた。留守気づかつてやつてみると
のこと喜んで居る。まあ足で安心だ。又月十五日着か、昨日は十月廿日着
あと迄のものは一寸も来ないのだ。どうにかしてくれるのだらうと思ふが
どうかく かたよりない。手紙は思ふ者には出してないから困る。
遊覧が紀伊の白浜へ転地になつたのを母が知らせた。大分よいとのこと
在学の大塚君と話す、母多一。弟は日赤大阪
より送つて来た母多一。弟は大阪の日赤に居るのだが、病室
が重くなるか、日赤手紙を寄こす。病室の方が出せない
家族も病室だけ書いて来るとよかつたのに。お前から知らせてみ
るのだが。知らして来てたより無いのだ。二三位でびつくりする

9

なるたけタマの中をくぐってはならない。誰が死んでゆけば
ついてはいない。死ぬが何時いつ見たかわからない位たくさい
死人の伴をつけて仕事をもってゐる、それでたいしているのに
継母はまず手汗をせっせと一生懸命に働いてゐるとあった。
彼がまけた。しかし泣いてかわいいと思ったらこういう様相だ。雪のなに
まっ白に積ってゐる。冷たい日なのに、立ってこれを有くおつかず
が冷たくてすぐはひとつひとつ読めなかった。妻君からの手紙が
来ての安心をした。六月廿一日の便り嬉しかった。
森田伍長が今日山をおりて帰ったのでつれにこれ
をたのむ云ひにやって来て、あきたりが又これからのことはなを
に出しておく。二十二日（出）にでかけて、大分あたたかくなっ
て来た。銀行もやって来て、換金をやってゐる
御馳走が来た。みそ汁で出来て来た[illegible]だ
朝めしもおくれたものだ。今朝は早くから敵の砲
撃をされたが、今朝からしてまた飛行機が来
た。下手言ひなったのである。今日はあたたかいいい日だ
天気がよければよいかもしれないと思ふ。四年としてママをいる
お前も来たし、飛行機を作ってやすんでゐる人がゐる
弟さんのうつくしい飛行はおそろしい。おそらく陰だ
ちょっと女をつかまえたら今日は一滴に沢山な人だよなあ

（京都·武揚社特製）

210

發　十二月十四日　午前／午後　時　分
着　月　日　午前／午後　時　分

受信者　妻へ　殿

發信者　らんこを

發信地　於　〇〇〇陣地より

昨十三日は作業だった、最近は手紙をたのしみにしてゐたが
和子が書いて早く会ひたいと、後部の用意をすることになり
十二時頃食事をして土工具一本持って約十キロ位はなれた所へ
山を二つこえて出て陣地へ着した、先づ砲車の掩所
を定めて山の腹を平らにしておいてから後の砲手の用意
をし下へ又砲手が一を掘りにかかった、かたい山の岩を
並土掘、俺と隊将と二人で甲をランランと一様に掘って行ったが
すぐにかって作った、外は三人甲一人甲を各自作って行
四時頃に穴だけ完成した、皆一時休んで元の陣地へ之
こえにしてカンゴをとりに行ったが途中又延期になったから
今ここで写したりするので、いつもの所で飯をたくさんにして
俺だけ山へ上った、かはり今日も食料から部分の飯を乞ふた
でうまいなって帰るので早く切も分りこのよーな汁を作り
四人であつい飯をふうふうふいてたべてから急ぎ車山へ上り
別に何も異状の無いのをつけて帰った、くたびれた　土兵
兵隊の話は横から山下へ来て寝てしまふのかなんて

376

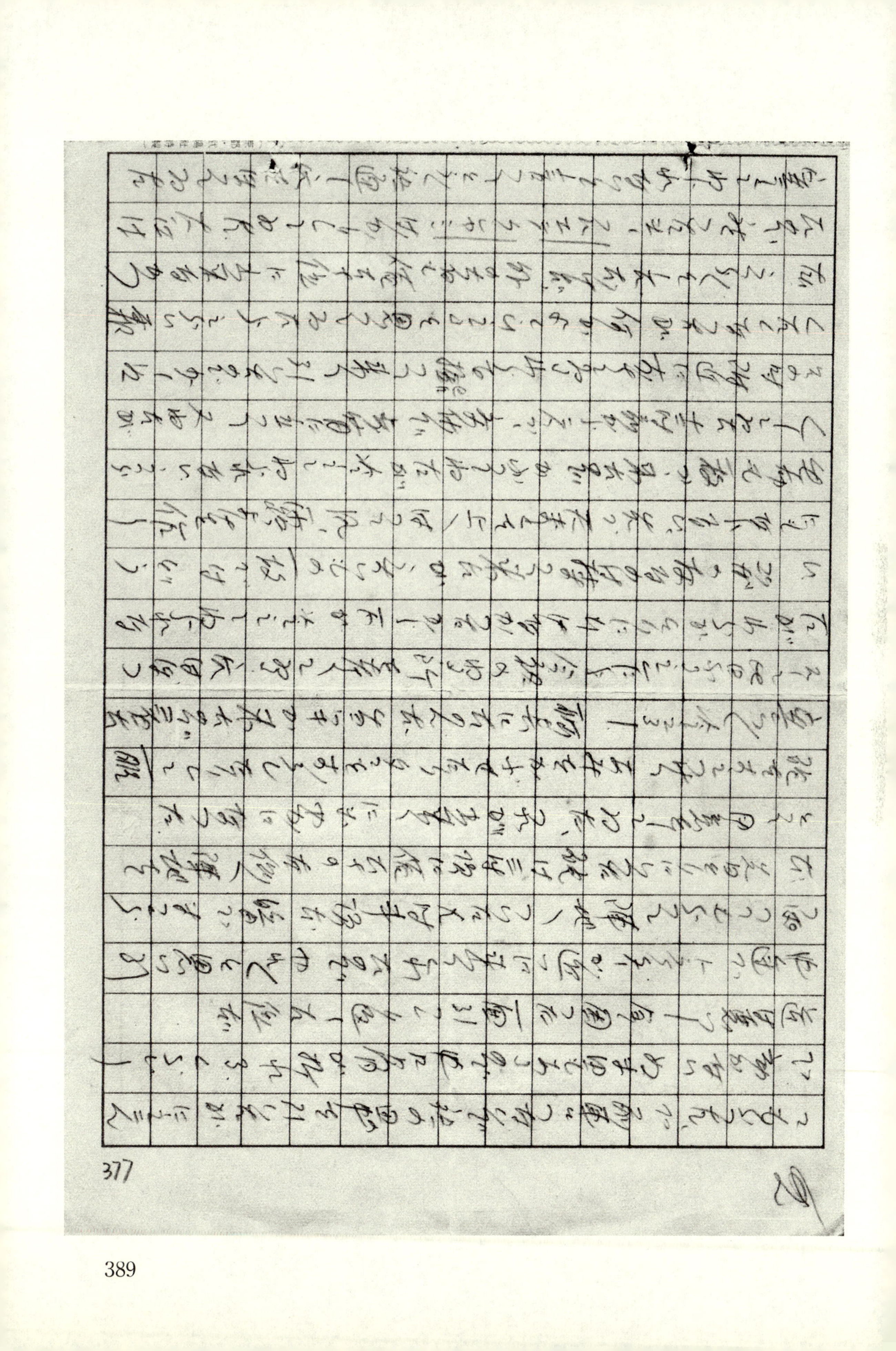

377

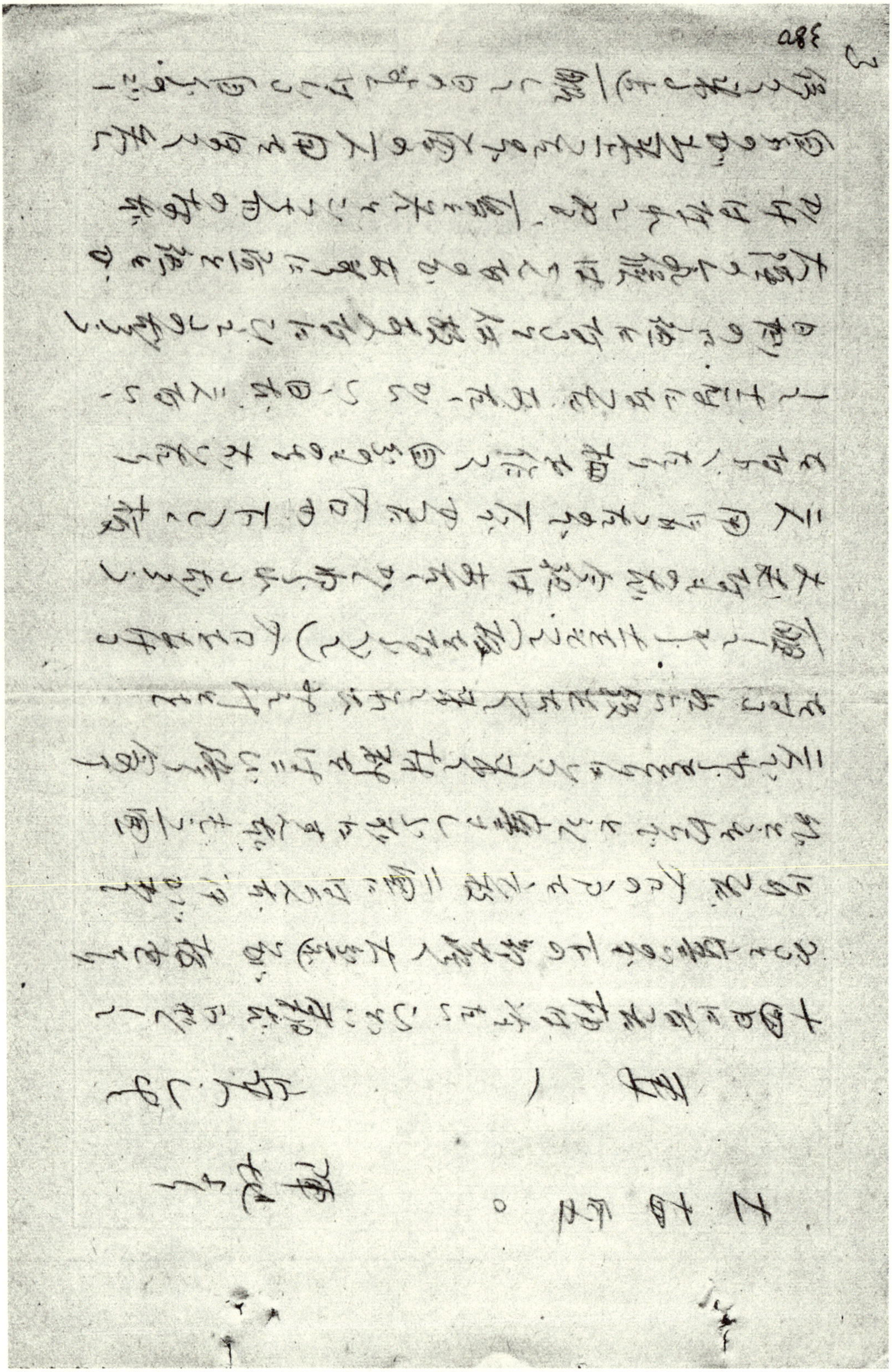

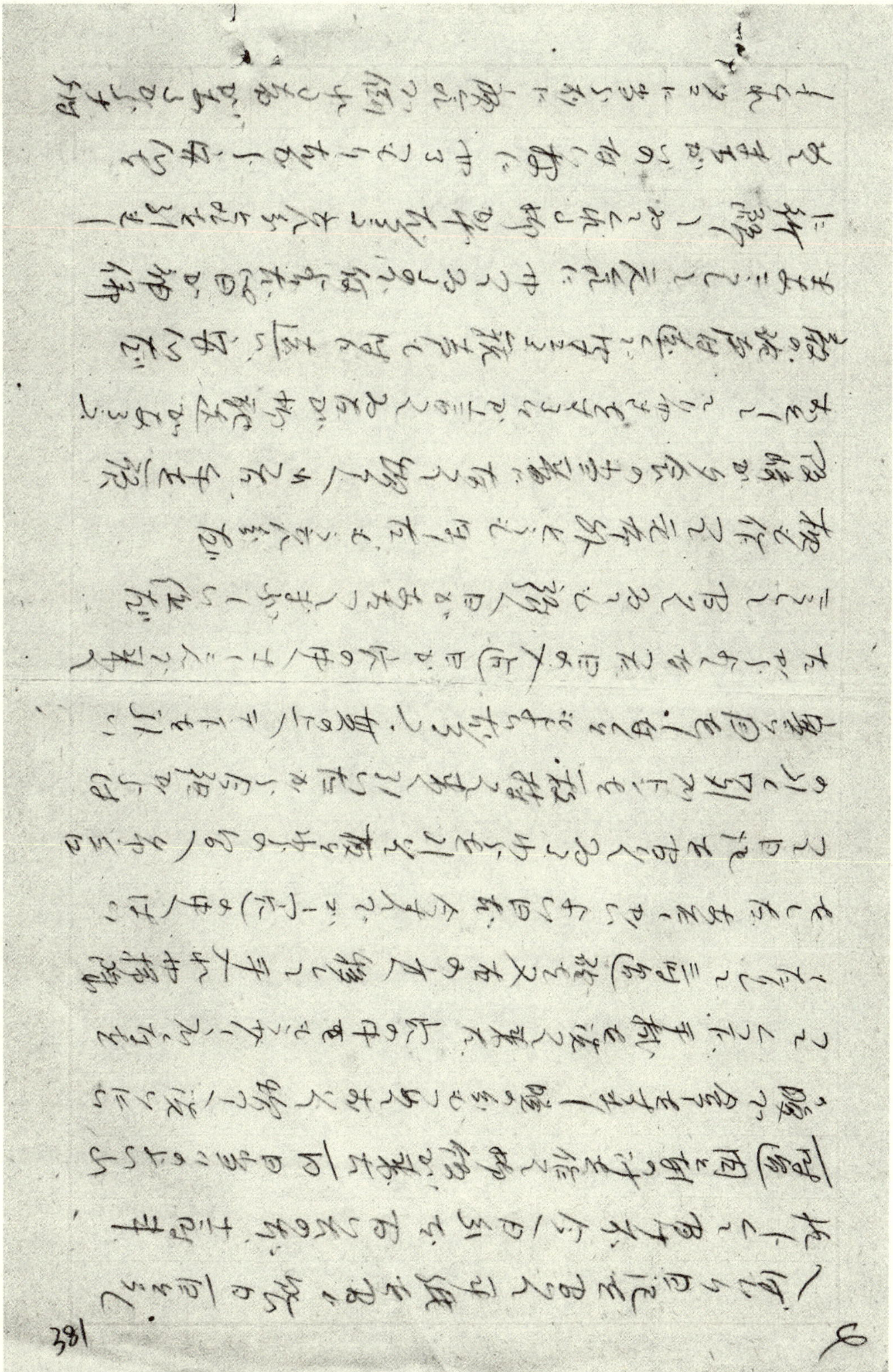

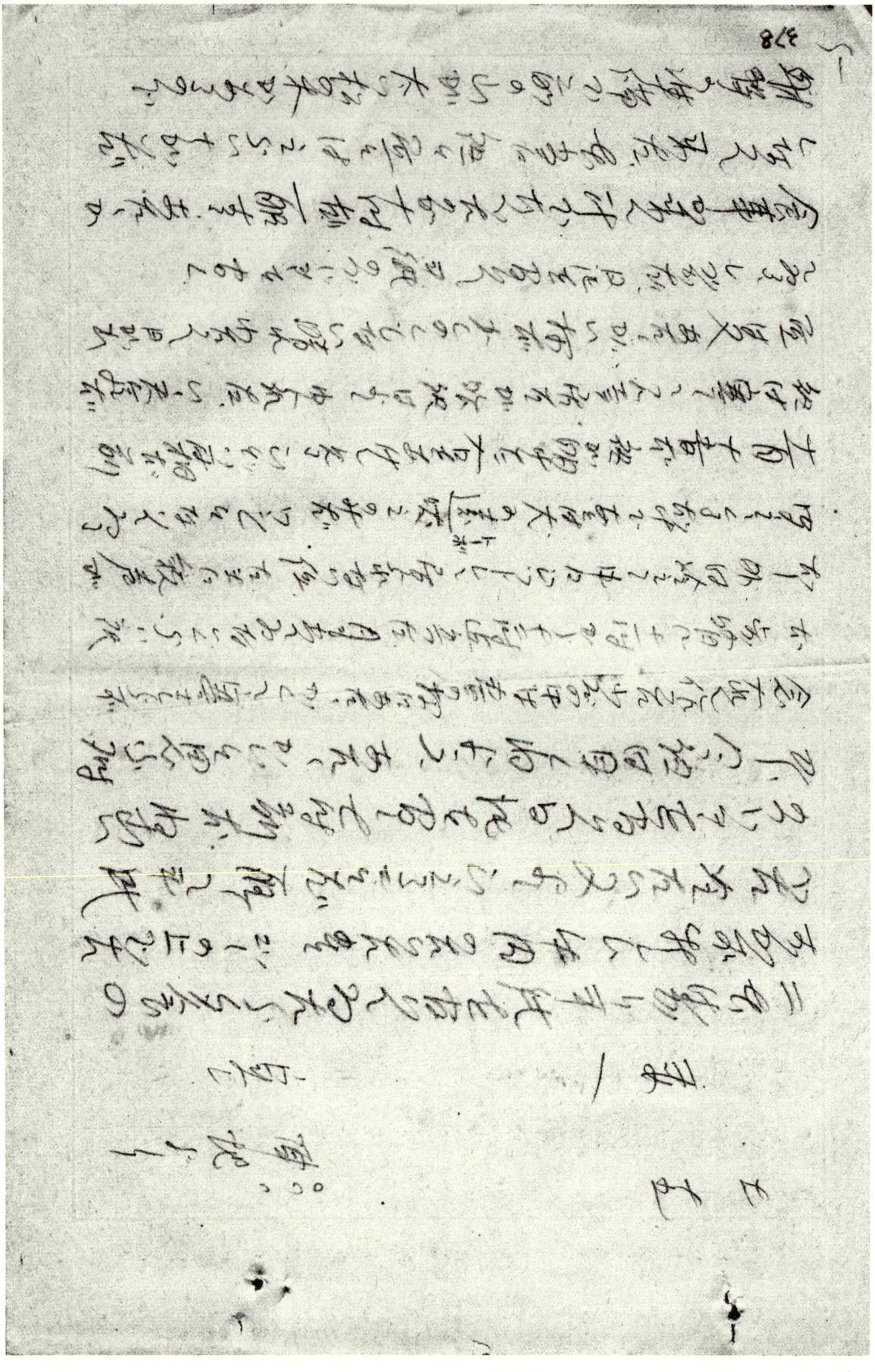

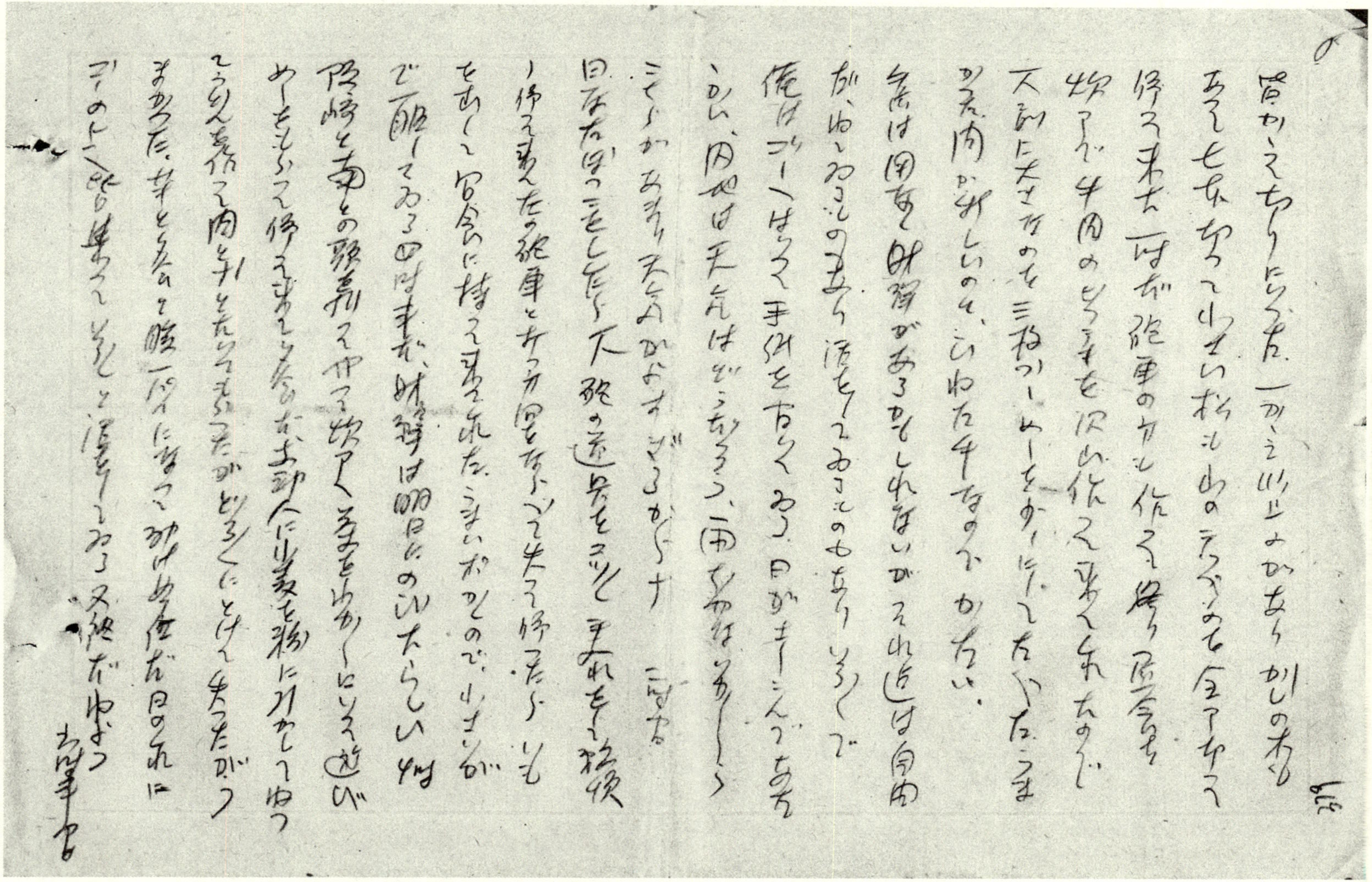

379

皆かえりたがる。一所に川上みかあり、別しの方も
あそも知って小さい松山のテハ゛のも全て知って
俘って来ても彼が配車の力に作って帰り居会を
坊アで牛肉のヒフ手を取り作って来れたので
大部た大さなのを三枚つしぬーをかいて行ってたこま
少々肉が新しいのも、いねた牛なので、かたい。
気は田舎で財貨があるかもしれないがそれ近は自由
加、ゆ、そこのまあ涼もしておこれのもあり、いろいろで
俺はゴー人せって手紙を古く書いて、日がきーんであち
、さい、内地は天気はどうだろう、雨なんかはないでしょう
ここらかあまり大分かよすぎるから　　二月十
日本な思って言しても下　殆の遠足をさせて手紙をまた投候
ノ俘って来たの鉄車と千つ力国をなくして来て帰ったらいも
をおして宿舎に持って来てくれた。うまいものので、小さいが
で酔ってやる四時まで、財貨は明日ものいたらしい4時
隊時と南との親気で作で坊ア人花子をかかしにいって遊び
めーを見って俘で来るとなお、お前へに少数を豚に入れかしてゆつ
てうりん屋作て内を十まとれして来たがとろくにとけて失ったがつ
まあった。牛と各々を腹一杯に食って助けめ食だ日の夜に
デーのトへ出日集ってもとと深としておこう又絶だゆよう
右[illegible]

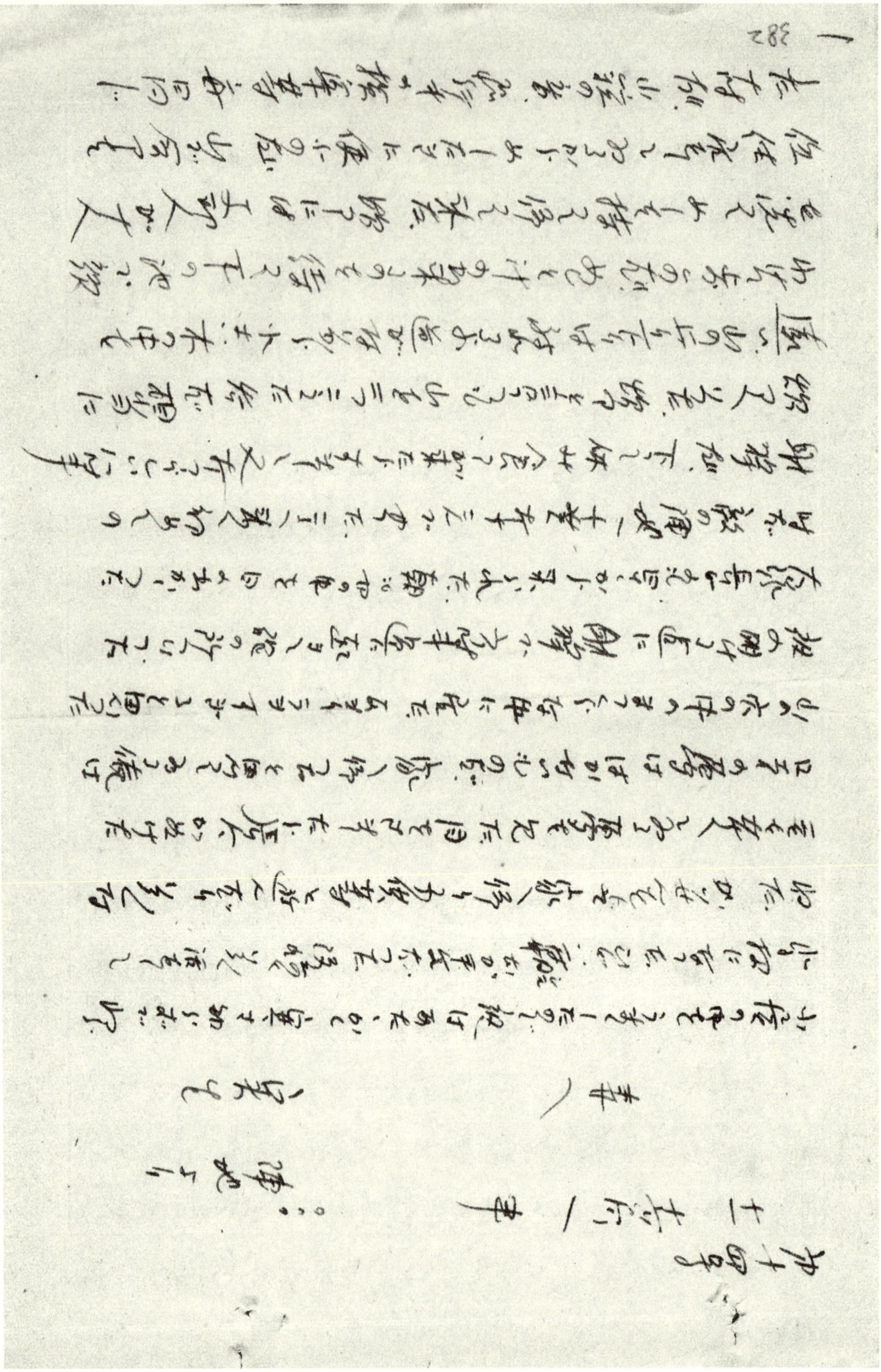

383

ことをくり返してゐる。處々山には激い所も——その前には友軍が在る。両方共一生懸命にガンゴーをほつて居る。毎日だ。敵のは山の向ふで見えぬが友軍のはよく見える。シャツ夜になつて山のそこで工事をして居る。出来上つたら又攻撃するだらう。毎日々々天気でいい。この陣地には部落があるので菜材が沢山に作つてゐる。あぶら菜と云ふものがやはらかい。取つて来て毎日にはしておく。掬やハシゴで刈りもしておく。毎日が一晩たくしたべる。うまい。たまりがないので困るがナスのなぬこそを思へばこれはありがたい。汁が沢山あるから汁にしたりたいたり、つけものにしたりして食べる。川も沢山あるし。土郷人は粉をうすでひいて米にしてゐる。古い時代のものだ。食事をし、明日は手紙を出さう。又工事だ。砲車の据付。あたたかい日だ。昼からタマを入れておく穴をほる。かたい山の粘な土だ。大砲の前へタマヨケの土をもるドテのねにまづくのだ。昨日切り倒した一尺もある松の木を六尺位に切つて来て之ではこび前へつみ重ねて土をもつた。大体になつた。一はすがすがしく所食ひをすます。肉と汁のみそけだ。うまい。なづけをおしてすましてゴーの上で日なたぼつこをして休む。午后射撃もありつづいて工事の残りもすます予定だが、出来ることに居るらしい。一寸半

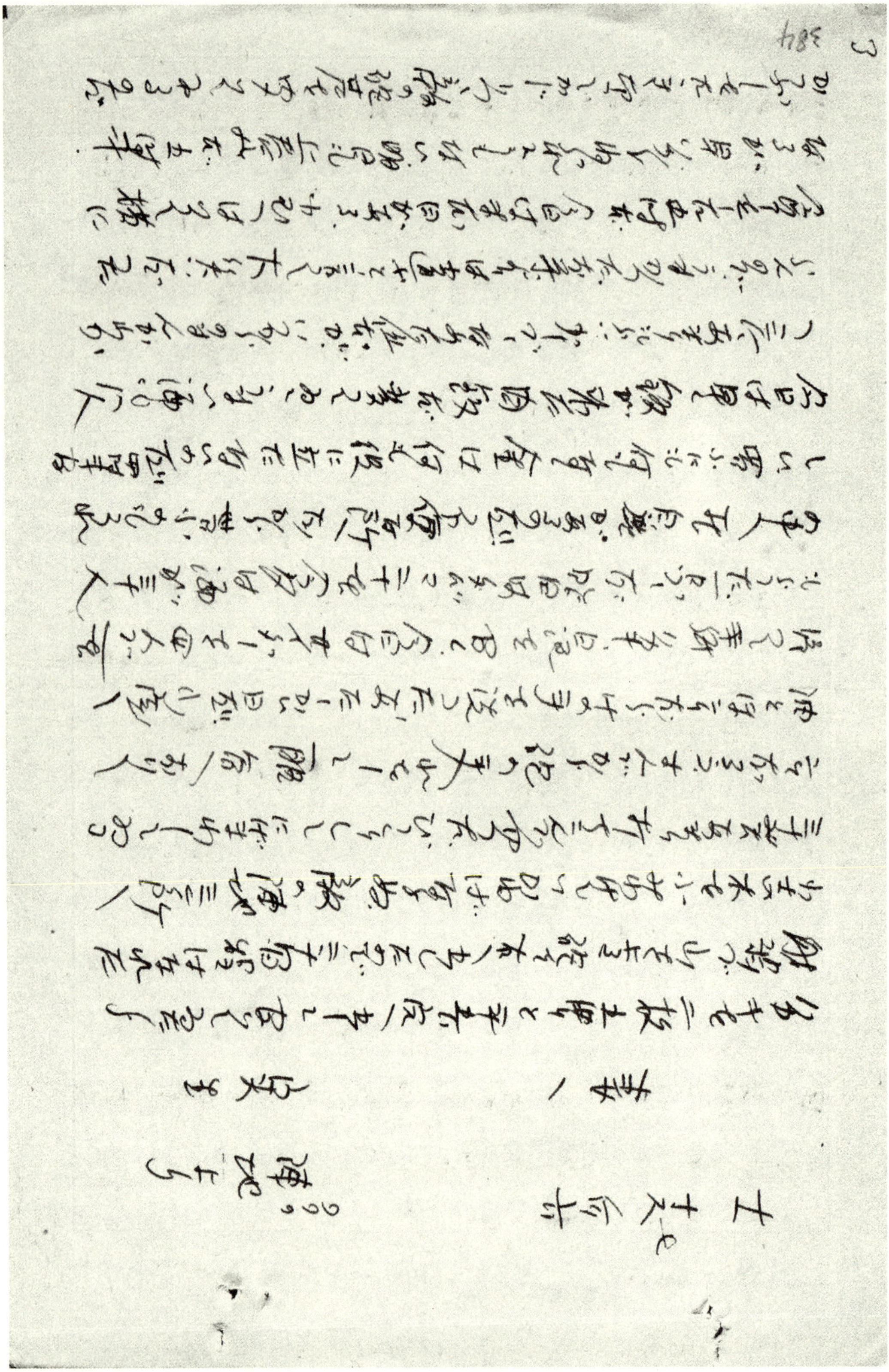
士丈 侍吉

妻へ

実生　○○○陣地より

多分もう二枚土曜と平素宍へ出して居るだらう
射撃で山を焼き払ってしまったので三百程はなれた
小さい木もふみわけねばならぬ。敵の陣地三ヶ所へ
三十発あまり打ちこんでやった。ぴったりしにげまわしておつ
ころがろうす人がか 砲の手入れをして一服 合へおりく
油とほこりだらけの手を洗ったあたしかい日型小屋へ
帰って手紙を書く。今日はサイダーを四人で一本
もらった。一人で二杯だ。昨日は久がんで二十本今夕は酒が三十人
の中へ五合ある。不便な所へ、たまから貰ふのだ。よろこぶれ
しい。貰ふにも何もなく金は何も役に立たないのだ四年な
今日は早く鉄が来た肉鉄だ。煮てうまい酒で一人
で一杯あおりふかしつづけるなあた体がいつかのまんかもか
ふんのだろうすなかったお茶がは遠ざと言って大失いだった
今年を一た出はない。今日はまたひがある。中ひつはのく横に
なるが早いかとねいられえうもはない。明日も上下みた。土陣地
かふしも大きな空でかドリップ敵の砲声を聞いているのだ

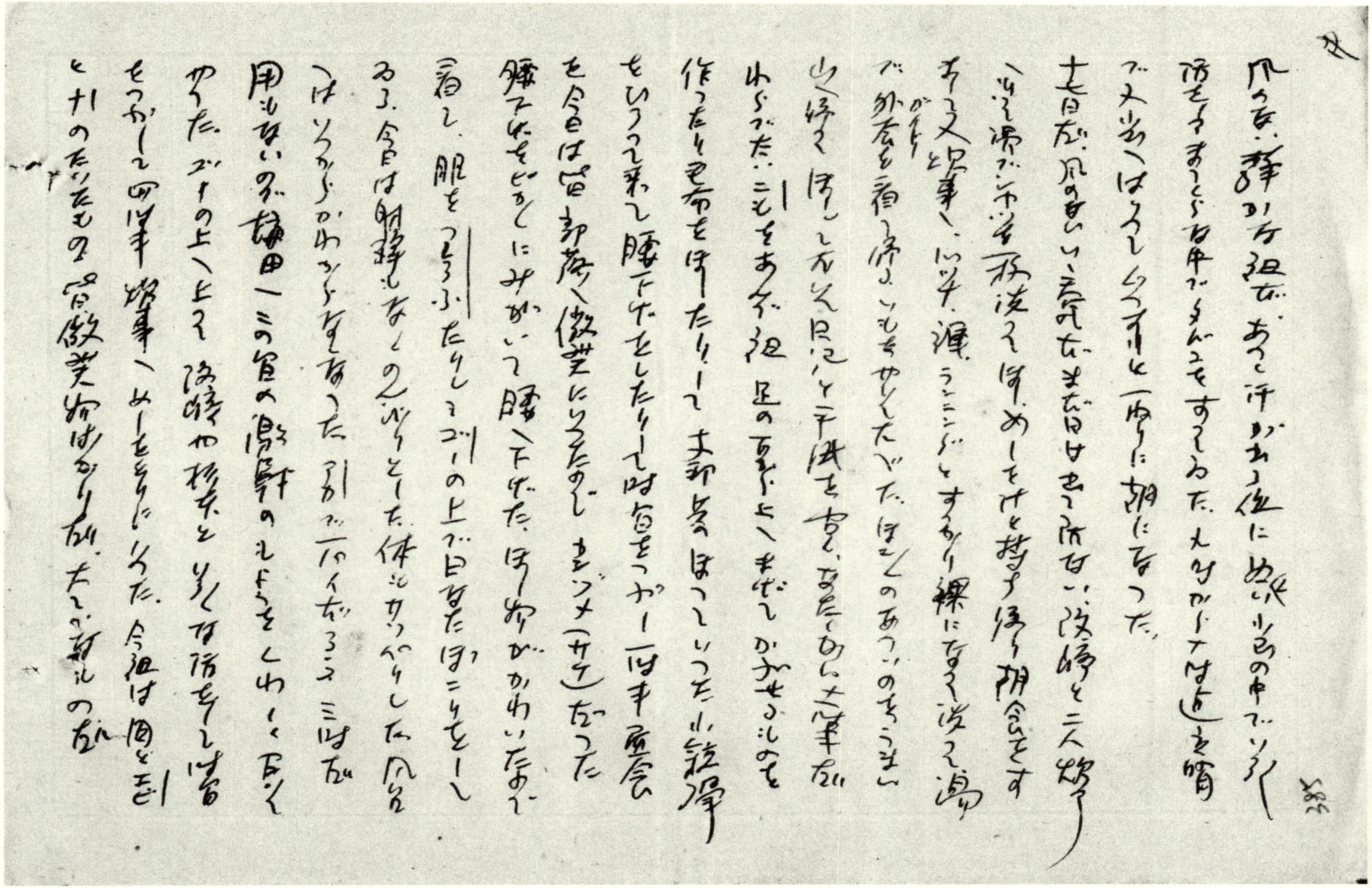

風の夜。静かな祖父だ。あつて汗が出る位に[illegible]の中でゾク
震へてゐた。[illegible]をすつてゐた。大分[illegible]遠く暗
で大分へは[illegible]一晩に朝になつた。
十七日だ。風の甘い[illegible]だ。まだ日が出て[illegible]、浅蛸と二人[illegible]
へ出て湯だ。[illegible]して[illegible]めしを持つて[illegible]朋分をす
すて入浴事へ。[illegible]、ランニングとすっかり裸になって浜で遊
で外套を着て[illegible]もちやかしただけだ。ほとんどのあつい[illegible]
山へ帰つて浜で足をと手拭を背で、あたためる大変だ
わらだ。これをあげ[illegible]祖父の足の[illegible]へまげてかがせるのを
作つたり毛布をはつたりして太郎がはつていつた小説筆
をひつつて来て膝下げをしたりして時間をつがし一同手[illegible]
を今日は皆部屋へ[illegible]になつた。まづ[illegible]（サエ）だつた
膝下げをどかしにみがいて膝へ下げた。ほつかがかわいたので
肩と腿をこすぶったりしてゴザの上で日向ぼつこりをしし
る。今日は射撃もなくのんびりとした体にかつぺりした風呂
ではそろそろかわかされてなつた。別で[illegible]三時だ
用もないので植田一二の宜の激射のもようをしわしく[illegible]
やつた。ゴザの上へ上て、浅蛸や杉本と少し話をして昔
をつかしで四半幹事へかーをもりにいつた。今祖は図と云
と十の去もので[illegible]のだ

385

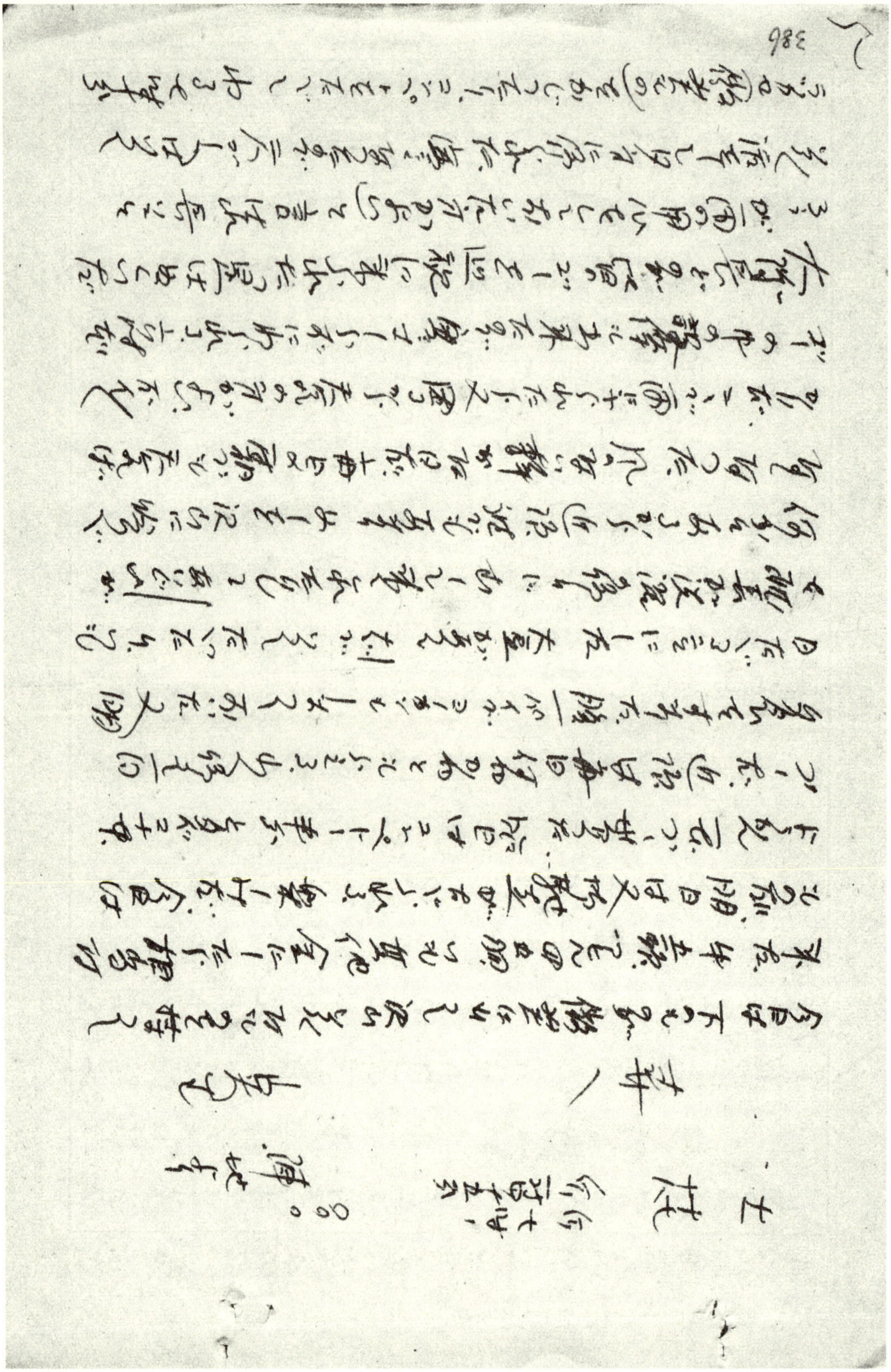

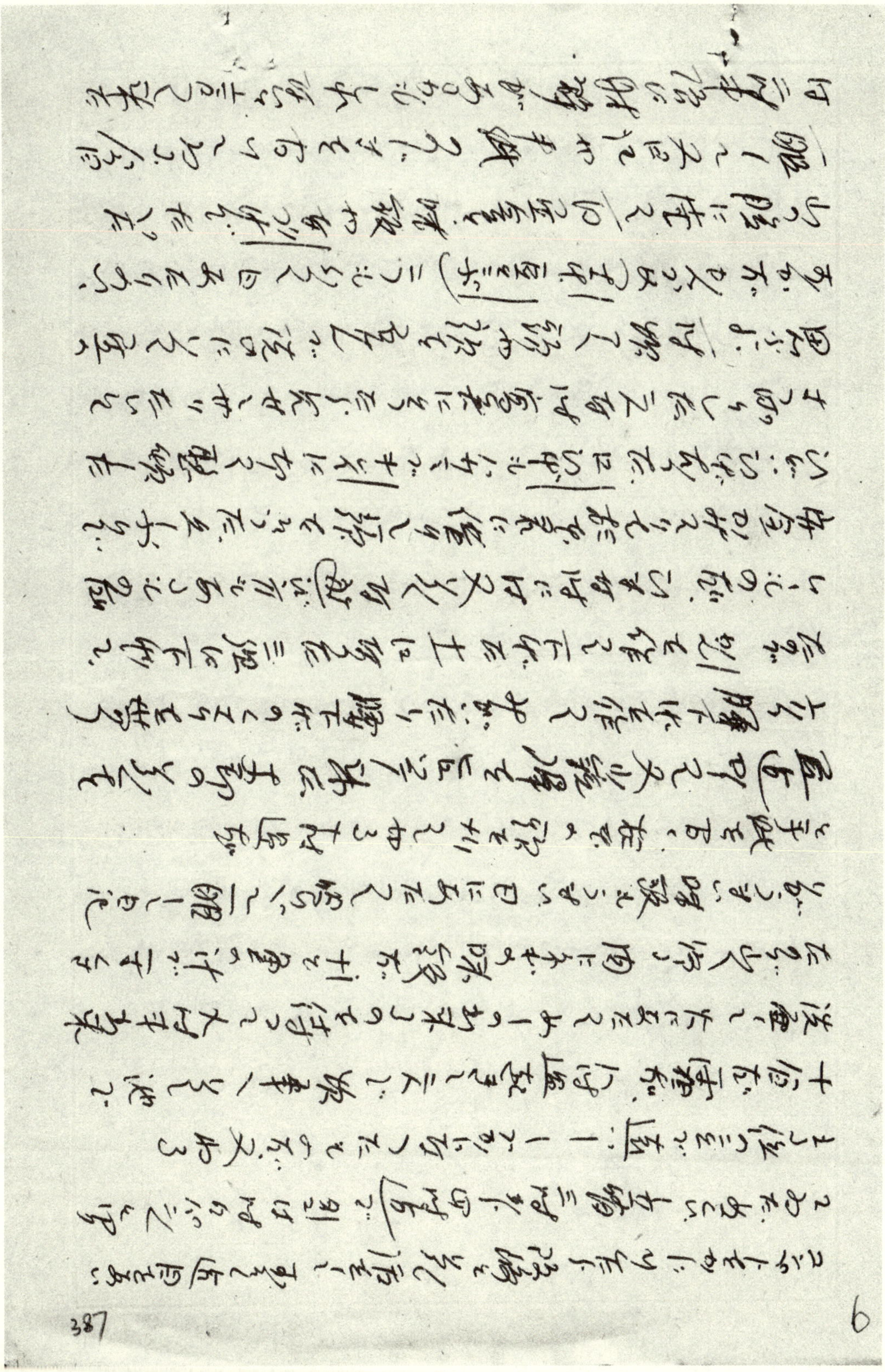

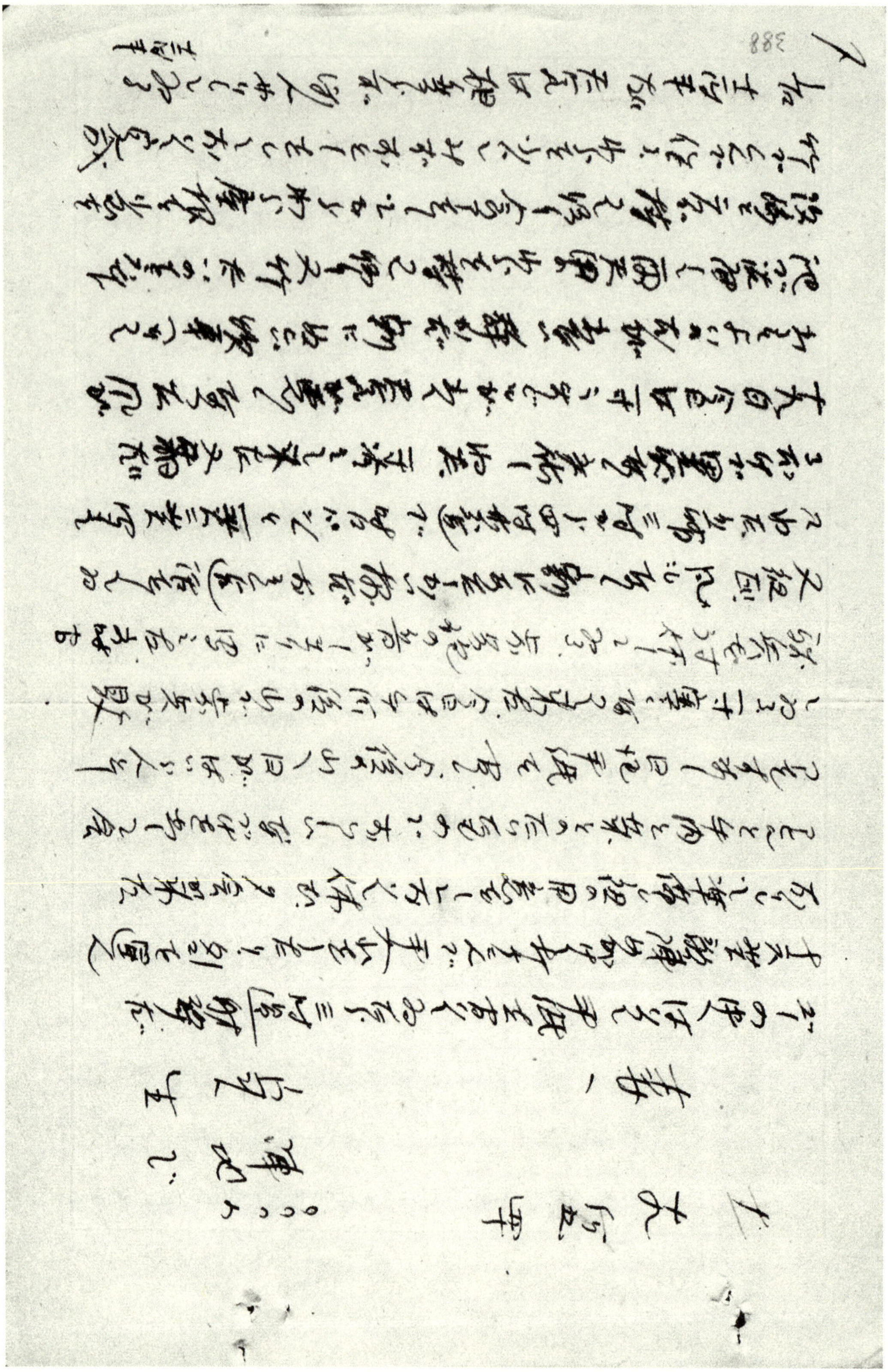

今日は珍らしく炊事でいもちをつくってまんぢゅう位の大きさにして沢山
持って来てくれた。いもをすりつぶしたのか、どこかの部落でもち米を
持って来たのか、中に赤い米がまじって居るが、もち米はいれずに角をとっても
つぶってつけてたべた。うまい。皆思いがけなかったので大喜びだ
めしをこわずにもちばかりの食事もある。俺は二つたべた。
こんな陣中でしかも山中でいもちがたべられるとは思はなかった。
仕事もすることはすんだし、又あればあることはあるが
急いでやることもないので、今日はのんびりとあそんで、日中をねる
ことにした。座敷はあまりない。一寸二階の様になって、ゆかゆかの中に
もぐりこんでねた。じっとねた。夜はよくねた。四時頃に目
をさます。ゆめでなんこともみてみた。五時頃夕食が来たので
めしを飯盒とかえて牛肉や汁を入れた汁でうまかった
日はまだ高い。月も見え又少しづつくもりそうで日も暮れて
を告げる。十月の十八日。秋の最中だて、月はよく出て来
った位だが、まだ出来ないかな。せめて二人だけでも。月よ。見る日はあ
ったか。又ひとつくづく考えをおとしなければならぬ。日はあ
て思ひ出にはりかえて居ることであろう。決して無理を
せず、出来なかったら出来ないなりに、普通の体でありたい。よけいに
こういうことで思ふ。何ともなくそう思って俺は平気でいるから絶
対の手紙をかけた事を見た。気をつけてやって呉れよ又

第十五号

發	十一月二十三日午前十時十五分	發信地	於 ○○○陣中より
着	月 日午 時 分		
受信者	妻 殿	發信者	実 生

昨夜は下給品タバコ二十本もらった。雨が来るのか、あたゝかい夜だ
変ったことゝ云へば今朝午前一時か二時近くで歩哨と交代して又ねる
二時頃になった。どしよしとしていよいよ雨が近くなって来た
内の座敷はわ来たがいくら降っても安心だがめし上げか財筆に
は山の中を歩かねばならんから困る。降らねばよいがあまり長く続くな
ったから今度は雨かもしれない。今日は僅の分隊で宿舎の当番
をするので一寸変った事になった。起きずに受話器を耳にあてた
まく小屋の中に居た。今日が来たので卵へ云んだ。肉と菜、それに昨日
のおかずを切って入れ、あるぶたが汁の様なものだ。それはすがうまく飯もかて
くれるを沢山たべた。副食へ砂糖が沢山来たので少し借りて来る
先せし田ぶ漢口からの当時の煙草内地の事は珍らしい十日前
慶宿を耳にあてたら三八へ手紙を書いた。一寸むつかしいから
よくよんでわけをきかせてやる様にしてくれ。もうじき庭に
竹の半田を入れた汁が合ってすっかりして又少しくは良く寝たの
番をしていたとうとう一日かかった。三日後に時間があって十五は
かり打った。手入れ中して、夕の御宅をして少し停る。

2

キング九月号が来たので寛治の書もしたら小説をよんでゐた
あたゝかいよい日だ　雨もまあよかりさうだ　安心だ
五時半夕会が来た。夕会はかんづめだった。共豆ごの飯
ぶしをせいてゐる一つ憎りくてたべた。やき豆はうまい日記手紙を
書く。今迎もあたゝかさうだ!! 火をたりくあたりしたら日文太り
を見て休んでゐるものやけたのもたべしたらのどかな風景だ附
一寸寒くなって来たので小屋へはいった。元郎がとうをかかえて横になり小説
をよんでゐたがまことに掛って来たので目を通りよんでするて後藤と二人で
入浴の涯を、お互の身上活をした。後藤も弟でお家をたて、世帯を持つ嫁
をもらって来たのだが家をあけ、名古屋へ働きに来てゐたのだ　妻君と
意見が合はなかったらしい様だ。彼とはよくにた運命にある、
夕食は十時半から一時四十分過ぎで大変になったので寒くなって来
た。後藤と交代してゐる。ぐっすりとよくねた
作一日起早く目がさめた。うすぐもりで寒いさうだ。雑誌をよんで仕事
頃に外へ出る。蛸アへお茶を沸かしにゆくし顔を洗いめしを持って行く
五ビと十のみそ汁だ。まずい。食アを了て火にあたって一服して小屋へ行り
日記と手紙を書く。一寸風があたゝ寒さになって天気になったの
だろう。六百山の中の穴がまいで雨にふられてはやり切れぬ
寒さのぎ服を出しものがなくなって交代でねてゐるーしまつだ、早く
この山の生活をはなれて瓦屋根の下であたゝかくねたいものだ

發	七月三七日午 時 分	受信者
着	月 日午 時 分	玉井 殿
發信地	於 ロロ。陣地より	發信者 実生

飛行機が二百機位やって来てダアーンとバクゲキをしてゐる。敵は
だんやくが切れているか静かになって一日位に十五機か二十機がおちた事もあった
絶頂はすぎたのか昨日思いおこしたなに一機見えた切りだ。いよいよ
敵の運命も細くなって来た。噂によれば近くの部落をアラシてゐるだろう
十三日迄キングをよんで日なたぼっこをしてゐた。あたゝかくなって来た
シラミを捕って見て太っている。それをかぶったりシャツを干したりして自分
もう一ケ月からめしが減ったべられない。いもめしをたいたりしてうまい物だ
ゆっくり兄さん達皆すきだ。おとしたばかりのピクピクと肉が動くのが
足四本ぶら下げてある内地なったたった二つ位だ。ブツブツ切ったりしてをする
なまぬるいので気味悪い位だ。煮てたべて終ったら山で会をした。
久しぶりのかんづめを作ったりして休み一日では中平府をつけてる。20日
あたゝかい日だ。伊丸医大キング十月号を借りて日なた所に
よんでるとそう思ふか。ドコ、陸稲がもみにしてゐる
る。穴をほってをたいておるのだ。等を頼みして土は熱い。めしを
たべてたいて又キングをよんでゐた。外の者は燃アコーヤ
前は[redacted]衛生兵が日がとっぷり暮れたら一日終って

4

来た。南めしを持って。今日は古紙ほどのもり一ぱい帯つた
のを又三十人近くの者が三つにわけて少しづゝよばれた
少しづゝではあるが腹の足しにはならない程度二つは一しづく
のこるもこれといけない。ないよりかよい。うれしいのだ
一口づゝの人だいゝばい。腹のゆくしみ二人でいる。せめて大
位あれども　あれは大変なことを持ってくるものだ
日のくれたいの中で　みんなを集い乍ら　火をたいてあたり乍ら
手もとのしらいまを自分と手紙を書きかけ。寝て
なった。寒さに震ったらしいさむい。はやく寝よう　と静
横になって去宮の話をよしとして六時にしやべってなたら寝ちまう
た。今夜は三番立で十時からなので、ゆめにその事が分へあく。立つ。寒い
当夜の首をよせやってきた。風で松の木がガシくなつてゐる。すえがカア
と鳴いたりしてとんでいく。十時まで時間を交代して横になり
ぐっすりと胡座ねこんで失った起されて外へ出て見たもう九時だ
一月二日も一寸寒いがいゝ天気だ。よくねてゐたものだ。太陽は
乾草を又始末して持っていく日だ。焼肉を沢山して来てあつた
昼の分もあった。そしてよく起きてまた朝の肉でナグルとて今日一
そして不用の箱をたいて火にあたって命令を待っておる。大隊
長どのは今朝早くお祝と共に。。。攻撃をかけられた
今夜からは部隊の家の中でねられるとの話だ。十時十分

393

發	十月卅三日午前八時三十分
着	月　日午　時　分
受信者	幸　殿
發信地	於 ○○○陣地 着換の時
發信者	良まと

眠しかった生(北斗)に驚いて来て 約二ヶ所 四五〇丸牛で少し
楽にいった。曲り角は骨が折れたが人員が多かったのによかった 楽だった
えの大部分のあった手前の山で陣地をとって準備して松の木をきり
砲にかぶせておいて偽り砲台を一回手伝った。眼しから タコをはこが
あたたかい、大気だ。2は日中のあたたかい中を室に タコをはえた
何回もはえ、自分の道具やわたブトンや外とうもはこんで松の下へはいる
大流なうのものがいたところ 今迄から しように穴山とねることになった。わるし
沢山しくあるぶあたたかい 物資も運ばし 天井(テンジョー)は高いから空気み
もよい。ドみとした穴の中なのでよいかもしれない。なじ[illegible]につく
のに一寸一日位 谷の家より山の上へ少し近 住宿しなければならぬ
なければ便だが きいはかーないが ぬっとこのよいのが いじんだ
長い三年間なずれしねて○○○へおそそれた 小林君がよ なって一人ぼっし
来た。色の白い男になって大分刈りをしておならしい 俺たちの生活
を見し びっくりしてみた 仕方ない。早速今回の伊志吉で皆がっていた
いた。ブタをもらって少しみたがたべて 世の中のしほしたのをもかいくがるが
ったがたべた。ブタけはうまし めーも おいしく よく今日は働いたから

5

6

よけいうすくなった。山の上から鳶、鳴くのんびりとした空を
見つゝ日のくれた事で白地を早く畳んで一服してゐる六時半頃
部落は広い家で天井も高いし、しずかで安心で土間にイロリがあつて
主婦らの姿が使ってゐるらしく忙しくあたりをぐるぐるわりにおちつか
な顔を出した。気も早しもう家の使人もじーっとんであず顔だ。せまい谷を出
入する必要もない。赤土のつく心配もいらない。家の中はゆったりと出来
る。９州以来大〇十日目位の家の中の生活だ。何だか贅沢に感じてゐるの位
広すぎてかわかず又、家の中より風があたるから寒いくらいでも
あれは覚悟である。家の中の方が寒い。〈附近〉出かけることを持つ前に
それ敵襲を警て立上った。元からの人が無殺あり、などいはれよ安れて
二十米からは採れた一体で放まってゐるので大丈夫敵襲も一切ないと決った
穴の中ではゆっくりはねむれなかったが、疲れたので入れた。ぐっすりゆっくりで
夜勤は三時から五時迄 今迄から法偉するかも二人が一になった。
よく冷える。足を動かしてみないとつんつん冷える。星がはいない遠く野良犬の
遠吠が聞こえて何となく鏡を見た時にはまたペンと紙を持って来る
夜通し不寝番がついてゐるが火をたき通しで絶つことのない火に当たる
つて来た。体でいえとおつてわからない、その用意をすがにゆって来た
来る日足をあいた。疲れから起きしかないかへ見よ、めしをたいてお
る。飯を炊いて仕度をたいて食べたがあまりたべすぎてうまく一服しておる
人々をはこかのと熊の前を作るのと二手に別れて作業を始める時

發	着	受信者
五月廿四日午前八時半分	月　日午　時　分	妻　殿

發信地	發信者
○○○新兵宿舎より　於	一兵生

出て上った。然しあたゝかくなって来た。毎日よい日ばかりだ。ありがたい
船長と四人で伐木の事をする。前の柳までなる位の大木を四本切
り倒して二百本も百本も切って並べてつみ重ねるになったり土をもり上げたり
して十二時頃大体になった。それで明日のことにして止めて家へ帰った
帰ったら昨日の新聞、本や妙鏡を持参者が東京と共に待って
ゐてくれる。お菓子上ったのでよばれる。おいしかった。今日は一服（休日）
お手紙を書く。午后は時間がある予定だが外はあつい位だ。一時頃
から下に気をはらに池へ入って来た。ブラく部落のぐるりを歩いて見た
明日は近くの遊兵がある。手前船頭をとる様ですの前から考えておる
三時頃に時間で二人で手紙は少し行った。夜の炊事して行った。この時に
散髪をして貰った。船長がかりてやると言って、おっしゃって手入れをして
一服一四時半頃家へ帰った。いゝ天気だ。日記手紙を書く。夕食の
用意をして居ると下宿の者が来た。昼飯として見たら今日は四十本下を
宿舎会ヒートンの部隊長などをかためたものを三組（布ラ大佐の組だ）
梅干の汁をさめて家の前に土産程位の大きさにして五つ作ったもので
と思ったら言った。夕べには充分にしぶとる。寝るときには床しかない　だれ

1.396

8

啓郎さんはよくパンとミルクを呑んでゐる。夜はスッパイ三を生づけのよ
りんごすい位だ。うまし呑くて作つたものだ。彼の立場が悪いので引
のオイルサンプトンの猫飯のを作る。タオル二枚重ねしぼりをぬいで裏返ーし口をそ
中へ入れる。よ動人のフトンの中のよい汗をぬいで僕ふ新しい物をすぐ作に
引く自三が沢山つく鍋のオーれが一點目なつた高温湯にすつかりと出来
上つた。あたかうえ、せながへ立てゝみた。彼のキリに立つ時なけ便ふのだ。文選て
宋はよくと薄く作る鍋になる。眼しみた一入浴がないたと知つて来たので
高い湯をのんでは父、半切の枚の大きな桶に湯を立てるのだ。悪い首の
四五日来の病をおとし体がぬくくなつた。それは悪い日は、ふたいと二日に
三日つづけつつ引かけ中に出さない一過気位が、どせいと點目だ。
体が軽くなつた様な感じだつた。まつあけと云ーいつたの様だ。あたいが收
に知れ、はな花が外とうをきて川をりがぬなに出しわた。
皆、火をたきあたりしたりわせとよく、酒をしておる路通りの山田
信八つ俺折お也の弟さんした来てゐて、来た日に向りかと守るお
兄夫によせて君と参宮の酒をとつた。どうすりしたわた。秋のとり方も
すんがもう主なすの用意をしておる様な十二時けどうなつた。
畦、斉等麻人はどうなよ立つたと言つてるか、明日へ来ては天気
若えながらかもおよがれから何い世の中の安心は天気だせて
ある が。信、あろうで皆体を大切にし政府を世不何すい体が大一と
思つて来てやつて流、その用又英え、頂ぐお来よう母をたのむよ、又報に

397

第十七号

発	十一月廿八日午前九時〇分
着	月　日午　時　分
受信者	妻へ　殿
発信地	於　〇〇〇陣地で
発信者	良生

十一月廿八日　寒い冷たい　つめたい朝だ　七時に不寝番をすんでから
も冷さを一時しようと毛布をかぶったら　射撃をする事が起きよう
で　ゆもせずに寒い外へ出た、まっ白な氷が霜をふりとばして
山へ上った日の出だ。土物の山から日が出る、それをみつた朝のしづかな
中を元気でおとゞけした　私達は気持のよいものだ　敵から味方から
生つきなかる此頃は　夜寒も少人数の生つきを強ひてゐるの
已別が立派になった　めしも交代で炊いた　下へおりていったり
又通つて来たりして炊いた　毎日ですはかりだつらい思いをして
なる前に交代で食事に行った　カツマイモをつらんたいたものだ
中にまってかった　火を上げてよく風を四方手紙をかかし
今日は何故か風が冷たくなった。風もいらない。生きてる女の足音が
こないで、寒いが昔で　冬のは冷える太綱を出し　太をたいて
あたらたら　やくも別世の所で大笑会　何年から先は帰って
来とは祈る　私俺たちが嬉い日に言ふなかれ　又笑さ三から方と
言ふものか　今年一杯とか来年の春かとか、とてもとりとめ
なく世の言葉を言っては　みんなよろこんでゐる、以信するのか等

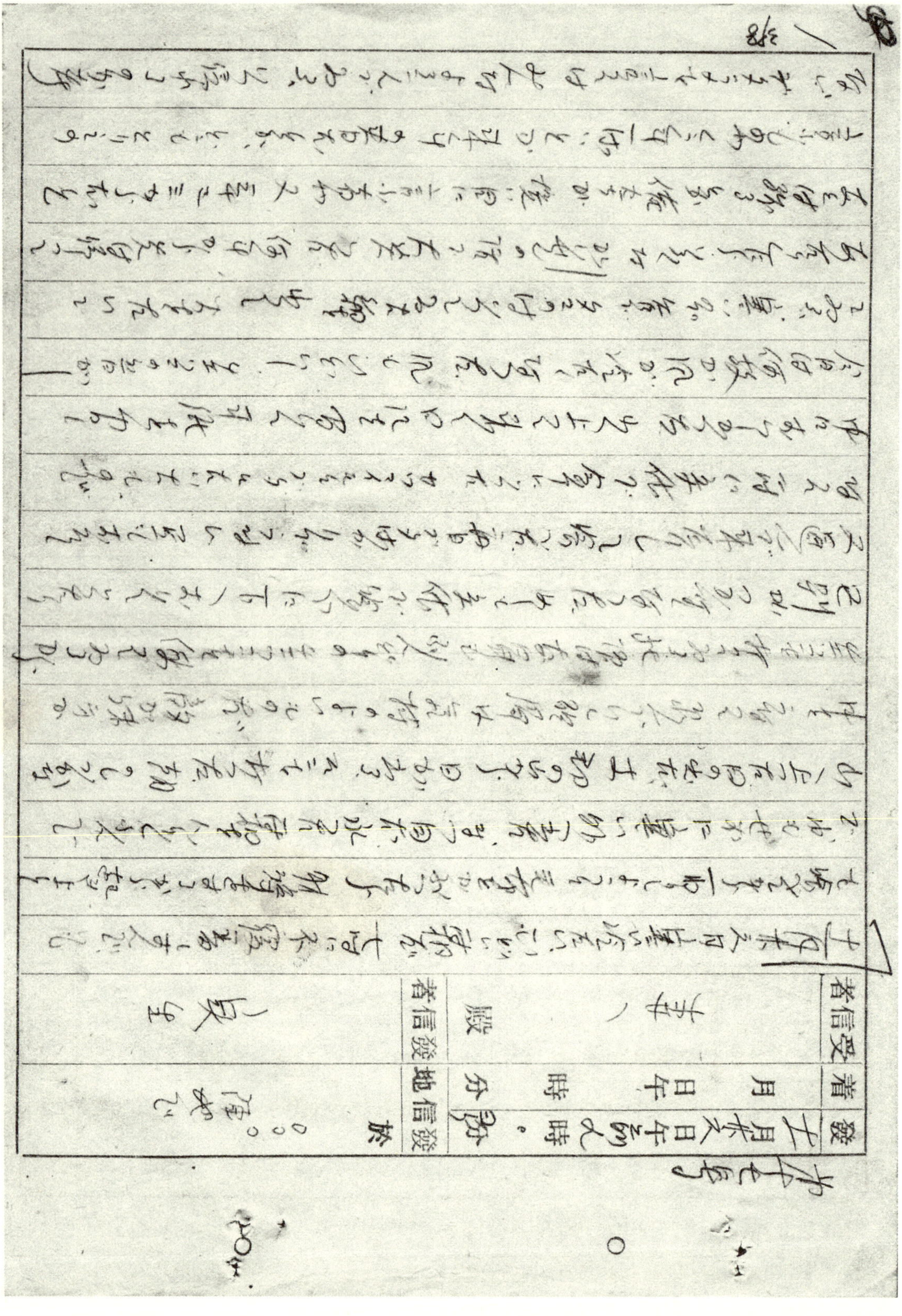

2

へたこともない。思った所が帰して来なければ何も言う事はないからナ
時期が来たら帰して来れるだろう。それ迄体を大切にしなければつ
まらない目にあうぞ。それから新しく入って来る[illegible]の為に[illegible]に
なるは。よし、ありがたい。[illegible]の事はおまけ精一杯[illegible]
帰りたい。[illegible]自分自身を新たに[illegible]
銃後の皆さんに申し訳がない。何よりも体が丈夫でなければ役に
立たない。風を引かない様[illegible]
と毎朝神仏に祈る。空気を[illegible]
は防空壕に[illegible]。来なくても[illegible]を作[illegible]
又先日みたいに[illegible]を[illegible]せずに、あてつけのも作
ったり、皆揃って体を大切にしなければ、病気になり
まへせぬは大丈夫。[illegible]は[illegible]が病気には
勝てない。故郷の皆も病気を[illegible]のもあるかもしれナ
寒さが一組の[illegible]がある[illegible]は家の中で[illegible]山の上で
と何日も[illegible]は体にこたえる。[illegible]病気多い
又[illegible]又一[illegible]みて[illegible]てドーンと[illegible]
今日は[illegible]始めらしい。○○[illegible]（○○方面）へ
主力が[illegible]おる。これは[illegible]が[illegible]
に[illegible]
今度は[illegible]

發	十一月三十日午后二時〇分
着	月　日午　時　分
受信者	殿
發信地	於
發信者	

〇〇方面から攻撃する者は今迄休んで居た者が多い、交代だ。
[illegible]出て行く、迫撃砲の音が止むことなく相当に近い、一旦後退だ。
本日も朝早く陣地の所へ行くが大分遠く一小隊出て居る。
近いところの敵の状況を見ることは出来ない、前の時とはえらい違いだ。
と云へ、一日かゝって六時過ぎて帰る。朝の七時からの出発。
[illegible]
兵も戦争なんか仕方がない。あとは休みたい[illegible]
[illegible]
[illegible]
[illegible]
[illegible]
[illegible]
[illegible]
[illegible]
[illegible]

きこえはなかった。うす暗い内へ ぐっすりとよくねた。十時と十一時と
少佐に起された。敵の艦砲射撃の音がさかんに聞えてゐる。窓の外に
根 すくなくなってゐるのだ。馬鹿な奴だ。口の中は大変な経験を
始めたそうだ。さとなほをうとしてゐるところなるほどよく出た。
廿七日 一面の霜柱な氷がはえてゐる。火にあたって日記帳を書い
てゐる。この本当を持ってゐる。日本に居るすずけだもうみえ(ない)
なくなってしまったのだ。皆釜を持って来たが、釜めんであたべる。
あと交らしくなって来た。十一時には[illegible]あと三日ならずなる白はあた。
かえうだ風もないから、あついしーをなくし一眠してゐる。九時半
村瀬少尉上官全員御用して今夜中の家族のゐる所を知って
師七人山へ[illegible]きいして[illegible]帰りるのだ。みな穴を掘り[illegible]
作るの部隊を陸軍と二人で家を世界に後方半田左の迎え
[illegible]遂ぐ[illegible]た。菜をもらい松浦中尉の㊄に参り申の挨拶
君が居ようで空気が悪く出て来たか少しめるく風に去[illegible]山来の風[illegible]
えなり(?)中へ入る。一時頃あまり[illegible]なく伝えた。二時半かけ母と弟の
嫁とが死んだと言ってゐた。又会はうと別れて一時頃山へ帰った
が、もう庭に帰ってゐたので家へ帰る。庭の周りをまってゐた
下宿四人に営舎内(田中十の[illegible])を一つもらった日記帳を
早く、あたたかい日になった。風が出て来た。ガラスにいも、[illegible]、
を右いた(?)の付近頃は[illegible]おそしくなった。暗(?)[illegible]い(?)夜

發	十一月二十七日午	時	分	發信地	於
着	月 日午	時	分	發信者	
受信者			殿		

なる、やかましいのでよい　一休みしてから山へいく　山道を山を
こえて完成した工兵隊の造れ道で又山越が待てゐる
陣地のずっと後へまわって静陣へ行きました　力強さを
感じ、後に兄貴がある思ひを、今は何だか山中をほがらかに（道）
かう少数下級使になってゐる。力はでよく、夕べが同じ様だから
野陣中で体も今気も旺盛で支那の家屋を少々のみで
た、足もうまい、毎日かけ出りて内でした、内地でなく
ボタンは、うまい肉がよろしかった、足の内四日なけでまとけ皆
ほえ夫ふの話、今のとこ少々米や葉を乱徴して来た、
おかれ可なりなって来ない　いよいよ行かねばならぬ
部落へいくと土民たちはよろこんでくれる。代りに　ものをやると
大喜びで礼を言ふ　なれてなついてゐるからかわい
日本の兵は無茶をしない始まれなんと安心してゐる。自己の
家には前の日の丸を高くて旗に日本（歓迎）とかいて家の
のせてゐる。ものをもらいにいくと中にないでがよいのだ
今夜から山で一週間、工兵がおるなんてばかんなれん、山道へは

402

いつて日記帳を書くのだ。火をたいてあたつてゐよう
夜が長いからたまらない。ゐ送らをたく　草の間ゐ子。
大晦日　雪があつてとぶようとしてゐる。今朝から一日東方向く[illegible]
て東方をヨウ拝して五ヶ條の勅語を奉読し五ヶ条体操を
奉仕をして才々ニサンと初めた。まだくらい、草の夜明けとなつ
てゐた。世あて大にあたり今年の用意をして、いもを煮た筆が
ゆをたいてたこ時のあつものをつくる方である。大晦日だ
今日は財務もなし一日洗濯をしたり（陽を当てて）遊んだり
して時を過す。たくくあたたかくなつて来た。徹底に一通手紙
けいた。大豆をいたり、菓子をやいたりしてあったもを
しいる。山へ材木が七人づいて来るのだ十二時過ぎに帰つた。
昼は水牛の畑でいつもの大掃除をしたので、うまくたべて見せた
例のことを破れた家へはいつて切りが徹底で持つて来た大巾の白
木綿の手拭（手おり布）で三キロを作る。二枚合せたもので二巾ついだ
二尺巾の大きさのものだ。それから二巾の大きな白の風呂敷を作つて
まだ残つたので一巾の風呂敷を大きさいくつのものを入れる袋を
ひもつけて作つたりした。二度位あつたのをつかう大丈夫なものあるい
つくしたもの。衣類を入れることで、少しとするのである。
皆あつまつたので一服して日記の手紙を書く。今日は時
雪がまたかつたので一日のんびりとしてくらした。又明日の準備に

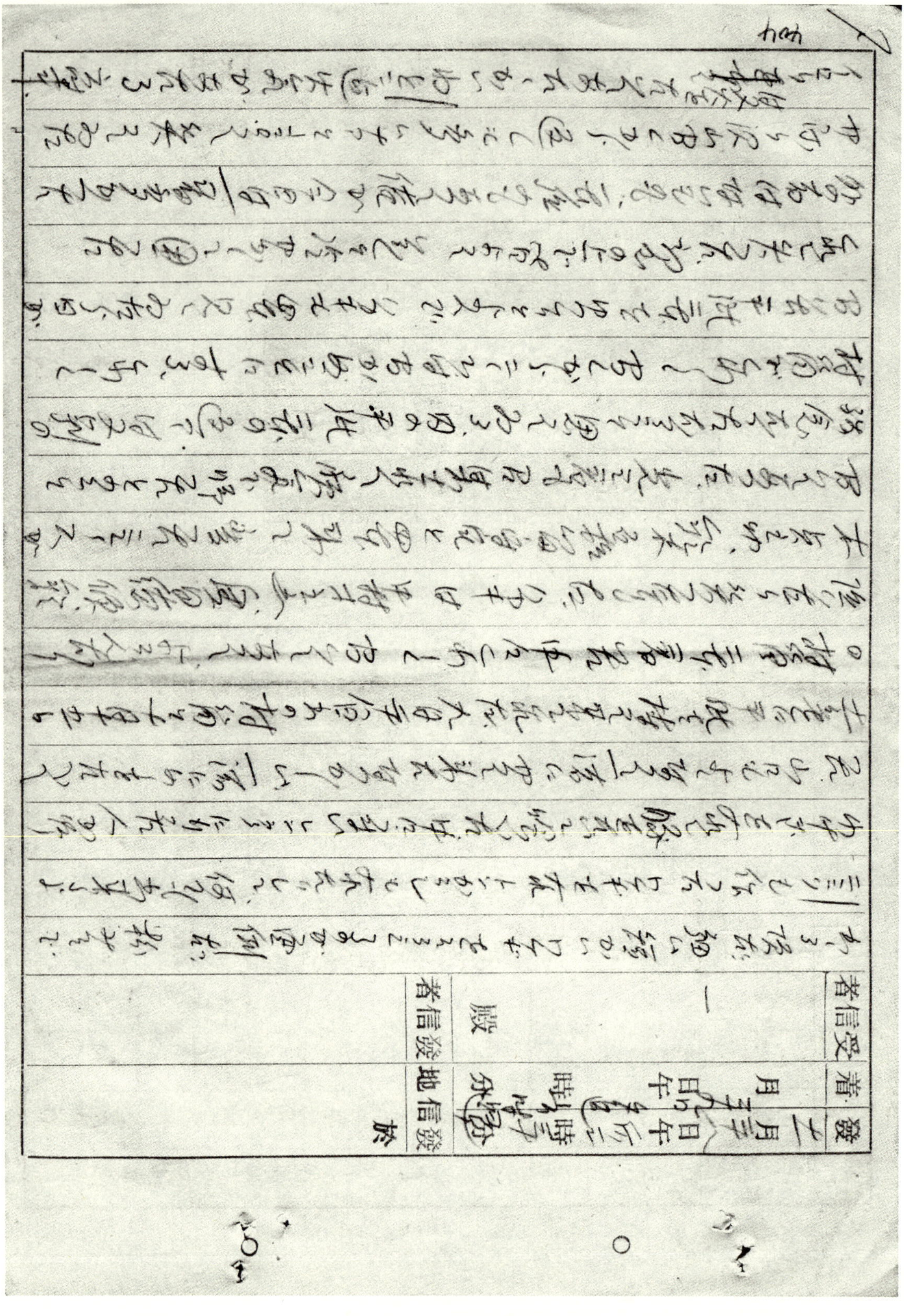

發 二月三日午后二時三十分發
着 月 日 午 時 分
受信者 殿
發信地
發信者
於

8

二回の手紙をよんだので子供のこと、家がうつって
母や弟達の言葉をよく考へて見れば元気でがんばれた、
身をなげすててもいいと思いつつはたらいて来た、
十九日 今日もいい天気だ、朝から涼しい時に東方遥拝して
体操をして大分食べた めしを大きく少しさやうの汁でうまい
おいしく日が高くなってきた、あたたかくなって来た、太陽が大きく
頭を又手紙をよんで見た、皆が別の紙で送ってもらって
みんなで書いてあるのを少しはかり又よんで返事を書いてるようと胡蝶を
みんなとこの上に坐ったまま返事を書いてる土間に出て縁外へ出て
見たあたたかいよい天気になった、朝食もなくて用もなくて休んでゐる時
昼は土州の少しめしを切って食った、午前中は又汁を出したとこ
へ手紙を書く（中村、不動院、良之助、田、森へ手紙）日記を書いて昼座
ねむしくなってて俺も相当山林の色味が晴の様にてねむら
少なかったがみまわり二人で土付則別れたと起きて人目を少々
しん、風のない良い日だ、ほかの物収穫が来てる 肉と汁とを食べた
節や皇樹のために色が出て芋を食べた うまかった 日の入り
近 今日は手紙を書いたりしてゐた、こんなに元気でゐてはよい
大切にして肥えて過ごして無理をしないやうに田や畑の肥取りや無茶をしないで
をするは仕事なる身体 近所に人を頼んで年寄り人手で田
又作ってもよく相談をして部落の方にしてくれたまへ 又明日にしよう。

405

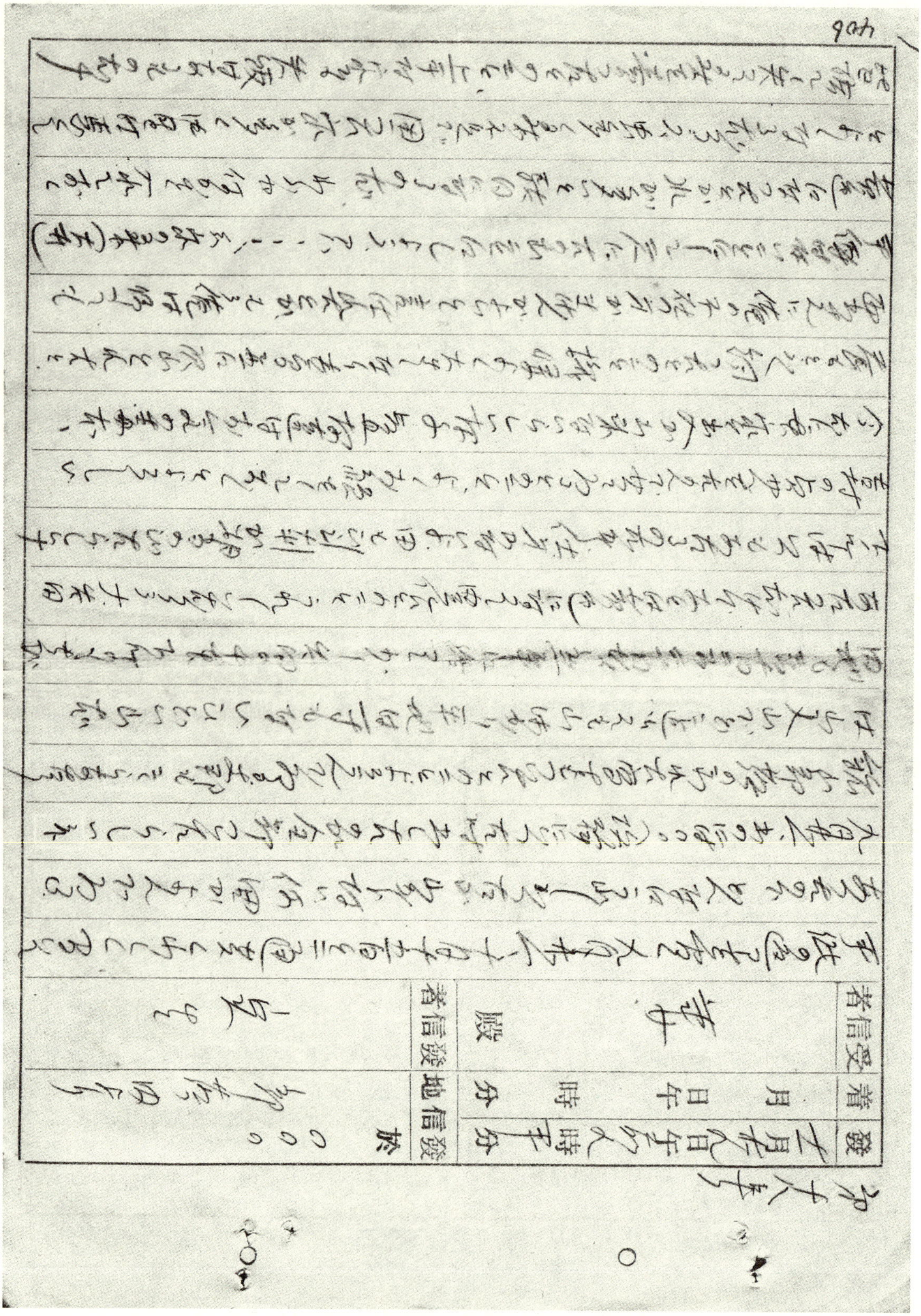

第十八号

發 十二月十八日午前九時十分
着 月 日午 時 分
受信者 妻 殿
發信地 於 ○○○ 部隊内より
發信者 良生

手紙の返事を書く　九月二十八日、十月十五日、十一月十五日と三通共くわしく書いて
あったので　どんなにうれしかったかわからない　何回かよんでみた
九月廿八日、[illegible]旅行に行ったはなし　それが全部こんなに[illegible]らしいネ
[illegible]の呉れた写真をつけたとのことよろこんでいる　一郎もよろこんでいるだろう
は山又山で進んでも山ばかり　平地は少しもないという山だ
[illegible]
[illegible]
[illegible]
[illegible]
[illegible]
[illegible]
[illegible]
[illegible]
[illegible]
[illegible]

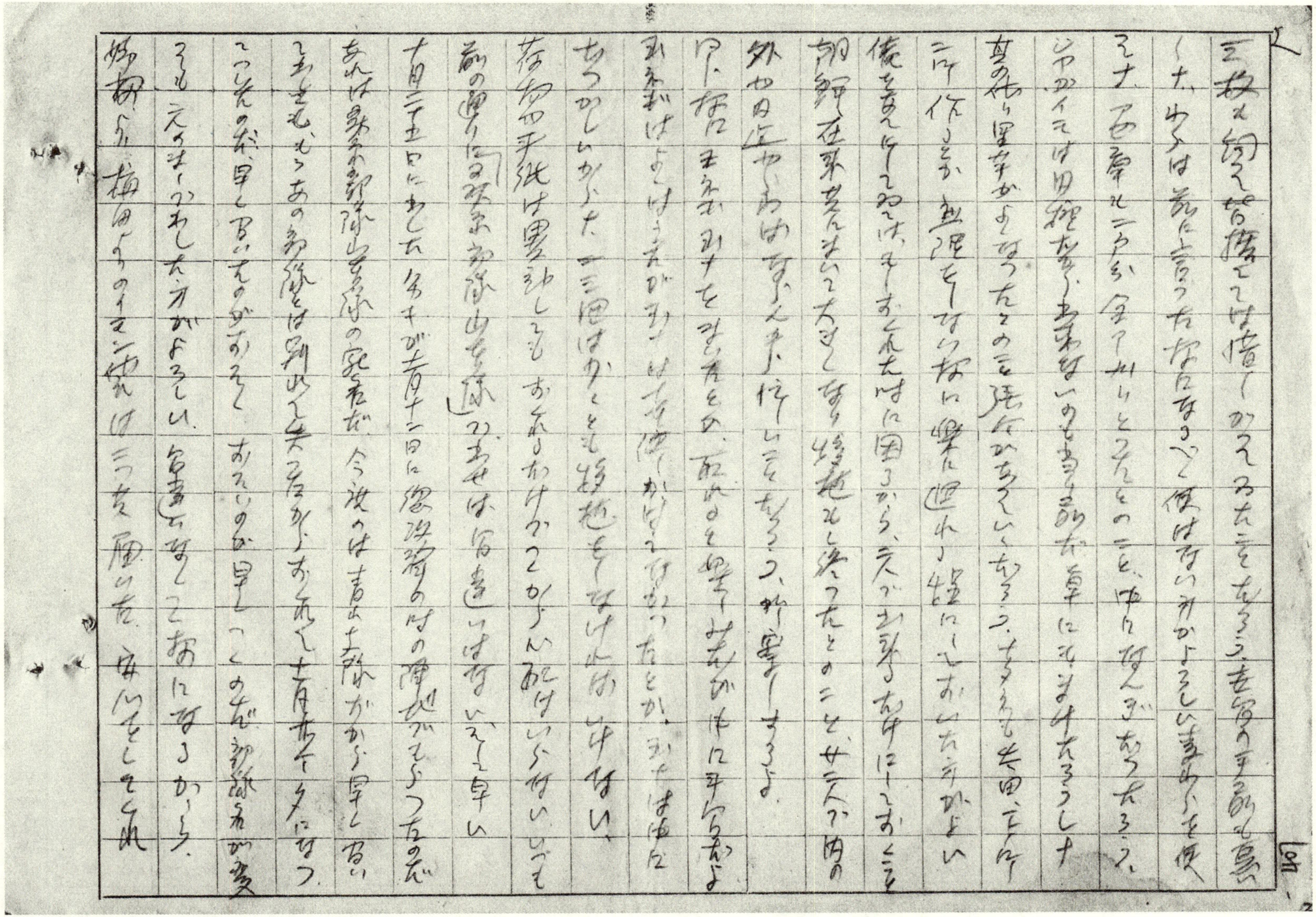
三枚も綴て皆捨てては惜しかつてゐたことをなろう。吉宮の手前も悪い
した。少しは前に言つた様になるべく使はないがよろしい事か分つを使
つた。西宮へ二百円余了りとそれとの事、中々大変なつたろう。
沢山入れば田雅なり。出来ないのも当前な事にしなければならんし
母の仏り里子がよくなつたとの事、唱合がなくてよかろう。亡くなつても長田、下所
二所位とか無理をしないやうに、無理の生活にしておいた方がよい
儀をなくしておれば、不いざれた時に困るから、二人でお野るなければにしておくこと
朝鮮在家者とかいつて大きく生きの地を終つたとの二と、廿六人内の
外も田庄やあげますなんか作つてなろう。大事にするよ
只今旧正月の子を迎えたもの、立つてみるのかは何十頁かならんよ
私共は今年は今度かけて行つたとか、私たちは仕
ないかしいか。ふた三回はかりとも結構もしなければいけない。
茨城の手紙は累助しても、お前がわけがてかまいへいけないいつも
前の通りに事務部隊出で達で。出せば宮島いはないので早い
十月二十五日におした。分子が十月十二日に徳沢高の時の陣地であつたのだ
それは毎年の部隊出征の容れた。今後のは昔から大隊がわかる早く書い
手紙もうあの部隊とは別れて来てから、お前も十月末廿夕になつて
このへんの会、早く書いてのがおそく、お前からの早くつくのだ。部隊が変
つても、文のまゝかはしたかがよろしい。宛名などしておになるから。
姉様に、梅田などのですが、これは三つ届いた、安心をしてくれ
407

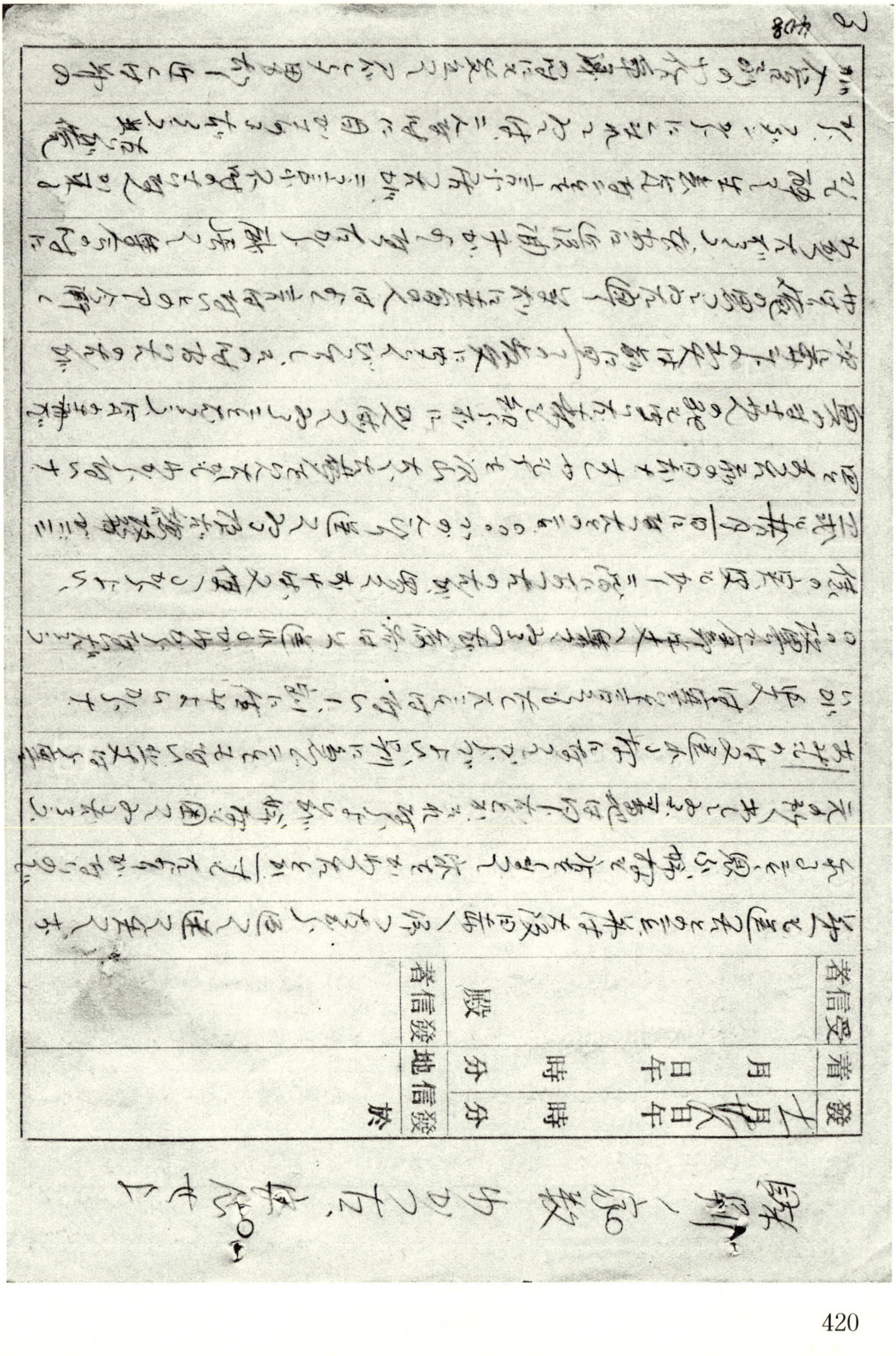

發	着
月　日午　時　分	月　日午　時　分
發信地　於	受信者　殿
發信者

暁剣ノ家教 わかつた、安心せよ

4

フエンの時よお丈の時田を出ふ時、毒相当家の為にはよくない
ことをやつたもの故、親父、父のおかげで大切に育てもらひ、それいけまだ
してもらつて断く一人立のお仕事ができて見ると恩や義理を忘れて先ひ
主家に差ツイテやるとは大きな性にもおもつた人会をつた。俺も腹一心
イしみこんで家主人の死ぬ前でもいぬれ程いふ人ことを言つた奴だつた。
細かくしてよく働いたが根性がよくなかつた。今台湾で生きてあられたとか
言つたこともありいぬ家が酒をあらしてあやまつたこともあつた大借金
実行つてゐてもそりずに儲急してゐるかもしれん。嘘をいぬ通した。
人の言ふ神様のことしめの大だと言ふのかもしれんと思ふが
ない女人を産せたものに悪口を言ふのではないが思あつたことを思い
おして言ふわけ相いなかつた迄兵隊に嫁のかかせはなかつた。人の言
ふのも無理はない。今世の俺のお他、一生一枚の御国の大事、生きて帰ると
は思ふが、若しもの時には父母が困ると思へばこそ今迄の事をすつ
かり水に流して笑つて別れの故、腹ただ一石あるが、もう仲
直りをしたものだからあまりひどくは言はなかつたのだが、家の人が皆
そう言つてゐては、と今のおんなに今日誰も相手になつてくれない
本親とかうつかう家へはいれと言ふてうらなれ それはよく言つてくれん
ばらばらになる義理だけはした方がよい。今会富になるかとか
本当に身にしみてこれることだろう。悪いことをしてよいといふ訳は
ない。神は仰ぬ為にもわかることで罰をあてられるのだ。家も権の親

409

發 七月廿八日 午 時 分
着 月 日 午 時 分
受信者 殿
發信地 於
發信者

たいてあし又兄弟にもたよりしてやつたとの事、留守はよく気が
ついてやつてくれた、ありがたう此後も言つてすくよ、悪い事をしても、以前の
に会つて困つてゐれば助けてやるのが人間の道だ、出来るだけの事をして行つ
てくれ、よい事をしておけば又よい報いが来るだらうから、大きく大きく
なつたらう子。家と兄弟が安心出来る様に、是非しておかねばならぬ
人ものだな、人、大きくなつたらう（　　　の分終了）十月
五日の返了）俺も最早何もない、留守宅を見つけつかり元気で仲よくやれよ
く變へるとは何と言ふありがたい事か、一つに神佛のおかげだ、俺も毎朝
神佛に弟との無事を、又留守宅の安全、仲よくするようにと祈つてゐる
十二日が最後の会だつたとの事〇〇〇の航空隊の陣地に来た夜だ雨が少し止んだ
つた時こそ、欠かつたけれども二回出て三等をもらつたとか貰へたらうナ
俺も山の陣地で今夜かと考へてゐるのだ、二ノ国のみんなで祈つてゐたとか
時は皆のんびりと休まなければ体がもたないが、雨ばかり降り続いて
俺たちの事を話しをしてゐるらしいが、手紙の上にうつつてゐるのだ、行かない
と思つた〇〇〇の九月下旬の手紙がついたとの事よろこんでゐる、安心をしろ、
子供らが手紙のとり合をするなんて、面白くて吹き出して笑つたよ

5—

郵便なども ひつそりしてゐるだらうな。あまり多いので、それで失くて
よからう。字で沢山出すから大していゝてよく配達されるだらう。俺達も
お前から出た手紙を待ってゐる。手紙が大事な飯を三千も三千もはこんでいくと
俺達は何故来ないのだらうと思ふ。何も無いのは好い、悪くなれば致し方
ないことを、たよりが一遍くたのしみなかつたしかし こんな不便な所では思ふ
なにはなないから仕方がないが、それでも ほしいと皆言はない日はない。
今年は豊年とのことを、どもなうたって信作りに大喜びだったが思ふならに
は知んお不作だと まけ引きもしなければならんから まあよい方と思って
あきらめることだ 仕方がない。昨年は一枚田で五俵当に土去五十俵余外
三十日位あったとのこと、うかつたが、作がよかつたな、嬉しいだらう。
今年はもうつたとか、堀作がよいらしいがいいして十丈の食糧供出をと
父は一人で 二九の主任になって 切迴りをせねばならぬ、中々骨の折れる
ことだらう。ひとりもおいなあったとのこと、父に怒ってもへらぬもの おれ
若もすんでひとりでも片づいて あまりた事とを皆の者がお先に早く
思ふ。兵隊に関係のない家は のんびりしていゝだらうな。就中
よその事のみ思って 二ッしも自分の事ばかりしてゐればいゝのだからな
周囲に みんな家ばかり考へて よけいな思ひをするだらう。然し
立派な国を守る皇軍勇士の一の妻なる宮だ、名誉だ
ならないと思はねばならん。一つ元気を出して出征軍人の妻として
恥かしくないな、皆の手本になって見せてやらねばいけない。

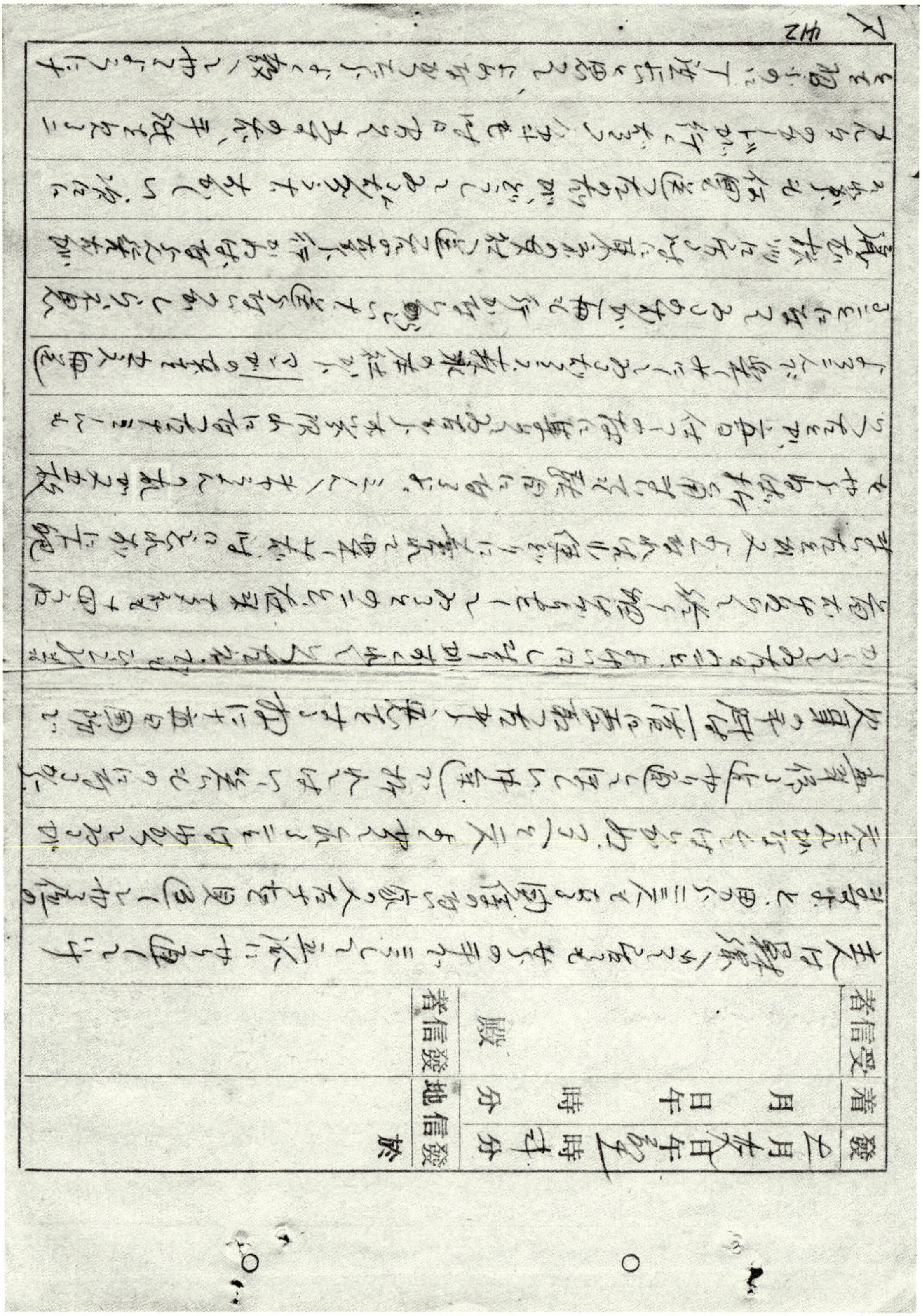

發 月 日 午 時 分
着 月 日 午 時 分
受信者 殿
發信者
發信地 於

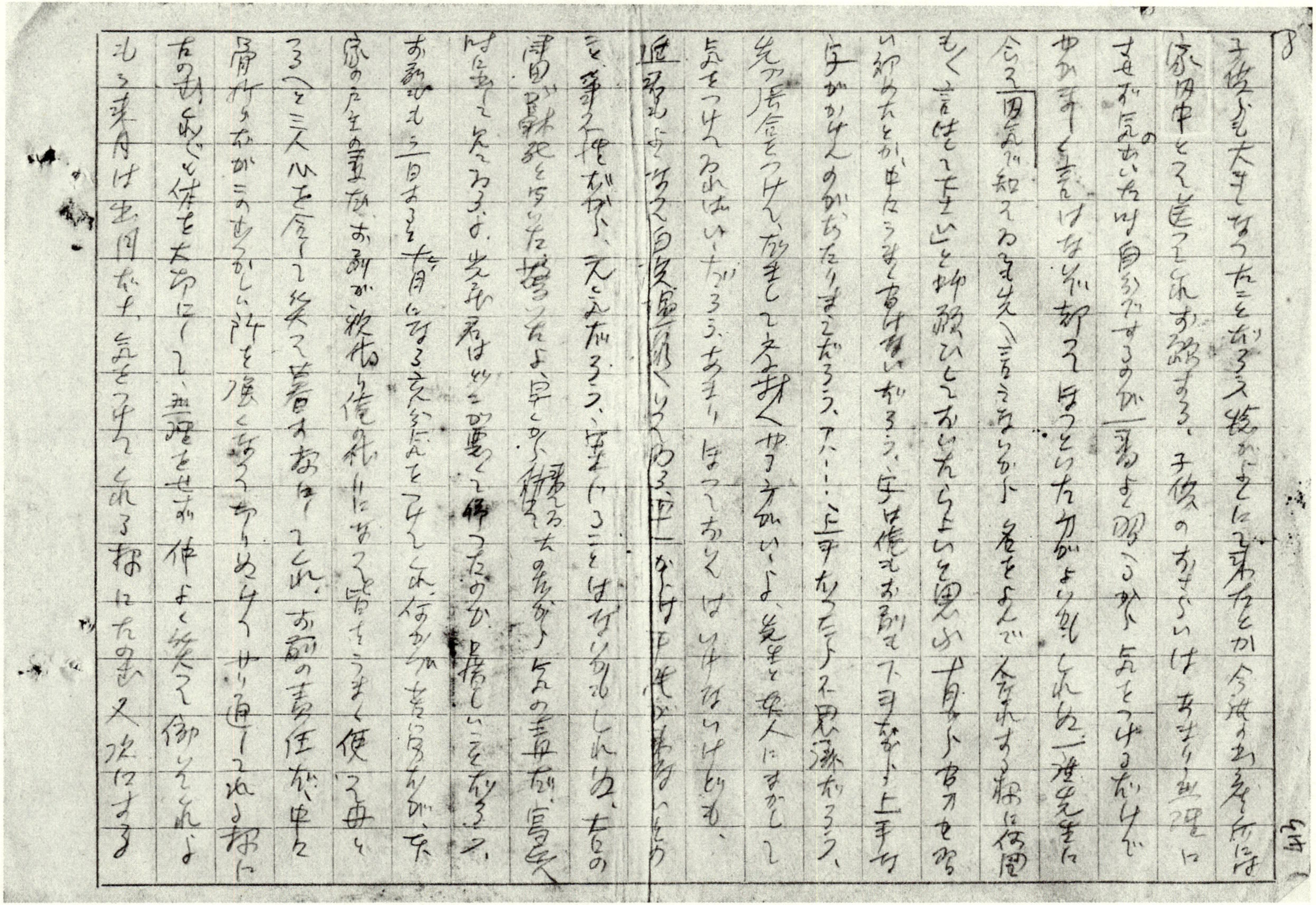
子供らも大きくなったことだろう。娘が生まれて来たとか今次のお産は所には
家の中とて苦労して呉れる事と存ずる。子供のしつけはあまり無理に
させず気のついた時自分でするのが一番よく、明るく気をつけるだけで
叱言は言はずに放っといた方がよい。それが一番先生に
今は田舎で知る者も先へ言うならかな。名をよんで会わする様に依頼
もく言はせて大出と協力しておいたらよいと思ふ。大有りも苦力も習
い初めたとか、中々うまく書けないだろう。字は俺もお前も下手だが上手な
字がかけんのがあたりまえだろう。アハ……。上手になったら不思議だろう、
先が居合をつけて、励まして文字書くやうになるよ。先生と友人にまかして
気をつけてやれはいいだろう。あまりほっておくはいけないけれども、
近頃も[illegible]かけ[illegible]
こと、弟の子供だから、元気だろう。生まれることはなかったかしれない。右の
津田が戦死を知った。驚いたよ。早くから結婚していた右の友から兵の妻だ、富長
は出して知るよ。光永君は妙に可愛くて帰ったのか、嬉しいことだろう。
お前も三十日あると大人になる、立ん坊を受けて呉れ、何かと苦労かけたが、家
家の主の重大なお前が母の代りになって皆をうまく使って母と
子ら三人心を合して、笑って暮すようにして呉れ。お前の責任は中々
骨折りながらこのむつかしい所を強くあゆみぬけて切り通して呉れる様に
右の体を大切にして、無理をせず仲よく笑って御いて呉れよ
それで来月は出所だ。気をつけて呉れる様にたのむ。又次にする

第十九号

發	十一月卅日午前九時〇分
着	月　日午　時　分
受信者	妻へ　殿
發信地	於 〇〇〇部隊にて
發信者	良生

十一月卅日 明日から十二月になる 早いものだ
どんよりとした日で 冷たい風がふいて 赤くなった木の葉をパ
ラ〳〵吹きちらして居る。寒くなるのか、それとも雨になるのか。
昨夜は パラ〳〵とよく 土っこを打って居た、寒いので[illegible]
の奴を始め 若い者だ まだ夏服のまゝ パンツ一つにして下[illegible]
上社で居るのだろう、寒くて 弱って居るだろう、大分やせて
に来て 失ったのに また根よく やせるとは 全く困った奴だ
射撃も 前期の日課を終え さつまいもの おかゆを作った、
汁は 青汁で かぶた[illegible] 葉を入れた みそ汁で、あつい
おかゆをすゝって居るのも 又うまいものだ 皆んなこのパイ〳〵を作ったり
作業に出たりしてるが、今日は 営倉の伊藤に会った 臺湾
の 別の 土人の弟とかで 弟を同じ 仲よしの 友達で 妻をもらって
八百円を始めて すっかり損をして 近く失った田畑だい 元々みよ[illegible]
て居る 高円の 出雲一宮が 右肩に[illegible]をてたと、伊藤は一番
は 昨夜で 位所の 消燈 下からと 左の部卯伊和上君（右之卯の歌歌）
は 雨も 兵士通 とか 言って 居た、ずっと前に 出来たのが 出来なかった。

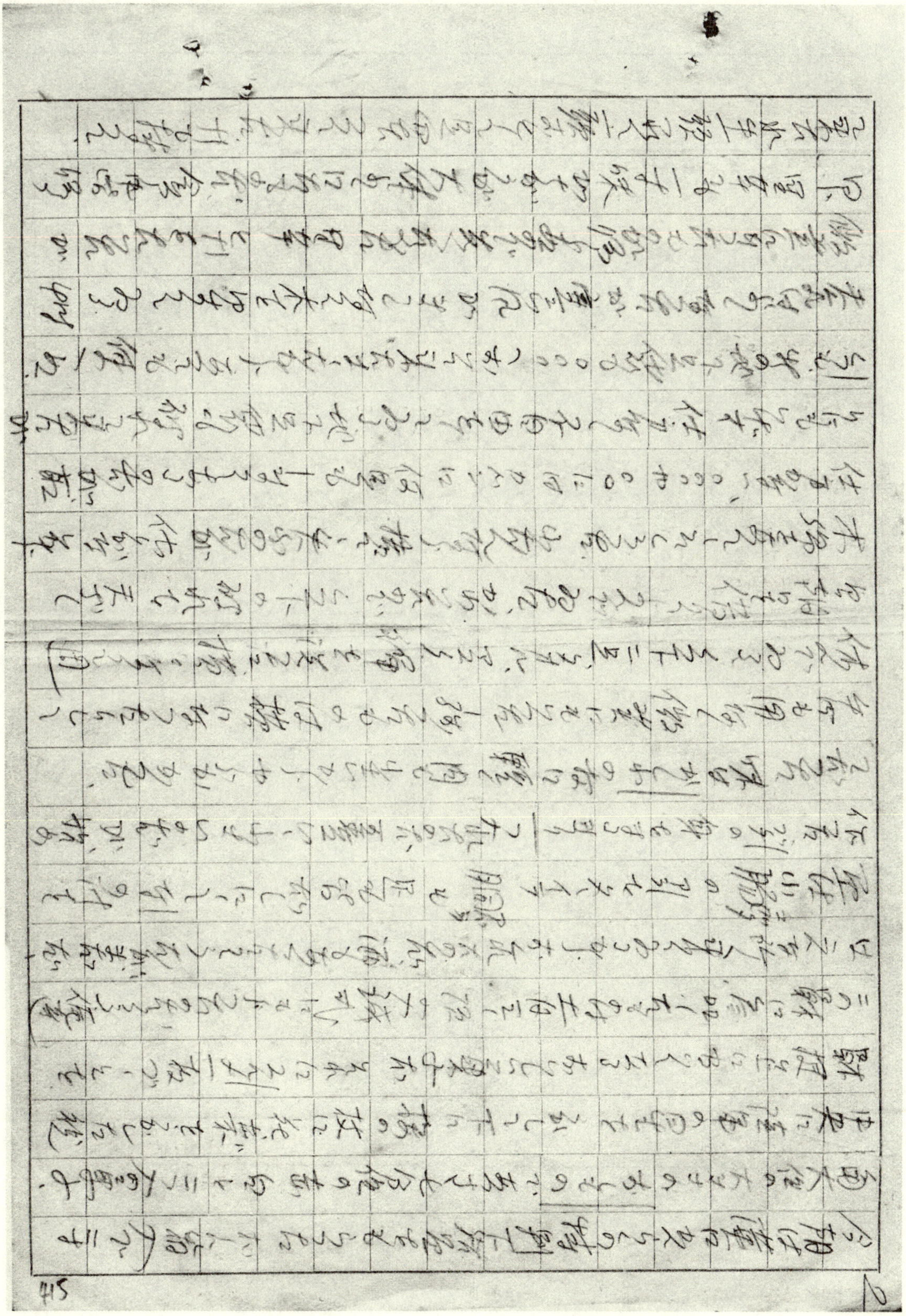

發	十一月 一日 午后 時 分	發信地 於
着	月 日 午 時 分	
受信者	殿	發信者

夕方になった。風もないが、一ヶ月になった。シャツを又なおした
り、兵もよくしてくれて有難い。一服ながら日がくれて来た。又ねむる時
十一月になる。今月末迄にはどこかへ集合することと思いて
とうとう十一月だ。今年もあますところ六十日だ。ひょっとするとここで正月
を迎えることになるのではなかろうかと、ふさはしくだ。十二月は敵
軍の姿もなくて来た。只今か日の方が早かった。十一月は思いだろう。
最近は働きもあまりない。のんきなおかげに、様子を見ているだけで、兵は体で
体を丈夫にするね、ておくことである。病気するのが一番いけない。ゆうトン
を作ろう、ぬいで自分の体を大切に考へて寝るときの心用意だ
今朝は十一月をむかえて、こりもりみそをのめて、シャシ(おあえ)を作った。陣中で
こんな珍らしいのがたべられることは考へてもみなかった。おいしいものだ。料
理の材料は多い。夜もかまわず、せめて来た。兵站が通ってないから、沢山にいる
今度はまるで大木をやつて割るすかのは奉ない。射撃させなければな
何ごとも用意はしている。山に大木や山はあるから、何十日でも大丈夫だ
今日から一番後の本書へ伴ないで天気になってくれた。シャツ、ハイカン、ゼロカン、云
アンキ、ヨーカン、ミルク等だ。酒がないのが何よりも淋しい。一パイのみたい。

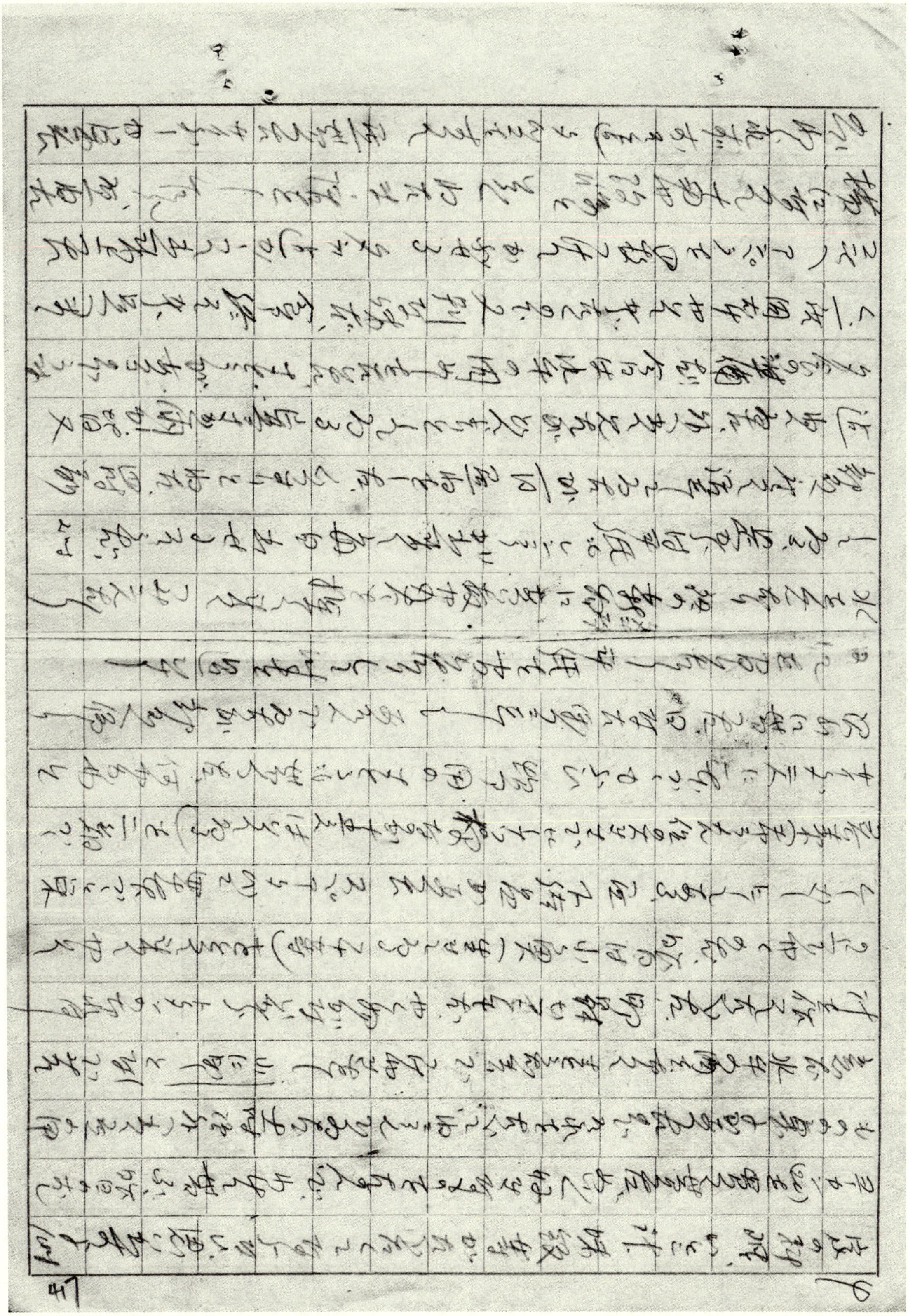

發	十二月二日午前十時十一分	發信地	於
着	月 日午 時 分	發信者	
受信者	殿		

手をかけ乍ら又ヨーカンを切つてたべたりしてねて居られ
十二日 昨日の夕方はずつとよくなつて居て又回復にむかつてゐた
思つて大きなものを取たりしてみたが上手なみになつて居た。祖母
が寝て ひえてゐるから様子をきいたのもんもう元気でよい体格の
ある先生あたり如何なる話しのもとでみせつけを作る。村長へ
千円也のみ付けはよしにておいしい食事を終えて一服日記や
手紙を出し今日は射撃があるのだ、少く盛人はガンガンやトンヤン
を作つてゐるのだ大体出来上つた所をゾキゾキしてやるのだ、これ
に気を丈に切りつけてやるのだ大分たなかつたがおもしてるよ終
隊長よりことに下の衛生隊に行つた、衛生兵室に外科を見て
る石井様と言ふ先生が兵隊士として揃つてゐるのを見れば今日
衛生隊へ行つて始めて見る人で丸宿して立んで居た、見習士官
になつて一緒に居る病人の手当をして居よかなと言つて居る
この衛生隊へ三人の見習士官が二人女看護の人たちも三人の班に
元は法文出の右田の先の人で絵だけなるたけ四方部で立派
な病院をしているので、二人の先生女史たちに教わつてゐられた

5

418

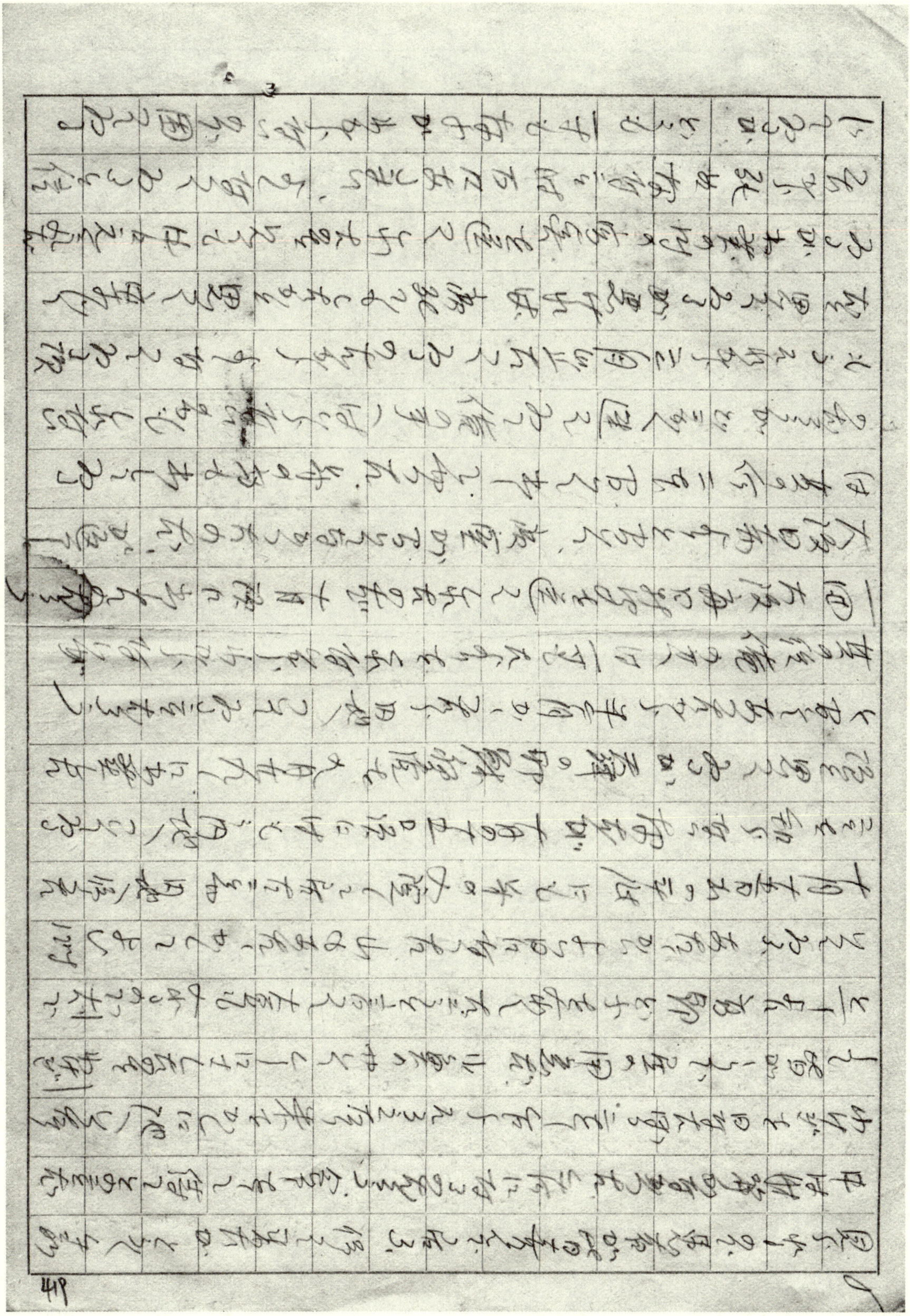

又 420

發	十月二日午前五時三十分	發信地	於
着	月　日午　時　分	發信者	
受信者	殿		

赤飯で三月大陸に居たと言ってみたから六ヶ月を渡って来たのだ
ろう。内地へ行けば暑さなどはない。先をたくさんみるから大丈夫
だろう。もう四日経って了へば日曜会に行ったことと思ってゐるが
かくさんにはなほを安心して欲しいものだ。
秋のとり入れもすっかり終ったことと思ふ。男十一名今の危険になって[illegible]
あがるまで日曜があって来れたが何分にしても大いに[illegible]
かったと思ってゐる。天気がよければよいが、雨でもふられたら
大へんだからな。大砲なんかはどうせ良きになったのんだ[illegible]だろう
も第一はかういふ時に見ても兵士に進んで貰はない
と流にも未ないから演習をやるけど良きことなどにたのまない
ならない。手がいるならかへってほかのを止めてせいたらどうだ。
麦用もとにかく一ぺん大分採用してもらって牛後の苦情は
人はいふに定って居る。こなせなくなら後があって無く困るやしな
いか。どうせ後のものは人の行くのだから仕方がない。あまり
あてにならはなんかになれば もう今月は 全部なかった 部
くのも皆かわって しまえれど 立派に[illegible]

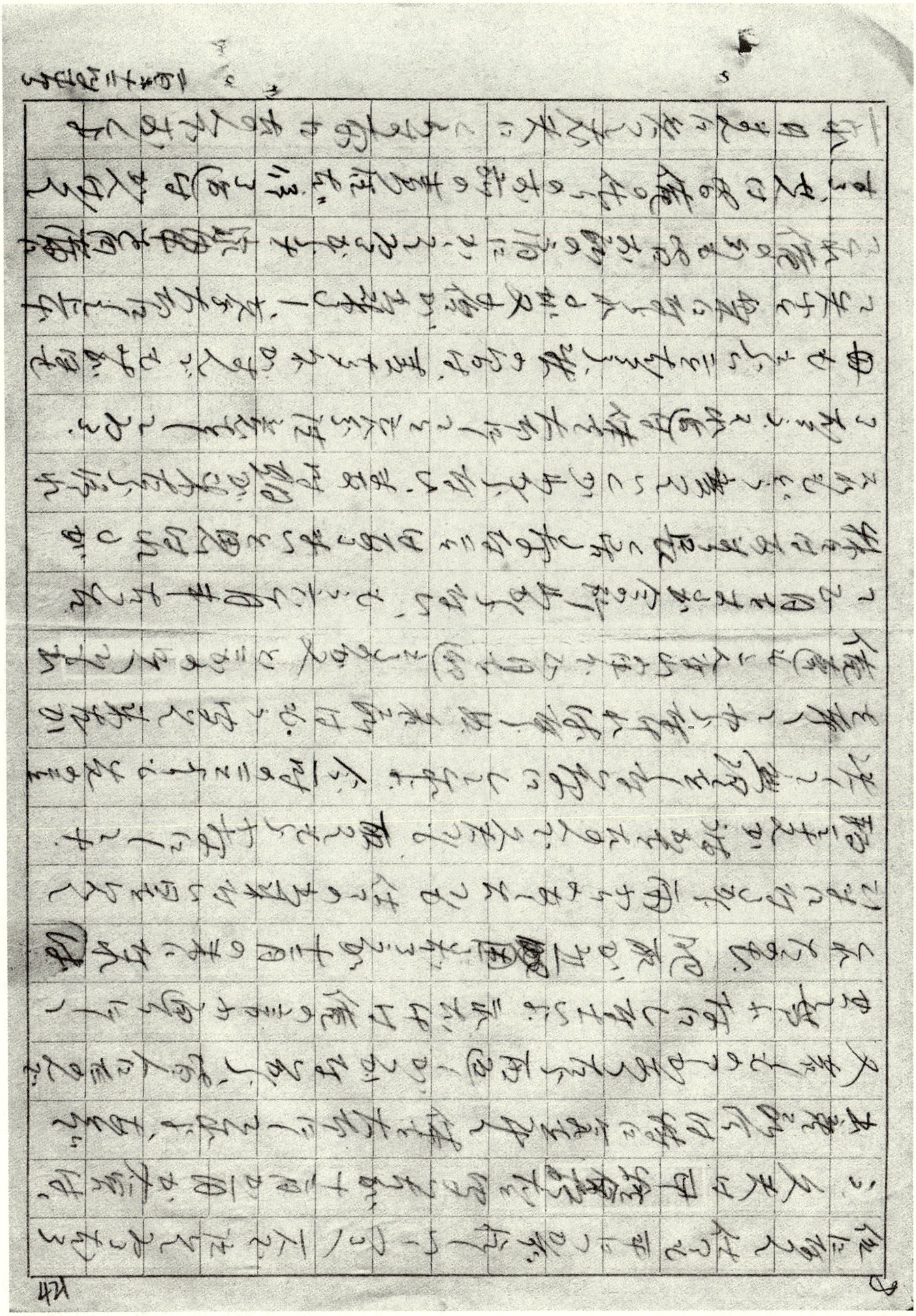

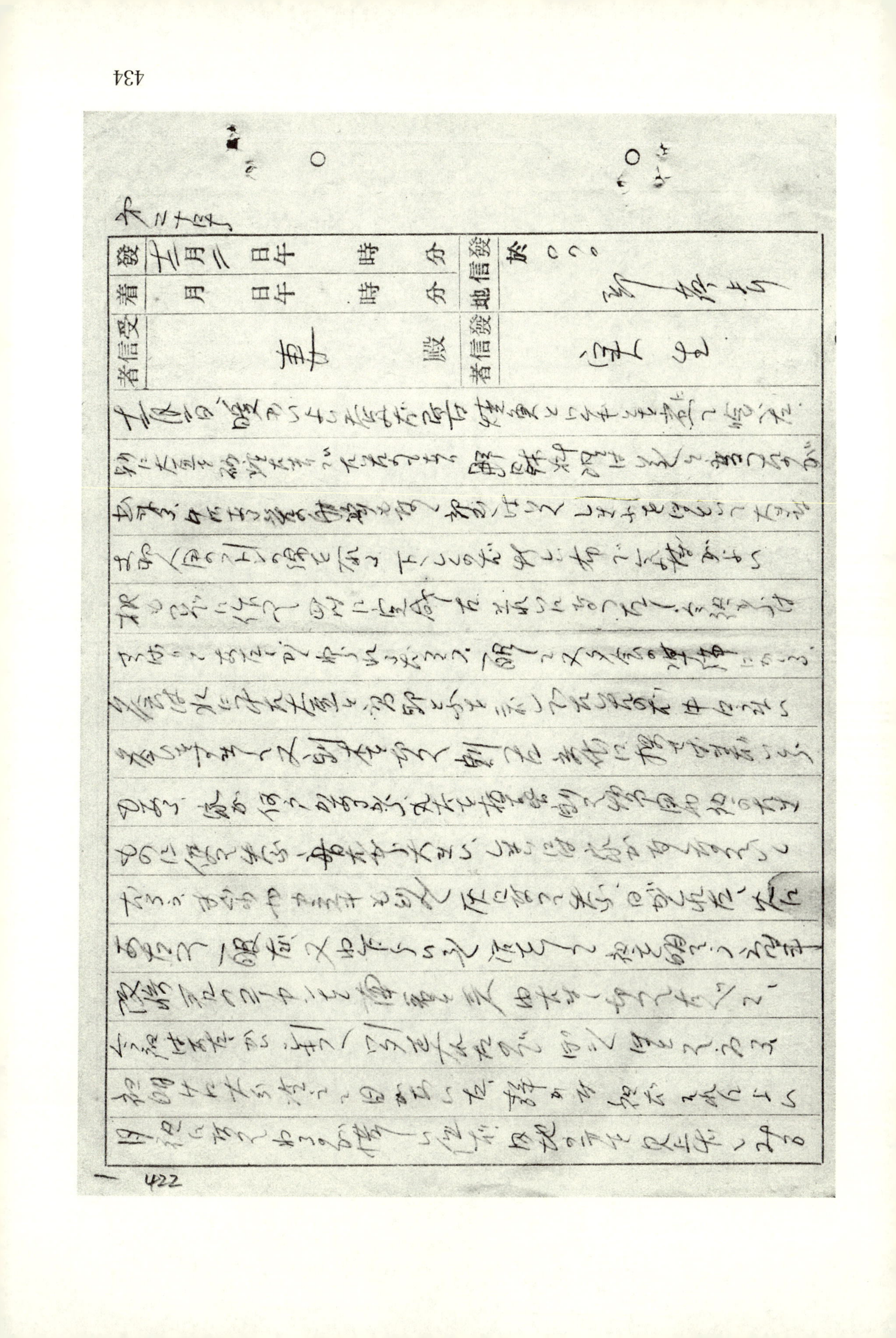

第二十?号

發	十二月	二日 午	時	分	發信地 於 [illegible]
着	月	日 午	時	分	
受信者	[illegible]			殿	發信者 [illegible]

[illegible]

422

2

お二人乃を田ト格は夕食の後外へ出て仕丈の空を眺しおるだ
ろう、三人広さんを誘ってさから眺えしまったく
十二月三日、日地の二時、この七時までたん胡麻を炒って少しんで
朝の日課をすまして火にあたる。今年の沖縄と面白卜だ
みそ汁でたべた。あたたかい日になった。火にあたってすり、日なたぼっ
こをしなしてみろう。陳旭槙家に四五人一組出かけて行った。射
射撃をして火にあたりながらころんで小説をよんだりしておたが
外の方が暖かくなってきたので日なたぼっこをした。射
炉を据えて来た人が、外の方は桑の木の根でパイプを作
ろ居る。寺遊子底の周りを肉をうくと小さな台で叩く
たまりを作く汁をして刻にを作ったらしい会でも持って
服外はあたたかい。春の様だ。水牛が子供をあやす。下の畑には
ころんでゐるとんで居る。格納の時は外套をはおれから、砲を引張っ
たらして歩の後をする。ゆたか力が強く角が二三尺あるから、子ら
がお母が内地の牛よりはおとなしい。子牛はしりの近くついてゐる
どうしても子牛は離れない。子牛が近くなると親牛が動かない様だ
くるぶしやふくらはぎ、ハンカチを出して洗って歩いてゐた。郵便を出す
夕べこをすいながら目を作りたらと言って居る。千代田紙
皆さん見たが、斜めを便箋に書いた、なかなかのもの
便箋も二枚しかなかった。今年も七枚でなくなって来ない。困

433

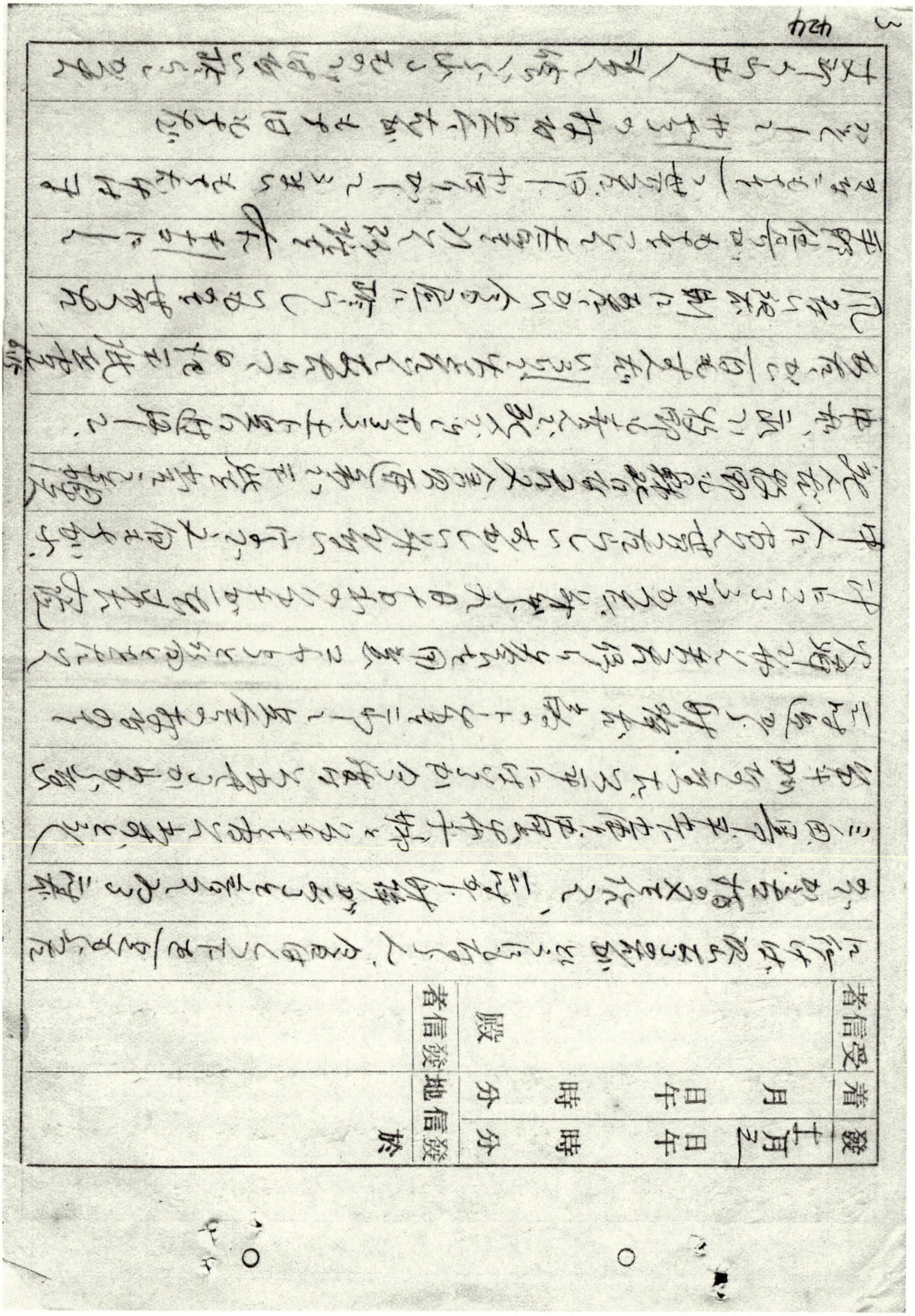

發 十二月二日 午 時 分 發信地 於
着 月 日 午 時 分 着信地
受信者 殿 發信者

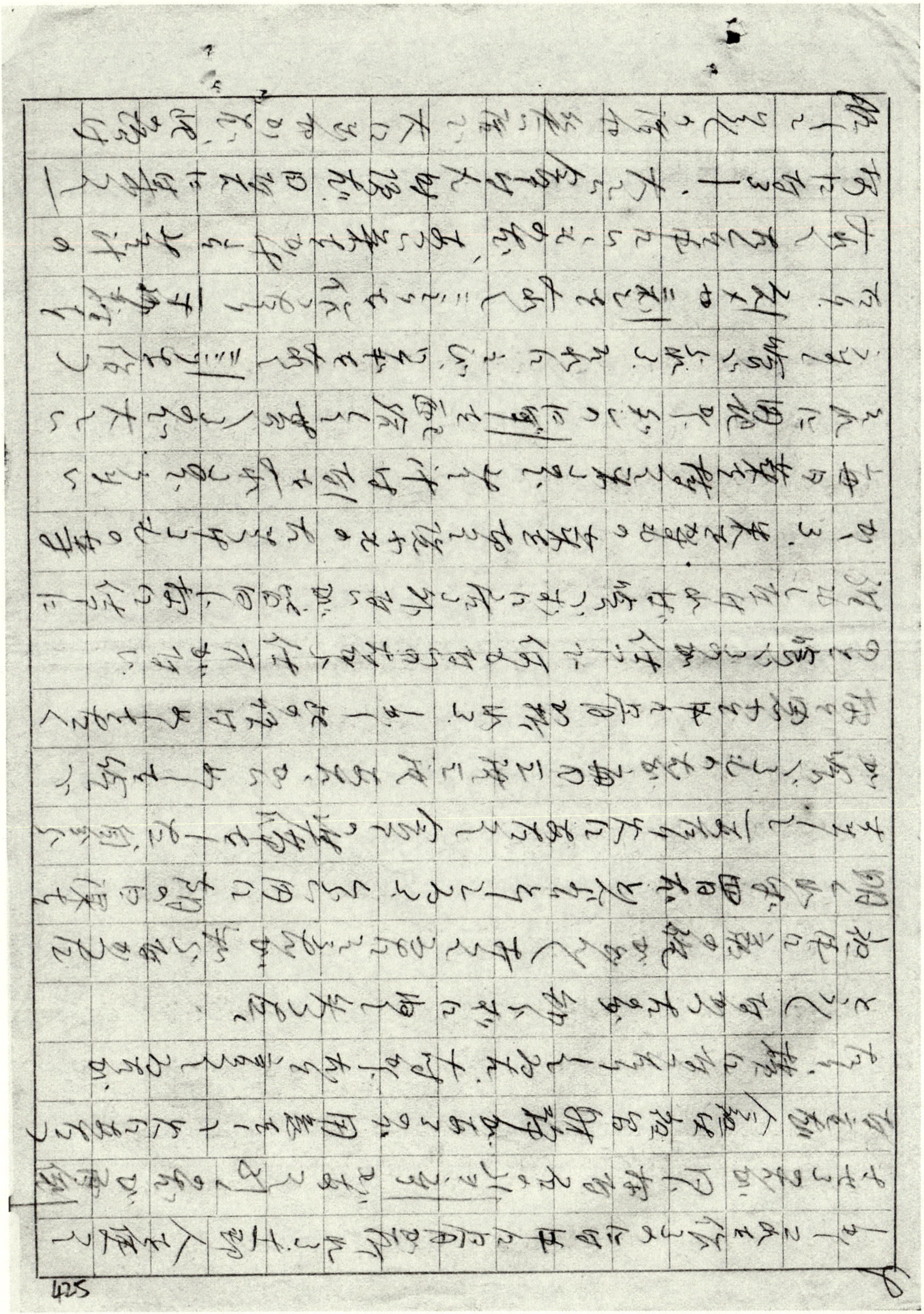

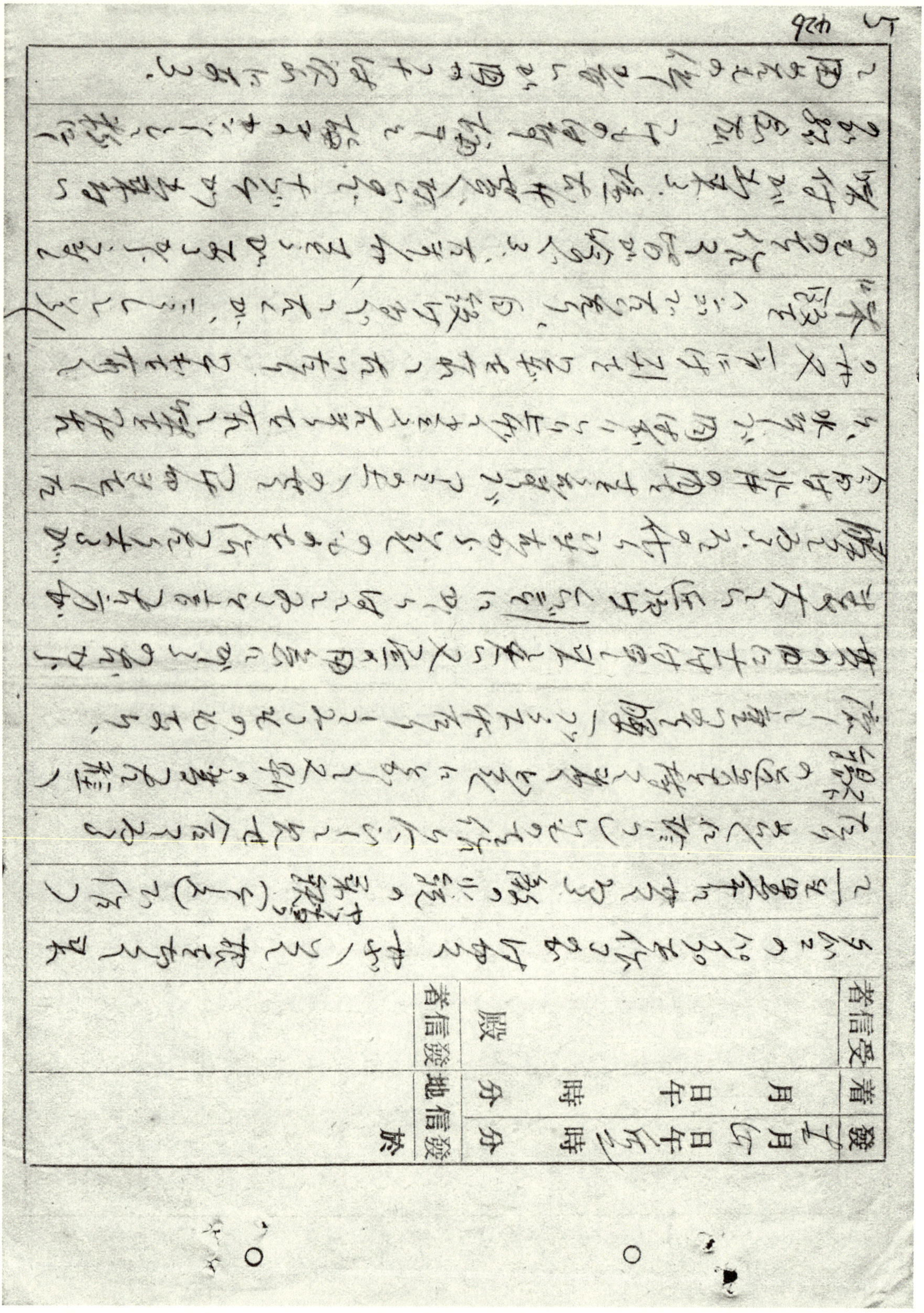

5 426

發	五月	伍日 午后三時	分	發信地	於
着	月	日 午 時	分		
受信者		殿		發信者	

[illegible]

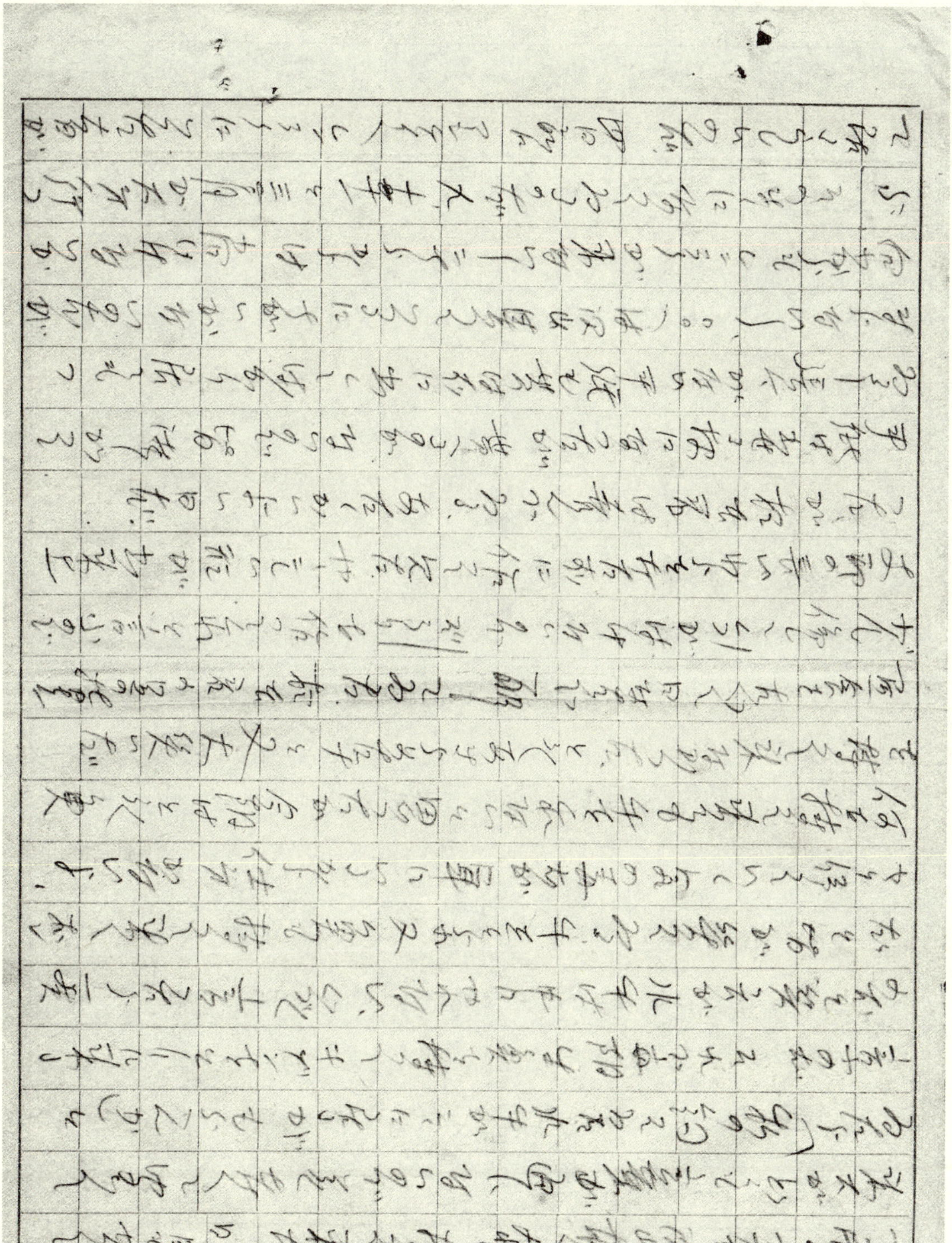

發	十二月 日午后二時三十分
着	月 日午 時 分
受信者	殿
發信地	於
發信者	

あれ程迄待つて居たのだらうとは思つて居るが
もう最近は總攻撃も無く攻撃もない位に落ち着いてゐるし
て居る 年二回を祈つたけれども大して甲斐もないらしいのだ
又こへ來て山鳩も出て居るから音声をたが、不近くに居る
山の中へおいておくそうなのが今の所見当もつかぬ。今
晴はよろしと正月の買物を市街地へ出かけにいつたとか
いよいよこへ人は各の土民の部落で正月をするのかしらんから
ない。もつといい所へ行つてはと知らせ正月が一番いいと皆
言つて居るが今年は、どうすることも出来ないらしい。
山の神はもうすんだかね、偉いのは、みんなも今年アトは
亥年になつたから早めによろこんで居るだらう
大人の山之神に三日だから鯛後日に行本大二つ
るのだが思い出すだけで只するをも出来ない。この手紙が
て二人は神事だらう 出来なつたら今年の当番は余
家がくじになつて居るのだが、弟も俺も居ない事だし大変だ
だし又一年の留守に対する事だが弟も居ないで御無沙汰

1 428

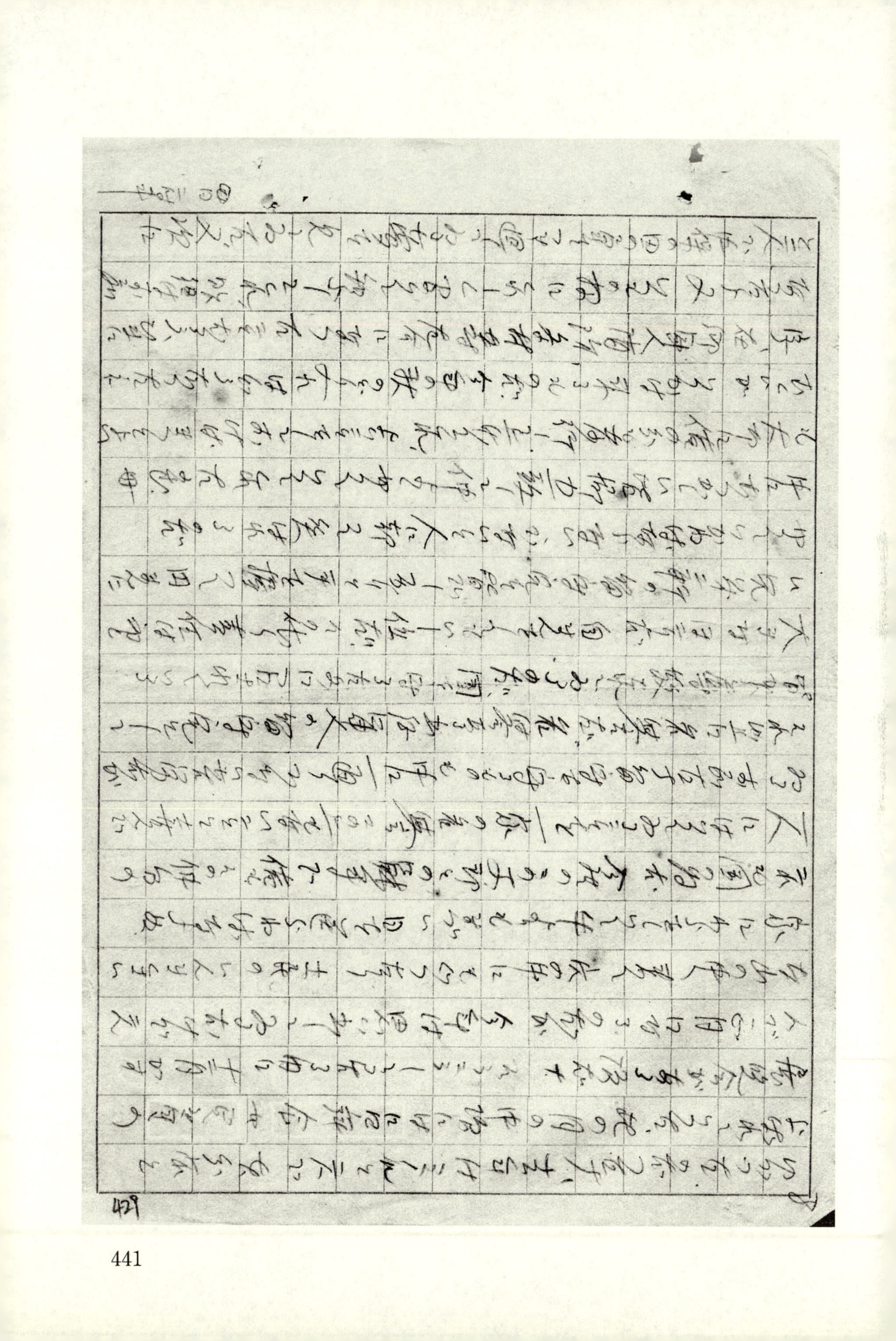

429

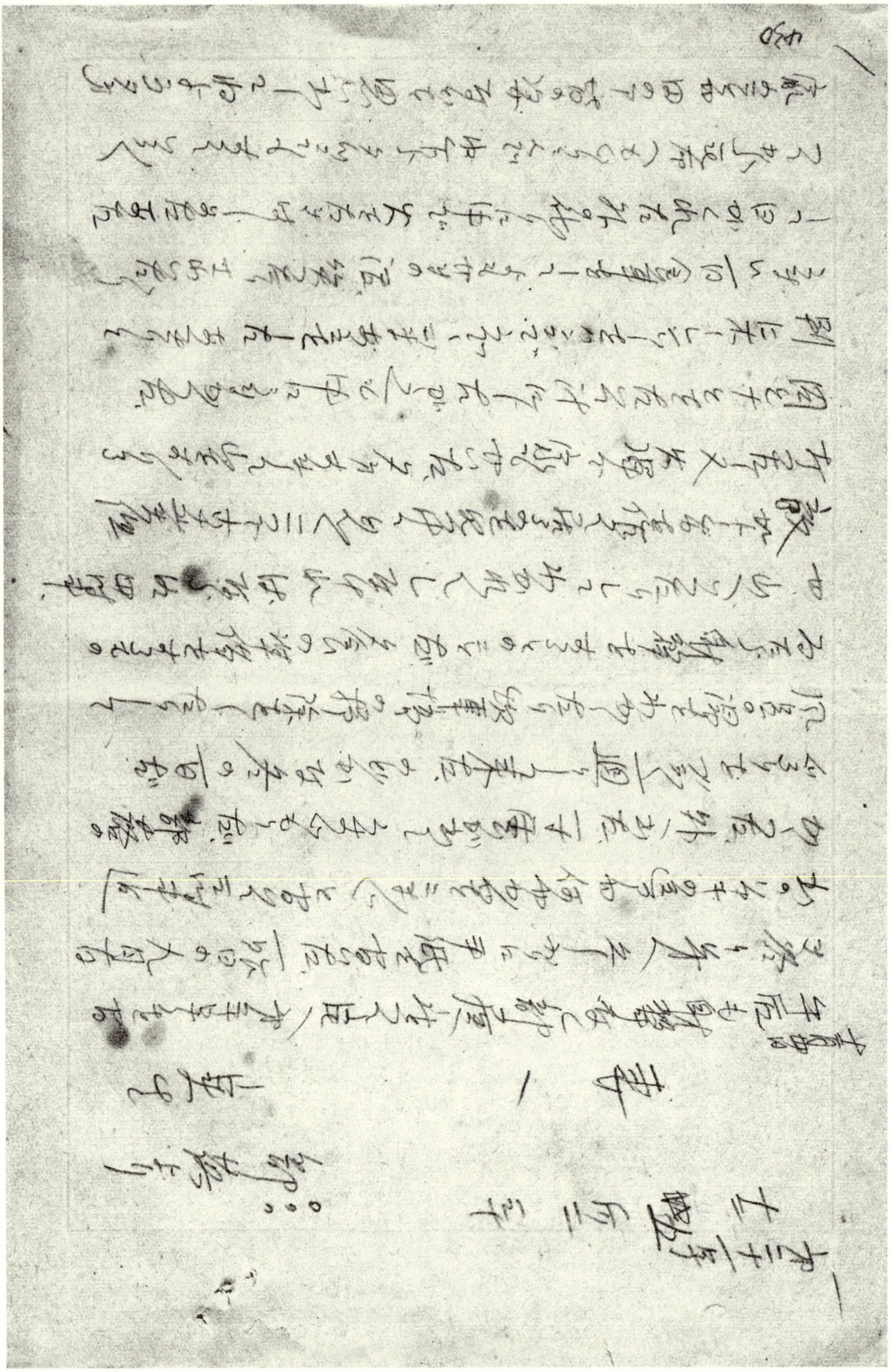

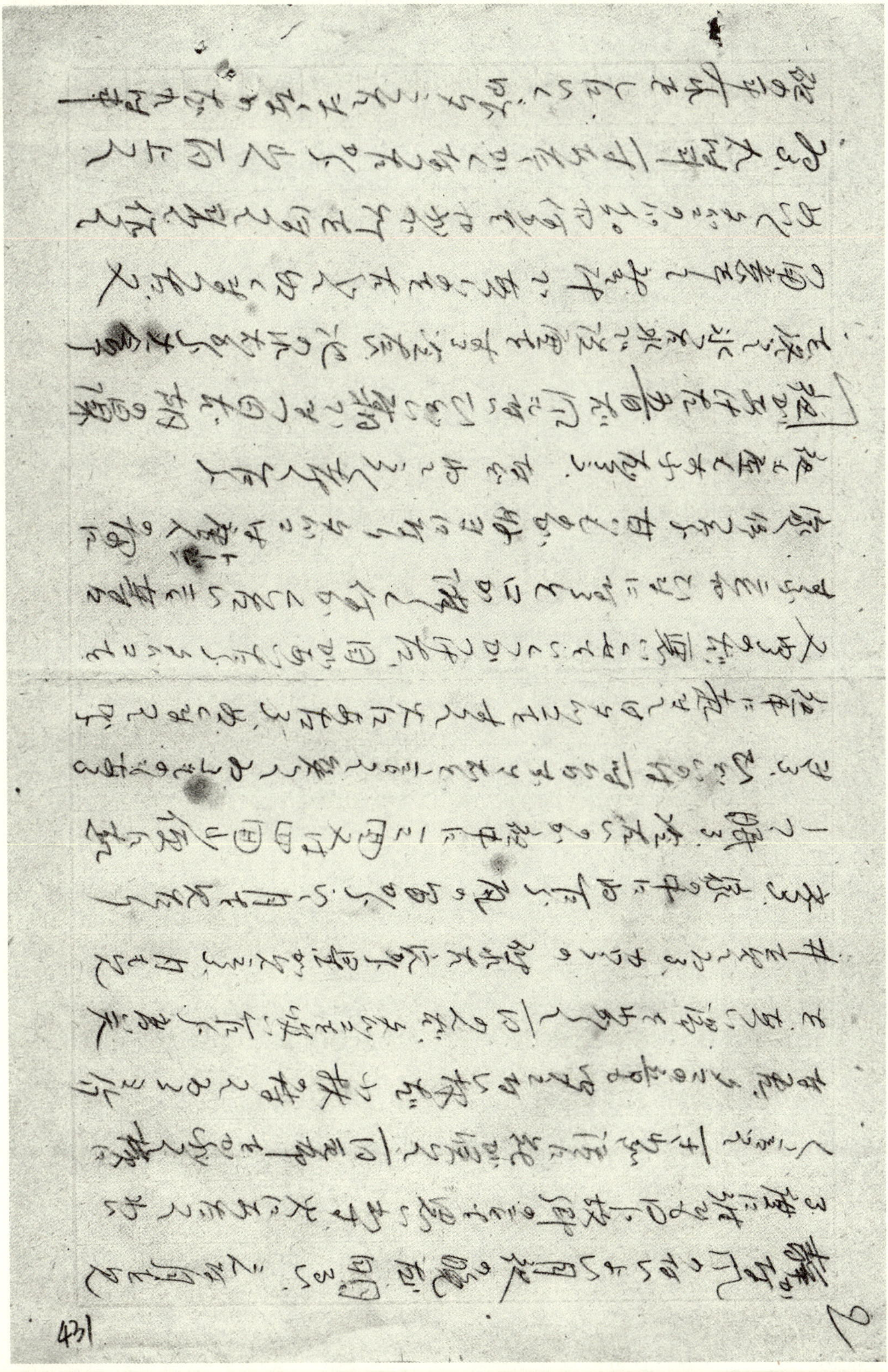

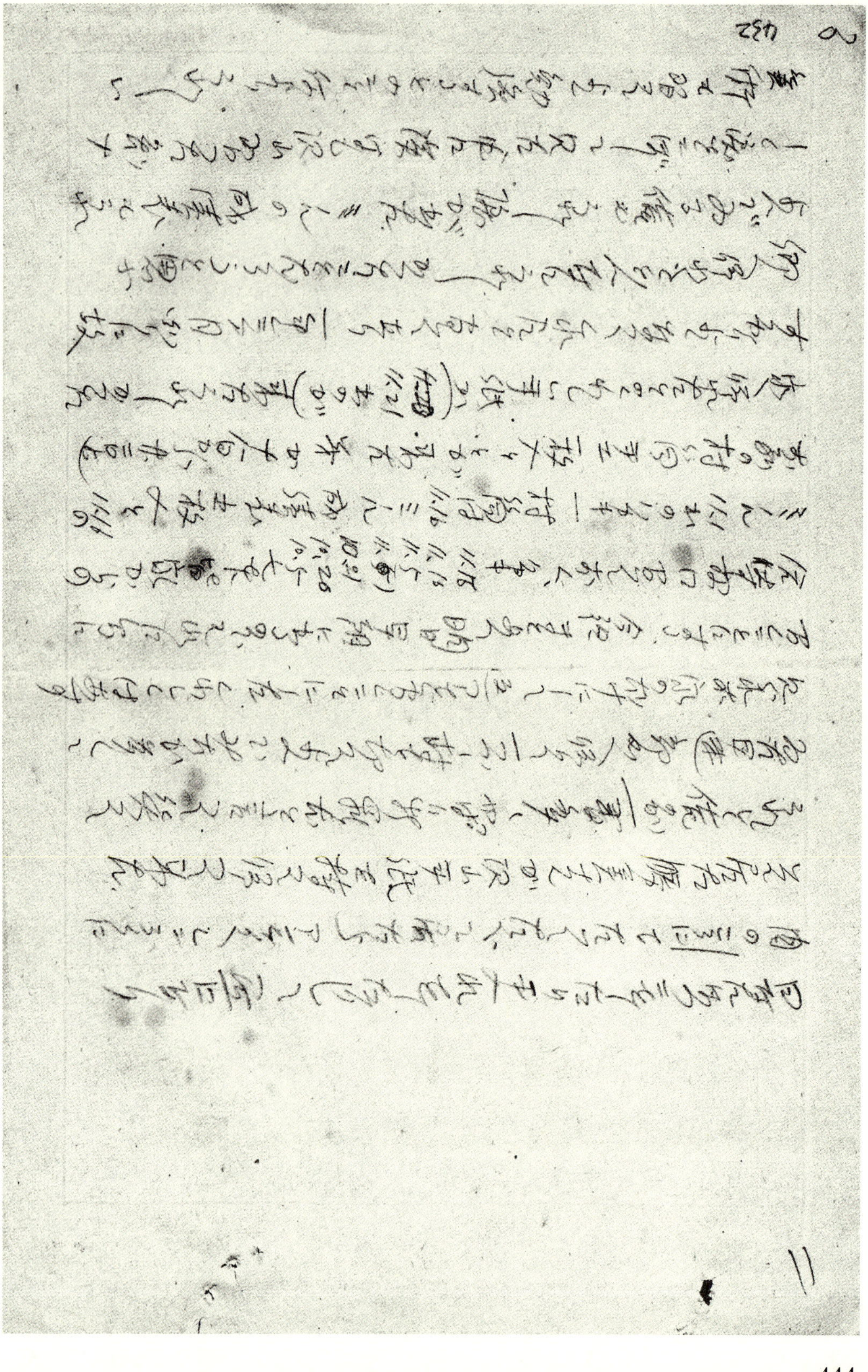

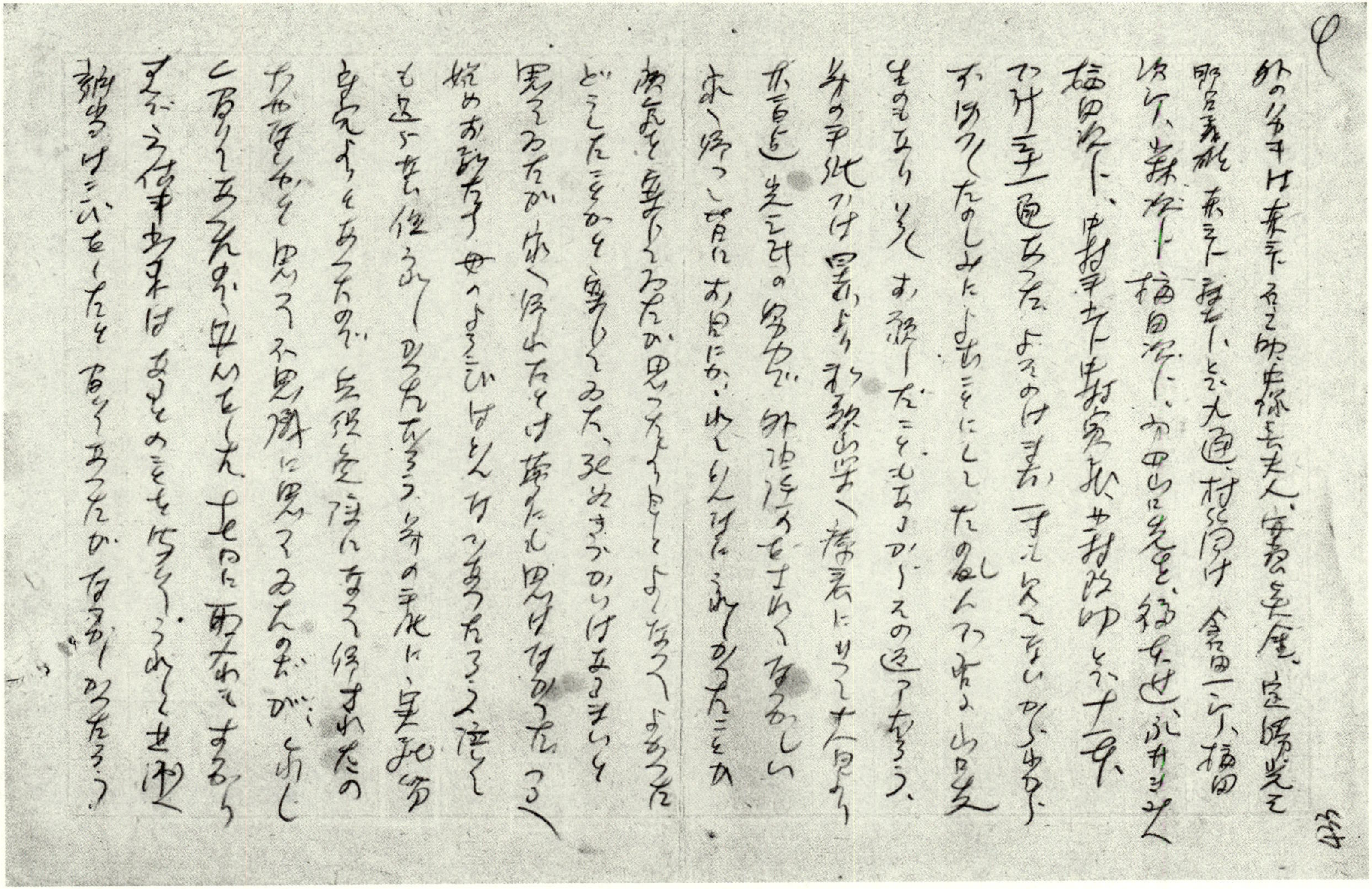
外の弟子は東京で[illegible]夫人、安[illegible]先生、[illegible]先生
[illegible]君、[illegible]君とで大通、村松君は今日一寸、梅田
次郎、鈴木君、梅田君に、[illegible]先生と、[illegible]共に
梅田君、中村君、中村[illegible]とで十五、
で計二十一通なった、よそのはまあ一寸見えないから
すぐってためしみたらよさそうにしてたのむんで皆と山口文
生のもなりました、お読みになったこともあるかえの通りなろう、
君の手紙は[illegible]より[illegible]へ廻って十八日より
[illegible]先生の[illegible]で外に[illegible]なくなるらしい
東へ帰って皆にお目にかゝりしりんけにふれてかったことか
病気を案じてゐたが思ったより良くなってよかった
どうしたらかと案じてゐた、死ぬまでかけあるまいと
思ってゐたが永く保ったそれは思ひはなかったろう
始めお話する母へよろこびはとんだつまったろう、[illegible]
も[illegible]位ゐるし、[illegible]だろう、君の手紙に、[illegible]
良くなりそうなので、[illegible]も[illegible]になって[illegible]の
かかなさそを思って不思議に思ってゐたんのだが、しかし
[illegible]してあるんだ[illegible]もした。十七日に両方ですから
まだ[illegible]出来ばあるものを[illegible]して世[illegible]
新聞では[illegible]したと書いてあったが、なかつたろう
433

十五日二字

卯彦にて ○○○

良人え

英へ

先日あなたもよく分を言つておく様に魔からも又おし
ておくかよそれ程迄によくなつて来たことだ
秋も茶木のひよが毎日来てくれたのでよかつたナ
御河の土地かんで来てもらつてる方こそ困るか、早生秋は
昔の足アミでこそる方とか友人がもつたろう実と名
時東か料ずし口来てくれたそか校か方田方だ何れ位より
かれば古くおくびよしれを言つてすくなのにナ
おも八人つゝ来るとかたとか言つて来たナ、幸相の生
徒の店に見まつたとかよく長い間をつけてゆく来
こいたりくものだ、ほつくたのしみにしてれ状を出すのを
にしよう、前にあげた手紙をくれた人に会つたらリ幸
かしてなつ二手にはいらんかも返事が出せないかどうか
大きな叫へ出たらするだろうから、右出かす人がその
時に返事を出せと言つてゆけを言つておいてくれ
今時は一枚もなし、便箋フートしば友人にもらつて
か一寸のが二三軒は出来て出しておくかみは又

434

5

右追しにつすこえてないと宋、のたよりがたけ有し
なって来ながら十あう人によろしく言うておいてくれよ
折に秋のより大和まで来しくと思ってたなろう一体よい
はな第が前で見てこいよなる左大方傳中はあまらしく
携わしたば人があるよなる左又少作からん二とが
ないーよなつ右大大月が書田か、ると弟のことがでく
あんたがまた書田はおいてやれるならいーなろう体をしま
はなりねにして気をつけんやるなにーつなおたまし
世に出てやってくれるということを何よりあめしいよろこん
で居る俺の方で左牛吃も習ってなおる者く医合があってよい
よおのに為わからう骨が折れるなろうが又楽しみだろう
んこ父上も最終の研究に入って居るとのこと、んこが
院隠せたりがないとは思った奴かな、うまくなるし
て行ねなにをせねばならないが、これをよむ頃には、すぐ
おり片付く来るかも知れんにも有りがたいずま元気でやって
てくれるだろうがなよろしく 西竹兄弟又河合の皆
が首に命して来て十八日は於校へ来たとのこと実売
左は湊又新しくなって恩いあされることがつあろう
三日の午葬とのこと 何とも言えぬ お気の毒なっ
左十 その外には俺は有り難い二うして元気で 亞鏻

435

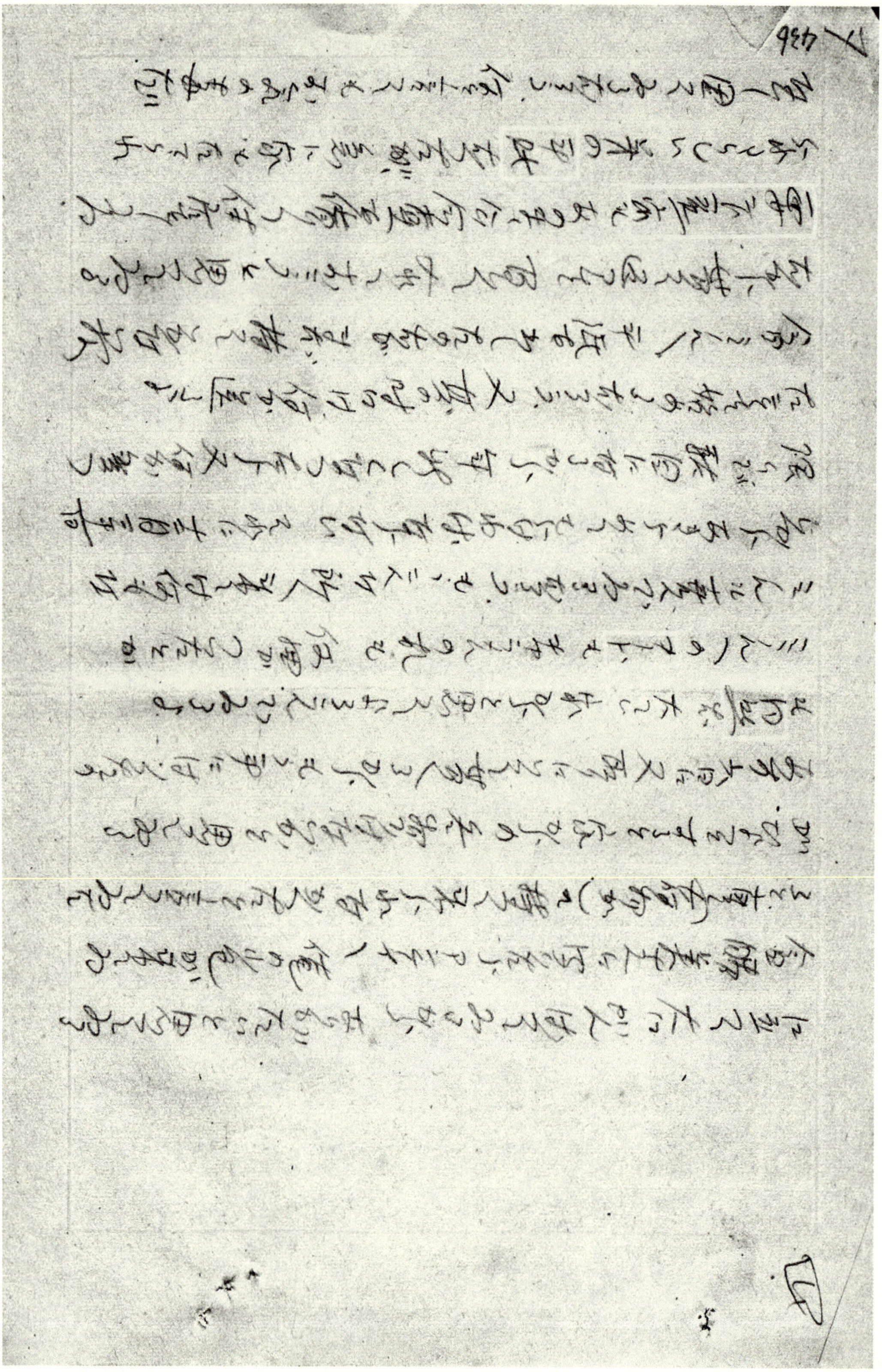

8

（モミカンツーセ）を使ってみたいらしいがむずかしいね千
葉県に居る人で他人で使った方が出来よいと思ふかも
うまくいかないってよりはもみもかいしたねってやったら
よいだろう。九月の十五日からの（十月迄）は来ないかこれは
○○へしよくにやってみるとのことと思ふ。いくかは手にする
だろうと思ってたのでみり、すてやるのだ。まあ枕に秋は
無事すんで何よりだ。皆の協力致して早く元気になれておかげ
喜んでいる。子供の為にたのんでいることも わかってたら知
らしてくれよ。待ってやるが法文学のことも宜しくたのむ。久子
久男が十二月大学期試験とかが 二十一日に久居
とかで皆娘達がよ 皆さんだが 秋の西大寺の宿も
家事と弁当とでしかりしようとしたので居る、
夫婦無事で何よりだ。俺もおかげでまあ週に二度ずつ
出るので安心をしてくれ。其の内又皆とそろって遊べ
御地はなんであろう、それを力の一つにして はげまし
はげるかお互に国の為大につくして やろう
又今後はお互に体に気をつけて 別れた時以上の元
気で帰って話をしよう あたしかんじんだ
今日は早いとこ文明の くわしく書こう。弟の平吉
家より十五日と あまりくして 無事きましたが 父

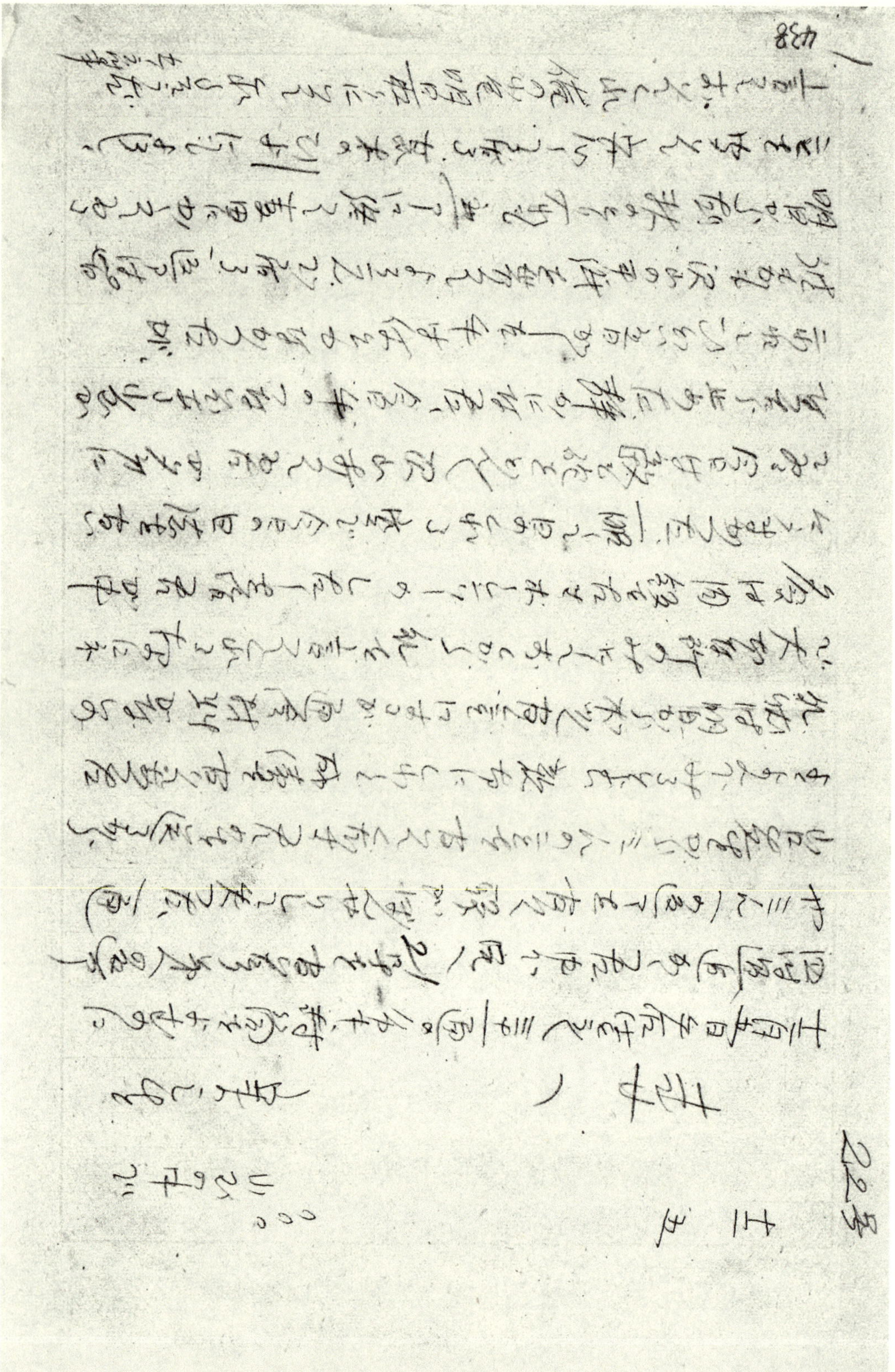

438
22号

2

夕食は例によつて水牛の肉めしをたいた。皆手際を
見たりしてすこしも遠からなかつたので会食をした後
には日がくれて居た。一寸手すかつたのでみんなかわるがわる
手はかりの人が居た。明日早く起きて手紙を
読まうと手伝ひして火にあたりなどして又手紙を
よみたくてもよむこともあるまいと指揮になつて兄に
と話をしてゐた。三十一里道で兄方のそばを訪ねて行かう
人で来しねられず困つた。家のことも夜分、母が
新世界への事をされたか、それへも御つけて又
弟のよそに居る家へ行かれたことなどを想像
し、恭二君や寛和君光和君の事等を
土地が違ふとてねられず小便に起きたりなどして
寝返へるたび、そのためもあつて来た
十二月二日 行事も又同じ ひどい霜 七時
まつくらの中へ整列 東方を拝し体操をし
朝の運動をした。昨日云はれた必勝の丸太や炭
ものを出すと云つて全部持つて来た。炊事の方も
又に沢山いるから準備をしておかねばならぬ
例によつてみそ汁を作つた。経理部から田代の
体重のはなし等を分配してやつたのでそれ

439

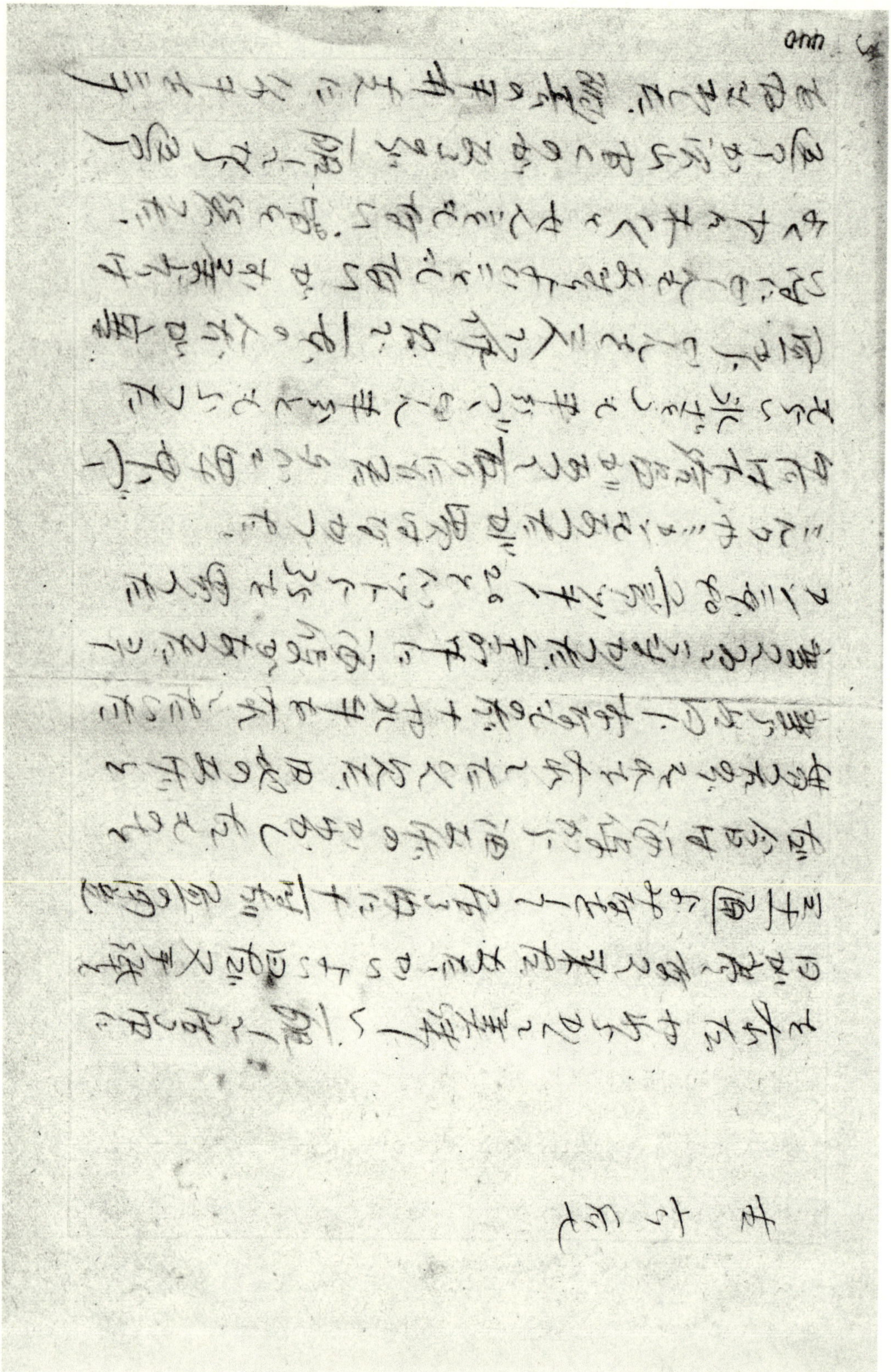

4

枚もらった。山口君がくれる程、フートやめの
をもらったので遅刻がすっかりなくなった。俺等
がかなから皆出来た。遅刻を出す者
(山口から買った。十五年古く一休みした者へ
貸く。山口先生(古くファートにて)送った。家へ
この目標を書きかけた。何にもなった。心をとりに
それた高店まで行って来てもらった。本を
の部屋二段有用の新志一週と又三週来た。
イて使は大阪朝日新聞松阪通信所主催で
松阪出身の出征軍人へこの便りが送ったのらしい
送られしてみると中々なかった。俺の努力
たのは長者やの小さな和美と言ふ芸者が
太合の山色は俺だけなくしたので皆から言って
家に来た大きなお太鼓かアーンと言って
素い娘らしい。名は知ってゐるが、殺して思ひあて
をしても思ひ出せなかった。給与は中せ日の丸の
傍に名を書く。彼の中に兎沢山はりつて居る。
名ばかり(神の名)がはりつてゐたので皆に見せらし
いのが惜しくてもらったが、鉛筆にかうしたのか、その
手にしっかりと火をたいたーって、それをたのんだ

十七 至

赤符とふと丹をたいたので足でこまかった
食事をすませ早速イモン袋女子俊の作文、紫
三枚ばかりみたのが三人へそれぞれ分けて礼状を
書手に助（小）た、物はくらし百サなものでで方を送
る家への手紙をつける。小と女の那美君や朝日
出の人への礼状は又明日にすることにして夜僧って
防臭へと二枚書く 寝ることにして大になる

イモン袋の内容品

石ボーロ	大一カン	メンソレータム	一	褌	三
ニッアンキ	一	エンピツ	一	子供の工	二
アサリ佃煮	一	ザラ紙	一ワ	作文	一
チェリーみつ豆	一	糸、ハリ	一組	足袋	一
ドロップ	一	週刊朝日	一冊	皇軍大捷歌	一
万金丹	一	手紙（イモン）	一通		
旅行の友	一	日ノ丸テヌグイ	一		
便箋	一	松坂通信（新聞）	一		

5
442

何も彼も日本の方がうれしく、こんなにうれしかった
ことはない。ノート、便箋、ちり紙、褌とすぐ今日から間
に合ふものばかり。石ケン一ケは皆で分ける。但部屋で
ミソ豆を配つたらうまいふりもなくなつたかな。十一夜
よい。かんづめも強くなれない程になつておかげで大喜び
ローソクの光で手紙を（お前と弟の二通）よんで早十一時しまひ
イモ畑の発掘をして眠たい陰暦大寒も兵舎にいつた
ガラア十万山林の大イモ千を掘りし、ぬようとも早
将兵がようかんとかであずきまでたべて、ハンゴでたいたと
か、さつまいもの切干を煮く　せんざいのけを作つたので
あついのをふいて　すいよはれた。八時すぎ点呼手紙を書く
ばりしてゐたが、皮のねむつた。あたたかい
十二月七日今日も良い日だ。東方遥拝、体操、日課
をすませて、めしたきみそ汁、油あげを入れてたいた
いい匂いを味がする。あさりの缶詰を切つて百かた
たまごぶた、ごぼう、なまりとはまぐりで昼の副
食を言つてた。おいしい。眠くなつてすぐ部屋へはい
つて送つた後近況かいて手紙三本書いた。ふくやの
叔母さんへ礼状を。奥町の弥生神社へ
くれた礼状を書いた。十二時前、家への手紙

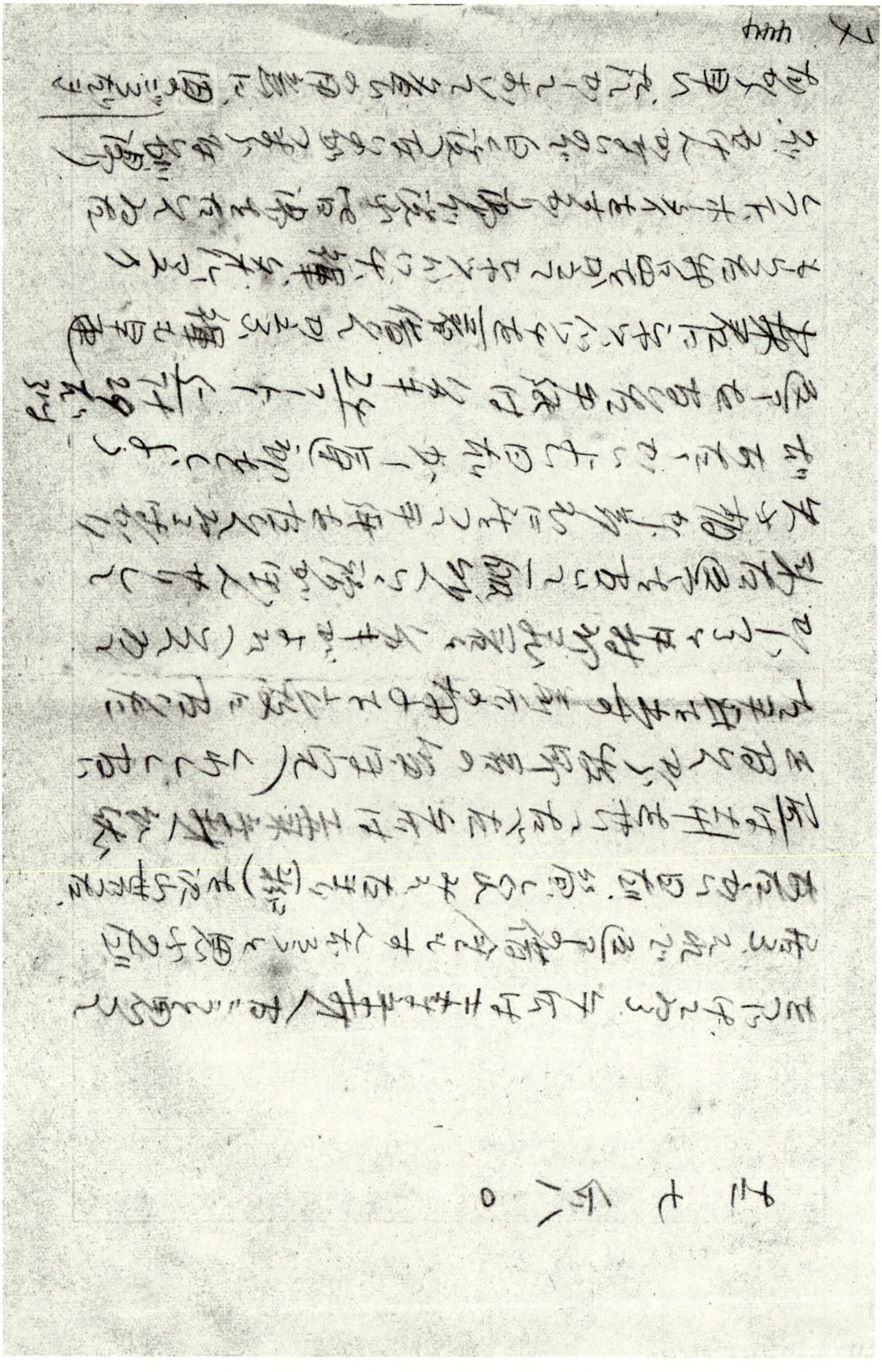

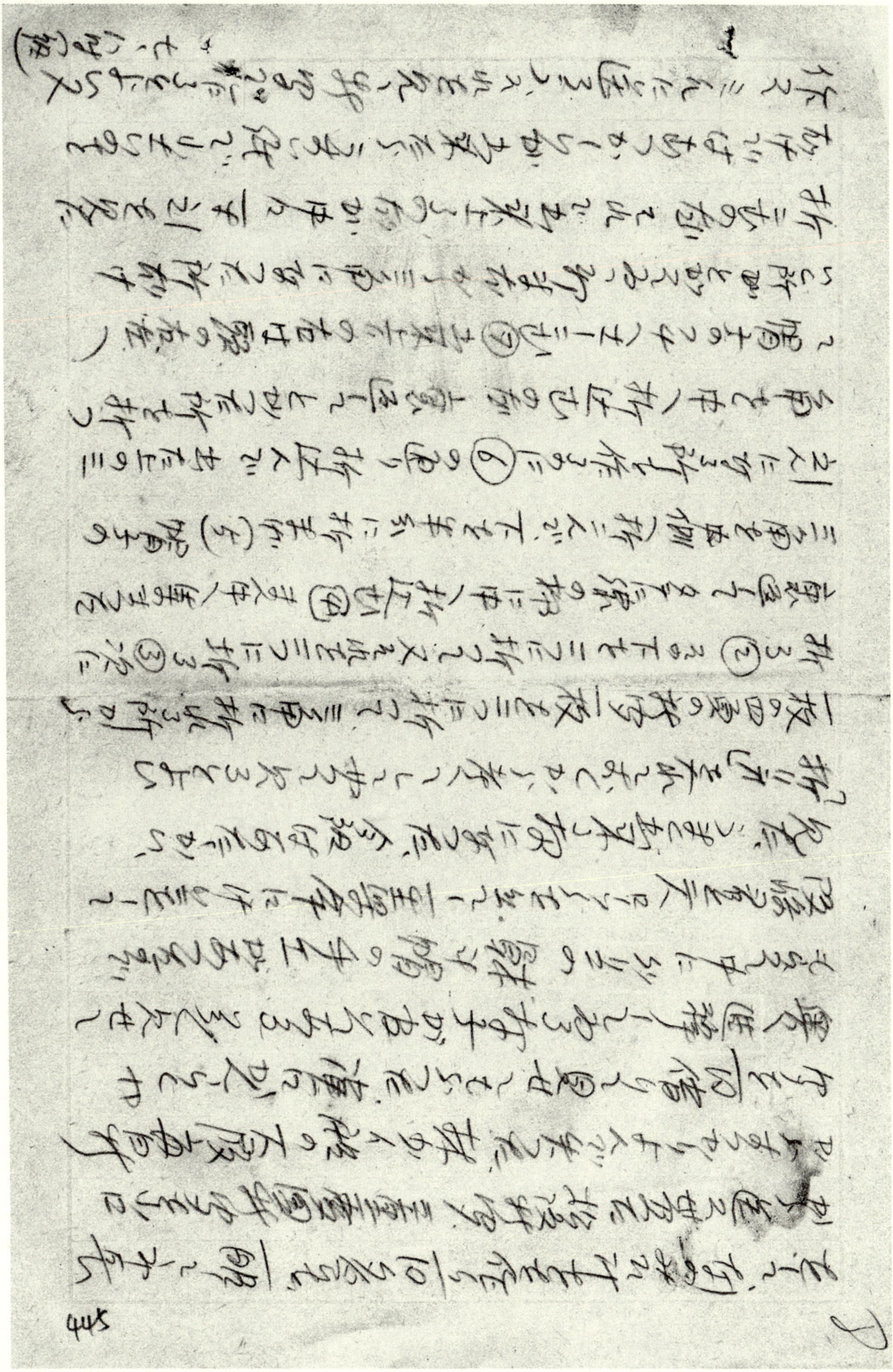
そして、なのみれ十七を作ら10分位で一朗と子長
が送ス世界で校後北海道…
悪く進歩しておる子が居る
もらって中にグリコの財布帽の手工があるから
陸軍大将と云ふロシアを出て一年生学年にけいさをして
見た。うまく出来るやうになった。今紙はあったから、
「折り方」を書いておくから考へして作って見るとよい
一枚の四角の紙を一枚を二つに折って三角に折れる所から
折る② その下を二つに折って又それを二つに折る③ 次に
裏返して外に縁の折目に中へ折込む④ まん中へ集まった
三角を両側へ折こんで、下を半分に折まげ⑤ 帽子の
ふちにする所を作るのに⑥の通り折込んで出た上の三
角を中へ折込むのだ。裏返してとがった所を折つ
て帽子のつばへさし込む⑦ 出来たのを右は頭の方へ
いく所がとがってるし、卯またが三角になった所だけ
折こむのだ。それで出来上るのだが中々手間を見た
だけではむつかしいが出来たらうすい紙でいいのを
作ってみんなに送る。それを見て皆で作るとよい。又

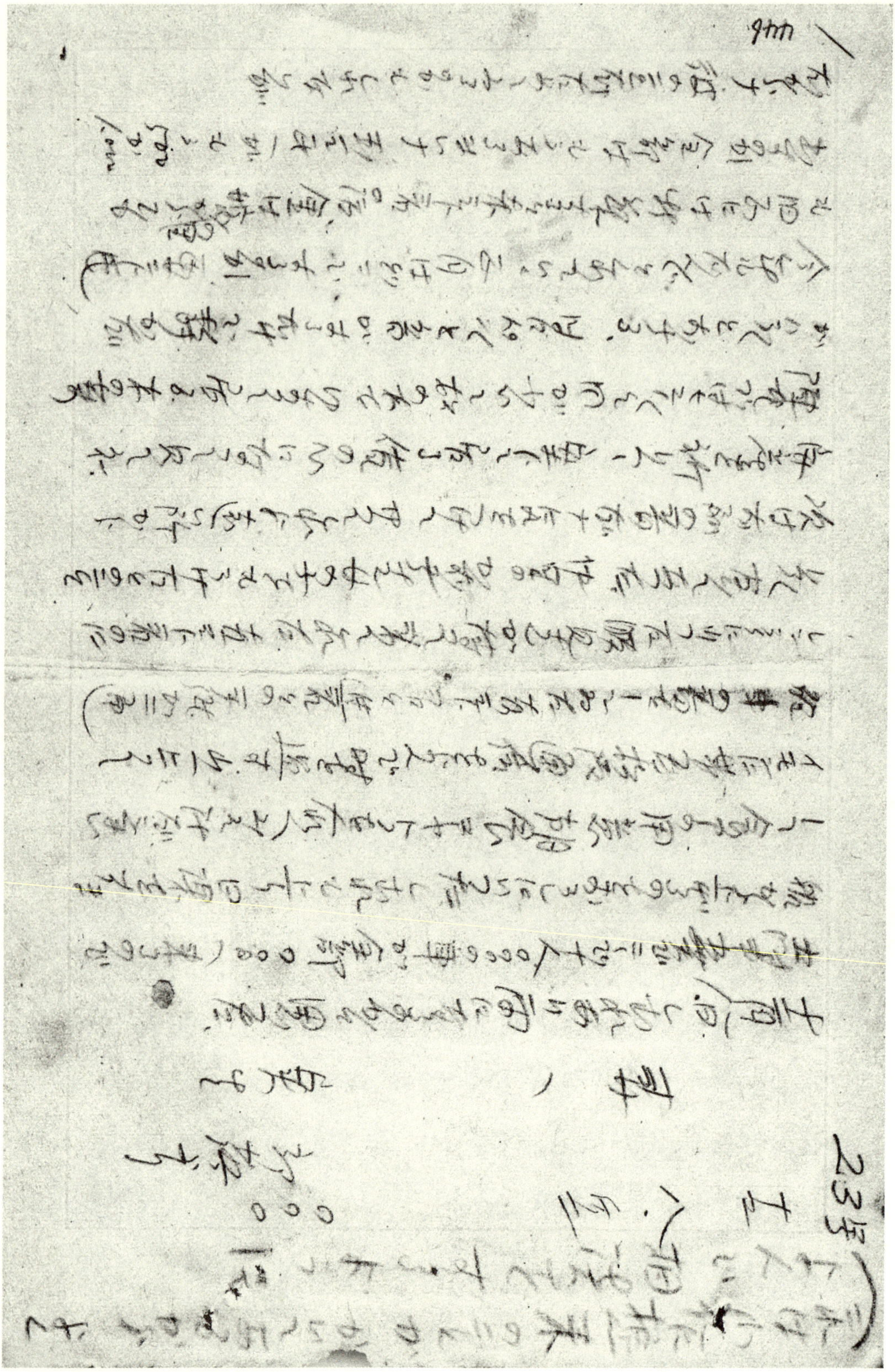

2

先日人叔父からの手紙で小作の控米のことを詳しく書く
あたが俺もすっかり覚えて居る訳ではないからお前に詳しく
それと言うしおいたの旅行だろうと思ふから 本立にあった
「土地」の古い表紙の中に書いてあるから見せるとよいあれには
猫田をはじめ、米浦、大や田、スミ田等の控米が書いてあるし又
奥の大きな引出の右▨赤紙のはってある中に白い切り紙の
うちに細かい奥の方にある。小作者とか書いてあるからその中
で昭和十二年の一覧表しいのを見ると猫田通りの分が要廿下の口
になり分家(全寺)(松之)と、とめ田は直三の口に、分家(全寺)
はわ三の口に、大や田は米森の口に皆控米と石当とが
書いてあるからそれを出して叔父さんに見せて相談をして
お父さんに代って帯もよろしいといってもらうのだあの
まてとか又ゆうはへらすとかして多いかそれは自身で
全部任した方がよい 俺の考へは次のおに思ふが
分家の分＝自作の分は全部分家の収入とする
○小作の分は、分家小作の八王寺(本家)と
米浦を各々当たよって本家へ納めることと
其の外の大田、ちゃ田、すみ田、猫田三町歩各口石当
をきめて控米を計算しその作人より納めさせる。
○分家の分は自分の田は全部小作にさせてあるから

手

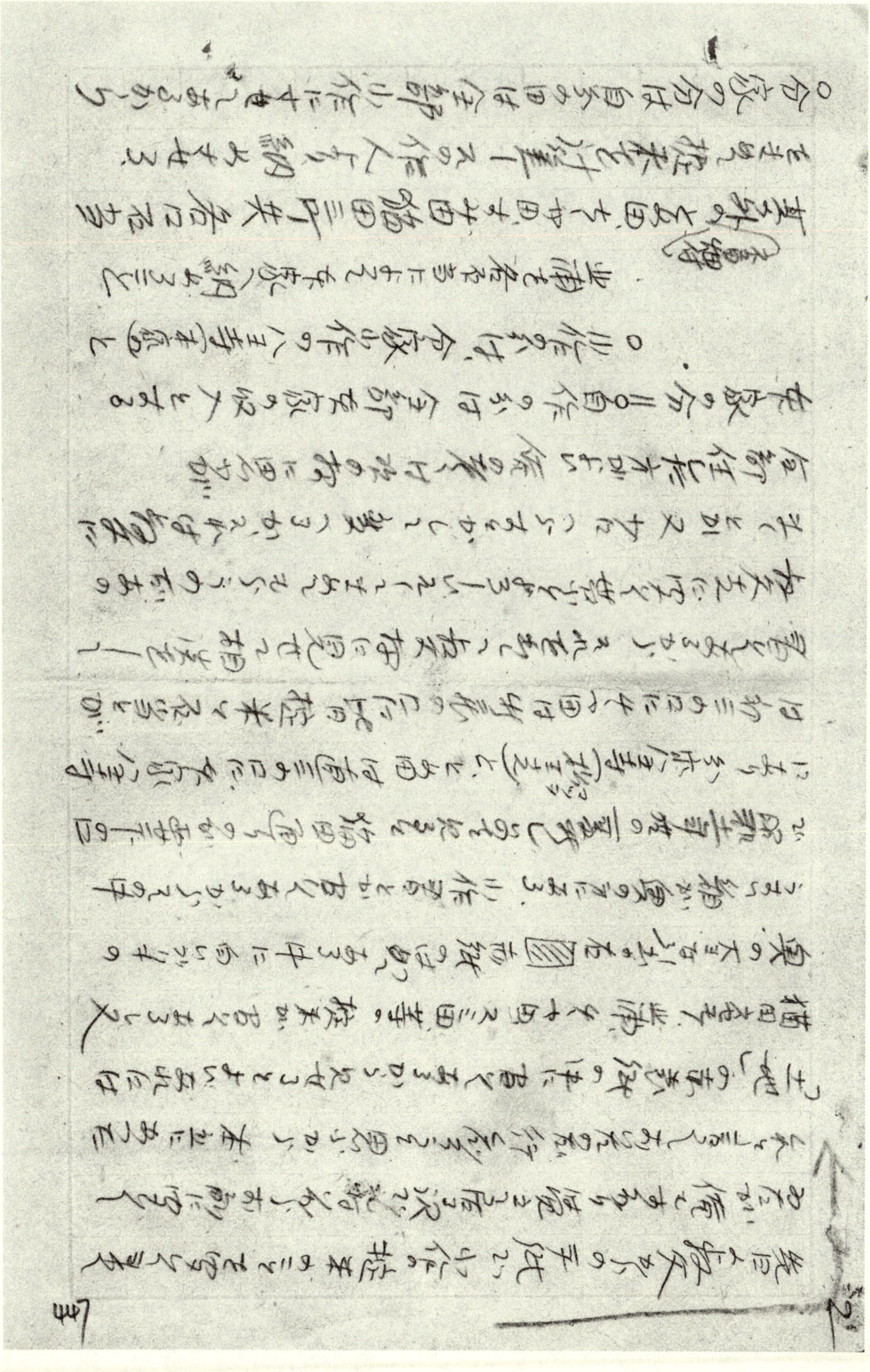

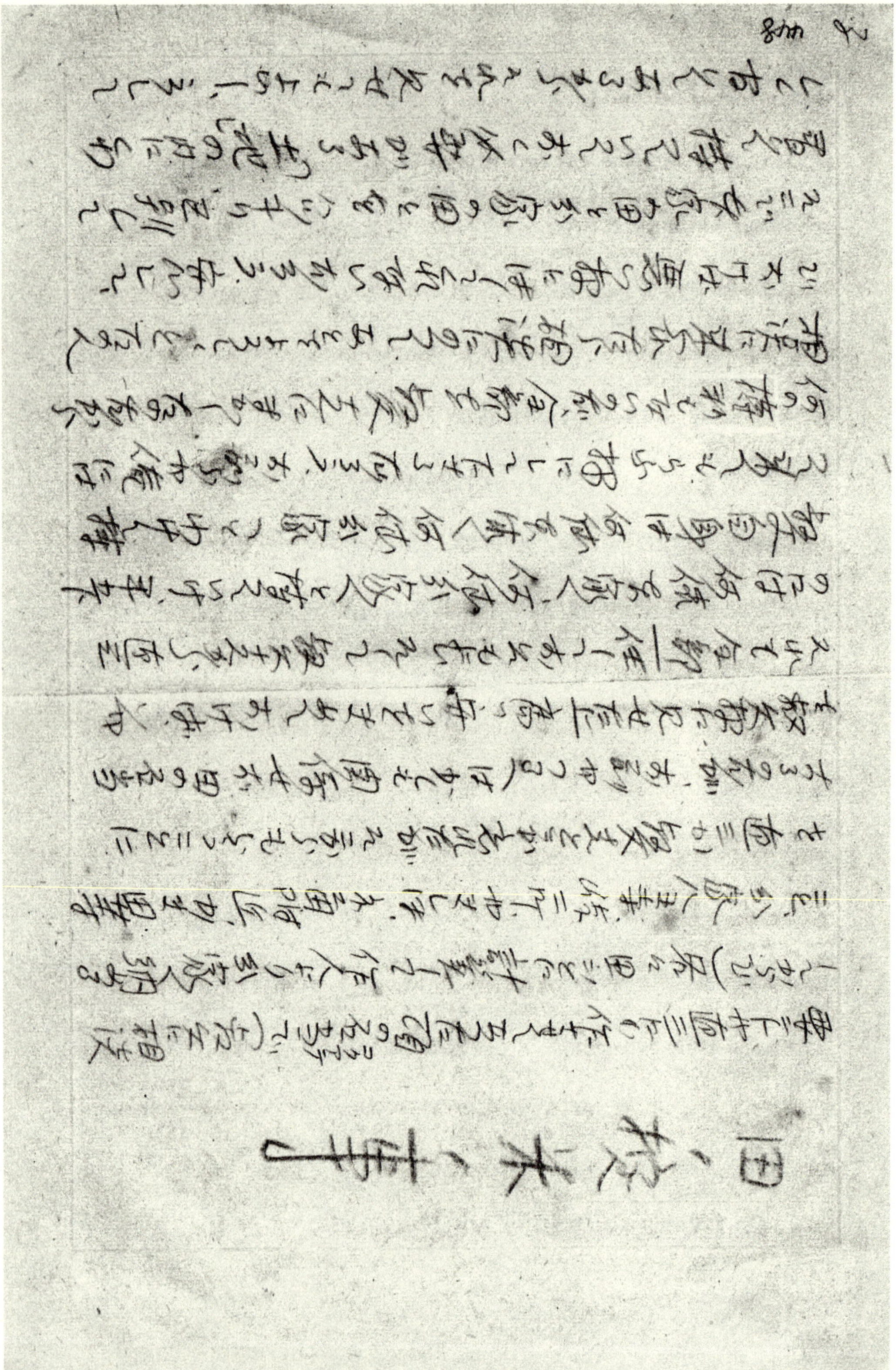

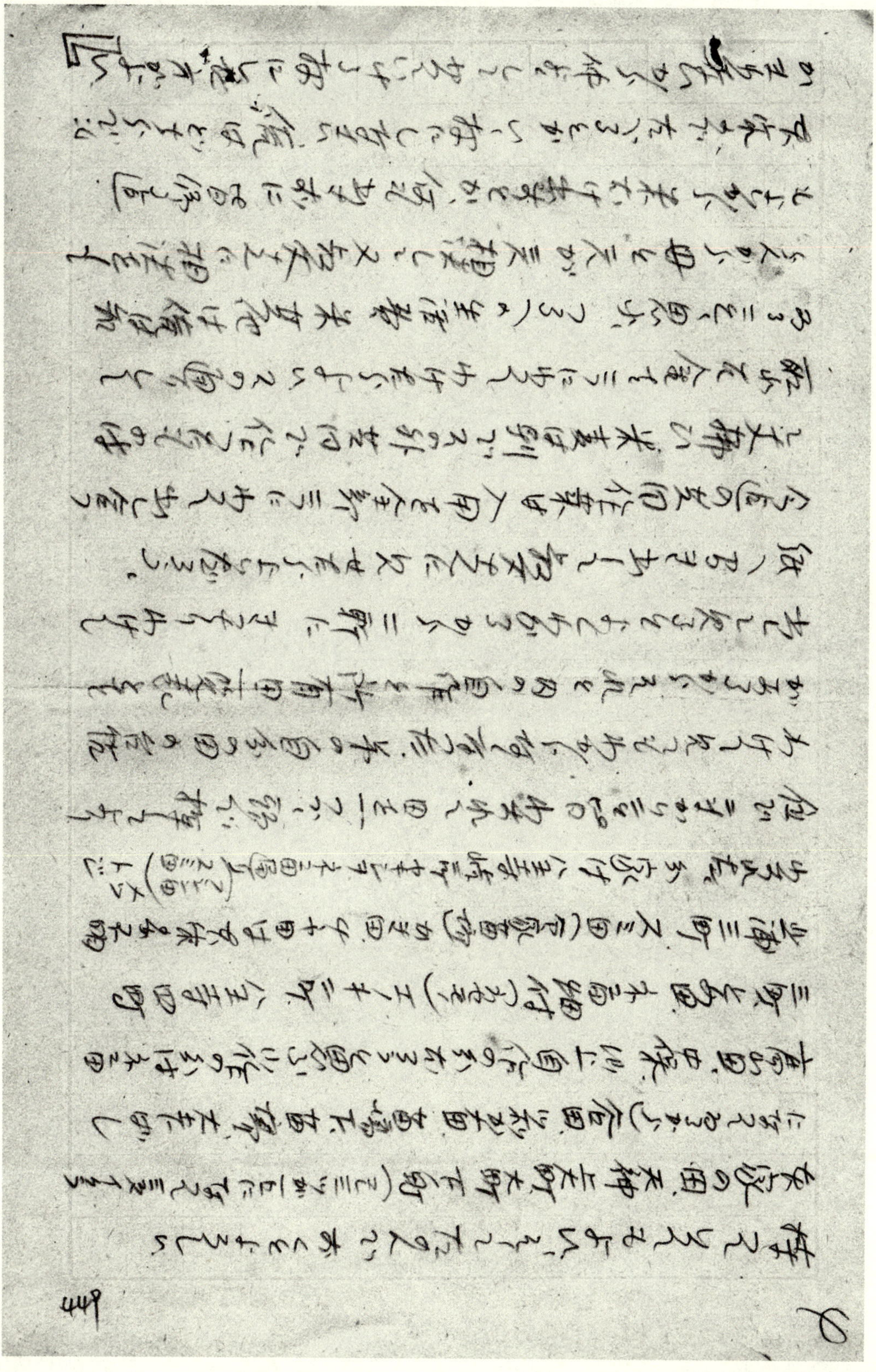

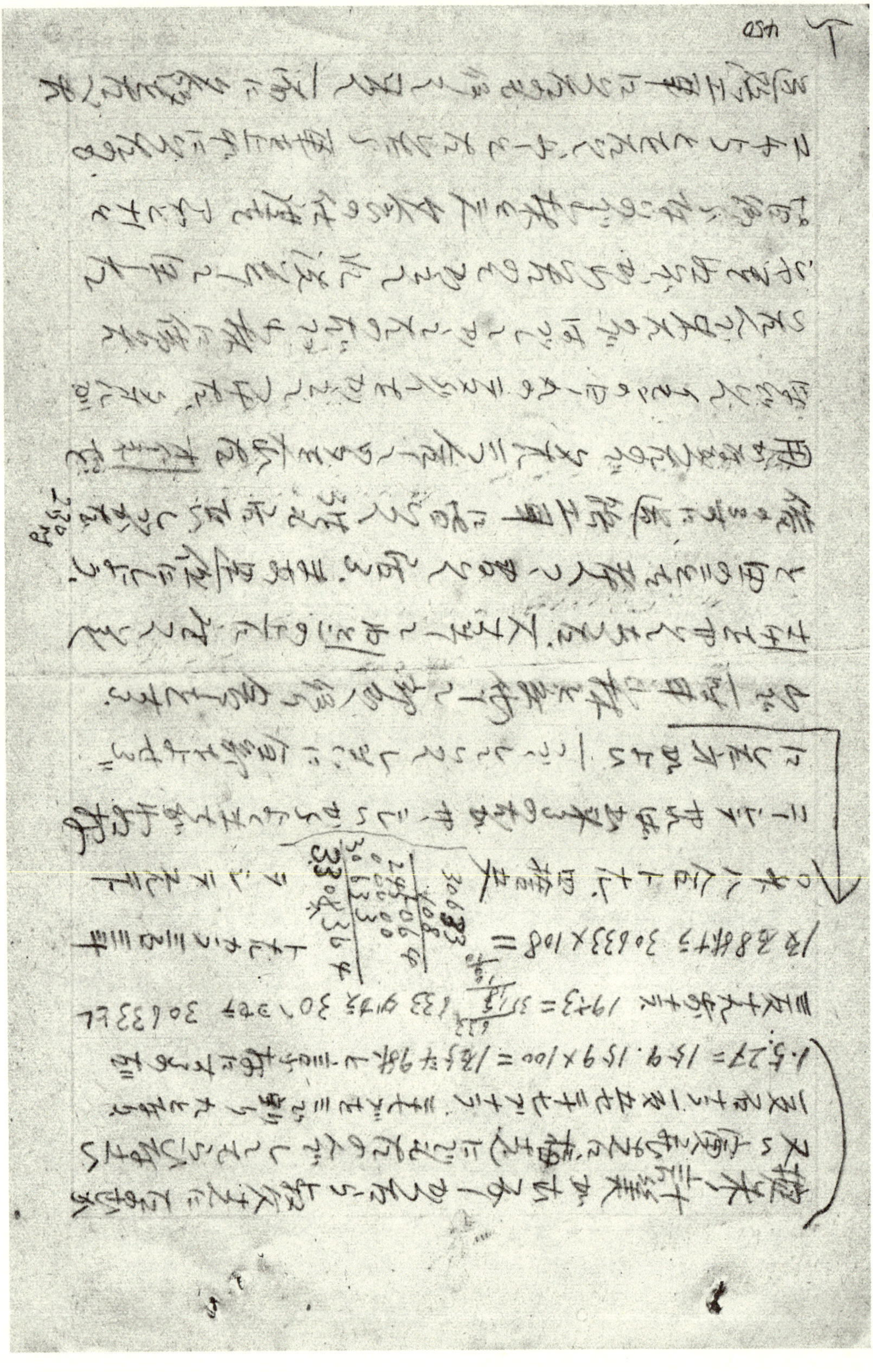

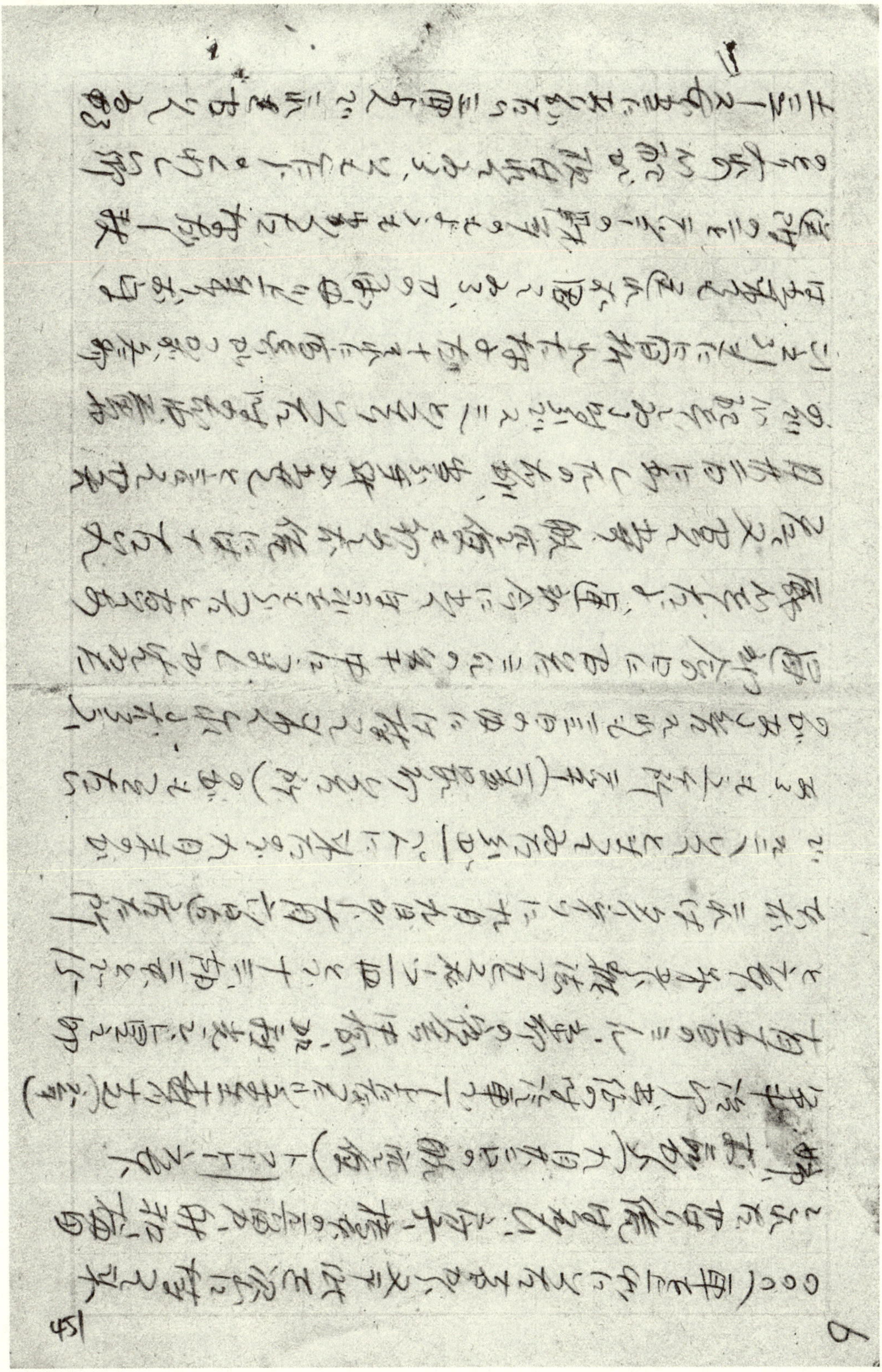

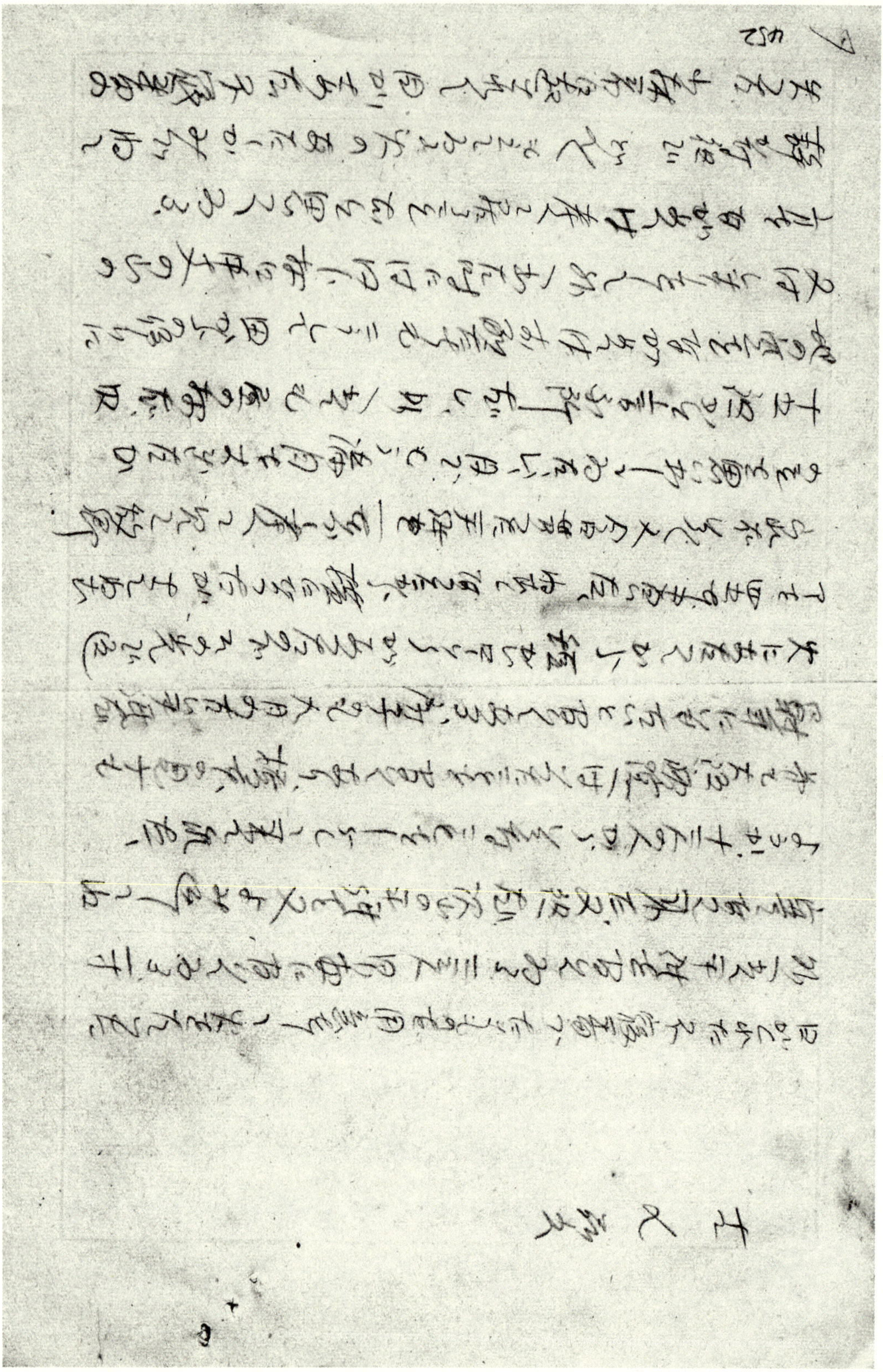

8

夜中で、三時半から七時迄位 太い木をくべて、
もやしたら外へ出た 明るい月光で一寸ながめたが野営の
ほえるのが物すごい位に聞えて来る。犬が皆ニーと とうし
鳴って居る。林の中の大いびきが始まった、皆目をさます位だ
此頃は俺もとうとう一ぱし中々わすれなかった迄だ、あなたよ
けたかく々を続かせる。火をもやしつつの夜ありで 昨日
来た手紙を又よみ返して見たみして返事を書いて居る
のだ。今十時四十分 今全部書く気になれない家の
の事を書きつけて見る。あとで日記を書く。次ぎ小便
そしよって門を閉ってまりなさい 手紙が来るかと思ひ乍ら
お前も体を大切にして下さい 俺もイサンの事が気になって
かけない、西谷次はこれでいよいよしました 俺の思って居る
ない。今日九日は又移動して五百米位先へ陣地をかへる
とのことだ。この陣地の左側の山で前にあった所、三方の死体が出
来たのがこの仲間になって一しよにおつかえする。今度はひょっと
すると来年までにはあえるかもしれない。早くなって来るだろう
と思ふ。それは大連と青陽と満州の三角のまん中位の所
の山中だ。マヤー山子 馬家湾と云ふ所に居たのだが そのへんになる
だろうと思ひ乍ら地図にものせた山で夜のない所だ 又
これはさみしいけれども 又その一ぱいで御三人又二子供に

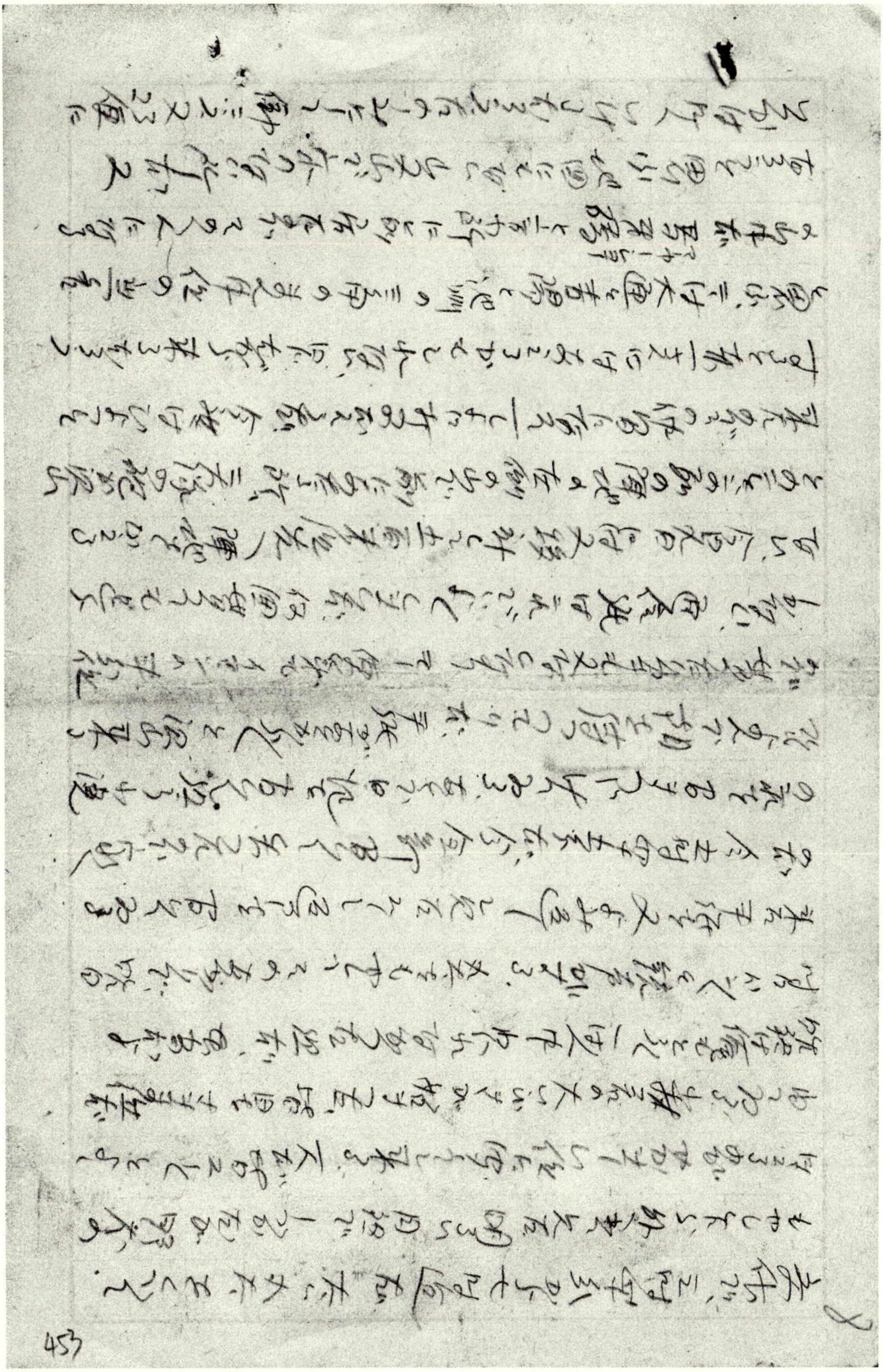

No. 1

2号

十二月九日

雲行悪い日だ。不寝番も七時にあけて、朝の日課に出た、火の光で松浦伍長と二人で
明るくなったので今日の用意ニャトスナの沖ですま一眼の所。九時半修理の準備を開始
約十五名位道具を持って全員又山の頂へ穴をほる。又穴ほりだ。松の木材木切りを
役目と集まって来て午後他の者来る。工事中止の命令だ。張合ない。百姓家へ行く外へ
行くらしい。火にあたって眠った。昼の用意、山本兵長、ニャトスナ十名を残し十三名は帰って来たので
角なとうを買って帰って使う事もできる。佐藤昨日から小隊の兵隊十五名位が下って二人
久米曹長の方が寂しいので大きな机を作ってある。大きな炊事場に机をおいてす、え一つ作りに
めしを炊いてやる。煮えて一日遊んでゐる。強いのめしたけをやると判の板にうまそうにしてゐる。
ニャッチャン外のカンヅメの切りをやることになるんである。日本紙を出してある百ひとつね、皆を
いるが少しを木の葉をすかりおとしてゐる。中隊長山隊長ものは陣地を見ていた。この部
の山をこのまゝ使うらしい。今日も又砲車をはこぶ道具はない。取扱ふ時の部長お前の側が
曹長がうんといってして校州で会ってきた。赤一つはいい大きな、写した、あまり日本の事を言って
てゐたので二こを知らして、来いと言ひつけをしてあげた。ひらててあるだろう。二時に前に

454

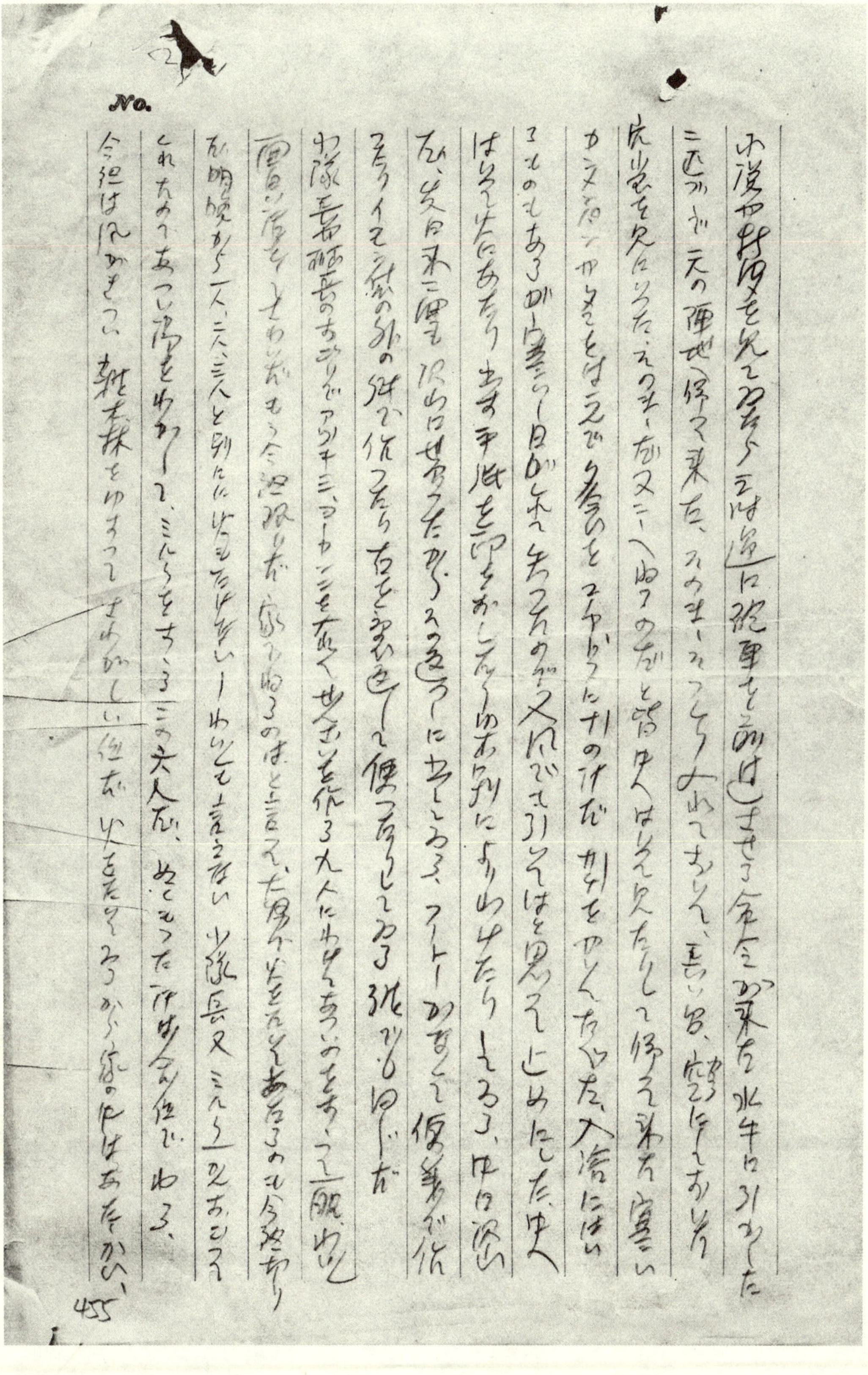
No.

小隊が村落を見て通るのは道に輜重を通はせて全部が乗た水牛は引かした
二日程で元の陣地へ帰つて来た、元のまゝにしてあつた、悪い事、盗まれておいた
兵営を見なかつた、元の主が又二人ゐるのだと皆兵はよく見たりして帰つて来た　寒い
カンメ〔?〕を持つて来たのを一元で買ふのを取上げたのだ　鍋をかけた、入浴にはい
るものもあるが毎日が来て汚れたのが又汚れてゐるのではと思つて止めたした、兵
はよく休んである　未す手紙を書いたが急ぐので別によりかけたりしてゐる、日は深い
夜、支那兵三四〔?〕は出て来たが、その辺一帯に出てゐる、フートーがなくて仮小屋で作
るイモ〔?〕の外の紙で作つたのを結んで使つたりしてゐる　班でも同じだ
小隊長初め兵のまはりでアンチ三、四カンニを〔?〕もつて歩いたのを作る九人にわけてあつたのをもつて上げ、出し
留守番をせねばならぬ　家のあるのはと言つて、大男が火を焚いてあたるのも今終りり
夜明頃から一人、二人、三人と別れに皆ゆけない　一わけても言はない　小隊長又　これら上にあたつて
これ〔?〕のて立つて居るを向かして、これらをもつてゐる三の大人だ、ぬてもつて作る位で出る、
今日は風がきつい　雑木林をゆすつてさわがしい位だ　火を焚いてゐるから家の中はあたたかい、
455

No.

十二月十日

静かな日になった、朝の日課をすまして火にあたり 朝食の用意を例の如く ヲヤトフとナの
みそ汁をたべて後 山の穴出を出ます 材料を探して、首はかりぬいてる山へいく(十一月十三日より十二月十二日迄)
おつ方角が違うので又ななもして居た所りとなくたべる。もう肉もなくなったので ナとヲヤトフを
けたして、食事をして、明の仕又もく何もかもすっかり持って山へいく、小屋をかしまさねばならないので、
身のまわりのものすっかりもって陣地へいったあつい位だ 又帰ってタネをはこびに皆が帰って、
すんで分って岩を板張を作ってた 棚を作りかべ、みしろを引いて白布で作った ヤグのはしつ
たふとんをしいた 大分よさそうになった 足へのせる蚊帳(アンペラで編んであったもの)もおいたまつ
ちと出来上った いよいよ生活が又始まったのだ 四時頃に時計替わって思ふと
もした事は始まらう。敵に撃たれて 死も沢山、戦死もなるかたの中で ドンシクとあ
で戻って一しよに歩いてあるのだ 日の始に 三大隊の残列 つもりて住居を作ったら
すてるつるが無理をしてるまで 風をひいて 失って 途中でねこんで 失いこ、がら
一周年位の隊手前で 出てる。と二十五名二を扱った。すぐよくなって帰ってくるだ
ろうけ思わないと言ってるが あんたと思ってるつも あんまりがまんがない弱息だ

456

No.

一言したらそこへ出てくるだろうと思ってゐる。面白から会けないのだ。
今日の夕飯から出張して来た下の家の婿一つこで出てみた隣の婿(西)でたりて甚しい
其後仕事を一つずつ来る助人を使ってすでにそれになってゐるくてなくことはいふ
なくなったのだ。夕食も早く済んだか無かつへもつてなくのけたらなるのでくるすす
でやらくなってたのだ。野甲のあつい飯を汁かけてたべて来た。其のあとがめを入れ
た味噌汁をまぜた。汁は大きなもとを入れたので、山の上は寒いので外はながら
困る。一服して宿へはいると又将棋の話を二人でやることになった。私のような性格で
で正直でかたいちょっとやな駄友だ。どうかあるので返って過ぎる面白さよんなり
将棋の二手ごとを書いてなかなか長く待ってゐるが前のほかなかなか大いに
ねようと言って火を消した。しかし家の中は風ではいらない。火を消さない
代りに少しも寒くない！いいものだ炬燵ここに転居するのかめずらしいが
寒くなればこの方がよい火を消さねば不自由だ。寒いからこそ
仕方がないとなりをしてねる冬が近づいて来たのだ。ぼくは寝る

457

青き日くもり

どんよりとして居る、昨日は雨もなくさむくて時々一寸日をあけておりた

はくでゐたけどうしてなかつた。あたしからしゆつたりと心地がよかつた

室内の中でゐるのもよけいな気持ちがない。ころくところがつてあるい—

その化り遊しり位しりかきだ、お林のいいひまも何けぬその化りなでゐたが

お林はいいひまをおしので人かしはなれたコーを工作てゐたのだが、それでも

そのゴールに近いものは穴から穴迄いひまかけてしないぢたをと

今朝二回してみた。仕事でへ深くよけいにいひまがひとかる花の為ろう

朝の日課も又別れしになるたかげ止めたなつてあいて道路をとろう。顔

と洗わるがたまらない山三つ走る時間を送しおわはなりないすが反命ない

今一寸一人で遊んで、帰つてみ一寸寝る、その帰後、あたしも先をこちらのけでたべ

ただはをしもなにもないきれいな校正の山の中、山の上で朝のめしは又格

別にうまい皆んな帰つたなんでまつてたべた。一晩して又家のしけい所を

新しく写。月もないのでしばらくはりつく小池でよんでゐた。外へ出れた テヒスポー

5

458

サ、イモン俵の迎撃期日を、又射撃を始めた。山の陣地へ行って見た
二方から一しよに打ってゐる、敵の砲弾もりんくを通し、シュッとおちてくる
ひゞくシュンと破裂をするが、この陣地からは大分遠い、友軍の一隊がゐる穴
座すんで又味噌汁で食事をすませ、出て行って一眼日記を小説を書き
石油かんで火事を作り火をたいて、息へ、あたたかい空はどんよりとしてゐる、
小説をよみかけして土の陣にも気が出来た、一同又山へ出て
食事を、二人で、塩辛をもって来てくれたもの（それにつけてやはらかくするもの）
ドようなもの）や水牛の肉をごちそうしてくれる、とんぼをとった
空をながめて一日一服してゐて、陽をあびてゐた、この前に（戦友死んだ時
にはさびしくなったが今ではすっかり元気だ、木は葉はたんぽぽおそく
枝は実りになってゐる、内地からの便りはなかなか来ないと思ふが内地の十二月
十二日はもって出でたらう、夜昼の区別があまりはっきりつきすぎる
おけ島国とちがい大陸の気候は特色がある、らくでなくなった寒さはきびしう

十二月十八日

三重子へ

良人より

十二月十八日

457

25号

1

十二月十二日

おき出して窓をあけて外へ出ると、何だか雨に
なってゐる。煙ってゐるやうだと思ってゐたがとうとう雨がふり出した、初めは
しとしとと言っても空からふってくる雨はどうもすこしも面白くない
水たまりの[illegible]足を洗った。うるさい一寸[illegible]近くの山さい
木をふんで山をよじのぼりしなければならんが、下の[illegible]が知れる。
それは外とうを[illegible]位の[illegible]に[illegible]なくなる。
天こうを頭からかぶって出かける、今日も何か御用があるので
[illegible]が雨が止むのはなったらしい。然し程はかなしくとかくすみて
ゐたがとしたこともなかった。先生〳〵はみんな今日の[illegible]を待
て[illegible]が[illegible]、[illegible]日[illegible]をもとれたみえ
[illegible]を作って[illegible]ので雨の中を急いで立ってしてた
[illegible]よい[illegible]一[illegible]わりに[illegible]は[illegible]のにもゆっくりと[illegible]
ない[illegible]すいもくもいりうんで[illegible]下へ

460

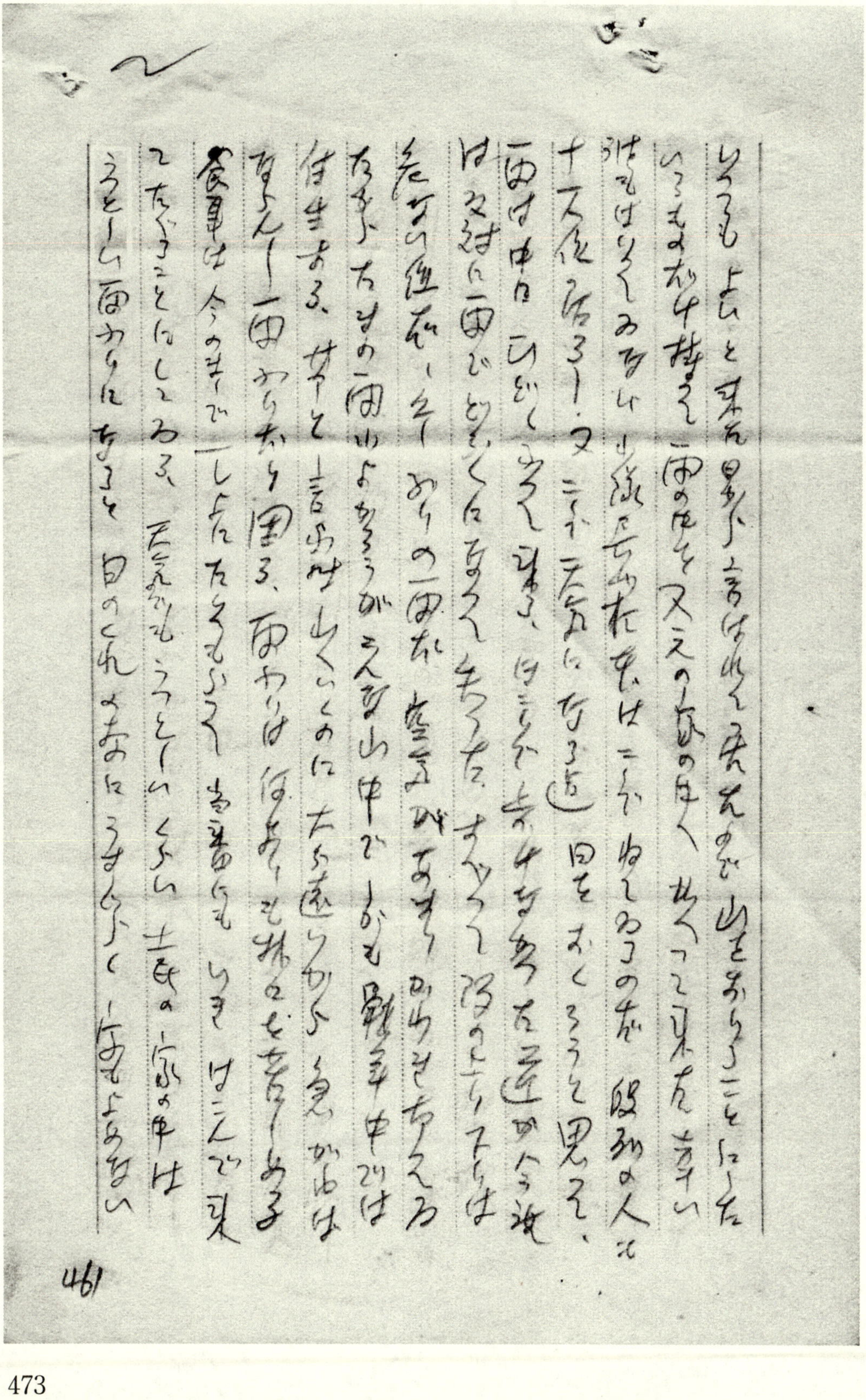

3

但し、することもなくて人になってゐて ゆっくりなりして 湯をいたゞき 湯を
よんだりしてゐる 穴より広い(ひろい) 天井が高いので 人びとをするが アイ
ハナもなので 円はよしはいる しかしそして 深しょうは黒ない、やせ
大きなで 山の穴の小さい色の方が きこえるが あたくから なに白いよ.
随は 女の人が めでたいた 味噌で うまい それ こりゃしいものがめかな
れてある、脇がこぼっては 丸だきした まく ろんがめにしてある、四十 なめ
なに田い 味もする やわらかくて おいしい、色色 一眼て 小さいの 中へは いり
大になってゐて 追つらぬ指をよんだりして ところが ついてゐる。
宿は来んとまない 昨日 ナワミしから 大通へ しこうたにあったものかと 帰り
てこみて 鏡女に 平然を こみけなって 色々をあらく よこした 元こみ
お知えあるてこみ たゝんた 便箋も 二回 ノートも 三十枚 四十 二十枚を
深山 ことがけてくれた、あちらがえし かばらに 敷衣も 足が 甘 安心し
て 平然は 深山が届ける ならなった、四十は ないが 仕方がない

462

4

三天陵古殿洲の人ん赤一丈の書くゆっくり見たら赤劇なし
大分前人が書いて一人くる道で カニーバイ当ウ（最初の攻撃削也）
て日本をした石炭鉱山があった山）から出一つ二人て書いた所で上手
つし政人何ていうのく書いたのを時に一寸にはよく存下人と思ふ
全道無理をした十と言ってみたが、と人が空想なのか空書きた
いが二十から一日早く位流んでねばならん一寸毎日時は神がなるので
早からは又人な所へいけない早道でも使だけはどこへもいけるか
つまのか、メガネを取ってきた（三当絶平）は何にもよろしくも
あいの書いたのも一方も絶車からは書かれないのだ、急な時は
絶平主人はわしをはらでもふくして、ハンケを取ると早く又たい
ことは人で来て信なのか分からず、それで行ってなすを見て書いてる
られしを思ってやるが、ひまを失ってまでかけは出ないのだ、よく分かったら
二へ書いてのんが よく分かって道に 二が守人で失へば又どこかへ行

又先方の言ふ悪い所は邦訳が簡略（はしょるか）、すれば曖昧なことない
か、と云ふのは甚だ一些点の人で見ようかと思ふてる又気軽にいふのを、
長い皆なければない、それに悪い部分は削除のことなかろうと気に掛かり
あせってゐる。甚しくよい所をそれをよいがと思ってゐるが、どうか。
一寸一文句言は無理ですか、誰も注にも言へば差支ないよ
家内にだけ一寸おいてくれ、もう少し訂正をするかもしれぬよ
それは田の人はしっかりにすんで失礼した、たまってゐるよ、
そんなことを書くより少しよんなって手紙をおくってくれを
おいたりしてこまかくいった田はた田はとまない、今会の
決済は、田中からも輪をかけて書白な御をつけてはこんでゐる仲
一
茶をおかしたりして働かなくなって今会の来た　川村の女いなかの内
〳〵のことんのを拾ってやってくれた。田は止まない、今会を、こまかいことが
すまぬた、大にあたって自分の政治的の借金　多くの方に花が出る　大弟

463

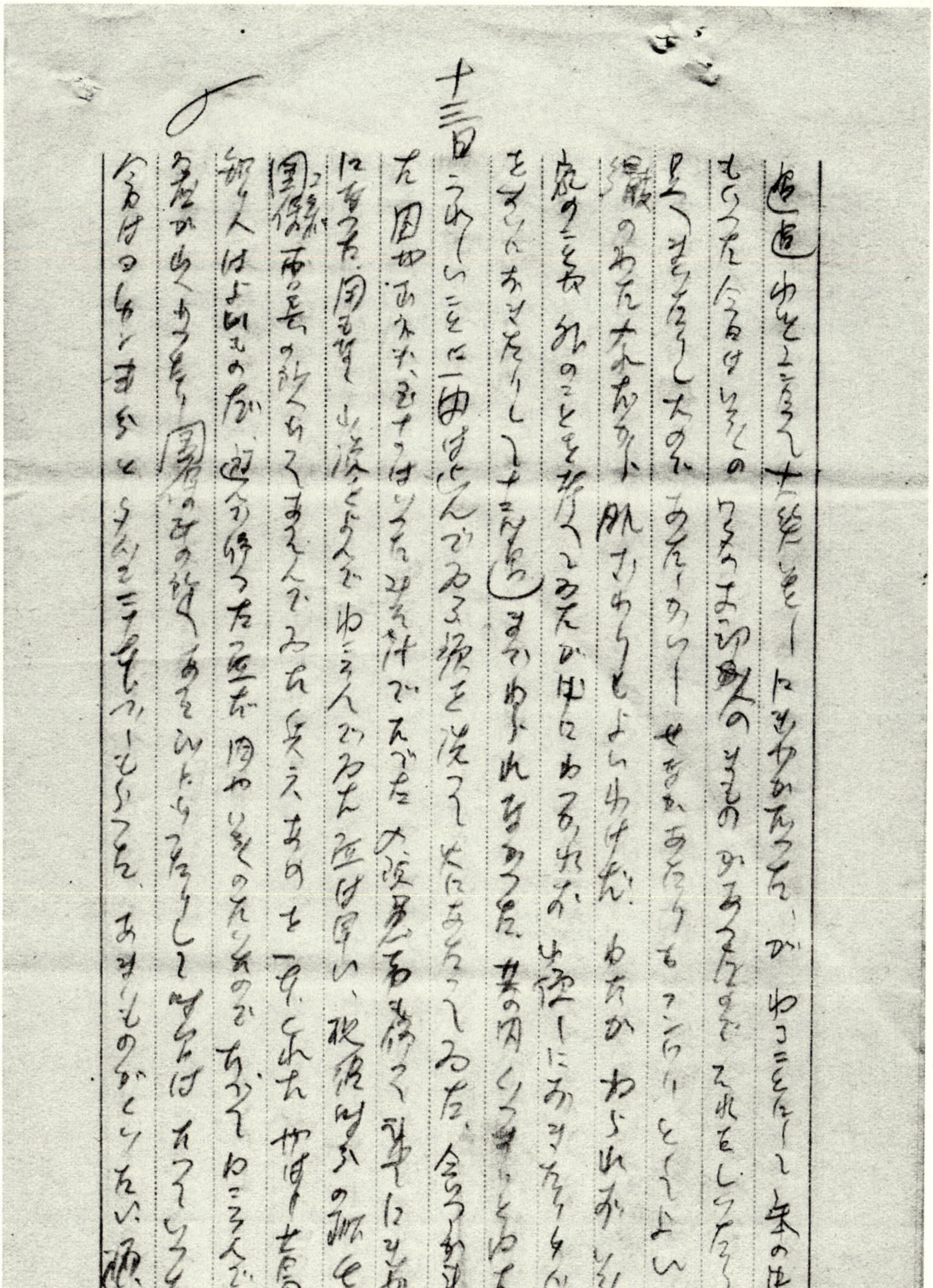

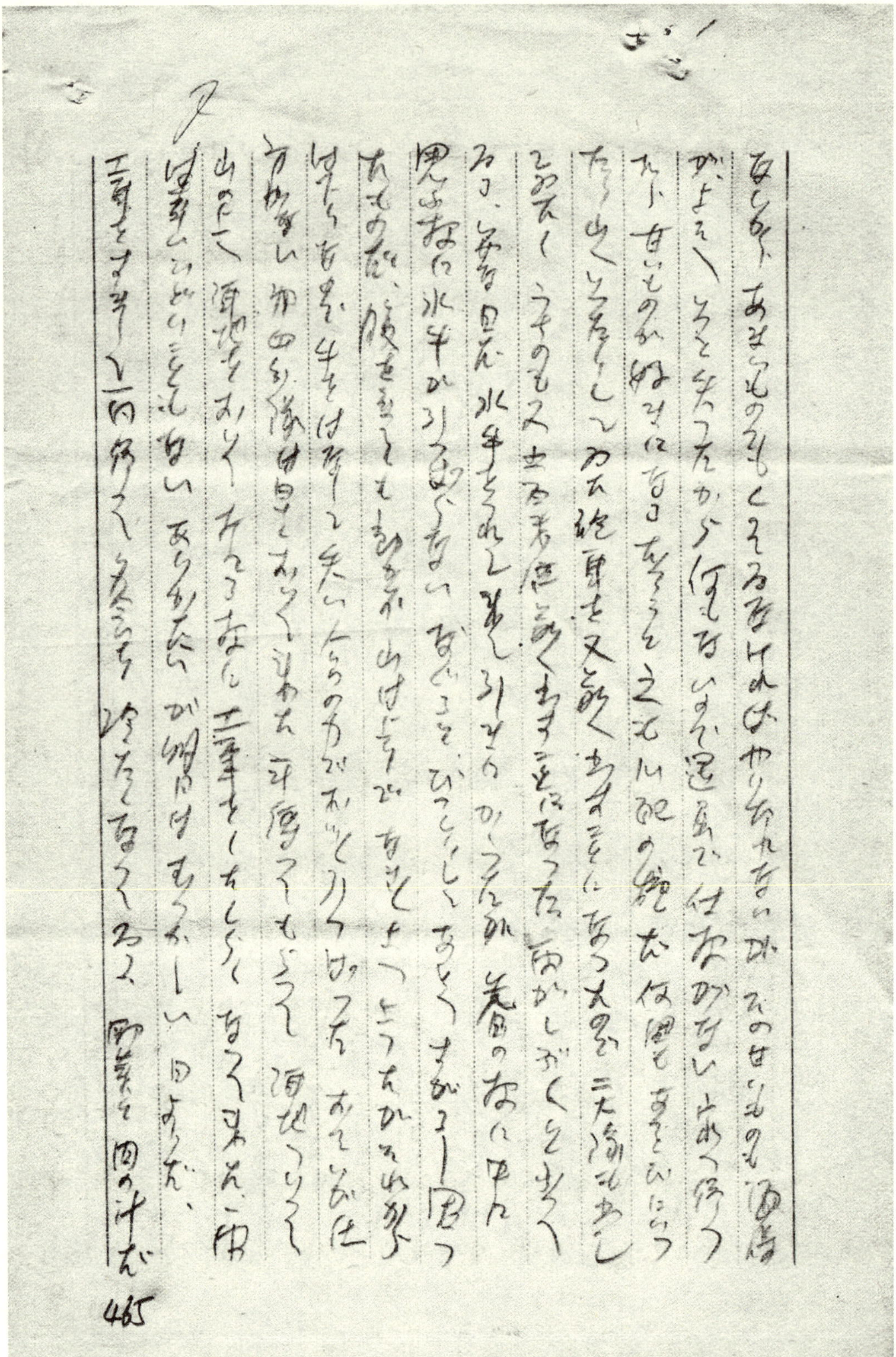

けを火であたためていたので一晩 よし明るくなり攻撃同時になつたん
砲は七つも山砲もあるが一とよに打つたらなかなか敵もにげない所に困
つた。ここで大砲からも主力がうんとうんと攻撃をしておつたが二へんこつちも
前進だが いかにも 敵は山の上へ上れないで兵が全滅になつて兵が
だろう 青陽県城の方も三日目なろうでは四里が多く要害と言う所だそうな
所まで中々ない位な山又山で家のかずない所だから攻撃にあつても又面白
いことがおもしろかろうと思ふ今度は思いきりあてゝやると思ふ今こそ大隊付に
なつたのだから二大隊長の指図の内にはいつて働くのだ。いゝ人らしい今日は
大隊長殿旅団長閣下が陣地へ巡視に来られた立派な人だ
皆集つて閣下に拝して来たローソクをつけてこれを書く寝る前にだ
せめて寝る事にする。俺も一人前となりして又ゆつくりしよう人間だ。家で付副
すり手紙を見た。専田に一生懸命なつて出産も近づいて来た。安産を祈つ
ておる。折を見て元気をつけてくれるように。産前も産後もくれぐれ気をつけよ。母や子供も大

喜代へ　十二月十三日　兵隊より　実生

466

26号

十二月十四日

しばらくして石が甚つ出上っていった・怪しい雲行きだ
昨夜も中々ねられず困った 十時頃迄 起きていたがねむい
て来たが今朝は早く攻撃開始で 中隊長どのの出発は四時に起きて会
ア出発は五時に出かけた 山岳の中をまっくらな山道をたどるには
ちょっとれた ハナをつかまえても一寸もわからない位の暗さ 普通は六時に
起きて山の陣地へついて 今後の陣地は いい景色の所で下に田や部落が
見えている、友軍の未来の陣地の陣地も見えるし 良い所だ
七時に 射撃始めを受けて他のあけるのを待っているた 早くもかかられた、
火をたいて あたっているたが大陸らしく に 合ったと持つてきてくれたのを
山下 百メートルかへ 降りて来てゐる 園と卯萃の汁だ 腹がへってゐるのでうまい
一服つけ 工兵が掩蔽壕の出来た所で 支給が何ろ・他の立哨は 暑
いのに 屋根を作らす 穴を掘ったらしい、左へ土手の…の砲も一つまた
ある — に とかは なった 近かった は 六中隊の砲か 据ってある —

467

三は大砲で一ぱいだ 沢山の材料を下へとりにいつたりしてみた 平田一
の指揮で第一分隊の者即ち君は又あつち タンが係で銃剣が始まる
仕方ないと言つて 仕込んでみた 吉田正太を持つて来られる 一日何あか
すかで一日食つてをした あなたがいたになくし 来た 青い陸も見えて目の
前も見えず 大変作は悪い 三の陣地へ 着る 途中で 大丈夫 見えない
水にかぜれてくまつたまし 倒れて寝る うじがわいて くさい 昨日三人
宿に来た者が つまづいて これを つかんだと 言つて 今朝大笑いだつた
今は沢山は元で苦しみたので 沢山をしておる 一時は途方に用意を
しくみなが 休みとの言で 一眠りして居た 旅団長部が 前く 後で 隊長
高橋中隊以下沢山一列に山を前く 進んで おかれる 又目の下は
今の通りを 通しと 田つて 長い列が なかなか つくつて 進んで
いく 軍旗を先頭に 渡部兵が 剣をかつく 光らせ 長 前后につい
ていく 姿は立派なものだ 陣地から見下していると何とも言え
固に

468

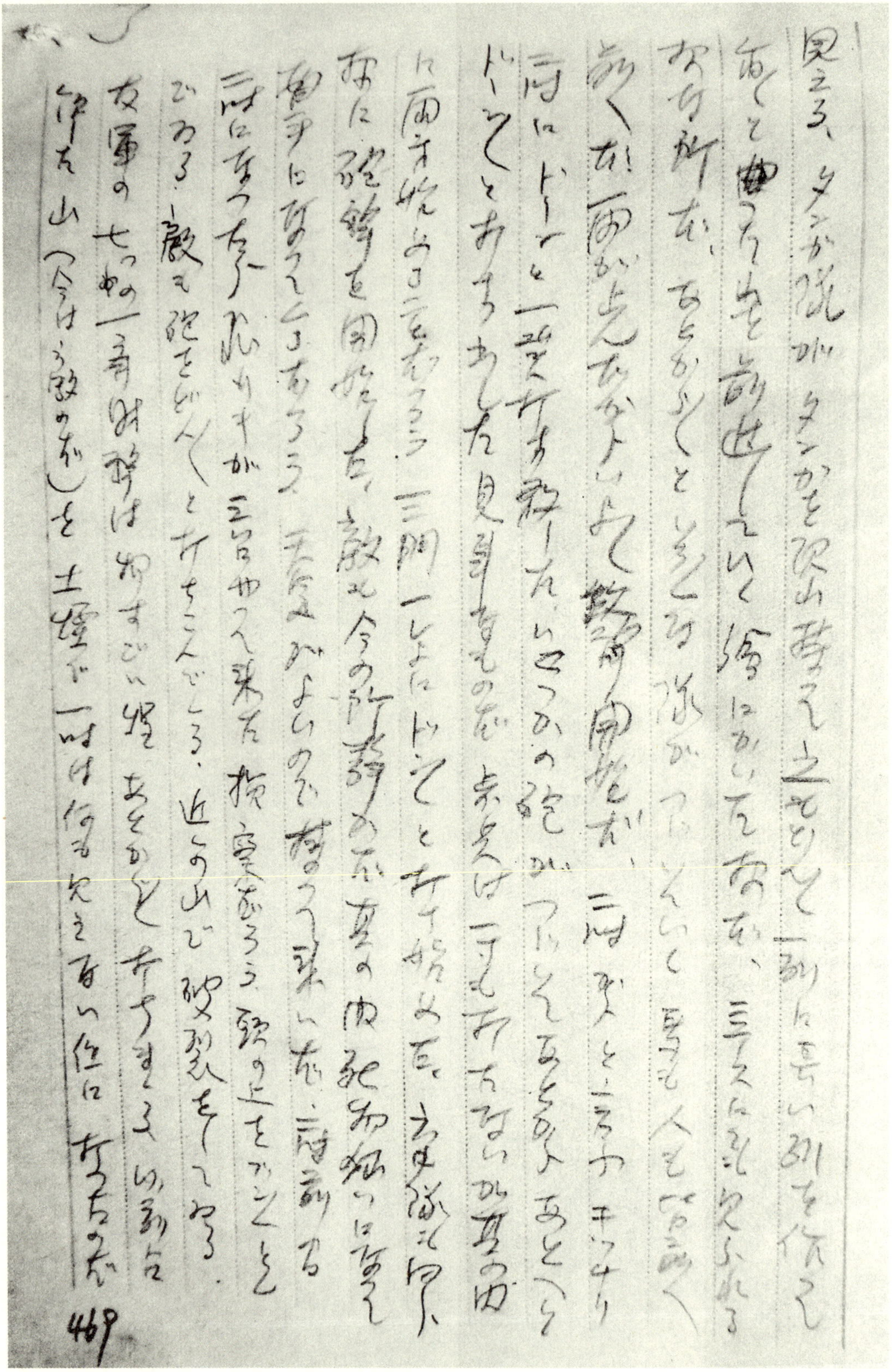
見える。タンカ隊がタンカを次出持って立ちならんで一列に長い列を作って
向って来るのを前進していく途にかいたのだ。三人に一人位やられる
ような所だ。なるべくそういう隊がついていく。馬も人も皆疲く
なく、なり雨が止んだかと思うと、砲撃開始だ。一時半と云うキッカリ
一時にドードと一斉に打ち始めた。いくつかの砲がつゞいてなるなるなんと
ドーンとものすごかった見事なものだ。味方は一寸もたたないか其の内
に両方始まって来たぞう。三時一しょにドンと打ち始めた。大井隊も同じ
様に砲撃を開始した。敵も今の所静かな其の内死物狂いになって
来手になって来るだろう。[illegible]がよいので打って来いな。砲前も
三時になってから敵わりやすが三百位入来た[illegible]だろう。頭の上をかすめる
のである。敵も砲をどんどんと打ちこんでくる。近くの山で破裂をしている。
友軍の七つめの一斉射撃はものすごい煙をあげるとすまして[illegible]
前方山（今は敵のだ）を土煙で一時は何も見えない位に打ったのだ
469

脚のよくなる迄射撃を早く止めて集つて山の腹にそうて次の部落を

まつてるたがとうく分れ迄 なおおは 散々しずかになつて居た、夕食のを

上げくれてしれた、同の班長の命汁（ニヤトス周、トス星幸、荒木喜男）を

たべく日の良くある返ら迄たが探しはいことになつたと兄、言て下さるね

よいそし それが一日元のかーへ帰りゆることになつた、砲の撃音は今しきを

引いて次の部落で停光するはある晩になつたので 天気よになつたので

又小みずまいをすることになつた、隊長も元 山々へは入り射撃の陣地

明日又早いので寝る、せまりがあたたかいのがよい、なれてゐるので ぐつすりねる

十五日 七時に起きて 砲撃へいくなる準備をして待つてゐる間もなく

十時頃迄 火をたいてあたつてゐたがおつ足全かいてまつてゐて

ここは三つ たき合ひとで一寸に火がたされあたたかつた。

物をあまり位あまりて出た、天気もよくなつたので気持がよい

トラと共に五番青葉は敵の陣地へおそこんでみた、敵も生つ

470

もやってる。今日はとんで来ない支那の方角も近んでいてドン〳〵ギャン
銃をうってゐる。相当の兵隊をもってゐるらしい。五郎はすこしく
頭しておたれ山へあたたかい日があたって ねころんでゐるといい気持だ
会田君がボーイ外ラのめいたのを持ってきてくれた。サナのなめものだ
一日分のをもってかへ又射撃が始まった。ドーン〳〵と全部が一しよに
砲弾を用意した。ドンドンドンドンとさりをつけて音がする。つゞいて
左の中隊とは十字になってつゞけて音を四つ。午前午后を通じて大分あった
みつ方一寸見えない位だ。歩兵何れよりも砲兵の射ひだ敵の
砲火をやってゐる。近く〳〵玉が今日は左へよって左の中隊の
近くへおちてゐるなあ。前線何れも二百米敵兵に近づきもし
へるツもも沢山来て一ぺんにやっつけて失ふといふのだ外と皆法を
しておる。前の陣地と思はれる山の陰へバンバンをおとしてゐる
敵も前方の砲なるは砲をうたない 見つからないわかれるよふだ

471

6

今度は火山の爆発跡がみたいので予定通りうまくいけばよえ
ナガつた台湾行けそれからドンドンと大きくなってあるくとろうか
ふ暖を手で無事ないだろう。あたたかい十五日の風が下は大きな
このへん一帯の山は溶岩でおおわれて失った。一日之気配盛んに、
目標の本火山は又溶岩につつまれ赤くはれ山の和は
黄でて失った。せっかく来たすこんなのどんな天気はよい—
安保協もないので冬が深い樹の間の上月は深山後の山へ
全く見あたらない見えない愉快であろう次々にドンドンと
おすまれくひとつを見ていると、おつくつくり信念すれば歴史的
見れどもいんしんいく静まって青いあたりをある色になってみる
青路を歩いてもかれしたら大道への道がみえれそしていくに
いろ大きな道がやっと行くの階段ここでかしたらすすみ
片ばく失ふことだろう三時前久会はユキトクに来れしの

472

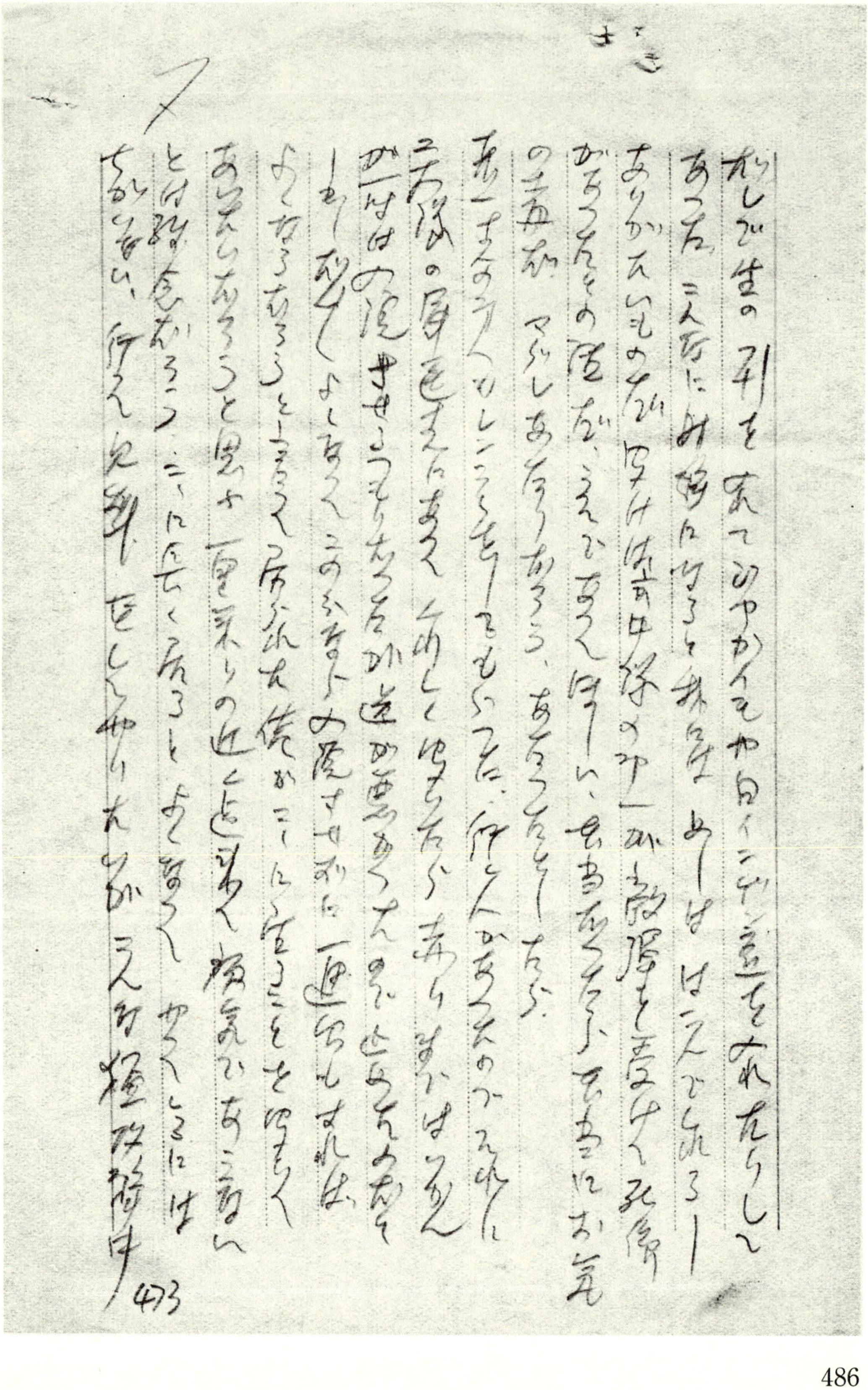

十二

ではとても山にいけない位な気がして、山をおりることを望んだが出来ない
ことだ、また中に二一にたつことあろうから又あえる日もあるだろう、
中二三日も相不付でとけて行つてゐる　春の様な上い日よりだ
前進するのだもしゆるいことを思うて幸はぬことを遠慮して、たが
射撃の的になるので安心思ひ居るけないか今一生
だ、これが出来ると又みつかる　私はもうあきて今現一歩んけ
その前今部一二の山で河北の監視をさせられた、寒いだろう、
兄はそれはよいが、私はまつていで仕事をさせられても何かならない
ない事の暗い投明には月が出るば、今下がり戸田を一元も替へて来
こんな太平洋の戦相当苦しい日がつゞき、書を書いて見て欲しい
思ふ、手紙には必ず便をしてくれとあろうから又ひまに出して下
さるをおこう、余寒はなかなか厳しいよ、近かい内に来て貰ひ度い
身もせいぜい御大切に日増しになり傍母をたのむ　気を付けて

十二月十五日ひる　　　一郎

大事の人へ

474

十二月十六日　雨

昨夜の砲撃工兵で交代で立ってゐたがどんよりとしてゐた、夜明方には星が一杯になって天気らしいと思ってゐたが六時頃からふりだした　今もふってゐる　攻撃ための雨ではやりきれないで水にゴーブ（穴小屋）は山三つ後方一面がどうもする小屋は一つあるが三四十人もの人ははいりきれない　困ったナと皆こぼしてゐた　八時半に後方へ出てみた　外の左右二ヶ所の縦が山へ上って来た　昨日こぼしてゐる　こゝへ入れりだ　雨ふって休むわけにはいかない　相手が敵ながらどうにもならん。道は陣地で谷を見下して　おりから赤土でどろどろになるし、歩行はない。木の中をごろごろと　ぬれし歩かねばならん―全くやりきれん。砲手ゴーブでも近くにあれば　射撃近く小屋へはいって休んでゐられるのだが　それも出来ず　打ってすでに出てゐるつもりが　えらいはいかが　三日目だ　大きな火をたてと敵は高い山の上なからよく見えるし　ぬれてたまらない　外とうはぬれて今寒い　皆でふるへこぼしてゐる。左翼二つの連隊が来たので　小屋の中ははいれず外に立って濡れてゐるばかりだ　大隊[illegible]を持って来られた、

475

一壕の中を立てゝ たべた みそ汁だ。喰ったのは毎日三回共 ドンブリのおかゆ
皆は タバコ二十本とヨーカン半分もらった タバコは なくて 切れて来た。酒保が
はないから 買ふことが 出来ず へこんだ 兵隊の 戦列の人が来たので 早苗君のこ
とを 聞いたら 大分よくなったと。おかゆなども 食べるように なったと、もうすぐに
一ぺん 見にいく やりたいと思っているが 攻撃中は どうすることも出来ん。
兵点 雨に ぬれているが 射撃は はげしい 前の家兵も ドロドロに 雨で 湿って
居るだろう。敵は どうしているのか パンとも ありがたい 攻撃は 時々は 休むし
打ち返している のに 迫撃砲も ドカンドカンと 打ったりして居る方が 随分 はげしかった
ワドなに 雨で 困って居るのだろう。冬服をもらはずに 夏服で ガタガタ ふるえて
居るのだろう。昨日 一日 打ち合えだ 今日は 大きい 七八百位は 打って居るだろう。皆
で 俺と二つも 一つで 百以上 打っても ありがたい 野砲が七つと 山砲一つで へ
つ あるのだが 大きいのだ 打って居る わーと山が あちこちと つぶれるように なってくる
のに 作る位の 土煙が 上るので 兄弟位な 一ぺんに 兵士の デコボコになって 失った

476

3

まり霧がこまかい雨だから遠い山はかすんで先で見えない
飛行機も見えない今日は一機も来ない中止なんだろう 至極都合が
よくて来る、晴あし かんづめを入れたので おいしい 茶をのんでも一服する
遊んで居ても少しく下るやうには行かない 命令が出ることよいが
内地はどうか 天気はよいか 麦田も大体になったろう 十分大きくなる
とか言えるたが無理をしないようにしてくれよ 麦刈が 、もう出産も
間もあるまい 安産出来る様に神に祈ってるよ これから頂には
生まれるだろう 田中だと言ったな 又立派なんだ。
子供等はどうだい 元気よくやんちゃをしているか もう病気は止めて
久美ちゃん病気であるんでいるのだろう ミヤもおとなしく寝ていて
いるか、なんとおかしくなって来たぞ 着山医者を呼んで来る手紙
と薬方をよく見ておくとよい ミヤの所 悪い所が分かれて
あるから いい先生をたのんだ。俺も喜んでいるのだ

477

6

弟は其の後どうしてゐるか。大阪の病院へ行つて退院して二人の京都野砲第二聯隊の留守隊に居るとか言つて居たがどうなつたか又早く解除になるか留守部隊になるか二つの内一つだと言つてゐるが又果して解除になつて家で一寸と養生をしたさうだがおよの今はどうなつてゐるか弟が家へ行れたら俺も安心だがどうかそう言ふやうになつて欲しいと思つてゐる。お二郎達も相談相手になれるし力になれてよからうと思つて居る。手紙が又来ないのでアンテイに沢山たまつてゐるとレンラクに行く人の便、役所へ来なければとりにいくのもいへるのに。今は兎にかく駄目だ。お前や弟らのが沢山あるだらうと皆が言つて待つてゐるのだが早く郷土の土をふみたい

進展も思はしくないやうなことを兵士が言つてゐたがどうなつたかひどいキズで二回目の手術を待つてゐるとあつたがどうしたか今はよくなつたのかキズを引かないやうにすつかりなをしてくれるとよいが。安子

478

5

がん張をしてゐるだらう　うれしくなってくるから、毎日なにも楽しくてゐる
られるだらう。平も一寸も手紙が来ないとまいそんの手紙だ、元気で働いて
ゐる人なるうと思ってゐるが　カンコー就くすんだ　この頃は如何するだらうと思
ふ。然どうしてゐるのだらうか　それの結果も又も月から便りが着いたその
ことなんかで楽しく楽しくしてゐるだらう。なにしろ手紙は出したが未だ
と思ふが材料がなかなか集まらない　又今度は所で駐日なのかもしれぬ
其の中何とか少なく来ることだらう。勉強をするなんてことはあるまい
大勢の事も急がかゝるだらう。うれしくなつかしさのでつてくれよ
つるへし元気で働いてゐることと思ってゐるがどうか　一年三ヶ月ぶりに弟に
会えてうれしかったらう。近くに居るから度々会へることと思ふ
急なことは便所もなかなかよい一週間でも出来る。うれしいだらう
何でも相当も手紙で出来るから早いし　よくなったね
子供の生れるのも近くなって来た。楽しく無理をしないでにしてくれよ

479

産後だけはくれぐれも気をつけて保養をしてなり体にしてくれ。又日が
たったらいくらでも出来るから それ迄は本当に気をつけてくれよ。もしも
のことがあって 体を弱くしてしまったら 何にもならないからな
当人にたのんで 出る様になって 皆で家事をする様に。母も喜ぶ事で家の
手傳をさしていいにくるのだろう。母は一生苦労をして通して来た人への
ではなかったかとも思ふ位だ よくなってさせて力になってやってくれ 信の位
を居るお別れがしてくれなければいけないのだから、とにかく仲よくやって
いく幸福にしてくれ。子供、体重、家の中外とそれは二つならない。あまり
大荷が重すぎる様だ これが非常時だ 国家総動員だ この苦しい所をと
切りぬけていくだけの力がなくてはならないのだ 婦人が人がんばって
あるから、お前もがんばって銃後の一家を円満におさめていってくれよ
御飯すく 雨はかかりき。中かるの中だ うすぐらいのが思ふなにおかしい
よみにくいだろう。又次の便にしよう。今日は財務はないらしい 四年お
十二月十七日 昭一四年陣中小屋の中で
白井生
一寿へ

480

481

發	月 日 午 時 分
着	月 日 午 時 分
發信地	於
受信者	殿
着信者	
發信者	

京都小林印行

二十八号
發	十二月十一日午后	時	分
受信者	妻	殿	
發信地	於 ○○陣地 山の中で		
發信者	実生		
十一日の午后もとうとう射撃もなく天幕をはつてしまつて雨を防いでゐる
ありしとうとう一日をすごした 雨で来なかつたらしい 退屈を
しのぐ 雨の一日を陣地附近でくらした そして雨が小やみにな[illegible]
と 俺は近くで書いて見えて日の光も見えたが 夕方に
なつた やはり少しより[illegible]としてゐた 夜中で[illegible]をとる
よいことになつて しかし気はいかにもよいので
[illegible]が上つて来た おやおや アッアッ 面白い 面白い [illegible]を
去ぜる 遠くの方で 一日会を送つて[illegible]の一服を一つ一つ[illegible]
三 今夜の絶対陣地の工兵は 大隊の[illegible]だ 俺たちは
夕方になつて一日山をおり 三つ後の山の[illegible]の[illegible]来た
山へはやく[illegible]を呼んで 横にねる 明日は[illegible]にね[illegible]
よいのだが [illegible]でないと[illegible]がおくれて 少し遅れて二ー三[illegible]なければ
なるまい 今日は一寸もおちおちにすんだ 敵もたれたのか一寸も
打つて来ないのがおかしい 彼はどうかわからんが [illegible]だ
昼間は日をつむつてゐることにした 時々何とも[illegible]音が
聞えて来る まつくらな中に[illegible]て[illegible]
184

十二月十七日 雨はさいわいふらない。ありがたい。どんよりとしてゐるが
七時道路工事に出て行った。昔掘った陣地へいく。気味を
ごろごろと木をふみこえていった。所どころあるのは わかりずらい陣地へ
ついてすぐ来た。怪しい天気が ふらぬがよい
笹で夕食の鍋を出して火をたいてあたりつゝ待ってゐる時
急にいつものように九時道路に分隊が上って来る。みそ汁に
めしとさまして食べる。一口たべて火にあたって一服してゐる。
だいぶ腹はふくれたので私は行って来た。山砲が打ち出し
た。右の方の山で始める。昨夜は後方陣地が想像して打って
来るからしずかの五日は中たよと思ったらバンバンとドーンと、
十時半頃になって今度が来た。打ち始めてドンドンとなって
あした。左の方の山は陣の陣地、からしどんどん打ちかけてゐる
敵が皆れたのか敵が見えないと来たのである。
天気はだんだんよくなって日がてりだして来た。あたたかい。陣地に
近ったまま、昼食をかんづめの味噌汁ですっぱりとしてうまかった
天気はよし、敵は山の上で会をする音がはれぐとしてよい
敵は砲をどこかへ持っていったのかそれともくたばってなったか
一時に打ちためになった。どうしたのかわからない。
午後もドンドンとなった。我が方は打ってゐる。やっぱり砲弾は
景気がよい。生まれて一〇〇小銃は出ない 塹をいってない

482

發	12月 17日午 時 分
着	月 日午 時 分
受信者	殿
發信地	於
發信者	

張合がない　射撃が止まるか一首があると　タバコをすつて
山大の景色を見つめていい気持になつて　ゆつくり詠だ
砲車に据つたまゝで　之れを書くのだ　前くつろいである
から、一寸時間があれば　すぐ書く気になつて居る、留守に帰ると
梅田へと　二枚四枚づつ手紙を二通書いた　俺だけだ　こんな
ことをしてゐるのは。みんな冷笑してゐるから　又かと言つて笑つて
ゐる位だ　俺達も沢山来たから　皆んな出すのだが返
事は　書かずに出すのを出来ない兵部が留守して
ゐるからと言ふ無月なのだ。どこ迄友軍は前進したのか
今晩は遠いからさつぱりわからない。前の時は目の前
だつたから　手にとる様に見えてゐて　張合があつてよかつたが
今日は一昨日にくらべると　寒くなくてよろしい　三四十米位なのだ
昨夜は雨がさつぱりのが何よりよい、遠い山の上を越えて
行くのが小さく見える　おいしいのが来た。今夜のなに何の気もし
みも出ぬ俺達は　めしのしたくを待すのみゐる、腹は減つて
ゐないが　しみじみしてゐないのだ　砲車に残つたまゝなかつた

483

京都小林印行

9

今夜は胡弓ずのりんくの女目を入れたけれども、
顔をかくし火をたくしあたりながら火をかこんで強盗京都
から五人たすはかりで俺の言ったものはかりで俺はよく今ふ
或人は死んだ者の仇りすぎてるけれども大力元のまたは
日だ元初義實行はあまりよくないと思ふがどうかし
たたみであてほしいと思ふふりおおとでよいしつけんふるので
戦だ二の土地は、中の日・夜は人をつまれるもわから
ないおお兵その生みない、しかし山の中、途中に敵兵す死かいの
ころがるところ一陣の地にしとうに行ったりすると死かいの上
が、青い大のからだがべろくと見えてやる。りんがもえるのを
始めはうるさと思って流言たしもむかったが、今位でもの
で本当にあすこと、わかった。内地ならたら身味悪い流言人
を殺すことを意要なしと云われは死が私大のたす位にお
びえしおたら死んで来ふに殺す所がしれて来ふよ
強いや悪支那人を殺すのでどんな事やったもの私一千合も
俺が出して言ってやるなにする。ながら千位くこを
殺す位所が威じない血だらけの足をひかずって死なたけ
の足その味を何もあるのを四年ずっと下生ておくのだ
いる時にあってみんでくるので日常はかりに残ことを
はなれて来い外には中の日本地ででろくするこよ

10月6日手

484

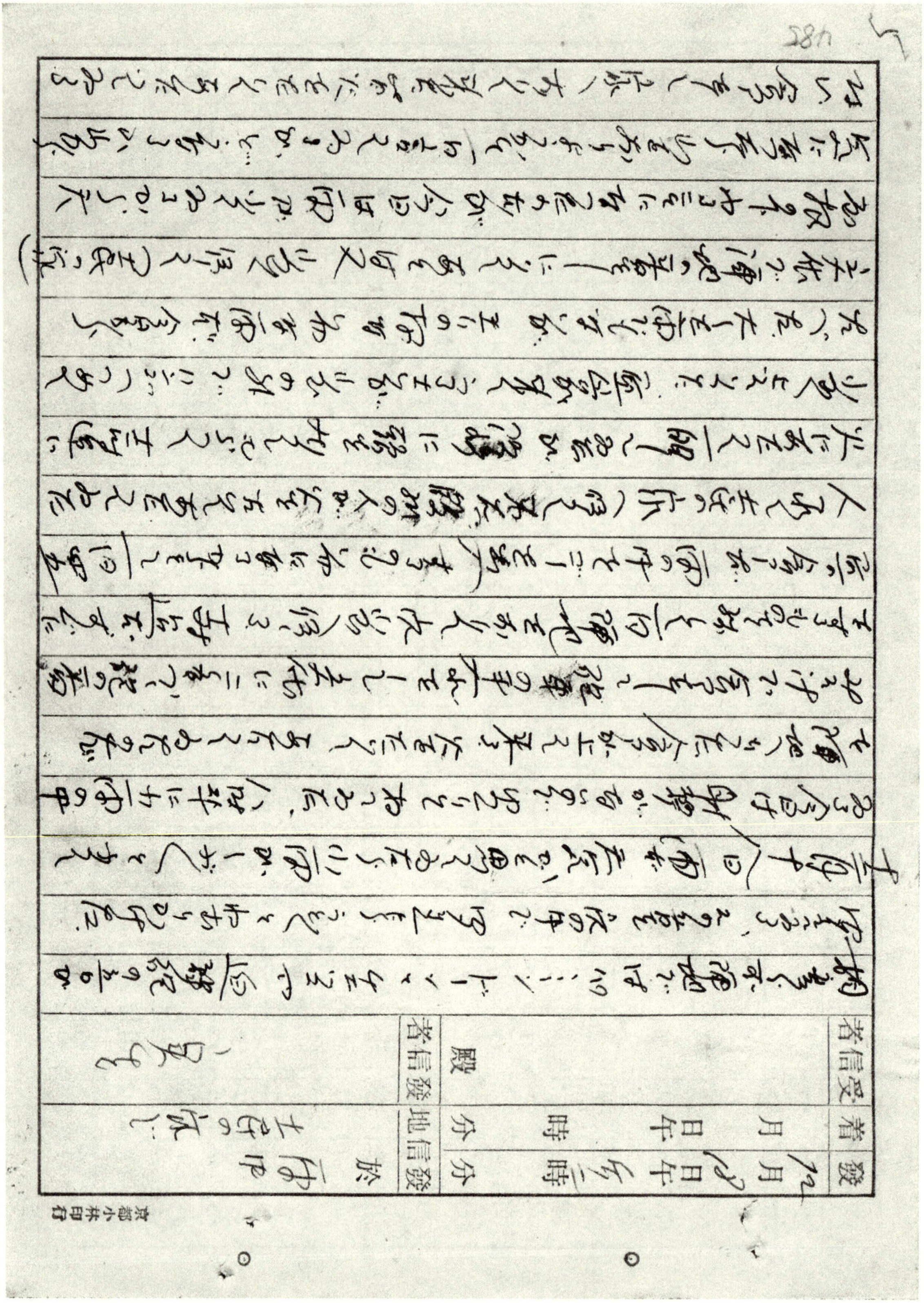
發 月 日 午 時 分
着 月 日 午 時 分
受信者 殿
發信地 於
發信者
京都小林印行

6

今迄ねて居たゆふの郷ひへ上つて宇宙を見てゐる一本はまだ
止まない 敵も反省してしづかだ 休止してゐるのだらう。
こゝは山の中のことだから タヌキもゐるし リスもゐる 又首の
まつ白なきえい沢山だらう 其奴等かはしかかにして見てゐると
木の枝を技つて持つてゐるものを わたつて遊んで居る中に身が
軽い 多年の者で足が悪いけれど 雨が止むと十分だらうともと
よう大木ちもいゐる 器用な 木の枝を次の方へピヨンと
飛くとぶらつてにげる下することはいかんと大きい木を
ゑてあとおるみ一つの穴があいてゐる それへうまくはいつたら
見えて下にも穴があいて通つてゐるのだ 一人が下の穴をつゝ
いて大ぜいサライで上の穴をふさいでゐたが けうかごみぞとサライ
をとつた後に又もと穴から出たりスは上へにげた あす
かこすふもとに又廻つてゐたが中た 下をいそいで走り廻つても一番上の枝で
走り廻つてゐるおんなどあたまもいく 穴とゐる たけだとふくあく
おりて土の上をにげ出した いろいろ手を追つかけたがとうとう
山の中へはいつて去つた しまつたと百言ふてゐる 言ひ皆これ
を見てゐたが家へ帰つて来た 便所でもしてゐると 木の上を
とまつたり走つたりしてあそんでゐる 其の田畑ではたに札ない
所だ タヌキは山の上へいつてゐると して居ると見えるのだらう
が まだ見たことはない 外の者はちよいちよい見たさうな

486

發	十二月十八日午后二時　分	發信地	於　陣中
着	月　日午　時　分	發信者	土民の所にて　良又
受信者	殿		

487

炊事に使って居る土民の家これも使ってから四十日以上になる
初めて日本の軍人と云ふものを見た土民は見ることもの云ふこと
なかなかの大騒ぎ近頃はすっかりなれて来て子供らは平気で主
まめる位になり、兵たいの呼声を真似してオイと言ったり
家の家内のものになって親しみあって来て居る。
朝の早い時は三時から起して湯をたかしたり飯を作ら
したりして残ったものをやる、めしも盛ってくれる、茶もわか
して湯のみについで持って来る　タバコを与へると子供が火をもって
来る可愛いものだ　シャアシャア（ありがたう）と言って頭をなでて
やるとにこにこ笑ってオウと返しをする、よく気がつく。本当に
部下の者にタバコを与へてマッチをすらうとしてゐると子供が前
に立ってゐる。右手に火を持って、やあありがたうと言った
只今ではすっかりなれて来た。くったくのおかおをせると
よろこんでたべてゐる。飴をやっても、うまいことをしたなと
言ふのだらう　めをほそめて笑ってゐる　円満な所だ
一軒の長い家にまん中から仕切って　おもやの一人用が居る

京都小林印行

こゝで汁やおかずをたくのだ　もう一軒は　女二人　男一人子供
男六人女二人と六人家族だ　二人の女の服装は　家事らしい
おやじはどこへ行ったか　おかみは一日中せーたーをしーて　みつあみをあむ
ひまがあっても男らは大きなあくびをして居る　たまには畑の
畑が麦の中をかるし菜の中を　ナンバンいものおいもゆでおつけ
作ってゐるが兵隊かもしれぬ　お父さんをしてゐるから　おとうさんで居
る方が多い　女らは小さい　三才位の女で　小さいくつをはいて
赤ちゃんの子供のおむつに大きな体をヨチヨチと歩いて居る
つまらないものをしたり　わらで瞳かけの籠を作ったりして居るが
手仕事は中に農具に作って居る　友郎も一ぷくしてゐる金で
品物を買ふことがないので　品物を持って　ほしい品物とかえて
もらふところのだなあ　ものを大切にせよ　まれは土のうぎしでさし大
切にしまって居る　もみも大きな細やタテへ入れ　いろいろけすって
ドジョと米つきについて　日本と日本おだやかなもお茶だけ運ぶ
ト・ミョウトだ　人は大部分が来たものかもしれない　コメかけ
大切にして　水牛やタたとえしてゐるが　少しずつしか歩かない
女は物が右の方も　破れ位はつくろってくれる　伊万の大きな
ハンカの服なもの服　ハンチをけりてゐるが中にぬくい　らしい　俺た
それなを着てゆるが　あれ　たい子オウハンテン位の大きさだ
いる　家ずたものを見る　言葉が一寸わからん　困るわけだ　又

29号

發	12月18日午后	一時・分	發信地	於〇〇の陣地
着	月　日午	時　分	發信者	土民の小家より　実
受信者	妻　殿			

十二月拾日　雨　午后より雨がやみになってありがたいと思って
ゐたが運行は悪くならねばよいがと思って一旦又元の
土民の部落へ引こして来た　陣地は三ヶ所の砲が交代に
番をしにいくことにして、又今迄のより広い所のよくはいる
天井のない小家にゐることになった　一ヶ月以上火を
たいたので　すっかりになって流し手がまっくろに
なって失小あきれてねてると流くそのすゝこのかかる
それを手でこする　朝起きると流の流し　黒でよごれてゐる
顔を洗ってタオルでふくとタオルが一ぺんにくろくなる　不
思議な位だ　ながら野菜は三日すぎに流せないとまま
つくるになってきたがなくなって失小で少佐判がひどい。
ゐる所を作って手紙を書いてゐたが　いんまで雨かかりの日は
よけいにくらく　室では陰の物が字も見えない位だ　石に
座るとよけい寒くてたまらない、石をしめると寒くふい
ずいぶん先で小説をよんでゐた　五時までに全をた
べた後アガって打ってくれたのだ　入里の判にに

京都小林印行

2

たどなたなると思ふ。そうすると、この家の表で刈れるから近くて便利だ。坂下はここから三丁あまり、内地の家から近道をある山ここに谷を通っていたのだ。田に小麦が作ってあった。この一面が青々といきいきとして来た。大分大きくなった。豌豆も豆えすにのびてゐる。カラシナもたましなってゐる。

先日この村の部落の十五六の子供が、誰かに殺された。前に活をした三人づれの兄弟が、それをとみに剥くめーを大ぜいあそんでいた一番上の兄が、悪いことをしたのか何とかあったのだらう、鉈で一刀のもとに肩をわられて死んでゐた。それはあの中だったのだ。父親が血まなこになって探しに来てみたが、俺は少しも知らずにいたが、しかし何時頃からかワアと泣いてゐるなき声をたててゐるなき声が聞えて来たのだ。あそこは何か気味悪く、来ようとしたこ人声のするとおりくいって見た人は、部落の前の田の中で、女が泣いてゐるのだ。側へいって見たら、女の上に大きな特有の竹の一尺位の高さを家迄一しょにつれ、その死んだ子供をかかへて、二人で来たらしい。上に中をかぶせてあり、首だけ見えるやうになってゐて、あとその側へ血だらけになって、その家族をさして来た。ば、はっぱいたぬくて手を合はし、拝みてゐる様なあかんでゐる事故ニともしてゐる。大きな声だ。三四丁は聞える

3

481

發	九月18日午后8時十分	
着	月 日午 時 分	
受信者	殿	
發信地	於	
發信者		

厳に小さい火ばちをおいて火がはいってゐる、火にあたってゐる
のだ、会衆が知れない若者はどろんとあせにぬれてゐるの
だが、死んだ子供は目をあいてゐる、しばらく見てゐたがつめた
いが済んで来た首をひらいてゐたのだ、そうして三日位
前から燒迹めしをして又ゐるのだろう わかれしわめんる
たか、四日目位だけどこかへいってしまって もう声もかれなくなり
死体になるになった、家の前の田の畔へ死体をそのまゝ
おまわりして二日位念仏が泣いてゐるのか わかるんなあなたこれを
しているとおもってゐたがこうではこうして三日位騒いた
まちとしっかり別れを惜しむのではないかと皆と言ったことがあれ
あるが、変った所が内地では家へかえって棺へ入るのだ、
又どうであの重い大きな丸太位の木棺へ入れてゆく
おそらくのだろう、土へはうめないのまゝすててゆくのだ、
こんな風にさようなら言った ことにあきれて来る 彼が言ふことを
どうかなったが、悪いことをしたが 忘れたのだろう、支那人
は一寸情をかけるとすぐ増長して言ふことを聞かなくなるのだ

京都小林印行

4

昨夕ルンペンのダーニャン(廿)が言ふ。子を持たなかつたと言つて淋しがつて居つたさうだ。止めに来た此一人の女を大事がつて二三十歳だつたのが、ホベタがまつ赤に寄つて泣いてゐたと言ふ。故郷村は何処だ、今はもうないと言ふことを知れば、首つて笑ふ。男のわからんことを言つて居ると笑つてるばかりだ。つけ上つて仕様がない。なにになる。困つた性分だ。次にあたへて居たが、ゆとこへはいつてマシン油をニアアブキのアンでぬいて、とこを大ぬいて火をつけて、アカリたして小説をよんで居たが、一皿皆よんだので、これを片づけてゐるのだ。雨は今一寸小やみになつたが、雨の音が聞えなくなつた。皆寝てゐる。時たゞ之を音が一寸雨中でも聞えてゐる。今夜は蛙がよい。さあもう寝ようと思つた。風がはいつて来て寒い。今時だ。庭はこゝをよく大を得た。近頃はもう枯れた木がなくなつたので、毎晩の火は生木を後の山で切つて来る。ゐても燃しにくいのでくすぶつてけむい。くらい。不寝番が一人もゐない。たまらないのでさむがつてゐるだけで皆寝てしまつた。雨は又ひどく降つて来た。しばらくが読んではいて途ない気を強いて宿たのか。近頃はいつでもいやな夢ばかり見るやうになつた。近い内に殺されるのかしらと思つてる。

發	12月11日午后2時　分	發信地	於
着	月　日午　時　分	發信者	
受信者	殿		

晴二月十九日 晴曇ノ方の雨だ 少し降れない
一寸出ようと思つても外との家には手がはいからす
ぐ外れる。山の土をかぶどろしに来てしまつて へしみこ
び来て冷たい 根をかいてみる。ふう通ぶる泥りなるか
おうと進めてみたが途中に十度に起きるので一寸気つかい
多いと四畳 大きい二回で一個位のはかならい位だ
足だけ冷えるんだろうと思ふ 土の上へ水を入れいたま
、たが木が流れの方から それにアップ向十二日前の
二かガランドーの字をかけ 外に出て行つてみると不幸な位だ
当分の田舎は郷に従いかねばならんから雨の日を
大きうを頭からかぶって山道を下つたり上つたり畔をす
べつて二三人ありして郷ア人々と大部人が多くの傷を
しているが説を流はすにえかまく 泥を右べる。ここに三百話
を流つた言がない今朝早く来た舎の者はスマツ
ア 口を手にけがをした。右の方はよくなつての位
舎をて二眼して十従ふを堀手にいと言つて かゝ済

493

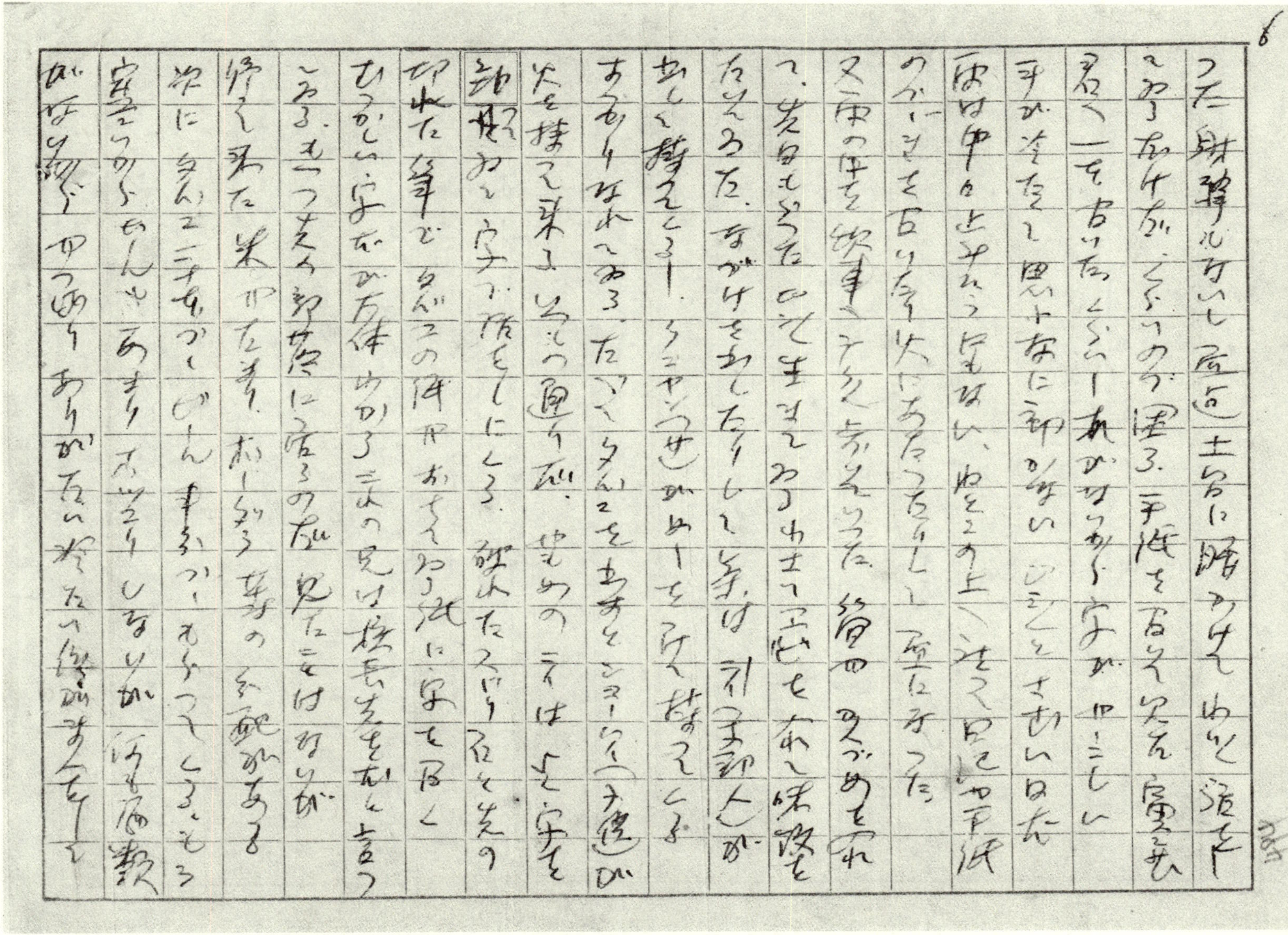
6
つた財布をもつて座(返)土台に腰かけて泣をし
て居るがぐらいのが困る。手紙を書く気も寒さ
君へ一を書けたくらい。それがむかしの字がやさしい
手が冷たくて思ふやうに動かない。いまごろはさむい日だ
母は中々上手な字もない。ねえさんの上へ送つて見て半紙
のかはりを百枚ほど先にあたへてたのんでおいた
又宋の本を欽まうとおもつた。習字のおすすめを入れ
て、先日もらつたのを出してまとめて送つた味噌を
たべるた。ながけをおしたりして余は寸(子郎人)が
出して捕へてくる一。ミンヤン(サ)がよ一をつけて捕へてくる
あかりをつけてみる。たべくらんこをあまとさるー(大通)が
犬を持つて来て送つての通り。せめのそばに字を
鉛筆で字で落をしにくる。読んだ紙に字を書く
印に書いたのでもらつた。二の件でおそくなつて紙に字を書く
むつかしい字が大体わかる。字の見ば様子をおし言つ
ころもう一つ大きな部落に居るのが見たことはないが
帰つて来た。米や大きなおしるし芋の飯がある
次に自分で二十本づつぴーんまるづつもつてくる。もう
寒さがまうまんまりあまり大ツプリしないか何も居数
がない。やつぱりありがたいと思ふ位ある人とも

7 495

發	12月11日午后3時 分
着	月 日午 時 分
者信受	殿
者信發	地信發 於

ごくと一息にのんで失ふ。ゲープとゲップが出る。わしは夢
寺通り、わしく之等を言ふことは大にあたって居る
寫ふので本郵の絵を切りて手紙の上へ並べて手紙を出
く。近頃ふうこ氏に年賀状を百も書くのがある
吾田君(小はり木)へ賀状にと思って、又ウサギの絵
をはってその中へ一月元旦と大きく書いて押し
て借りし押えた處を皆なくしてしまふ。大にくやしくて困った
失ったと言ってみた。強気なんだ。今思っても皆に合は
なかったろうと言って居る。旧正には皆に合ふだらうと笑ってみる
位だ。もうわかれない。一陣中からの賀状も出せない。
〔序〕の切りとりの中で年賀状の出る物はない。一番佳く
三三日の四にアンテイへとうるにいくとか言ってみるかう[ヨ]
紙が沢山もらへるだらうと思ふ。攻撃もする人だし、するか
くあすのをあせると言ふので又考えあてたのだ
便箋でも三冊あり、これでまだ大分あるから当分に
任るも家への手紙は大丈夫あるから安心だ

京都小林印行

いつ迄こんな所に居るまでかいはないと思ふが
それもどうなるかわからないのだ。まあ正月は二ヶでする
のが本当になるかもしれない、どんな正月をするか
又知らしてすことにする。時に家はどうだね
麦まきはすんだのか田はアラ手の自作にすゝめてもらって
やったのか、冬は暇でまいく矢ヶ迄は縄折りだったろう
つまらなかったね。よく話を言っておいてくれよ。
母はどうした、本家の結婚式へ帰ったことと思ふが
叔母はどうだ、いつてみるのが一番矢田との話がつかぬ迄
など便利なさうした中野はあるが損だけはならない
があまり無理をしないようにしていって下さい母にも元気か
子供らが多少なりとも元気ではないだろう。体を大事にして
もらえよ。いつか元気のない母の所を慰問に訪ねて
みたが何もないのか！子供らは元気なろうと思ふ
又冬休みが来た細事通用もみんな大喜びだろう
冬お正月送ってきたそだって、またまた中止してほしい
剥にいけんなだ。なんなやりになろうしが送ったあとなら
よい。大事にしまって帰る時に着ていくことにする。今の
所官給品だけで寒いこともないし、もっと早くあすと
よかったがもんでみたの所、再けまたらいどくふつてみる。 太三郎

496